尼山文库

NISHAN SERIES

儒学与新儒学

牟钟鉴 著

山东教育出版社·济南

图书在版编目（CIP）数据

儒学与新儒学 / 牟钟鉴著 . — 济南：山东教育出版社，
2024.6

（尼山文库.第二辑）
ISBN 978-7-5701-2771-9

I.①儒…　Ⅱ.①牟…　Ⅲ.①儒学 – 研究　Ⅳ.①B222.05

中国国家版本馆CIP数据核字（2023）第 221777 号

责任编辑：乔正义　卞丽敏
责任校对：舒　心
封面设计：姜海涛
版式设计：吴江楠

RUXUE YU XIN RUXUE

儒学与新儒学　　　　　　　　　　　　　　　　　　牟钟鉴　著

主管单位：山东出版传媒股份有限公司
出版发行：山东教育出版社
　　　　　地址：济南市市中区二环南路2066号4区1号　　邮编：250003
　　　　　电话：（0531）82092660　　网址：www.sjs.com.cn
印　　刷：山东新华印务有限公司
版　　次：2024年6月第1版
印　　次：2024年6月第1次印刷
开　　本：710毫米×1000毫米　　1/16
印　　张：27.5
字　　数：356千
定　　价：120.00元

（如印装质量有问题，请与印刷厂联系调换）印厂电话：0534-2671218

作者简介

牟钟鉴，男，1939年出生，山东省烟台市芝罘区人。中国当代著名哲学史家、宗教学家。本科毕业于北京大学哲学系哲学专业，研究生毕业于中国哲学史专业，师从冯友兰、张岱年、任继愈、朱伯崑诸教授。1966年起在中国社会科学院世界宗教研究所工作；1987年调转到中央民族学院哲学系；现为中央民族大学哲学与宗教学学院荣誉资深教授、博士生导师。兼任国际儒学联合会荣誉顾问、中国宗教学会顾问、中国孔子研究院学术委员会主任、山东尼山圣源书院荣誉院长等。2012年荣获第四届"孔子文化奖"；曾获全国优秀教师、全国民族团结进步模范个人称号。牟钟鉴学术领域涉及儒、道、佛三教及宗教学理论，出版学术著作二十余部，主要学术著作有《儒道佛三教关系简明通史》《新仁学构想》《儒学价值的新探索》《君子人格六讲》《荀学新论》《中国道教》《宗教·文艺·民俗》《当代中国特色宗教学十二论》等；合著《中国宗教通史》《概说中国宗教与传统文化》等；主编《道教通论》《民族宗教学导论》等。

总序

　　为深入贯彻党的二十大精神，贯彻落实习近平总书记关于传承发展中华优秀传统文化系列重要讲话精神，落实《尼山世界儒学中心儒学传承发展"十四五"规划》有关部署要求，尼山世界儒学中心依托中心学术委员会，以学术顾问和学术委员为主体，组织编写出版了《尼山文库》。

　　一个民族的复兴，总是以文化的兴盛为强大支撑；一个时代的进步，总是以文化的繁荣为鲜明标志。以习近平同志为核心的党中央高度重视中华优秀传统文化的传承发展，始终从中华民族最深沉的精神追求看待优秀传统文化，从国家战略资源和文化软实力的高度继承优秀传统文化，从推动中华民族现代化进程的角度创新发展优秀传统文化，使中华优秀传统文化成为新时代新征程党和国家事业发展、实现第二个百年奋斗目标的重要力量。党的二十大报告提出"推进文化自信自强，铸就社会主义文化新辉煌"，就建设社会主义文化强国作出战略部署。深入学习贯彻党的二十大精神，坚持中国特色社会主义文化发展道路，增强文化自信，承担起举旗帜、聚民心、育新人、兴文化、展形象的使命任务，踔厉奋发，笃行不怠，推出更多增强人民精神力量的优秀作品，是《尼山文库》的使命担当。

　　文库汇编的作品展现了学术界近年来在中华优秀传统文化研

究方面的新理念、新观点、新贡献，着重阐释儒学在弘扬践行社会主义核心价值观中的重要价值，概括儒学在国际交流、传播以及对话中的积极作用，解读儒学在公益慈善文化中的智慧启示。选编内容包括专家们在学术会议上的发言、出版论著的序言、近期发表的学术论文，或论文论著精华摘要、核心观点摘编等，各自组成体系完备、结构完整的学术著作。我们力争在"十四五"期间，陆续推出40部学术著作。

《尼山文库》的出版是建设世界儒学研究高地，打造文化"两创"新标杆的需要。2013年11月，习近平总书记在山东考察工作时提出，要加强对中华优秀传统文化的挖掘和阐发，努力实现中华优秀传统文化的创造性转化、创新性发展。十年来，山东立足丰厚的文化资源，以高度的文化自觉扛牢中华优秀传统文化"两创"担当，不断激发文化创新创造活力。设立尼山世界儒学中心（中国孔子基金会秘书处）就是为了深入贯彻落实习近平总书记重要指示要求，努力打造世界儒学研究高地、儒学人才集聚和培养高地、儒学普及推广高地、儒学国际交流传播高地。山东省第十二次党代会明确提出"打造文化'两创'新标杆""深入推进尼山世界儒学中心建设"。在全国上下深入学习贯彻党的二十大精神，全面建设具有强大凝聚力和引领力的社会主义意识形态的时代背景下，编写出版这套丛书，有助于我们全面深入学习贯彻习近平总书记关于大力弘扬中华优秀传统文化的重要论述，坚守中华文化立场，做好为国家立心、为民族立魂的工作，传承和弘扬好以儒家思想为代表的中华优秀传统文化。

《尼山文库》的出版是以文化人、守正创新，推动中华优秀传统文化与社会主义社会相适应的需要。习近平总书记强调，中华优秀传统文化是中华文明的智慧结晶和精华所在，是中华民族的根和魂，是我们在世界文化激荡中站稳脚跟的根基。出版这套丛书的宗旨在于立根铸魂，研究阐释中华文明讲仁爱、重民本、守诚信、崇正义、尚和合、求大同的精神特质和发展形态，阐明中国道路的深厚文化底蕴，展现中国人的宇宙观、天下观、社会观、道德观，展现中华文明的悠久历史和人文底蕴，承继中华优秀传统文化"观乎人文，以化成天下"的教化之道，更好构筑中国精神、中国价值、中国力量，坚定文化自信，增强中华文明的传播力、影响力，促进文化"两创"成果落在社会上、落在群众中、落在生活里。

《尼山文库》的出版是推动世界不同文明交流互鉴，构建人类命运共同体的需要。海纳百川，有容乃大，编写出版《尼山文库》，继承中华优秀传统文化，弘扬时代精神，构建中国价值，绝不是拒斥外来文明，而是坚持不忘本来、吸收外来、面向未来，坚持"二为"方向、"双百"方针，坚持创造性转化、创新性发展。丛书倡导求实、严谨、活泼的文风，突出学术性、思想性、可读性，弘扬平等、互鉴、对话、包容的文明观，弘扬中华文明蕴含的全人类共同价值。

为天地立心，为生民立命，为往圣继绝学，为万世开太平，这是中国古代儒家知识分子的抱负，也是《尼山文库》的理想和期待。推进"两创"和"两个结合"需要久久为功、持续用力，希望更多的专家学者参与《尼山文库》的编写，为建成社会主义文化强国共同努力奋斗！

是为序。

《尼山文库》编委会

2022年11月16日

目录

第三章　当代新儒家代表性学者及其学说

附　录

第一章　儒学义理及其传承

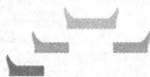

论道

　　"道"是中国哲学的最高概念，它内涵幽深，包容万有，指示出一种无限的、生生不息的、本质的存在。它地位崇高，无以尚之；可体而不可说，可求而不可离；自古及今，其名不去。中国哲学以道为宗，它贯通百家、兼用士庶，故言中国哲学不可不论道，发扬中国哲学精神不可不体道。道本不可言，然而非言无以喻意，故尝试为之，聊寄所思，读者会其意而忘其言可也。

一、道家创论，百家共之

　　宇宙大道无始无终，无所不在，而发现大道，功在道家。强字之曰道，述之以恍惚之辞，首推老子。"道"字早在老子以前就流行，其本义是指行路，以后其字义不断抽象化、普遍化，同时也多样化、层次化，遂有通、导、顺、言、德、理，直、公、术等含义，用现在的话说，即是法则、规律、真理、术数、方法等意思。但在老子之前，"道"字还停留在形而下的范围，其最广大的应用是"天道""人道""神道"三者，仍是有限事物。老子写《道德经》，全力推崇太上大道，首次阐明了大道的无限性、超越性、自然性和普遍性，使道摆脱了感性色彩，上升为最高哲学概念，建立起以道论为基石的哲学形上学。中国哲学从此具有了独立的理论形态，这是老子做出的划时代的贡献。

在老子之后，有庄子论道。庄子更突出大道的内在性和整体性，将道视为物我两忘的最高人生境界，从而为道家的修身论揭示了一个重要的方向。西汉《淮南子》有《原道训》，系统阐述大道的普遍性、超验性、生化性，在宇宙发生论和本体论上大有发挥。魏晋玄学兼综儒道而更偏向道家：王弼宗老子，从本末、有无的关系立论，阐发大道与万物的相互依存关系，正式创建中国哲学的本体论；郭象宗庄子，着重从内圣外王的角度阐发大道理念与人间现实的关系，正式形成中国哲学的境界说。南北朝及隋唐以后，道教以宗教的方式将老庄道论改造成道教哲学，并用以指导炼养修行，使大道落实在养生，故道教以"道"为教名。

有人认为只有道家和道教崇道，其实这个观点是狭隘的。大道普遍存在，与所有的人息息相关，故诸子百家都尊道而贵德。不过道家对大道有宏观的整体的把握，其他各家则得其局部、守其一隅，在理解上确有不同，而这些不同乃是大道内涵的层次和实用之异，从根本上说彼此都是相通的。以物观之，肝胆楚越也；以道观之，百家一体也。

儒家创始人孔子追求的最高真理是"道"，"仁"处在"道"的隶属位置。他说："志于道，据于德，依于仁，游于艺。"（《论语·述而》）其为学的层次是道、德、仁、艺，合于老子。他理想的社会是"齐一变，至于鲁；鲁一变，至于道"（《论语·雍也》）。孔子的社会人生最高目标都是道，故以"学道""弘道""行道"为己任，而人生的价值就在于"得道"，故曰："朝闻道，夕死可矣"（《论语·里仁》）。或曰，孔子之道，其义与老子之道不同。诚然，老子之道，超言绝象，虚隐无名，乃大道之形上本体也；孔子之道，仁礼互涵，修齐治平，乃大道之形下发用也。然而体用一元，有无相生，孔、老实不可以分割而论之。老子之道既以无为体，又以有为用，故无为而无不为，故不离养生全身、爱民治国；孔子之道重实用而不离无为道体，故有伸有缩，有行有藏，有为达于无为，礼乐达于和美。《中庸》以为"道也者，不可须臾离也，可离非道也"，此种道说颇受庄子"道无所不在"（《庄子·知北游》）观点的影响。儒家重仁义，唐代韩愈用仁义解说道德，提出道统论，后之儒者以进入道统系列为荣，表现出儒家向道之心。宋明理学是儒家哲学发展的高峰，却又习称道学，因为它重道统，修道心，以太极为道，道论仍然是理学的理论基石。

中国人还用老庄道论的本体之学与直觉思维方式，去接引印度佛教，与之融合，进而与儒学相融，形成中国佛教哲学。所以中国佛学无论在翻译还是在诠释发挥上，始终带有很深的道家印记。例如称佛法为佛道，称僧人为道人，称修习为修道，用清净空寂解释佛性，讲心境合一、体用合一。这些明显表露了道的精神。法家本无哲学，借重道家而成系统。韩非有《解老》《喻老》，崇道而重理。《解老》云："道者，万物之所然也，万理之所稽也。"道是宇宙的普遍本质，是万理的总体，故法依于道。管仲学派以道为万有之根本。《管子·内业》云"凡道，无根无茎，无叶无荣，万物以生，万物以成，命之曰道"，说明道不它生而能生物；《管子·心术上》云"道在天地之间也，其大无外，其小无内"，这句话是阐述道的无限性的最彻底的语言，宇宙有多大，道就有多大，元素有多小，道就有多小，道是无限大和无限小的统一。兵家哲理，以道为先。《孙子》论"五事"，"一曰道，二曰天，三曰地，四曰将，五曰法"（《孙子·始计篇》）；李靖答唐太宗问兵法时亦有相似的说法。所谓兵家之道，是指战争行为中那无形而又深层的法则，它不直接参与军事活动，却能决定战争的成败，如战争的正义性、民心之向背、军心之齐散、政治形势之顺逆，以及战争中变化莫测、无形可察的总是隐秘起作用的规律性。《淮南子·兵略训》说："兵失道而弱，得道而强；将失道而拙，得道而工；国得道而存，失道而亡。所谓道者，体圆而法方，背阴而抱阳，左柔而右刚，履幽而戴明，变化无常，得一之原，以应无方，是谓神明。"用兵之道，可体察而难言说，唯变所适。中国兵家重道崇德，故战略学发达，讲究义战和不战而屈人之兵，名家虽极少论道，然而道的观念亦贯通其中。惠施"历物之意"说："至大无外，谓之大一；至小无内，谓之小一。"此即是从宏观和微观两个角度说明道的无限性，对后世产生极大影响。医家理论亦多仰仗道家，医典《黄帝内经》托名黄老，可知与道家渊源之深。书中论至人"淳德全道""去世离俗，积精全神"。所谓"全道"即是得道，乃道家理想人格。总之，各家大都以道为尊贵，以得道、弘道为盛业。

至于普通中国人，不论哪行哪业，都在日常生活中把道作为最高价值尺度，于是道竟成了中国人心目中真理的代名词。凡探求宇宙奥秘、人生真谛的努力，称之为求道、学道；有所收获，称为闻道、悟道、体道；有所推动发扬，称为弘道、行道。中国人大都相信宇宙虽无主宰神，却存在着最高真理的道，有理想的人应该修道，勤奋有方则可以得道，于是道便成了一种普遍性的信仰，我们可以称之为"道主义"。老子说："大道泛兮，其可左右。"（《道德经》第三十四章）道是开放性的，可以包容一切，故济益天下而莫之能辞。

二、大道一本而多元，异途而同归

道是体用、有无、一多的统一。从道体看，道是无，是一。无则涵虚无名，寂然无形；一则独立无对，混然无分。从道用看，道是有，是多。有则形名俱在，生意盎然；多则万千气象，无一类同。老庄道家，为表现大道的丰富性，常就其多层内涵，分而述之，然而终归于一体。后世君子，不明分合之理，执其异而忽其同，破碎大道，往而不返，这与大道寓一于多的精神不合。

哲学有四论：发生论、本体论、价值论、修身论。在西方人的思想中，除了基督教神学可以将四论统为一体外，一般哲学的四论则分而难合。在西方，宇宙发生论与自然科学紧密相连，后来竟归于自然科学，流行的学说有康德星云说、基督教上帝创世说、近代的宇宙大爆炸说。在宇宙本体论方面，有古代原子论，近代理念说、物质说、基本粒子说。在人文价值和道德理念方面，有个人主义、人本主义、社会主义诸说，与发生论、本体论了不相关。许多西方哲学家认为，发生论、本体论是科学的范围，靠理性解决；而价值与修身属信仰与感情，必须依赖于宗教，或另立一人文学说，遂形成科学与人文的对立。他们没有提出一个概念，能够把事实世界与价值世界打通，只有诉诸上帝。中国道论则不同，融知识与信仰为一体，通客观与主观而混之，天人合一根基于道，故宇宙发生论、宇宙本体论、社会价值论、人生修养论都以道为中心，自然贯通，合则皆立，分则皆失。

四论为什么能在道的基础上复通为一呢？关键在于大道是宇宙生命的源泉和动力，它当然也是社会和人生成长的生机和活力。以道为基石的中国哲学是生命哲学，它的发生论也就是生成论，本体论也就是生理论，价值论也就是生趣论，修身论也就是生育论。换句话说，发生论要回答物品和生命的起源问题，本体论要回答物品和人的存在与发展的生机动因问题；价值论要回答生命的意义和目标的问题；修身论要回答如何强固生命、提高生存质量的问题。总之，万变不离生道，故可混而为一。

在"道通为一"的前提下，要多层揭示道的内涵，使它的丰富性、立体性得以展现，以下从哲学四论加以分疏。

三、宇宙生成于道——道的发生论

中国人一般不相信神创世界说，而是朴实地认为天地万物来源于混沌不分的原始状态，原始世界逐渐分化，才形成林林总总的事物和现象。民间传说中常有混沌生天地的说法。老子的发生论正是把先民的朴素观念上升为理论。老子曰："道生一，一生二，二生三，三生万物。"（《道德经》第四十二章）"道冲，而用之或不盈。渊兮，似万物之宗。"（《道德经》第四章）"天下万物生于有，有生于无。"（《道德经》第四十章）这是描述宇宙发生的最典型、最明确的语句。第一句讲发生过程：无极之道本无一物，从涵虚恍惚中转生出混一之宇宙，是谓"一"；混一之宇宙又分化出天地阴阳，是谓"二"；天地阴阳交感组成和气，是谓"三"；和气聚散升降，分化出品类众多的万物，是谓"三生万物"。第二句说明道具有无穷尽的连续的创生能力，现存的一切事物都根源于道。第三句标明道的原始性，没有任何规定性，故称为"无"，但无不是零，是生机潜在的状态，包含着有形世界的因子，故无能生有。

庄子发挥老子的思想，则有《大宗师》的发生论："夫道，有情有信，无为无形；可传而不可受，可得而不可见；自本自根，未有天地，自古以固存；神鬼神帝，生天生地；在太极之先而不为高，在六极之下而不为深，先天地生而不为久，长于上古而不为老。"庄子特别指明道"自本自根"，它是第一宗祖。《周易·系辞上》云："是故《易》有太极，是生两仪。两仪生四象，四象生八卦。"这是讲卦象形成过程，兼有宇宙发生论的意味，无疑是受到了道家的影响。《吕氏春秋·大乐》云："万物所出，造于太一，化于阴阳。"又云："太一出两仪，两仪出阴阳，阴阳变化一上一下，合而成章。""太"者无上之谓，"一"者未分之称，"太一"相当于老子的"道生一"。《淮南子·天文训》曰："道始于一，一面不生，故分而为阴阳，阴阳合而万物生。"《精神训》则详细描绘了天地发生、万物出现、人类形成的过程。"道生一"和"道始于一"略有不同：前者就由无生有而分言之，后者就无与有而混言之，同谓之玄，故道亦可称为一。从此以后，道家的宇宙发生论，扩展为整个中国哲学的宇宙发生论。宋明理学奠基人周敦颐著《太极图说》谓："无极而太极。""太极动而生阳，动极而静，静而生阴。静极复动，一动一静，互为其根。分阴分阳，两仪立焉。阳变阴合而生水火木金土，五气顺布，四时行焉。""乾道成男，坤道成女，二气交感，化生万物，万物生生，而变化无穷焉。"无极即是道，太极即是一，无极是道的本然状态，太极是道的混然状态。上述说法与老子发生论一脉相承，只是更加丰富了，其基本公式即"太极—阴阳—五行—万物—人类"，这是后期儒学都承认的。

宇宙发生论在古代是哲学问题或宗教问题。到了近代，它日益成为自然科学问题，被称为宇宙论。上帝创世说之荒诞不经已成为共识，就连许多神学家亦不得不以寓言对待之。近现代宇宙论倾向于现存宇宙生成于未曾分化组合的基本粒子状态，而基本粒子又是变化莫测、难以名状的东西，但它包藏着生成有形宇宙的基因和动力，有些科学家认为这只能用中国哲学的"道"来表示。英国宇宙学家霍金提出"宇宙自足"的理论，这一理论被表述为"宇宙创生于无"的命题。由此可见。道的宇宙发生论尽管具有朴素的性质，但它在大方向上是正确的，经得起科学发展的考验，并且逐渐为世界所接纳，这是值得中国人自豪的。

四、万物依赖于道——道的本体论

哲学本体论要回答这个世界存在的依据，即存在之所以存在者。中国传统哲学称现象世界为"迹"为"然"，现象背后的共同本质为"所以迹""所以然"，这个"所以迹""所以然"便是道。作为本体论的道有三大特性：创生性、遍通性、有序性。创生性解决万物生存的动力问题，遍通性解决万物生存的互依问题，有序性解决万物生存的规则问题。道的创生性表现为宇宙生生不息，永不枯竭，如老子所说"虚而不屈，动而愈出"（《道德经》第五章）。这种宇宙所固有的永无止息的动能便是道，它超乎形象，却又内在实有。道的创生性是自然发生的，它不断地向万物提供生命的能量，但没有意志性和主宰性，"万物恃之而生而不辞，功成不名有，衣养万物而不为主"（《道德经》第三十四章）。什么是德？德者得也，万物禀受于道而获得的生命活力，也就是该物的物性，得之则生，失之则死。老子说："万物得一以生。"（《道德经》第三十九章）"一"者道也，生力也，万物之生命系于此，故不可丧失。《庄子·知北游》曰："万物不得不昌，此其道与。"《淮南子·原道训》曰："山以之高，渊以之深；兽以之走，鸟以之飞。日月以之明，星历以之行；麟以之游，凤以之翔。"可知，道就是大自然时刻表现出来的创生造化之力。

遍通性是指大道可以与宇宙一切事物相贯通，从而使宇宙成为一个整体。我们这个世界是多元的，品类杂多，景象万千，但没有一种物象是孤立的，物象彼此间存在着直接或间接的联系，而联系的桥梁便是道。《庄子·渔父》云："且道者，万物之所由也……"《法言》云："道也者通也。无不通也。"道无所不通，因为它本身不是某物，非物故无滞，无滞故能通，能通故能为群有之本。严遵《老子指归》云："天地所由，物类所以，道为之元……""夫道体虚无而万物有形，无有状貌而万物方圆，寂然无音而万物有声。由此观之，道不施不与而万物以存，不为不宰而万物以然。"王弼贵无论的逻辑亦与之相同。他在《复卦注》中说："天地虽大，富有万物，雷动风行，运化万变，寂然至无，是其本矣。""若其以有为心，则异类未获具存矣。"任何有限事物都不能成为宇宙万物的本体，只有超越一切有限性的道，才能包通万有而为天地万物之心。故《庄子·齐物论》说："故为是举莛与楹，厉与西施，恢恑憰怪，道通为一。"

有序性是指宇宙运动变化的内在稳定本质和运行规则，而道的有序性则是事物最一般的本质和最根本的规则。这个世界不是杂乱无章的，不是偶然性的堆积。在现象世界背后，在偶然性之中，有着某种稳定的规律性的东西，它看不到摸不着，却真实存在，它很深远，在暗中支配着现象世界和有形事物，这便是道。老子说："道者万物之奥。"（《道德经》第六十二章）又说："道恒无为，而无不为。"（《道德经》第三十七章）老子认为现象与本质常常相反，道的有序性正是通过相反的运动而表现出来，他概括为："反者道之动，弱者道之用。"（《道德经》第四十章）"反"的内涵十分丰富，包括相反相成、正理若反、物极必反、返本归初等含义。"弱"不是软弱而是柔韧，是指新生的、前进的事物生命根基深厚，往往是外柔而内刚，总是胜过貌似强大、领先的旧事物，故曰："弱之胜强，柔之胜刚。"（《道德经》第七十八章）事物总是按照柔弱胜刚强的规律，以新陈代谢的方式，一代一代向前发展的。

关于现象与本质的关系，儒道两家习惯用"器"与"道"这对范畴来表述，老子有"朴散则为器"（《道德经》第二十八章）的说法。《周易·系辞上》明确说："形而上者谓之道，形而下者谓之器。"道是本质，器是现象；道是抽象，器是具体；道是本体，器是功用；道是一般，器是个别。张载云："无形迹者即道也，如大德敦化是也；有形迹者即器也，见于事实如礼义是也。"（《横渠易说·系辞上》）二程说："有形皆器也，无形惟道。"（《河南程氏粹言·论道篇》）朱熹则喜欢用"理"释"道"，说："理是道，物是器。"（《朱子语类》卷二十四）又说："道亦只是器之理。"（《朱子语类》卷七十七）但道是众理之和，故又称太极。朱熹从体用、一多的角度论述道的本体论："盖至诚无息者，道之体也，万殊之所以一本也；万物各得其所者，道之用也，一本之所以万殊也。"（《论语集注·里仁》）由此可见，儒道两家在本体论上是相通的，对"道"的理解也比较接近。

五、人生的最高追求在得道——道的价值论

道包括了天道和人道，它不仅是客观世界的源泉和本体，也是人的世界的价值源泉和最高价值尺度；不仅是认识的对象，也是信仰的对象。中国人大多相信宇宙有道、社会有道，人生合于它便是正道，偏离它便是邪途，所以总是以各种方式孜孜求道，充满了乐观执着的精神。完全的悲观主义和非价值论在中国缺少

市场。由于有了道的信仰，传统的宗教价值论，即以上帝鬼神为价值源泉和尺度的观念，便渐渐失势，或被道的信仰所融化，使中国人既有信仰支撑精神生活，又不陷于宗教狂热，能在理性主义与信仰主义之间回旋。

道对于老子，既是客观真理，又是社会人生的最高境界，故尊而贵之。人道应法天道而为之，就是体现天道自然无为、大公无私、养育万物的本性。表现在社会管理上，有道之世没有压迫，没有战争，没有欺诈，人尽其才，物尽其用，安居乐业，各得其所，其特征是公正、淳朴、乐和。表现在人生追求上，得道之士应质朴无华、厚重内敛、谦和沉静、博大精思、慈爱利他、无私能容。庄子称得道之人为至人、真人、神人，其内在生命会向外扩大，突破了个体躯壳的局限和世俗偏见的局限，使精神获得一种解放、自由，可以逍遥自在。于是庄子的道论便成为一种境界哲学、心灵哲学，给人一种精神价值的导向。

儒家亦以求道为己任。其社会人生理想与道家有同有异，然不失求道之方向，亦追求社会的公正、和谐、安宁和人生的完美。《礼运》曰："大道之行也，天下为公。"孔子曰："唯天为大，唯尧则之。"（《论语·泰伯》）"老者安之，朋友信之，少者怀之。"（《论语·公冶长》）儒家认为有一个恒久不变的社会常道，它是人生的正确导航，故《中庸》云："道也者，不可须臾离也，可离非道也。"

在儒道两家的影响下，中国人把道看成真善美的代名词，用"道理"表示真，用"道德"表示善，用"道艺"表示美。道理即是事理，求知在于明理，言行要合乎道理，否则即是无理。俗话说："有理走遍天下，无理寸步难行。"道理已经成为普通人衡量是非的价值尺度。道德即是品德善行，这是做人的首要信条，有德者受人尊敬，无德者遭人诟骂。《中庸》以"仁、智、勇"为三达德，三者以仁为首，故人们称有抱负、有作为之人为仁人志士。道艺指各种艺术和技能，但得道者已超出一般学问和技能的水平，而达到审美的境界。庖丁解牛，其"所好者道也，进乎技矣"（《庄子·养生主》），故能合于音乐舞蹈的韵律节奏，获得审美的享受。儒家的"孔颜乐处"乃是得道的审美感受，如朱熹所说："而其胸次悠然，直与天地万物上下同流，各得其所之妙，隐然自见于言外。"（《论语集注·先进》）

还有道义，表示事情的正义性，即公正原则。孟子说："得道者多助，失道者寡助。"（《孟子·公孙丑下》）这里说的"道"即是道义，指事业要合乎潮流，顺乎民心，有益于大众和社会进步。宋明道学所谓的"道"，其重心不在宇宙论而在价值论，即在做人之道，按照周敦颐的说法，道学是"立人极"（《太极图说》），即确定做人的标准。

六、完善自我依赖于道——道的修身论

儒道两家都认为人性本于天道，人心皆具道心，但道心为私欲、成见、世网所蔽，不能显现，故常偏离正道。人们须加以修炼，不断克除恶习，完善自己，最后达到与大道一体化，能做到的人便是得道圣贤、有道君子。

道家修道的方式是形神兼修，后来道教内丹学发展为性命双修。一是修神或修性，就是克服伪诈，恢复纯朴，超越欲情，提高境界。老子提出的方法有"少私寡欲""致虚守静""和光同尘""慈俭不争"等。由于大道不可言说只能体悟，修道的方法恰与进学相反，"为学日益，为道日损"（《道德经》第四十八章），即是"减"的方法，既排除感性经验，也排除理性思维，

然后直接去体验大道，庄子提出的方法有"坐忘""心斋""两忘而化其道"。总之，要通过消除世俗情感认知的一切局限性，使主体精神融入无限的宇宙之中，达到天人合一的境界。二是修形或修命，就是祛病健身，养生长寿。道家最重养生之道，以促进生命的健康发育为要务。老子曰："载营魄抱一，能无离乎？专气致柔，能如婴儿乎？涤除玄览，能无疵乎？"（《道德经》第十章）第一句说形神相合，这是养生的根本原则；第二句说炼气，使身体柔韧，如婴儿般充满生机；第三句说炼神，做到返观内照。老子提出一系列养生要领，如"去甚，去奢，去泰"（《道德经》第二十九章），"知足不辱，知止不殆，可以长久"（《道德经》第四十四章），"治人事天，莫若啬"（《道德经》第五十九章）等，目的是使生命"深根固柢"，而能"长生久视"。庄子养生，虽特重炼神，亦不克炼形。他不追求长生，对生死抱着顺乎自然的态度，但他认为有道之人亦不轻死而乐死，应顺乎自然以尽天年，便须避免过分的情欲活动，"不以好恶内伤其身，常因自然而不益生也"（《庄子·德充符》）。所谓"益生"是指"外乎子之神，劳乎子之精"的浪费生命的行为。庄子通过庖丁解牛的寓言，昭示一条养生的真理——"以无厚入有间"（《庄子·养生主》），即正确寻找自己的生存空间，避免与其他力量碰撞而受到伤害，从而生活得自由自在、游刃有余。庄子有鉴于大材之人因材得祸，无材之人因不材受害，提出"处乎材与不材之间"的处世哲学，真是用心良苦，虽比不上"与时俱化"的真人，亦不失乱世中避祸的良方之一。后来道教在老庄道论的基础上，根据道教教义的要求，发展出一整套内丹修道功法。其原理是"生道合一""逆修成丹"；其原则是"性命双修"；其步骤是"炼精化气，炼气化神，炼神还虚，炼虚合道"；而具体功法则千种百样，不胜枚举。目前社会上广为流行的各种气功，大都来自内丹修道功法，虽然精粗并存、良莠互杂，但主流还是好的，对于民众的健身起了积极作用。

儒家的修身，特重道德修养，亦以道论为基础。《中庸》说："天命之谓性，率性之谓道，修道之谓教。"人性受于天命，其本然之性无过不及，理学家称之为"道心"，但禀气和积习不同，故人心有异，须加修养，使人心归于道心，这就是修道教化的作用。理学家推崇《尚书》十六字真传："人心惟危，道心惟微，惟精惟一，允执厥中。"朱熹认为修身的目标就是"必使道心常为一身之主，而人心每听命焉"（《中庸章句序》）。理学家亦很赞赏《周易·说卦》中的一句话："穷理尽性以至于命。"所谓"至于命"，即是精神境界达到同天体道的地步，必须从穷理尽性做起。程朱理学强调从穷理入手，陆王心学强调从尽性入手，这是两大学派的分途。《中庸》云："自诚明，谓之性；自明诚，谓之教。"又云："尊德性而道问学。"张载认为，"自明诚，由穷理而尽性也；自诚明，由尽性而穷理也"（《正蒙·诚明篇》）。朱熹为代表的理学家偏重"道问学"，强调"即物而穷其理"，"至于用力之久，而一旦豁然贯通焉，则众物之表里精粗无不到，而吾心之全体大用无不明矣"（《大学章句补格物传》）。陆王心学家则偏重"尊德性"，陆象山强调"先立乎其大者"，"若能尽我之心，便与天同，为学只是理会此"（《象山先生全集》卷三十五）。王守仁的修养方法就是"致良知"，从养处体验，在事上磨炼，做到知行合一。朱熹的"吾心之全体大用"，陆象山的"与天同"，王守仁的"致良知"，皆是指体道明德的精神境界。总之，道心是儒家修身的基础，道德是儒家修身的内容，修道是儒家修身的途径。在这一基本理念指导下，形成一系列具体的修养方法，如笃志而固执、反躬内省、慎独、从善改过、下学上达、讷于言而敏于行、推己及人、存心养性、诚意正心等。

综上所述，我们分列了道的几个重要侧面，以此显示，道具有综合天人、贯通古今、统一体用、包容有无的品格。我们今天和未来若要建立新的哲学，不能不首先重视对道的概念的继承改造，从其丰富内涵中吸取营养。道的学说兼具宗教、哲学、科学的三重优点，而又无三者的偏失，可以成为现代社会人们树立信仰的最佳选择之一。宗教能形成巨大的精神力量给社会道德和人生信仰以强有力的支持，但是单纯的宗教往往感情胜过理智，导致盲目信仰和宗教狂热；哲学有穷根究底的精神，表现理性智慧的高度光辉，但是单纯的哲学往往理智压倒感情，缺少投入和献身的精神；科学求真、实证、有效，是社会进步的有力工具，但是单纯的科学只是工具理性，不能顾及人文的目的和价值。然而道的学说可以把三者贯通起来。道的学说充满着理性的智慧与冷静的思考，同时又有着淑世的情怀和玄妙的意境，可以成为认识世界的工具，亦可以成为一种信仰，使感情有所寄托。作为修身的方法，它又有实践的可操作性，使人们感到亲切有益。近现代一些科学家试图借用道的概念，重新建构科学理论模式。例如日本物理学家汤川秀树用道解释基本粒子，美国物理学家卡普拉用道解释"场"，诺贝尔奖获得者李政道用道解释"测不准定律"。这些迹象都表明，道的学说能与现代科学相容，能够走向世界，从而有可能成为沟通东西文化的桥梁。道是广大普遍而无形的路，它可以通向四面八方。

（原载《中国哲学史》1996年第3期，内容有改动）

儒家仁学的演变与重建

一、仁学是儒学的精髓

儒学是一种伦理型的人学，是讲述如何做人与如何处理人际关系的学问。以人为本位，这是儒学区别于一切宗教的地方；以伦理为中心，这又是儒学区别于西方人文主义和中国道家学说的地方。儒家人学有两大支柱：一曰仁学，二曰礼学。仁学是儒家人学的哲学，是它的内在精髓；礼学是儒家人学的管理学和行为学，是它的外在形态。仁学和礼学在历史上常常结合在一起，但两者起的作用不同，存留价值也不同，因而在近代就有了不同的命运。仁学在儒家所有学问中，代表着中华民族发展的精神方向，蕴含着较多的人道主义和民本主义成分，它给中国知识分子提供了一种切实而又高远的人生信仰，一种独特的文化价值理想，培养了一大批道德君子、仁人志士成为中国文化的精英。仁学由于具有较强的生命力和普遍性价值，所以在中国从中世纪向近代社会转型过程中，受到先进思想家的珍重，成为儒学中最值得继承和发扬的部分。礼学作为一种社会管理学和行为学，也曾为中华文明的发展做出过贡献，内涵亦相当丰富，不可简单否定。但它与中世纪宗法等级制度、君主专制制度结合较为紧密，贵族性和时代性都比较强烈，所以在帝制社会坍塌的时候它必然要受到革命派的强烈批判。特别是礼学在后来的发展中渐渐失去仁的内在精神，变成僵死的教条，甚至"吃人杀人"，就更为觉醒的人们所憎恶。五四时期先进思想家攻击孔子和儒学，其锋芒所向，实际上不是全部儒学，主要是封建礼教和官学化了的理学，而这正是儒学应该抛弃的部分，没有这种否定，儒学便不能新生。正如贺麟先生在《儒家思想的新开展》一文中所指出的："新文化运动的最大贡献在于破坏和扫除儒家的僵化部分的躯壳的形式末节，及束缚个性的传统腐化部分。它并没有打倒孔孟的真精神、真意思、真学术，反而因其洗刷扫除的工夫，使得孔孟程朱的真面目更是显露出来。"[1]贺先生在同篇文章中特别提到"仁"，认为"仁乃儒家思想的中心概念"[2]，可以从艺术化、宗教化、哲学化三方面加以发挥，而得新的开展。贺麟先生对儒家真精神的理解和对五四运动与儒学关系之说明，是近代中国思想家中最深刻、最透彻的一位。他是在20世纪40年代初发表上述见解的，真令我们这些还纠缠在尊孔与反孔的对立思维中的晚生后辈惭愧莫名。仁学既然是儒学中精华较多的部分，今天从古为今用的角度研究儒学，就应该把关注的重点放在仁学上面，认真考察仁学生长发展的过程；认真研究人类文明的未来发展在多大程度上需要仁学，现在如何推进仁学，重建仁学，使它在新的时代放出光彩。自从孔子正式创立仁学以来，论仁的论著不可胜计，当代学界对仁的历史与理论考察亦有许多成果，仁学研究一直是

----

① 贺麟：《文化与人生》，上海文艺出版社，2001，第3页。
② 贺麟：《文化与人生》，上海文艺出版社，2001，第8页。

儒学研究的热点之一。本文不打算对仁学做系统的历史考察，也不打算层层剖析仁的丰富内涵，而想抓住仁学发展史上最有关键意义的三次重大理论创造活动，揭示出仁学在其逻辑发展中的三大阶段，而这第三阶段正同近现代中国的社会转型相衔接，它对于儒学的现代化更具借鉴意义。

二、早期仁学是爱的伦理哲学

早期儒家仁学以孔子、孟子为代表。孔子最重仁德，把仁看作理想人格首要和基本的要素，其论仁之言数量既多，提法又各有不同，揭示了仁的含义的丰富性。孔子的众多言论中最重要的是回答樊迟问仁，曰："爱人。"这句话集中说明了仁的人道主义性质，仁就是人类的同类之爱，一种普遍的同情心。这种爱心被社会阶级、阶层集团间的对立与斗争淹没了，孔子重新发现了它，加以提倡，形成仁学。墨子的"兼爱说"也是一种人道主义，但他未能找到切实的施行途径，所以仅停留在理想的层次。孔子主张爱有差等，施由亲始，在当时条件下这是合情合理的。爱心从家庭敬爱父母兄长做起，此即有子所说的"孝弟也者，其为仁之本与"，然后推己及人，由近及远，以至于达到"四海之内皆兄弟"的广大境地。爱人不是一句空话，从横向关系说，要表现为"己欲立而立人，己欲达而达人"，此即是忠；"己所不欲，勿施于人"，此即是恕。从上对下的关系说，要"恭、宽、信、敏、惠"，也就是开明政治。爱人不是形式上的，它发自本心，真实朴素，故"刚、毅、木、讷近仁"；但要使爱心达到高度完美的程度，还必须刻苦地修德，并矢志不移，故子夏说："博学而笃志，切问而近思，仁在其中矣。"仁以为己任，直到死而后已，必要时"杀身以成仁"，成仁即成全了自己的人格。

　　孟子正是沿着孔子仁者爱人和能近取譬的思路向前推进仁学的。他把仁定义为"恻隐之心"，又称为"不忍人之心"，都是指人类的同情心，以爱破忍，视民如伤，使人道主义和民本主义精神更加突出。孟子对仁学的新贡献有五：一是建立性善说，为仁学提供人性论的理论基础；二是提出"仁人也"（《孟子·梁惠王下》）的命题，指明仁是成人之道，不仁无以为人；三是由仁心发展为仁政，建立起仁学的政治论；四是把仁爱从人推及万物，提出"亲亲而仁民，仁民而爱物"（《孟子·尽心上》），形成泛爱的思想；五是仁义连用，居仁由义，说明仁爱是有原则的。

　　仁以爱为主要内容，不仅是孔孟的看法，也是战国至汉唐儒者的共识，如《礼记·乐记》说："仁以爱之。"《太玄经》注说："同爱天下之物，无有偏私，故谓之仁。仁者，仁爱之及物也。"《白虎通·情性》说："仁者不忍也，施生爱人也。"这一时期所有论仁之说，就其深刻性而言，均未超出仁者爱人的水平。唐中期儒者韩愈作《原道》，提出"博爱之为仁"，这一说法成为仁者爱人诸说的最高概括。虽然后来有人批评韩愈此说作为孔孟仁学的解说并不准确，但不可否认博爱说乃是孔孟泛爱说的发展，在精神上是一致的。

　　到此为止，早期儒学建立起仁的伦理哲学，它以爱为中心观念，把仁爱作为人伦的原则和人道的基石，虽然它不免带有家族社会的强烈色彩，但爱作为一种普遍性原则已经得到社会的公认。从个人成长而言，仁爱是君子的第一品性和人生的最高境界，仁爱把人同动物区别开来，也把有德之人和德性未显之人区别开来。仁与爱如此密不可分，我们可以把这一时期的仁学称为爱的哲学。

三、中期仁学是生的宇宙哲学

中期儒家仁学的代表人物是朱熹和王阳明。朱子上承大易之道，用生生之德充实仁学，把仁德推广到宇宙万化，建立起天人一体的仁学的宇宙观。朱子继承早期仁学的思想，对爱人的内涵有更深入的阐发，如强调仁包四德，仁是爱之理、心之德，仁为体、为性，而爱为用、为情。但朱子仁学的成就不在这里，他理论上的最大贡献是从"生"上说仁，把"生"字引入仁学，使仁学成为一种生的哲学。他的思想受启于《周易》，如："天地之心别无可做，大德曰生，只是生物而已。"（《朱子语类》卷六十九）又说："发明心字，曰：'一言以蔽之曰生而已。'天地之大德曰生，人受天地之气而生，故此心必仁，仁则生矣。"（《朱子语类》卷五）朱子认为《易》说生生之德即是仁，所以仁不仅是人类社会之德，亦是自然界之德，而且人之仁德正来源于天地之仁德。他这方面的话很多，如："仁者，天地生物之心。"（《朱子语类》卷五十三）"仁字有生意，是言人之生道也。"（《朱子语类》卷六十一）"仁本生意，乃恻隐之心也。苟伤著这生意，则恻隐之心便发。"（《朱子语类》卷六十八）一般人把自然界看作是无生命的，朱子则视自然界为一巨型的生命体，充满着活力，不断育养出众多的生物，这是大自然爱心的体现。但是自然界既生物，亦死物，又作何种解释呢？朱子认为万物生长固然是生命的体现，万物枯槁亦是生命的收敛固藏，为的是更生和日新，所以仁之生物不是一次性的，乃是生生不息的。朱子每每好用树木为喻，说："到冬时，疑若树无生意矣，不知却自收敛在下，每实各具生理，更见生生不穷之意。"（《朱子语类》卷六十九）"譬如谷种，生之性便是仁。"（《朱子语类》卷九十五）宋代学者喜欢用植物果实比喻仁，而且影响所及，植物果实的命名亦取仁字，如桃之种称桃仁，杏之种称杏仁，皆因其中包含着生命再造的能力。当时学者还喜欢用生命体气血流通比喻仁，如程颢说："医书言手足痿痹为不仁，此言最善名状。仁者，以天地万物为一体，莫非己也。""如手足不仁，气已不贯，皆不属己。"[1]他教导学者须先识仁，仁者浑然与物同体，既已同体，则品物万形为四肢百体，彼此之间痛痒相关，由此可知仁就是生命体的活力与通畅。朱子肯定程颢的说法："明道言学者须先识仁一段说话极好。"（《朱子语类》卷九十七）总之，以"性"论仁，一指宇宙生生之德，二指人类怜生之心，三指天人一体之爱。

理学家天地生物之仁的宇宙观与老子不同。老子说："天地不仁，以万物为刍狗。"天地自然无为，对万物无所偏爱，顺任其自生自成而已。这种天地不仁之说固然消除了人类投射到自然界上的感情色彩，有助于消除神秘主义和鬼神之说，但这种"冷处理"的态度也容易使人对自然界的感情麻木起来，导致"无情"的哲学，其后果往往是很可怕的。朱子坚持天地有心说，反对有以无为本的玄学贵无论，他说："举王辅嗣说，寂然至无，乃见天地心。曰：'他说无，是胡说。'"又说："无便死了，无复生成之意，如何见其心？"（《朱子语类》卷七十一）朱子对道家不够了解，无并非死寂，按老子的说法，虚无包含着生机，"虚而不屈，动而愈出"，"天下万物生于有，有生于无"。无形之道生天地，天地生万物，只是不有意于生物，所以道家也是一种生命哲学。不过儒家是人伦型的生命哲学，以人道涵盖天道；道家是自然型的生命哲学，以天道涵盖人道，最后都要达到同天合道的目的。朱子称赞老子的柔弱胜刚强之说，因为柔弱是有

---

[1] 程颢、程颐：《二程集》，王孝鱼点校，中华书局，1981，第15页。

生命力的表现，故说："仁是个温和柔软底物事。老子说：'柔弱者生之徒，坚强者死之徒。'……看石头上如何种物事出！"（《朱子语类》卷六）又说："牝，是有所受而能生物者也。至妙之理，有生生之意焉，程子所以取老氏之说也。"（《朱子语类》卷一百二十五）

　　中期儒家仁学可称为生的哲学，它用生深化了爱的内涵，突出了生命的价值和意义，强调了对生命的热爱和保护。它还使人道之仁扩展为天道之仁，突破了道德范围，使仁具有了超道德的生态哲学的普遍意义，大大提升了早期儒学的仁的伦理哲学。朱子用生的仁学把人道与天道打成一片，这是他的特色，钱穆先生评论说："朱子专就心之生处心之仁处着眼，至是而宇宙万物乃得通为一体。当知从来儒家发挥仁字到此境界者，正惟朱子一人。"（《朱子新学案》）但朱子更重理学，而且不在仁学的基础上讲"理"，却分别什么"天命之性"与"气质之性"，高性理而贬性情，埋下了后来远人情以言天理的种子。阳明说："礼学即理学。"（《传习录》）戴震亦说："荀子之所谓理义，即宋儒之所谓理。"（《孟子字义疏证》）表面上，程朱理学承接孟子谈心性，实际上，程朱理学是承接荀子，将礼义升华为天理，使理学成为礼学的主要哲学形态。一旦脱离爱和人情，"理"便会成为冷冰冰的东西，反不如阳明心学更接近仁学的真精神。阳明接着程颢的《识仁篇》，讲"天地万物一体之仁"，这种仁也就是人心之良知，它是发自本性的，活泼自在的。阳明论仁不喜欢从冷静的理上说，而喜欢从热切的情上说，以自己的生命体验表述仁者与天地万物痛痒相关的真情实感。他说："盖其天地万物一体之仁，疾痛迫切，虽欲已之而自有所不容已。"（《答聂文蔚书》）见到同类危难而有恻隐之心，见到鸟兽哀鸣而有不忍之心，见到草木摧折而有悯恤之心，见到瓦石毁坏而有顾惜之心，这都是由于人与天地万物原本一体，同此一气，故能相通，可知阳明的仁爱即是爱惜生命，突出生的主题。阳明的哲学主旨是造就生命主体的超脱自得，性情真挚生动，生机盎然，故其用活泼的生物喻道："潜鱼水底传心诀，栖鸟枝头说道真。"（《碧霞池夜坐》）由此可知阳明的心学即是一种重生的新仁学。

四、后期仁学是通的社会哲学

晚清近代儒家的仁学以谭嗣同为代表，康有为、梁启超、孙中山等人辅论之。他们吸收西学，综合诸家，别开生面，形成近代仁学的新特点。谭嗣同是推动维新变法、冲决旧传统的一员猛将，但他不是横扫一切文化的虚无主义者。他在激烈批判封建纲常礼教的同时，改造并创建儒家的新仁学，取仁学而弃礼学，态度十分鲜明。他著《仁学》一书，开宗明义："仁以通为第一义。"这使传统仁学发生了质的飞跃，开辟出一个崭新的境界。从理论渊源上说，"通"的观念古已有之。谭氏引《周易》："故《易》首言元，即继言亨。元，仁也；亨，通也。""仁者寂然不动，感而遂通天下之故。"他又引《庄子》"道通为一"，认为以此语明通之义最为浑括。他亦引墨子的兼爱，佛家的无相与唯心，基督教的爱人如己，欲综合中外诸说而推出通的仁学。然而仅有上述诸说的思想资料，尚不足以建立新的体系，谭氏新仁学的创建，真正起推动作用的是近代西方文明的传入和西学的影响，特别是西方民主制度、发达的商品经济和近代的自然科学知识。谭氏眼界由此大开，观察问题的坐标发生根本变化，不再是忠孝之道、夷夏之防、以农为本等所谓传统常道，而是站在近代社会的高度去批判传统社会的专制主义、宗法制度、闭塞守旧等过时的事物，故突出仁学中"通"的内涵，以通破塞，正切中传统社会的要害，这大大有益于观念的现代化变革。谭嗣同说："通之象为平等。"这是"通"的根本义，属近代观念。分而言之，"通有四义"：一曰"中外通"，破"闭关绝市""重申海禁"，通学、通政、通教、通商；二曰"上下通"；三曰"男女通"，破"三纲五伦之惨祸烈毒""死节之说"；四曰"人我通"，破"妄分彼此，妄见畛域，但求利己，不恤其他"。谭嗣同用"以太""电""脑气筋"等形容"仁"，都是为了揭示仁的贯通四达、自由自流的性质。博爱固然为仁，不通则不能博爱，故"仁不仁之辨，于其通与塞"。有爱心而陋塞，则欲爱之反害之，如"墨之尚俭非乐，自足与其兼爱相消"，道家绝对地"黜奢崇俭"，则"凡开物成务，利用前民，励材奖能，通商惠工，一切制度文为，经营区画，皆当废绝"。他认为"源日开而日亨，流日节而日困，始之以困人，终必困乎己"，"惟静故惰，惰则愚；惟俭故陋，陋又愚。兼此两愚，固将杀尽含生之类而无不足"。通商乃通人我之一端，"相仁之道也"，"为今之策，上焉者，奖工艺，惠商贾，速制造，蕃货物，而尤扼重于开矿。庶彼仁我而我亦有以仁彼，能仁人，斯财均而已亦不困矣"。谭氏把仁学同发展近代工商业和国际经贸事业联系起来，认为只有这样才能富国富民并有利于人类，以实现博爱济生的理想。谭氏的仁学以"通"为特色，具有了政治民主化、经济现代化、人格自由平等、社会开放、国际交流的新思想，使得仁学从一种伦理哲学和生命哲学跃进为一种概括了政治学、经济学和外交学的有直接现实意义的实学，同时不丧失传统仁学爱人利生的真精神，更是这种真精神的发扬与落实。有鉴于上述特色，我把谭氏仁学称为仁的社会哲学，它是中西文化冲撞融合的产物。

康有为的哲学亦以仁学为核心，他解释孔子的思想时说："'推己及人'乃孔子立教之本；'与民同之'，自主平等，乃孔子立治之本。"又说："仁者在天为生生之理，在人为博爱之德。"（《中庸注》）他理想中的大同世界是"至平、至公、至仁、治之至"的世界（《大同书》），没有臣妾奴隶和君主统领，没有欺夺和压制，没有私产，男女平等，至于众生平等。可知他的仁学既保留了传统仁学的爱人、崇生的精神，又注入了近代自由、平等、博爱乃至空想社会主义的思想。梁启超提出道德的新民说，主张自省、独立、利群、爱国。他的重要贡献在于把爱他与利己统一起来，肯定合理的利己主义。他说："故真能爱己者，不得不推此心以爱家、爱国，不得不推此心以爱家人、爱国人，于是乎爱他之义生焉。"（《十种德性相反相成义》）这是从西方引进的伦理学思想。孙中山反对君主专制制度，但主张继承中国固有道德而加以改造，如变忠君为忠国，充仁爱为博爱，而博爱与民生主义相通，"为四万万人谋幸福就是博爱"（《三民主义·民权主义》）。他又提倡"仁、智、勇"的精神，激励革命者的士气。可以看出，康有为、梁启超、孙中山皆接纳仁学，并赋予时代新意，然而皆不如谭嗣同的通之仁学理论价值高、现实意义大。可惜后来世人没有在"通"字上做大文章，没有把谭氏"通"的精神从学理上加以弘扬，致使甚为符合时代需要的"通"的哲学得不到流传，这是令人遗憾的。

五、当今世界需要建设新仁学

当今世界，西方文明引领着潮流，但已弊病丛生。东方文明在度过艰困岁月之后，正处在将兴未兴的时刻。随着科技的进步、交往的加深和信息的发达，世界正在越变越小，在世界性生态危机、核战争危机、人口爆炸和国际犯罪的威胁面前，全人类从未有如此强烈的同命运、共呼吸的感受。但人类并未因此而通为一体、亲如一家。有识之士已经认识到，单靠科技的进步和经济的增长，人类还不能摆脱危机，走向和平与幸福。这个世界还缺乏许多东西，也许最缺的是能为国际社会普遍接受的明智的信仰和人道主义哲学。世界迫切需要一种新的仁学。当此之时，儒家仁学的再生可以说是恰逢其时。儒家仁学所倡导的爱、生、通三大人道主义原则，可以作为一剂医治当代社会痼疾的良方佳药。当今世界彼此依赖已达到密不可分的程度，爱则共存，仇则两亡；通则两利，闭则两伤。凡是在一定程度上实行了爱的哲学、生的哲学和通的哲学的地方，就出现了生机、光明和希望；凡是实行斗争哲学、独断主义和关门主义的地方，就有较多的悲苦、穷困和破坏。以中国为例，改革开放之后，有了更多的交流，社会面貌便焕然一新。

我以为仁学的重建可以将爱、生、通三大原则综合起来，再加上诚的原则，并在内容上加以增补，可以形成新仁学的体系。这个新仁学以爱为基调，以生为目标，以通为方法，以诚为保证。在"仁者爱人"的原则下，要增加墨子"兼相爱，交相利"的思想，把爱人与惠人结合起来，以免爱人成为空论。爱人不能停留在同情、恻隐的层次，还要表现为对他人人格与权利的尊重。在"仁者生物之心"的原则下，要提倡两点：一是解决争端不诉诸武力，最大限度地保护人民的生命财产；二是保护生态与环境，树立做自然界朋友的观念，提倡人与自然的协调发展。在"仁以通为第一义"的原则下，以"人我通"为总纲，实现人际间的广泛沟通。除了中外通、上下通、男女通，还要特别强调民族通、心灵通、信仰通。民族与种族的冲突是引起当今世界动荡与战祸的原因之一，民族不能和解，世界便无宁日，所以要提倡民族通。心灵的闭塞与孤寂是现代社会生活过度物质化和外向化的结果，金钱与权力冲淡了亲情、友情和爱情，彼此不能理解，所以要提倡心灵通。因宗教信仰不同而起纠纷是常见的现象，解决它的唯一途径是彼此尊重，互容互谅，进而在不同信仰之间提倡平等对话，这样天下便会省却许多麻烦。新仁学还必须以诚作为保证，诚是仁学的生命。诚而后才有真仁真义，不诚只能是假仁假义；诚而后才能躬行实践，感人感物，不诚则遇难而退，有始无终。所以，诚存则仁存，诚亡则仁亡。新仁学应是诚仁之学，期待着众多的仁人志士信仰它，推行它。

（原载《哲学研究》1993年第10期，内容有改动）

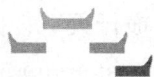

新仁学构想

孔子在集夏、商、周三代礼文化之大成的基础上，提出仁学，把礼乐制度文化上升为礼义精神文化，以仁导礼，仁内礼外，使礼文化具有了鲜活的内在人学生命，昭示了中华文化发展的人本主义方向，这是孔子对中华文明的最大贡献。仁学是孔子儒学的精华所在，也是儒学在当今时代实现理论转型过程中最有价值的思想资源。

回溯中国思想史，历代儒学思想家中，不乏对仁学做创新性解释者。然而令人遗憾的是，先秦儒学之后不断出现的新的儒家学派里，多数学者并不把自己的理论体系直接建立在仁学的根基上，总是对仁学这条主脉有所偏离，而另立一核心理念，使孔子仁学不能以浩大气势直贯而下，常常隐没在众多新理念之中，以至于到了近代，儒学变成礼学，有礼无仁，有理无情，成为束缚人性的礼教，被世人诟病。在长达两千多年的儒学史上，植根于孔子仁学开创出自己思想学说的，屈指只有两家：先秦孟子的仁义之说和近代谭嗣同的《仁学》。

今天的世界，一方面经济全球化和"地球村"要求普遍伦理，另一方面物质功利主义、社会达尔文主义和宗教排他主义却横行天下，因而族群冲突空前加剧，社会危机、道德危机、生态危机空前严重，人类处在方向迷失和发展困境之中。时代在呼唤新人文主义出来推动文明对话，而孔子仁学最具有博爱精神与协调智慧，它可以经过创造性阐释充实新人文主义内涵，发挥引导世界潮流的重要作用。中华民族正在和平崛起，民族的伟大复兴必然伴随着文化的复兴，作为中华文化主干和代表中华身份的儒家文化将在民族文化复兴的舞台上扮演重要角色，这是毋庸置疑的。然而儒学必须在时代精神照耀下进一步展现其精华所在并实现新的理论转型，才能与时代同行，为儒家文化的更新与普及提供学术支撑。"明体而达用"是儒家的现实关怀，也是当代中国学者的历史使命。"新仁学"的构想和提出，就是自己在社会责任驱动下所进行的一种初步的理论探索，也是多年来自己所思所悟的一次整理和提炼。

一、新仁学构想的基本思路

1. 以仁爱为核心理念，突出生命哲学的主线

新仁学的宗旨是发扬中华生命哲学的传统，探讨生命的价值和优化的道路，并把它与社会的改良、生态的治理结合起来，它的口号是"热爱生命，尊重生命，护养生命，提升生命"。新仁学不走训诂、考据的老路，只运用它的某些成果。新仁学的生命哲学径直与孔子仁学相接，理顺仁学的主脉，借鉴历代论仁诸说，紧紧围绕"仁"这一核心概念而展开论述，避免历史上经学的烦琐、神学的虚诞、理学的偏失、礼教的陈旧，致力于焕发仁的生机与活力。"为天地立心，为生民立命，为往圣继绝学，为万世开太平"，此乃中国学人的志向抱负，虽不能至而心向往之。回顾儒学史，孔子仁学虽未成绝学，却往往不绝如缕，时断

时续，常在边缘，经常被各种儒家新说所湮没，未能处于中轴地位；历代儒者虽以孔子为精神旗帜，却在理论上另起炉灶，不在仁学基础上传创，令人惋叹。笔者不才，欲"寻坠绪之茫茫，独旁搜而远绍"（韩文公语），直赴尼山而临曲阜，接续孔子仁学源头活水，注以诸家之精要，开渠疏道，使仁学如一江春水，沛然而下，以利今世，是所愿也。

2. 以孔子儒家为主，吸收诸子百家之长而加以综合创新

新仁学所依据的基本经典，可以概括为"六经、四书、四子、众论"。六经即是《周易》《尚书》《三礼》《诗经》《春秋三传》《孝经》。四书即是《大学》《中庸》《论语》《孟子》。四子即是《老子》《庄子》《墨子》《荀子》。众论包括张载《西铭》、程颢《识仁篇》、朱熹《仁论》、王阳明《大学问》、谭嗣同《仁学》、孙中山《三民主义》等。或曰：《老子》《庄子》《墨子》非儒家经典，而新仁学纳之，可乎？答曰：儒学与道学及诸子相通和而存在，相渗摄而发展，包纳道、墨不亦宜乎！对于仁学创新而言，老庄道家的尊道贵德、清静逍遥、法天贵真，可以弥补儒家人文化成之不足，以防止人性的异化。墨家兼爱之说比之儒家爱有差等更具平等精神，而"兼相爱，交相利"的理念恰可与当代社会相衔接。新仁学既然要综合创新，就应有跨越学派的勇气，不拘一格地与其他学说相会通。佛教经典虽未列入，但佛学智慧却当吸收，如慈悲的情怀、平等的诉求、中道的坚守等，它们扩展了仁爱的范围，皆足以成为新仁学的营养。在儒学内部，孔子、孟子、荀子代表先秦仁学发展的三大成果，而儒学史上褒孔孟、贬荀子者不乏其人，这是不公正的。荀子以仁爱为内涵而发挥礼义之教，是对孔子的发展和对孟子的补充，他与孔子、孟子同是新仁学源头的大哲人。众论是历代各家关于仁的专

论或与之密切相关之论，目的是集思广益。其中谭嗣同的《仁学》具有使仁学转换时代新理论形态的意义，乃是当代新仁学的开端。

3. 以孔子儒家为主，吸收西方文化之长，使新仁学具有鲜明的当代精神

西方文化及其思想精神源自古希腊哲学和古希伯来宗教，几经变迁发展到今天，成为世界主导性文化。其优长是科学理性空前发达，个人权益受到尊重，自由竞争带来活力。其弊病是宗教信仰排他，强权政治通行，利益原则第一。取其所长而避其所短，是文化建设的重要条件。

从新仁学建构来说，主要应当学习西学以下内容：

第一，学习其理性精神与科学方法，以弥补孔子仁学重德轻智之不足，使新仁学的理论得到充分论证，并取得科学知识的有力支持。儒家亦仁智并举，但对智的理解往往局限于道德之知，如孟子所说："仁之实，事亲是也；义之实，从兄是也；智之实，知斯二者弗去是也。"（《孟子·离娄上》）西哲苏格拉底将德性与知识并举，认为人人皆有德性而处于潜存状态，需在理性指导下才能实现出来。但他过分强调理性，认为"知识即德性"。如将孔孟之学与苏氏之学相结合，则能使道德论臻于完美。仁智并举要以仁德为体，此其一；智性要有独立性地展开，以便科学理性更好地为仁德服务，此其二。科技昌明才能富民厚生，实现博爱的目标。道德教育与人才成长，亦需有多种人文学科体系的建立，才能收到成效。要以理服人、言合逻辑、持之有据，则离不开缜密的科学方法。

第二，学习其近代人本主义思想，高扬个人的权利和个性的解放，以弥补孔子仁学重群体责任轻个体尊严的不足，使新仁

学把个体与群体有机统一起来，并在制度层面得到体现。孔子的忠恕之道有尽己为人、推己及人的互爱互尊精神，也重视人格尊严，但囿于长期宗法等级制度的局限，个体尊严和忠恕的平等精神未能很好发挥出来。在西方，近代法国启蒙思想家孟德斯鸠提出民主自由和三权分立的思想，伏尔泰提出自由平等是天赋人权，是神圣不可侵犯的。卢梭提出社会契约论，主张建立人民主权至上的民主共和国。康德是德国古典哲学的开创者和奠基人，他看到人的认识的主客观之间的统一性，认为知识的内容是经验的，知识的形式则是先天的，这类似于中国古代天人一体的认知思路；他认为上帝属于信仰的范围，不属于认识的领域，它的存在无法被证明，但宗教信仰是至善的支撑，为社会道德所必需，这类似于中国古代"神道设教"之说。康德将人性中的理性能力发挥到极致，同时看到了它的限度，从而给信仰留下了地盘。黑格尔的最大贡献是阐释了辩证法三大规律：对立统一规律、质量互变规律、否定之否定规律。其中有两点最值得新仁学借鉴：一是辩证的否定。事物发展是后一阶段对前一阶段的扬弃，有舍弃、有保留、有提升，否定是发展的环节。二是具体概念。在抽象过程中保存了概念内涵的丰富性、多样性。黑格尔的辩证法与中华辩证法相通，与儒家因革说、和而不同说相类似，新仁学也应当有继承、有创新，并展现自身的多样丰富性。费尔巴哈是西方人本主义大师，强调人是现实存在的感性实体，是有血有肉的真实生命，不是抽象的精神理念，也不是机器。人是灵魂与肉体的统一，生命是人最高贵的宝物，追求幸福是人首要的愿望，宗教是人的本质的异化，神学的秘密在人学。他对人类的感情如爱情、亲情、友情、同情等看得十分美好，以至于要建立以爱为信仰的宗教。新仁学是超越宗教的，它以人为中心，希望仁爱能成为人类的崇高信仰和追求，也希望仁爱成为一切宗教的信条。

依据这三条思路，搭建起新仁学基本理论框架：新仁学三大命题，新仁学义理十论，最后，论述新仁学与当代新人文主义的建设。

二、新仁学的三大命题

1. 以仁为体，以和为用

这是新仁学的体用论。人类是群体动物，又具有文化性，在天性里有爱心，即良知良能，加上后天教育，能意识到互爱是文明人的共性。而冷酷和仇恨是人的动物性的恶性膨胀，害人又害己，使人倒退回野蛮。有仁才有和，爱心表现于日常生活和人际关系之中便是和。在家庭，"家和万事兴"；在社会，便是"政通人和"；在世界，便是"协和万邦"；在自然，便是"天人一体"；在文明，便是"和而不同"。没有爱心，和是扭曲与易散的；没有和谐，也体现不出仁爱，冷漠和争斗都是爱心丧失的表现。仁爱是情与理的结合，将先天情感用道德理性加以调适，使之合情合理，如《毛诗序》所说："发乎情，止乎礼义。"仁爱有差等，推己及人，由近及远，如孟子所说："亲亲而仁民，仁民而爱物。"爱心要体现为互利共赢，如墨子所说："兼相爱，交相利。"反之，兼相害则交相损。仁爱必须是互尊的爱，而不能是强迫的爱，即实行恕道，将心比心，充分沟通，达到互谅互让。仁爱要敬业乐群，知行合一，做好本职工作。仁爱要渗透到制度设计和社会管理中去，实行人性化制度和管理，关心弱势群体，使人民感到温暖。失去了仁爱的说教和制度就会变成"以理杀人"和"吃人的礼教"，历史教训要吸取。

2. 以生为本，以诚为魂

这是新仁学的生命论。生命是无比珍贵的，任何人都没有权利伤害它。人们的生命和健康在一切社会事业中居于至高无上的地位。仁爱之心必须表现为对生命的关注、爱护、扶助、尊重。孟子强调人要有不忍人之心，不能借口社会事业需要而去杀人，"行一不义，杀一不辜，而得天下，皆不为也"（《孟子·公孙丑上》）。《老子》讲"万物得一以生"，道教提出"生道合一"论，以"性命双修"为炼养原则。佛教讲大慈大悲，戒杀止恶，保护和普度众生。新仁学的生命观要扩展到天地万物，树立"民胞物与"的大生命观，仁者应当与天地万物为一体，如"横渠四句"所言："为天地立心，为生民立命，为往圣继绝学，为万世开太平。"以诚为魂关乎人的文化生命的真实性，不做伪善者，不做两面人，呈现自己真实无妄的心灵。《老子》说"智慧出，有大伪"，这是人性的异化。李贽作《童心说》，要求人们做真人、说真话、办真事，走出虚假的世界，返回真实的世界，人间才有美好的生活。以诚为魂的另一个要求便是"择善而固执"，不诚无物，精诚所至，金石为开，故至诚如神。要在政治上取信于民，在经济上以诚信为本，在道德上真诚待人，在学术上用真心写真文而感动人。

3. 以道为归，以通为路

这是新仁学的大同观。在中华文化用语中，"道"代表真理，落实到社会理想，便是大同世界的有道之世，如《礼运》所说："大道之行也，天下为公，选贤与能，讲信修睦。""使老有所终，壮有所用，幼有所长，矜寡孤独废疾者皆有所养。"没有盗窃乱贼，没有战争，天下太平。《易传》说"天下同归而殊途，一致而百虑"，认为各国各族最终都会进入大同世界，而道路各有特色；各种学说都在追求大同理想，但说法各有侧重。"以道为归"，也就是以真善美为目标。大同世界的社会成员并非没有矛盾，但以文明的方式加以解决，不再诉诸暴力。大同世界的族群并非没有差异，仍有职业分工，但普遍富裕，没有失业。大同世界的文化并非整齐划一，而是百家争鸣、百花齐放、五彩缤纷。大同世界的形态并非凝固不变，而是不断开拓创新，永无止境，各地区各民族呈现多样性，又相互学习、取长补短。"以通为路"是走向大同世界（有道之世）的途径，是在国家民族之间筑起顺畅无阻的沟通、交流、合作的渠道，使人类摆脱彼此冷漠、隔阂、歧视、防范、仇恨的困境，迈向天下一家的坦途，使"兼相爱，交相利"成为生活现实。然而"通"与"塞"的矛盾仍然存在。一方面，现代是高度通畅的时代，交通发达，共同市场扩大，信息传播快捷，互联网把人类紧紧连为一体。另一方面，政治不通，对抗仍是常态；经济不通，贸易摩擦不断；民族不通，一些民族之间宿怨难消，势同水火；宗教不通，一些宗教或教派极端排他，宁斗不和，不惜害生。因此，提倡通学，打通各种关塞，乃是人类发展的当务之急。可以先行"利通"，在经济上互惠共赢；再要"法通"，制定和恪守国际公共生活准则；还要"文通"，加强彼此间的文化交流，互鉴互学；最后，逐渐做到"心通"，使仁爱之心普及于全人类。如果心灵阻塞，即使有路，也会变成泥泞之路、断裂之路，甚至烽火之路、苦难之路。

三、新仁学的十大专论

1. 仁性论

它综合孟子性善说和荀子性恶论，主张人性善恶混杂。人先天有动物性，后天有社会性，是群体的一员，又有个体的利益。

当社会性与群体性能有效控制动物性和个体性时，人的善性就会加强，成为善人；当动物性和个体性膨胀失去控制时，人的恶性就会发展，成为恶人。因此，人的修身自觉和教育得当就成为人性健康发展的决定因素。

2. 仁修论

强调人性的涵养。要吸收古圣贤的智慧和教导，如"志于道，据于德，依于仁"，"躬自厚而薄责于人"，"慎独"，"见贤思齐"，"过则勿惮改"，"尊德性而道问学"，"知行合一"，"以文会友，以友辅仁"等。

3. 仁德论

社会道德基本规范是"五常"（仁、义、礼、智、信）、"八德"（孝、悌、忠、信、礼、义、廉、耻），以仁为体，包纳诸德，"孝悌为仁之本"，要"居仁由义"。君子人格有三要素："知者不惑，仁者不忧，勇者不惧。"

4. 仁志论

志是人生的奋斗目标。朱熹说，学者须以立志为本，立志要高，立志要坚，才能成就大业。志士要"仁以为己任"，一生坚守不动摇。孔子说："三军可夺帅也，匹夫不可夺志也。"孟子说："富贵不能淫，贫贱不能移，威武不能屈。"今天，作为民族精英的知识群体，应有深厚的大爱，立志高远，性格坚强，主动承担起振兴民族的大业。

5. 仁智论

君子要"仁且智"，才能实现雄伟的事业。"智"有三个层次：高层是大智慧，使人成为新的圣贤；中层是明辨大是大非，在原则问题上有坚守，不受骗上当；基层是有实用理性，掌握必要的科学知识，为人类造福。

6. 仁礼论

中国曾是礼义之邦，而近代以来礼被简单否定，造成社会秩序混乱、道德滑坡，文明礼貌应再次受到重视和提倡。孔子讲"道之以德，齐之以礼"，仁爱之道必须在道德建设和民俗风尚上有所体现。仁爱之道使人们表现得彬彬有礼，在日常生活中养成习惯，学会礼让、敬长、谦和，自觉遵守社会公共生活规则，再造新的礼义之邦。

7. 仁事论

仁爱之道要实化为社会事功，造福于国家和大众。孔子讲"修己以安人""博施于民而能济众"，《庄子·天下》讲"内圣外王之道"，都强调要把仁爱之道变成实践之道，要经世致用、明体达用，使其在民生实用上放出光彩。现代社会百业发达，而儒家对"立业"一项尚不够重视。其实，用儒家的精神可以成就现代的事业，塑造出各行各业的君子，如儒家仁爱式的政治家、军事家、思想家、企业家、教育家、科学家、外交家、文艺家、法学家，以及儒医、儒工、儒农、儒师、儒警等。

8. 仁群论

新仁学关注群己关系。它包括公私关系、义利关系、世界与各民族的关系。儒家以社群为本位，重家国、重事业、重责任，但对于个体的权利和个性的发展有所忽视。当今是一个强调人权和个性的时代，应该把社群与个体、责任与权利高度统一起来，使天下为公的理想落实到每个人的自由、健康、幸福上。世界是由许多民族组成的，人类既是命运共同体，又应是各民族平等友爱相处的大家庭，各民族的权益、文化应得到有效的法律保护和彼此的尊重。

9. 仁力论

它讨论仁爱与实力之间的关系。孟子提出"仁者无敌"的口号，是在突显道义的力量终将战胜邪恶，但这有个过程，有个正义力量组合强大的过程。第二次世界大战，德、日、意法西斯猖獗一时，各国人民奋起抵抗，以义讨不义是实行仁爱之道、保护民众、保家卫国的题中应有之义。因此，行仁爱之道者必须具有忧患意识，加强国防建设和战备工作，增强经济实力。对中国而言，成为军事强国是必备的条件，可以使霸权主义者不敢轻举妄动，还要团结世界友好国家和正义之士，形成保卫和平、制止战争的强大力量。中国要建成富强、民主、文明、和谐的现代化国家，这将给人类文明发展以极大的推动。

10. 仁艺论

它阐述仁德与文艺的关系。儒家讲"文以载道""尽善尽美"，强调以善德引领审美，寓教于乐，形成以《诗经》为代表的文艺上的现实主义传统。道家讲"有无相生""逍遥自得""法天贵真""言不尽意"，富有想象力，形成以《庄子》和《离骚》为代表的文艺上的浪漫主义传统。两者的结合，使中国人的生活充满诗意，也产生了后来的唐诗、宋词、元曲和明清小说，出现了"诗佛"王维、"诗仙"李白、"诗圣"杜甫，大词人苏轼、陆游、辛弃疾，以及《三国演义》《水浒传》《西游记》《红楼梦》等家喻户晓的名著，极大地丰富了人们的精神生活。

四、新仁学与当代新人文主义的兴起

当代主导国际潮流的西方文化，在展示其推动文明发展的正面功能的同时，日益暴露其负面的弊病，主要是社会达尔文主义、科学主义、一神教的排他主义，造成社会危机、道德危机、生态危机，威胁到人类的持续发展。有识之士意识到必须有新的人文主义兴起，要大力吸收孔子和老子的智慧，才能为人类今后的进步提供有力的思想支撑。

新仁学能造就现代文明人。当代社会使经济人、智能人、孤独人、野性人、两面人增多，而道德人、性情人、自在人、文明人减少。新仁学强调德性与才智、情欲之间的平衡，自爱与爱他、自利与利他是能够统一的。荀子说"传曰：'君子役物，小人役于物'"（《荀子·修身》），揭示了当代人被异化的严重问题——一些人成了权力、财富、名声的奴隶，文明人应当显示自身的主体性，"重己役物"（《荀子·正名》），回归自我，过上文明人的生活，进而造就一个文明的世界。

新仁学能推动当代市场经济健康发展。市场经济能有效提高生产力，创造巨大财富。但它需要以义导利，有市场伦理，鼓励人们劳动致富、合法致富、诚信为本，不能巧取豪夺。中国自古就有儒商文化传统，近代的晋商、徽商、赣商都建有自己的信用制度，值得借鉴。当代中国企业也应在企业管理中自觉运用、弘扬新仁学的仁爱、人本、中和精神，建设和谐、健康的市场经济环境。

新仁学与当代公民道德的重建。以仁爱为核心的儒家伦理是新道德建设的基石，然后吸收现代新的道德营养，在社会主义核心价值观指导下，加以充实提高。其一，"三纲"不能留，"五常"不能丢，"八德"都要有。"三纲"中的君为臣纲，其流毒仍然存在，要加以清理。其二，对"五常""八德"要有新的解释。如"忠德"，提倡忠于祖国、人民与和平事业，去掉"忠君"的狭义；"孝德"，对父母孝顺应重点落实养老问题，使其生有所养，病有所治，心有所娱。其三，加强廉政建设，使官员树立为政清廉的自觉意识，不仅不敢贪，也不愿贪，有强烈的知耻之心。其四，加强基层社区道德建设，培育新乡贤，形成好风气。其五，将传统美德与社会主义核心价值观（富强、民主、文明、和谐、自由、平等、公正、法治、爱国、敬业、诚信、友善）紧密结合起来，突显道德的时代特色。其六，发挥各种爱国宗教的"神道设教"的功能，支持我国宗教坚持中国化方向，在坚持基本信仰的前提下，对宗教教义做出有益于推动当代道德建设、改善社会风尚的解释，努力办好和谐寺观教堂和公益慈善事业。

新仁学与当代国民教育改革。改变长期以来中小学陷于应试教育、大学变成职业教育的不良状态，明确"立德树人"的方向并在体制建设和教学实践中认真施行。其一，要使中华经典特别是《论语》《孟子》《礼记》《老子》《庄子》和唐诗、宋词等进入课堂，对教师先期培训。其二，认真贯彻以德统领、德智体全面发展的方针，把德育课讲得生动活泼，能够与学生的心灵沟通。其三，教育事业要官办与民办相结合，充分发挥各种教育资源和体制内外各自优势，形成巨大合力。其四，用爱心做好家庭教育，父母学会既养且育，形成和谐家庭，克服揠苗助长、不断加码的幼儿教育现状，使孩子在充满关爱的家庭氛围中成长。

新仁学与当代文明对话。为了世界和平与发展，各国各界有识之士致力于推动文明对话，用以克服文明冲突、"冷战"思维和极端主义。新仁学主张充分发挥儒家"天下一家""和而不同"的思想，使更多的人把爱的施予超出民族界域而面向全人类，尤其面向弱势群体。各种宗教之间要求博爱之同而存教规之异，使宗教领域早日结束冲突，走向联合，为人类造福。要使儒家的温和主义即中庸之道流行起来，使资本主义温和起来，不走霸权之路；使有神论温和起来，不唯我独尊；使无神论温和起来，理解和尊重各种宗教。这样，不同国家民族和不同信仰的人们便会渐行渐近，太平世界就能早日实现。

新仁学与当代生态文明建设。当代人类社会，由于过度消费以及人类中心主义膨胀，使得资源被滥用，环境污染加剧，生态危机日益严重，威胁着人类正常生存。儒家强调对天要敬畏，包含对大自然的敬畏，遂提出"天人合一"的思想。《中庸》讲"赞天地之化育"，人有辅助万物发育流行的责任。《老子》讲"辅万物之自然而不敢为"，也就是人要尊重自然，只能"辅天"，不能"战天斗地"。这些思想可以充实当代的生态学。我们要在综合中西生态哲学的基础上，建设生态经济学，研究经济发展与环境的关系；建设生态政治学，研究国家管理、国际政治与生态的关系；建设生态伦理学，把道德规范扩大到生态领域；建设生态美学，提倡"法天贵真"之审美观；建设生态教育学，培养国民生态意识，培养生态学人才。新仁学认为，在工业文明之后兴起的更高级文明应是生态文明，其特征是经济社会发展与环境的优化、人性的提升同步进行，并形成良性互动。这真正是人类的福音！

（摘编自人民出版社2013年版《新仁学构想——爱的追寻》，

内容有改动）

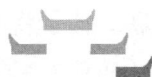

重建诚的哲学

儒家哲学在当代之转换与新发展，应视为它的陈旧成分的剥离清理，和它的有生命力之内涵的重新发现、有效应用和创造性开展，对于现代社会和人性的健康发育能够产生深刻的积极的影响。诚的哲学便是一种极有价值的儒学内涵，它既能体现儒学固有的学派历史特色，又能为现代社会补偏救弊，提供一种伟大的精神动力，故应加以发掘和阐扬。

一、诚学发展的历史回顾

儒家哲学是推崇阳刚之性的生命哲学，视宇宙为生生不息之大生命体，视社会为宇宙生命体之有机组成部分，阴阳相推，大化流行，天人一体，相感共生。人道来源于天道，又赞助天道之化育万物，促进宇宙与社会的和谐与蓬勃发展。诚学便是这种生命哲学的精华所在。

孔子未明言诚，但"诚"这一概念内含的忠信、笃敬、正直等品格，却常为孔子所称道。《论语》有云"言忠信，行笃敬"，"主忠信"，"笃信好学，守死善道"，"人而无信，不知其可也"，"举直错诸枉"，"刚、毅、木、讷近仁"，等等，都与诚有直接关联。孔子将它们作为优良道德品质予以褒扬，未曾上升到哲学本体的高度。

孟子始正式言诚，并兼天人之道而言之。《孟子·离娄上》云："是故诚者，天之道也；思诚者，人之道也。至诚而不动者，未之有也；不诚，未有能动者也。"孟子之前后，"诚"字较早见于《左传·文公十八年》，"明允笃诚"，疏："诚者，实也。"《周易·文言》云："修辞立其诚。"疏云："诚谓诚实。"又《礼记·乐记》云："著诚去伪。"疏云："诚，谓诚信也。"以信释诚，以伪对诚。《说文》云："诚，信也，从言成声。""信"字从人言，由此可知，诚的概念最早起于人际交往，特指人言之实在不欺。孟子的创新在于将诚扩大到天道，强调大自然的存在与变化是真实的，没有作伪的地方，此即"诚者，天之道"的含义。由此形成儒学的一个传统，即肯定现存世界的客观实在性，从而肯定社会人生。儒学常常怀疑鬼神，但绝不怀疑天道的真实性，在这个根本点上与佛家截然不同；佛家以山河大地为虚妄幻觉，故要破法执。但儒家又与西方唯物论不同，并不以天人相分的方式从认识论的角度强调客观世界与主观意识的区别，而是在天人一体思维模式的支配下，从道德论的角度强调人道对天道的效法和复归，具有情感色彩，故孟子有人道思诚之说。天道以其诚而能化生成物，人道必须思诚才能产生真正的道德行为，感动他人，成就事业，合于天道，与之一体。不仅如此，孟子对于人道之诚做出两条规定，一是要"反身而诚"，二是要"明乎善"。"反身而诚"强调道德的主体性与内在性，道德行为依靠高度的自觉自愿，发自内心深处，反复省察，真挚无伪，从而打动别人。故云："悦亲有道，反身不诚，不悦于亲矣。"（《孟子·离娄上》）"明乎善"则谓诚身要以知善求善为前提，只能诚于善，即诚于仁义礼智，不能诚于恶，故云："诚身有道，不明乎善，不诚其身矣。"(《孟子·离娄上》)孟子有一句名言："万物皆备于我矣。反身而诚，乐莫大焉。强恕而行，求仁莫近焉。"意谓：物我一体，物性通于我身；故应自觉培养仁民爱物之心，精神之乐莫过于是；将仁民爱物之心奋力向外扩展，变为仁民爱物之行，便可求仁而得仁。可知孔孟仁学，其理论和方法都离不开诚学，有诚才有真仁真义，无诚只是假仁假义。诚就是仁德的真情实感，故"刚、毅、木、讷近仁"，"巧言令色，鲜矣仁"。孔孟都极力指斥乡愿，厌恶之情甚于厌恶桀纣，就是因为乡愿是伪善的，其骨子里是大奸大滑，而表面上不然，"居之似忠信，行之似廉洁"，外仁而内诈，容易使人上当受骗，故称之为"德之贼"，乡愿是最不诚之人。孔孟诚学的提出，正是为了解决伪之乱德的问题。伪善是人类的一种劣根性，其害人害事不可胜言。不善者犹可导之，使其知善为善；伪善者知善而不为，假善而为恶，往往难以救药。

《中庸》之作，难遽断其作者年代，最像是孟子后学所为，其"天命之谓性，率性之谓道，修道之谓教"，正是发挥孟子尽心知性知天之说。而其论诚，多有创新。第一，提出"不诚无物""至诚无息"。物自成，道自道，事物的产生存在发展无一时一处不实，否则便无其物，事物的变化运动从不停止，"不息则久"，因此天道不仅真实无妄，而且恒常不灭。第二，指出人道之诚有两种情况：圣人之诚，天性圆满，"不勉而中，不思而得，从容中道"，自然合于天道，自然明于人道，这就是"自诚明，谓之性"；一般人虽有善性而不能尽，需修道以致之，明善以导之，这就是"自明诚，谓之教"。从学的角度说便是"择善而固执"，"博学之，审问之，慎思之，明辨之"，皆择善的工夫。

"笃行之"是固执的工夫，最后达到诚明合一的地步，就与圣人一致了。"择善固执"的提法扩展了诚的内涵，在其真善品格上加入了力行不懈的要求。如果说诚之纯真在于破伪，那么诚之实现在于破怠，皆为体仁达道所不可缺少。第三，指出诚的目标在于成己成物。"诚者，非自诚己而已也，所以成物也。成己，仁也；成物，知也。"成己是尽性之善而为圣贤，故仁；成物必知周乎万物而道济天下，故知。其公式是"至诚—尽己之性—尽人之性—尽物之性—赞天地之化育"。这是一个由内向外、由近及远的开展过程，也是由人道复归于天道的过程。至诚者知善达于极致，求善达于极笃，故能充分了解和发展己身之仁智本性，进而了解和发挥他人的善性，又进而了解和发挥万物之本性，化物而无息，博厚以载之，高明以覆之，悠久以成之，顺助天地之生化养育，故能与天地相配，而成天、地、人三才之和谐。尽己之性是儒家的修身理想，尽人之性是儒家的社会理想，尽物之性乃是儒家的宇宙理想。"赞天地之化育"是一个伟大的口号，表现出儒家关心大自然、协调大自然与人的关系的博大胸怀，已经超出了社会道德，而具有生态道德的普遍性品格。在儒家的眼中，人的使命是极崇高的，不仅在于效法天道建设人道，还在于辅助天道，推动宇宙的健康发展。第四，指出至诚的地位和作用。"唯天下至诚，为能经纶天下之大经，立天下之大本，知天地之化育。"按朱子的说法，圣人之德极诚无妄，可以为天下后世法，天下之道皆由此出，而默契于天地之化育。这样，诚便被提到制约人道、通于天道的本根的位置。又有"至诚如神"的命题，认为至诚之道可以前知，虽含有神秘成分，但究其意在于强调诚信之人不受私心杂念的干扰，能够察微知著，察始知终，观化知远，有比一般人更强的预见性。

《大学》有三纲领八条目，正式提出格物、致知、诚意、正心、修身、齐家、治国、平天下的儒家人学公式。八条目分为两部分，前五者总为修身，后三者总为济世，济世以修身为本，修身以诚意为要，故诚意是《大学》的枢要。王阳明云："《大学》之要，诚意而已矣。"（《大学古本叙》）这是不错的。格物致知是为了诚意，诚意之后，自然心正身修，所以朱子云："诚其意者，自修之首也。"《大学》特重慎独，慎独者，不靠监督，独处而能不逾善矩，不仅不欺于人，亦不欺于己，即不昧于本心。慎独必由意诚，意诚自可慎独，这就是道德的自律性。好善必如好色，嫌恶必如恶臭，非但理智能明辨善恶，还要感情能乐为善，厌为恶，如此方可谓意诚，方能慎独，无处而不为善。

荀子论诚，概括《孟子》《大学》《中庸》而为之总结，谓天地以诚化万物，圣人以诚化万民，父子君臣以诚成人伦，君子以诚养其心。诚的内容是诚心守仁、诚心行义，故"夫诚者，君子之所守也，而政事之本也"（《荀子·不苟》）。荀子论诚虽无全新内容，而能将诚学凝练以言之，使人更知诚学实为儒家天人之学的根本，儒家种种主张和实践皆是诚的发用流行。

李翱以佛说诚，将圣人之性的至诚心态理解为"本无有思，动静皆离，寂然不动者"，以为性善情恶，将欲复性必先息情。李翱推崇《中庸》，但《中庸》以情之未发谓之中，发而皆中节谓之和，主节情说，李翱受佛家影响以情为邪妄，这是不同的。

周敦颐以《易》说诚，其要有五。第一，诚之源。他引《周易·乾卦·彖传》，谓："大哉乾元，万物资始，诚之源也。"乾为天，万物本乎天，万物之真实无妄源于天之真实无妄。第二，诚之立。"乾道变化，各正性命，诚斯立焉。"天道生生不息，"分于道谓之命，形于一谓之性"，万物因之而有各自确定的属性。第三，诚之质。"纯粹至善者也"，万物各有其性命之正，是谓纯粹至善，人性能正而合于天命，亦是纯粹至善。第四，诚之用。"寂然不动者诚也，感而遂通者神也"，周子引《系辞》说明诚体是静是明，诚用是动是行，能通感天下事物，具有神妙的作用。第五，诚之位。"诚者，圣人之本"，"诚，五常之本，百行之源也"，成圣成贤以诚为基，道德行为因诚而立。周子以至诚为圣人之道，有体有用，初步建立起诚的形上学体系。

邵雍将诚与直联系起来。《观物外篇》说："为学养心，患在不由直道。去利欲，由直道，任至诚，则无所不通。天地之道，直而已，当以直求之。"治学修身不计个人利害，唯以求真为善为准则，就是至诚直道。直就是无所顾忌，不绕弯子，它是诚的内涵之一。

宋明道学家认为最高的精神境界是物我一体，泯灭天人之间的隔阂，充分理解自己的思、言、行与社会、宇宙的发育流行息息相关，从而使人生具有一种圆满的无限的意义。欲到达此境界，进路不外尊德性与道问学，或谓诚意正心与格物致知。从道问学或格物致知入手而达于圣贤，便是自明诚；从尊德性或诚意正心入手而达于圣贤，便是自诚明。由此而形成理学与心学之间的争执。程颢重诚敬，《识仁篇》认为识得仁者浑然与物同体，须"以诚敬存之"。程颐重致知，以诚为实理，谓"未致知，便欲诚意，是躐等也"。二程已开启心学与理学分途之端。朱子着重发挥小程之学，将诚分为实理之诚与诚悫之诚，并认为"知至而后意诚，须是真知了方能诚意"，故其《大学补传》强调即物穷理，用力之久，达于豁然贯通，便会明于吾心之全体大用。阳明心学在大学工夫的次序上与朱子不同，主张以诚意为主，径从诚意入手，方能抓住根本免于支离。他说："若'诚意'之说，自是圣门教人用功第一义。"（《传习录》）又说："君子之学，以诚意为主。"（《文录·答天宇书》）他把格物看成是诚意的工夫，道问学是尊德性的工夫，以诚统明，诚意就是致良知。

李贽以自然纯真论诚，别开一途，更具道家特色。他说："故诚者，其道自然，是谓至善，是以谓之天也。诚之者，之其所自然，是谓择善，是以谓之人也。"（《李温陵集》）这近于庄子学说。李贽认为自然之性乃真道学，讲道学者皆假道学，继而提出绝假纯真之童心说，提倡有真心做真人，反对假人假事假言假文，而这其中的关键在人之真假，其人既假，满场皆假。李贽是历史上继老、庄、嵇、阮之后，对社会虚假现象最尖锐的抨击者。道学本来在求真，变为假正在于丢失了诚的精神，于是转为伪学。李贽重真伪之辨，乃是挽救诚学的功臣。但他所说的童心真心，虽标以自然之性，具体内容并不同于以往道家，主要以私心为人心，说："夫私者，人之心也。人必有私，而后其心乃见；若无私，则无心矣。"（《李温陵集》）这是石破天惊之论，与以往传统儒学义利、公私之辨大相径庭。李贽所谓之"私"当然不是损人利己之私，而是指个体对自身利益的关心，就是人要有生存发展和幸福的正当欲求，抹杀这种欲求必失本真而陷于伪善。以往道学家过于强调道德心而忽视贬低正当的感情欲望，远人情以论天理，很难保持诚的精神，反容易培养伪君子，这是值得反思的。

近代哲学家中，论诚最意味深长者当推贺麟先生。他在《儒家思想的新开展》一文中指出，儒家思想里，"所谓诚，亦不仅是诚恳、诚实、诚信的道德意义"，而且有哲学意义。"诚的主要意思是指真实无妄之理或道而言。所谓诚，即是指实理、实体、实在或本体而言。《中庸》所谓'不诚无物'，孟子所谓'万物皆备于我矣，反身而诚'，皆寓有极深的哲学意蕴。诚不仅是说话不欺，复包含有真实无妄、行健不息之意。"同时，"诚亦是儒家思想中最富于宗教意味的字眼。诚即是宗教上的信仰。所谓至诚可以动天地泣鬼神。精诚所至，金石亦开。至诚可以通神，至诚可以前知"。另外，"诚亦即是诚挚纯真的感情。艺术天才无他长，即能保持其诚、发挥其诚而已。艺术家之忠于艺术而不外骛亦是诚"。经过贺麟先生的重新解释，诚学远远超出了一般道德学的范围，而具有哲学、宗教和艺术的广泛意义。

经过一番简要回顾，我们可以将儒家诚学概括如下：诚是本体之学，诚是天道人道之本，天道真实无妄，物性人性得于天道而守其正，亦真实无妄；诚是德性之学，人性至善在于诚实无欺、纯真无伪，在于扩充仁德，成己成物；诚是践行之学，无论成仁行义，还是格致敬业，皆须精诚无懈、专注、笃行、坚忍不拔、百折不挠。德性之诚来源于本体之诚，并完成于践行之诚，人道之诚本于天道之诚，又通于天道，赞助生化，合内外，一物我。故诚是贯通天人、物我的链条，诚学最能体现儒家本体与工夫的合一，体现儒学赞美生命、肯定人生、提倡崇德广业、追求互爱不欺的传统思想。仁而无诚则伪，义而无诚则欺，礼而无诚则虚，智而无诚则殆。诚的精神实在是儒学的精髓和灵魂。诚的精神的高扬和丧失同儒学的兴旺和衰颓同步，我们可以用诚与伪来判断何为真儒何为俗儒，何为实学何为俗学，这是历史昭示给我们的真理。

二、新诚学的构想

今天我们应对儒家诚学加以分析整理，充实它的内容，扩大它的范围，提升它的价值，赋予它更多的新的时代精神，使它成为一种可以被人们普遍接受的哲学信念，为受诸多社会人生问题困扰的当代人类，提供有积极意义的精神食粮。

第一，"诚者，天之道"这个命题可以继承下来，成为我们肯定大自然客观实在性的中国化的表述方式。

首先，大自然的存在是真实无疑的，它既非上帝所造，亦非由心所生，它的存在不以任何人的意志而改变；同时大自然是人类之母，人是大自然的派生物，也是大自然的一部分，没有大自然，就没有人的一切，由此我们可以排除宗教的创世说和主宰说。

其次，大自然的生命是永无止息的，不舍昼夜，无有灭时，我们时刻感受到大自然的蓬勃生机，人类禀赋于它，才有了自身的生机。

再者，大自然所发生的一切，都有它的由来和条件，世界上没有无缘无故的事情，自然从不会欺骗人，也不会偏私人，天道无亲，以万物为刍狗，它是"我行我素"，有它自身的发展轨迹。人对许多现象感到出乎意料或惊奇、迷茫，不是自然界在开玩笑，而是人对此无知，不了解它的真相。人道之诚实本于天道之诚，不诚无物，不诚无人，不诚无事，人世间一切有价值的事物，都是实实在在的人利用实实在在的物，通过实实在在的努力创造出来的。虚假将一事无成。这就是人生诚学的本源和根据。

第二，"思诚者，人之道"这个命题应超出儒学的一家之说，超出一般修身的规范，提升为普遍性的人生原则，我们可以称它为诚的哲学。

人的生命和生活本来是真实无妄的。但是人类社会长期以来存在着利益的激烈冲突，智能的超常增进与德性的不良发育又形成巨大反差，纯朴的人性早已离散，发生种种扭曲变异，由此出现了真善美与假恶丑的对立和斗争，出现了在自然界没有而只在人类社会中才存在的作伪和狡诈行为，故老子说："智慧出，有大伪。"尔虞我诈，虚情假意，伪善蒙骗等丑恶现象充斥着社会生活，毒害着人的心灵，损害着人类的进步事业，痼疾难治，于今为烈。人类要想纯化人性，使社会臻于健康合理，必须下功夫与伪善做斗争，这就需要提倡诚的哲学，培植诚的精神，把诚向社会生活各个领域推广。虚伪欺骗是健康信仰的大敌，它不知损害了多少有价值的学说，破灭了多少美好的信念。但是诚毕竟是人性的内在要求，不诚是人性的变异，不诚的行为从来得不到多数人的真心认可，也起不到长久的欺骗作用，人们斥责它，厌弃它，渴望和追求着真诚的人生。一种进步学说，在它充满着诚的精神的时候，它是有生命力的，可以影响人号召人，一旦失去诚意，随即转假，丧失生命活力，而为人所厌弃。一种高尚的道德，当它的倡导者能够身体力行并培植出一批又一批仁人志士的时候，它是有力量的，可以感动人，可以成为风气；而当它变得伪善，迅即发生危机，为人们所鄙夷。这说明求诚厌伪是人性发展的内在需要，人同此心，心同此理，我们的信心也就建立在这上面。

作为一种人生哲学的基本概念，诚的内涵要加以科学的规定，使其层次分明，全面系统，可以分述如下。

首先，以真论诚，是谓真诚，主要破一个"伪"字。真诚是做人之本。一个人应当活得堂堂正正、坦诚直率，既不必隐瞒自己的观点，亦无须掩藏自己的感情，诚于中而形于外，表里如一，开诚布公，随时显示自己的本色，做一个性情中的真人，不必厚貌深情、矫揉造作，更不应虚假伪善，逢场作戏，带着各种面具生活。有一种角色论，认为人生是一个舞台，人要努力在不同场合扮演不同的角色，这是把真实的人生与艺术的再现混为一谈了。一个人在不同的人际关系中自然有不同的身份，如对父母是子女，对妻子是丈夫，对学生是老师，对上级是下级等，不同的身份当然会有不同的态度，但这是真情的自然流露与转换，不能靠装扮来应付。整天把工夫放在人生表演上，岂不是活得太累太没有意义了吗？就是在艺术舞台上，演员也要贴近人心，拿出一点真情来才能感动观众。在现实生活中没有真诚就不会有感情与心灵的交流，不会建立起真正和谐的人际关系，心灵就会像一座孤岛，甚至像一座坟墓，活泼的人生就会埋葬。儿童保持着人类天真纯洁的性情，所以他们不会说谎，率性而行，纯真自然。人在由幼稚走向成熟，由无知走向多识的过程中，极容易丧失本真，变得圆滑世故。如何保持纯真之情，不失赤子之心，是人生要解决的根本性问题。当然，真诚的人生需要有良好的健康的社会环境。一个虚假的社会会造就一批虚假的小人，及至君子也不得不用某种假言假行作为防身之术，那就是很可悲了。

　　从历史上看，政治上的虚假表现是欺上瞒下，一手遮天，强奸民意，执法犯法，假人假事得宠受赏，真人真行遭斥挨罚，这是很可怕的。经济上的虚假表现是坑蒙拐骗，偷工减料，靠欺诈捞钱，不惜用伪劣商品害人。道德上的虚假表现是欺世盗名，言则圣贤，行则禽兽，满口仁义道德，一肚子男盗女娼，道德的提倡者正是道德的破坏者，道德脱离人情而甚于酷法，人被其吞噬而无怜之者。文化上的虚假表现便是假文浮词流行无阻，抄袭雷同泛滥成灾，文艺以趋时求利为标的，学术以迎合粉饰为准则。
　　"修辞立其诚"，这是一切语言文字工作者的座右铭，就是说言辞作文都要表达自己的真实见解，不能违心而为虚假之言。真实性、诚挚性一旦丧失，文化的内在生命便要枯萎。可见诚伪之辨在某种意义上要重于是非之辨。事情的好坏往往不在是否弄清了是非，而在是否处之以诚。无诚意者善变为恶，正价值变为负价值，有诚意者行善而真，不明可以求明，得一分真知，便有一分实效，有一分真诚，便有一分感人的力量。

其次，以信论诚，是谓诚信，主要破一个"欺"字。一个国家，一个团体，一个企业，乃至个人，都应当忠信不欺，使人可以信赖。民无信不立，人无信不行，这是颠扑不破的真理。不诚信在政治上的表现是朝令夕改，有言无行，有法不依，有始无终，漂亮话一大堆，实际事不去干，于是上下脱节，离心离德，遂有信任危机发生。所以必须取信于民，得道多助，才有社会的稳定。在现代商品经济生活中，信誉也是第一位的，经济效益要靠产品的质量、功能和服务水平来取得，不能靠虚假的广告宣传和欺骗行为来达成。赢得信誉，事业才能成功，信用破产，必然导致失败，这是企业家都懂的道理。人际交往，朋友相处，以信义为本。言而有信，行而可托，才算是站得住脚跟的人；轻诺寡信，自食其言，变化无常者，先自轻之，鲜能为人所重。诚信要求言行一致，从不说谎入手。古人说"一诺千金"，"一言既出，驷马难追"，"言之不出，耻躬之不逮"，都是要人慎言重行，讲究信守承诺。当然，信要合于义、明于理，不能是狭隘的或盲目的。自己重信，对他人也不要无缘由地怀疑猜忌，人与人之间应当有起码的信任感，办事交涉双方要抱有诚意，不然什么协商也不能成功，什么集体也不能维持。宁可失之轻信，也不可失之猜忌，君子可欺以其方，不可罔以非其道。在信仰上，诚信的要求就是敬笃不二，忠诚于自己的理想，不以信仰为名行谋私之实。

再次，以直论诚，是谓诚直，主要破一个"枉"字。做事情要秉公方正，以义为依，不能掺杂私心邪念，更不能拿原则做交易，否则利害的考虑将压倒是非的判断，导致枉断曲行，掩盖事实的真相，损害善良，助长邪恶。

人类在长期的共同社会生活中，逐渐形成带有共性的心理结构和认识能力，对于社会行为的一般性是非，有着天机自发的判断力，照直去做，便可为善去恶。但问题往往出在个人利害的计较上，一有此念发生，便会改变初衷，由直道转入枉道，或则明哲保身，或则昧心就恶，此即古哲所说的"初念为圣贤，转念是禽兽"。直与枉的分途，只在公私一念之间，是非压倒利害，便可直道而行。这并不是说只要合乎义便可蛮干妄为，灵活性要有，策略方法要讲，逼不得已还要委曲求全，但这样做归根结底是为了公正地解决问题，不是要投机取巧，捞取个人的好处。我赞成《淮南子》的话："心欲小而志欲大；智欲员而行欲方。"方就是诚直，内有操守，外能屈伸。诚直待人，作风正派，办事公道，一向是中国人交友、论文、举人的重要标准，这个传统要发扬。

最后，以专精论诚，是谓精诚，主要破一个"懈"字。《中庸》讲诚之者"择善而固执"，择善是诚的方向，固执是诚的工夫，不仅要执诚，还要固而执之，这样才能达到至诚，成己成物，感通天下。所以诚是尽力的事，是一生的事。我们常见到一种坏习性，就是"五分钟的热情"，"靡不有初，鲜克有终"，做事敷衍马虎，点卯充数，应付差事，得过且过，好走捷径，这都是不诚的表现。世界上的事情，不论是从政行商，还是科研教学，抑或是作诗绘画，没有认真的态度、执着的精神是一件事也办不好的。佛教宣扬破执，实际上是破小执而兴大执，执于破执，执于成佛。看那高僧大德，为了解脱和救世，离家弃亲，绝于物欲，以苦为乐，孜孜于研经、传法、弘道，无懈无倦，死而后已，岂非择善而固执者乎？冯友兰先生在《三松堂自序》中说："凡是有传世著作的，都是呕出心肝，用他们的生命来写作的。照我的经验，做一点带有创造性的东西，最容易觉得累。无论是写一篇文章或者写一幅字，都要集中全部精神才能做得出来。"这是深刻的经验之谈。李商隐的"春蚕到死丝方尽，蜡炬成灰泪始干"，韩愈的"焚膏油以继晷，恒兀兀以穷年"，王国维所引"衣带渐宽终不悔，为伊消得人憔悴"，说的都是精诚。精诚是全部身心的投入，是生命之火的充分燃烧，专注不息，如痴似醉，百折不回，愈挫愈奋，只有这样才能成就大事业。"诚则灵""至诚如神"如果不是用于祭拜鬼神，而作为理性的解说，应指至诚可以充分开发智力，心灵眼明，产生超常的见识与行为。"精诚所至，金石为开"，忍人所不堪，行人所不能，可以创造出人间奇迹。即令失败，也是伟大的失败者，执着的追求本身就具有崇高的价值。

第三，诚的哲学以挚爱为基础，以包容为品格，以创造为动力，完全符合现代社会健康化的要求，具有强大的生命力。

现代社会弊端之一是看重金钱和技术，忽视情爱和心灵，人情薄如纸，人心难以沟通。许多人处在信息社会里反倒产生强烈的孤独感，这只有用爱来消除。有爱心而后有诚心，有诚心而使爱心得以发扬光大，推己及人，由人及物，达于宇宙。人是群体动物，以地球为家，有共同的利益和共生的情感，人心应当是热的，不是冷的，热爱亲人，热爱朋友，热爱人民，热爱祖国，热爱人类，热爱大自然，用爱去温暖人间，用爱去保护自然。虚伪与冷酷共生，欺诈与仇恨相连，冰冷与权谋之心只能泯灭一己之天性，害人之性，损物之性，破坏世界的和谐。所以要有挚爱和真情，然后才能立诚推诚。

包容性是诚学的普遍性品格，它没有门户成见，绝不排斥他学而自我封闭，这与现代社会文化的多元化趋势相一致。在有利于人性完美和社会进步的大前提下，诚学赞同一切诚挚的品格和行为。以信仰而论，不论是宗教还是非宗教的学说，不论是儒道还是其他百家，只要真信笃行，都应受到尊重。忠实于自己的信仰，亦尊重别人的信仰，以诚通其情，以诚成其和。交友之道，不在观点和喜好的一致，而在真诚相待，相互理解和信任，只要有诚意，便可求同存异，友好相处。个人之间的关系是如此，团体之间、国家之间的关系何尝不是如此。

　　创造是诚学的动力和生命。诚创造着活泼向上的人生，创造着和谐挚爱的群体，创造着各种文明事业。政治的改良、科学的发明、艺术的创作都需要以诚为动力，激发出献身的精神、奋斗的勇气、坚忍的毅力、无穷的智慧。现代社会不是一个因循的时代，而是一个连续创新的时代，似乎一切文化领域都需要重新加以审视和整理，有多得不可胜数的领域需要探索和开拓，更需要人们以诚的精神回应时代挑战，造就一大批有着强烈使命感和求实勤行的仁人志士，担当起总结过去、开创未来的历史重任。抱残守缺，按老章程打发日子的时代一去不复返了。

　　走出一个虚假的世界，还回一个真实的世界；超越一个虚伪的人生，成就一个真诚的人生，使人间变得更美好，这就是诚的哲学的终极目标。

（原载《孔子研究》1991年第2期，内容有改动）

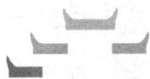

君子人格论

一、重铸君子人格、造就道德群英的必要性

当下，我们如何重建礼仪之邦？如何重建道德中国？

我认为，中华优秀传统文化和美德由三大要素构成：一是古代经典，主要是儒家四书五经，它包含着中华道德文化基因，能将基本道德规范不断向社会辐射、代代相传；二是核心价值，主要是"五常""八德"，它使全社会的道德行为有归向、有共识，并通过移风易俗，广泛渗透到民众的日常生活之中，成为道德自律和舆论监督的准绳；三是君子群体，他们是道德精英，具有"仁、智、勇"三达德，因而有感召力，能够在社会各领域、各阶层起模范带领作用。

孔子说："人能弘道，非道弘人。"经典是载道的，"五常""八德"是述道的，君子是弘道的；经典需要君子活读活用，"五常""八德"需要君子以身作则、带头践行；没有君子精英群体，经典和道德理念就很难落实到日常生活中。

当前中国道德建设要抓四件大事：一是抓好教育，立德树人；二是建设职业道德，遵守行规章法；三是完善社区乡里管理，推动良风美俗；四是狠抓反腐倡廉，清整官德。

然而这四件大事都需要一大批道德精英去参与、去推动，没有他们的参与，"五常""八德"还是游魂，还是口头或文字的东西，落不到实处。办好家庭教育、学校教育，需要家长、教师品德优良、言传身教；健全职业道德，规范市场行为，需要儒商带领，业主以诚信为本；改善民间风气，需要各地社会贤达示范教化，凝聚民气；建设政治道德，需要清官廉官守正爱民，拒绝腐蚀，永不沾染。

这些道德精英便是孔子儒学着力表彰的君子。孟子强调要"使先知觉后知，使先觉觉后觉也"，人们的道德觉悟总有先有后，那些有社会责任心的君子不会坐等社会风气变好，而能自觉地守道德、行道德，抵制恶风浊俗，用正能量影响周边的人。这样，君子越来越多，风气也随之逐渐变好。

官员虽是少数人，但他们承担着管理社会的职责，对于建设道德风尚的作用是巨大的，对其辖区往往有着主导性的影响。

因此，在依法惩治贪腐的同时，必须使官员树立以清廉为荣、以贪腐为耻的荣辱观，不仅不敢贪，也不愿贪，《中庸》说"知耻近乎勇"，无耻则无人格尊严，知耻才能从根本上惩治贪腐。

二、君子在儒家道德学说中的地位

"君子"语词最早源于"君"这个古字。

《仪礼·丧服传》："君，至尊也。"注曰："天子诸侯及卿大夫有地者皆曰君。"《说文解字》释"君"："尊也，从尹；发号，故从口。"《汉字图解字典》释"君"："会意字，从尹（像手执权杖），从口（像张开的口，表示发号施令）……"

可见，"君"字的本意是有权位的人，古史中有诸多称谓，如"国君""君王""君主""储君""平原君""商君"等。

"君"加"子"即"君子"，用以称呼"男性""男朋友"。如《诗经·周南·关雎》："窈窕淑女，君子好逑。"《诗经·召南·草虫》："未见君子，忧心忡忡。"这是"君子"用语平民化的第一步。

孔子是中华民族的精神导师，也是道德大师。他在创建仁礼之学的过程中，把"君子"这一概念进一步提升为形容道德人格的概念，从原来指向"尊贵"社会地位的君子，改变为主要指向人的道德品性，从而确立了"君子"这一理想人格范式，把中华美德凝结在人的主体生命之中，使"做人"成为中华思想的主题，使"修己以安人"成为儒学精髓所在，影响中国两千多年，其贡献是伟大的。

在孔子之后，孟子、荀子等诸家，包括《易传》《礼记》，对君子之德都有大量论述。汉魏以降，直至近代，士林学人推尊君子人格者所在多有，渐普及于民间，遂成为久传不绝的民族集体意识。

近代著名学者辜鸿铭在发表于1914年的《中国人的精神》一书中指出：

> 孔子全部的哲学体系和道德教诲可以归纳为一句，即"君子之道"。

又说：

> 孔子在国教中教导人们，君子之道、人的廉耻感，不仅是一个国家，而且是所有社会和文明的合理的、永久的、绝对的基础，除此之外，别无其他。

这是一个精辟的论断。儒家把君子放在提升人们道德境界的关键位置上。儒家认为依道德高低的层次，可将人分为四种：最高一层是圣贤，人伦之至，万世师表，虽不能至而心向往之，如至圣孔子、亚圣孟子，还有各个时代的大贤德者；中上层是君子，以德修身，严于律己，关爱他人，受人尊敬，人们只要努力修养便可成为君子；中层是众人，可称为好人，做人不突破底线，不损害他人或公共利益，但不重涵养，难免有些不良积习；下层是小人，特别计较眼前私利，时常损害他人和公共利益，因缺乏德行而受到社会道德舆论的谴责，但不至于严重违法。

在小人之下尚有罪人，已不属于道德舆论评价的范畴，既缺乏德行又严重违法，如偷盗、抢劫、欺诈、绑架、杀人、作乱，需要绳之以法、齐之以刑。

儒家认为，以圣贤标准要求众人，标准失之过高，与生活距离太远，不容易起作用，或者出现伪善，便走向反面；如以好人作为道德标准，不是坏人便是好人，标准失之过低，激励作用不足。

孔孟诸儒之所以大声呼唤有德君子，盖在于君子既寄托了中华道德理想，又是可以效仿的榜样。君子在人们面前不远的地方，人们只要好学力行便可成为君子。学做君子是儒家推行道德教化的有效途径。

三、儒家君子论内涵丰富

孔子及其弟子留下的《论语》，"君子"共出现107次，是诸用语之首。其特点是常常将"君子"与"小人"对举，互相阐发。

孔子对君子的品性、行事、戒惧以及在不同场合的作为，都有全面的、立体化的表述，背后也都有历史故事作为例证，用心良苦，以此为弟子确立一个如何做人的目标。

孔子一生开办民间私学，有教无类，培养出大批君子，为后世塑造青少年灵魂的教师群体树立了榜样。孔子论述君子与小人的话语中有两句最为典型："君子喻于义，小人喻于利。""君子和而不同，小人同而不和。""喻"，晓也。君子从内心里认知正义和公益，以"义"为立身行事的准则，非义不为。小人则处处以个人私利的考量来行事。两者在价值观上没有共同语言：在小人看来，君子的道德坚守是愚笨；在君子看来，小人的损人利己是卑鄙。

由此引出在群己关系上两者的不同："君子和而不同，小人同而不和。"君子讲仁重义，能够推己及人，尊重他者，包容差异，和谐共处，这就是"和而不同"；小人重利为己，喜欢拉帮结伙，唯利是从，钩心斗角，必然"同而不和"。

我们可以把"义利之辨""和同之辨"视为识别君子与小人的纲要，如此，君子之道便会纲举目张，易于完整把握。

孟子和荀子论君子亦有多种表述，且新意迭出。如孟子讲："君子莫大乎与人为善。""君子以仁存心，以礼存心。""君子有三乐，而王天下不与存焉。父母俱存，兄弟无故，一乐也；仰不愧于天，俯不怍于人，二乐也；得天下英才而教育之，三乐也。""君子之所以教者五：有如时雨化之者，有成德者，有达财者，有答问者，有私淑艾者。此五者，君子之所以教也。"

孟子很用心于君子之德的教育实践，其论士、论大丈夫亦是其君子论的精彩篇章。

荀子说："君子之学也，入乎耳，箸乎心，布乎四体，形乎动静。""士君子不为贫穷怠乎道。""君子易知而难狎，易惧而难胁，畏患而不避义死，欲利而不为所非。""君子崇人之德，扬人之美，非谄谀也；正义直指，举人之过，非毁疵也。""君子养心莫善于诚，致诚则无它事矣，唯仁之为守，唯义之为行。"荀子论君子，以"诚"为魂，抓住了要害。他强调君子在性情上一如常人，行为与民众交融，只是不偏离仁义这条中轴线。

产生于战国时期的《易传》是对《易经》的理论解释，由儒道兼综的儒学群体所撰，其论君子颇多精到之处。如《易传·乾卦·象》曰："天行健，君子以自强不息。"《易传·文言》曰："'元'者，善之长也；'亨'者，嘉之会也；'利'者，义之和也；'贞'者，事之干也。君子体仁足以长人；嘉会足以合礼；利物足以和义；贞固足以干事。君子行此四德者，故曰'乾：元、亨、利、贞'。""子曰：'君子进德修业。忠信，所以进德也。修辞立其诚，所以居业也。'"《易传·坤卦·象》曰："地势坤，君子以厚德载物。"《易传·系辞上》曰："一阴一阳之谓道，继之者善也，成之者性也。仁者见之谓之仁，知者见之谓之知，百姓日用而不知，故君子之道鲜矣。"《易传·系辞下》曰："是故君子安而不忘危，存而不忘亡，治而不忘乱，是以身安而国家可保也。"

当代国学大师张岱年先生把"自强不息"与"厚德载物"视为中华精神的两个侧面：开拓奋进和海纳百川。

当代新理学大师冯友兰先生在《三松堂自序》中引用"修辞立其诚"来反思自己的人生。可见《易传》论君子影响多么深广。

《大学》曰：

> 人之视己，如见其肺肝然，则何益矣。此谓诚于中，形于外，故君子必慎其独也。……富润屋，德润身，心广体胖。故君子必诚其意。

是故君子有诸己而后求诸人，无诸己而后非诸人。

《中庸》云：

> 仲尼曰："君子中庸，小人反中庸。君子之中庸
> 也，君子而时中；小人之反中庸也，小人而无忌惮
> 也。"
> 故君子和而不流，强哉矫！
> 故君子尊德性而道问学，致广大而尽精微，极高明
> 而道中庸。
> 是故君子动而世为天下道，行而世为天下法，言而
> 世为天下则。
> 故君子内省不疚，无恶于志。

《大学》与《中庸》原为《礼记》中的两篇，朱熹将其取出，与《论语》《孟子》并列为"四书"，与"五经"同尊。

《大学》开篇云："大学之道，在明明德，在亲民，在止于至善。"此是三纲领，而后才有八条目。

"大学之道"，一是对应"小学"（洒扫应对进退之节）而言，它是教人以穷理、正心、修己、济世的大道理；二是对应"小人"而言，它是教人学做大人之道，即君子之道，先立乎其大者。

大人与小人、君子与小人之不同在于立志：大人和君子立志于"仁以为己任"，推行仁义于天下百姓；俗子和小人立志于求一己之私利，只求自己富贵荣华而置民生他者于不顾。儒家讲"修齐治平"，关键在于修己而为君子。由此可知，君子之道在儒家价值观中居于崇高的地位。

《大学》与《中庸》论君子，在要求上很严，君子不仅要"慎独"，还要治国安邦、遵循中庸达到"时中"，即与时俱进，要把德性与学问结合起来，既有广度又有深度，既有高度又切实用。

冯友兰先生家中有一副对联，上联是"阐旧邦以辅新命"，下联是"极高明而道中庸"。上联来自《诗经》，表示他的哲学使命是探究古代哲人智慧以推动新中国建设；下联取自《中庸》，表示他的新哲学特色在于把天人之道与日用伦常相结合。

《礼记》其他篇章，论君子所在多有。如《礼记·曲礼上》："博闻强识而让，敦善行而不怠，谓之君子。"《礼记·曲礼下》："君子行礼，不求变俗。"《礼记·礼器》："君子之于礼也，有所竭情尽慎，致其敬而诚若，有美而文而诚若。"《礼记·学记》："君子如欲化民成俗，其必由学乎！玉不琢，不成器，人不学，不知道。是故古之王者建国君民，教学为先。""君子知至学之难易，而知其美恶，然后能博喻。能博喻然后能为师，能为师然后能为长，能为长然后能为君。"《礼记·祭义》："君子反古复始，不忘其所由生也。"《礼记·坊记》："子云：'君子辞贵不辞贱，辞富不辞贫，则乱益亡。'"《礼记·表记》："君子隐而显，不矜而庄，不厉而威，不言而信。""子曰：'仁之难成久矣，唯君子能之。是故君子不以其所能者病人，不以人之所不能者愧人。'"《礼记》论君子侧重于以诚行礼和教学为先，在人际关系上强调不以己之长责人之短，乃是孔子"躬自厚而薄责于人"之义。

此外，《墨子》中也有论君子之言，如《墨子·亲士》："'非无安居也，我无安心也；非无足财也，我无足心也。'是故君子自难而易彼，众人自易而难彼。"强调君子与众人的区别在于君子重义，故不把享受放在心上，而众人重欲，故尽力去追求。

儒家君子论又不把君子与小人的区别绝对化、静态化，而认为两者之差别是相对的、动态的。以义利之辨而言，君子并非不言利，小人求利也并非全然不对，这其间有个分寸的把握问题。

人皆有求富贵、恶贫贱之心，这是人性使然。君子与小人之不同，不在求利而在得之是否正当。孔子说："富与贵，是人之所欲也；不以其道得之，不处也。"君子见利思义，得之以道；小人见利忘义，得之以非道。

例如，商人求利乃天经地义，守法诚信者即为君子，违法欺诈者即为小人，其严重者为罪人。现今人称儒商者，不仅能够合法经营，而且取之于社会又回报于社会，将部分利润用于公益慈善事业，这样的君子不是多了而是少了。儒商多起来会推动市场经济健康运行，为人民的富裕生活做贡献。

再如，维护个人正当权益（宪法和法律规定的公民权利，如信仰自由、人身安全、知识产权等），非但不是小人，还能起到维护法律尊严的作用，有益于社会的正常运行。在此，个人利益就是社会公义。再说，社会上并没有固定不变的君子群体和小人群体：君子如怠学不勤、意志不坚，就会下降为小人；小人如能见贤思齐、内省改过，亦可上升为君子。

人性往往是善恶相混的，有时道德理性增强，有时私心物欲泛起；有人七分君子、三分小人，有人七分小人、三分君子；有人在起落中彼时为君子、此时为小人，彼时为小人、此时为君子。一生定格于君子不变、定格于小人不变，这样的人也有，只是一部分，而非全体。

孔子看到道德人格涵养的动态性和长期性，因此强调终生学习和修养的必要性。孔子说："性相近也，习相远也。"他认为人的先天之性都差不多，但后天积习将人的精神境界拉开了距离。他把仁德作为君子第一品性，要求"君子无终食之间违仁"，务必使亲仁、行仁达到高度自觉、从心所欲不逾矩的程度，他自己不敢以仁人自许，也不轻易许其弟子为仁人君子。同时他指出，一个人只要"博学而笃志，切问而近思"，便能"仁在其中矣"，又说"我欲仁，斯仁至矣"，关键在于立志和努力，还要坚持不懈。

总之，在孔子和儒者看来，学做君子，是使人生光明磊落的事，是毕生修身的事，也是可以"下学而上达"的事，更是自利利他（"己欲立而立人"）的事，统称为"为己"之学，即能成全自己的道德人格，进而才能"博施于民而能济众"。

四、儒家君子论的历史变迁与当代价值

孔子、孟子、荀子的君子人格论，经过历代儒者的传承发展，建立起中华文化中道德自律和道德监督的有效方式，形成社会民间强大的舆论力量，不断给予道德人物以有力的赞美、鼓励，给予不道德人物以批评、谴责。这种舆论超越政治与司法，也远远超出士林，弥漫于社区、乡里、家族、行业，具有巨大的惯性，作为文化基因积淀在中华民族的血脉里。是君子还是小人，无须自评，也不靠官方宣传，民众的口碑自有公论，这是十分可贵的传统。

政治人物同样受这种道德舆论的监督，如岳飞移孝作忠、为国殉身，被公认为君子式的忠臣，秦桧被公认为陷害忠良的小人式奸臣，包拯是为官清廉、刚直不阿的君子式清官。这种深厚的君子人格道德舆论，辅以法刑，成为稳定社会的巨大调控力量，不论朝代如何更替，推崇君子之风未曾消解。

"五四"以来，文化激进主义依然存在，在一些引导思想潮流的名人口中，中华传统文化被妖魔化为"吃人"的文化，正人君子变成被嘲讽的对象，君子渐渐淡出人们的集体意识，如果不加以重视，随之而来的便是社会道德的混乱和失序。有人认为，当时中国面临内忧外患，急需改革者与革命家，因而君子人格已经过时。岂不知两者并不矛盾，恰恰需要结合，社会需要大批君子式的改革者和革命家。

孔子说过："志士仁人，无求生以害仁，有杀身以成仁。"孟子说过："生亦我所欲也，义亦我所欲也。二者不可得兼，舍生而取义者也。"曾子说过："士不可以不弘毅，任重而道远。仁以为己任，不亦重乎？死而后已，不亦远乎？""士"就是"士君子"，许多改革者和革命家正是因为受到孔子、孟子、曾子的鼓舞而献身于民族独立与人民解放事业的。抗日战争中的勇士和烈士，就是人们敬仰的士君子。

还有人认为，君子讲中庸，就是折中调和、不讲是非。这是把中庸与乡愿（乡原）混为一谈了。乡愿是貌似谨厚，实与俗同流合污者，故孔子加以斥责："乡原，德之贼也。"孟子进一步说："阉然媚于世也者，是乡原也。""同乎流俗，合乎污世，居之似忠信，行之似廉洁，众皆悦之，自以为是，而不可与入尧、舜之道，故曰'德之贼'也。"

孔子论中庸，是指君子行事无过不及、不偏颇，而以能否行仁爱忠恕之道为准则，故是非分明，曰："唯仁者能好人，能恶人。"所以中庸是行仁的最佳尺度，一般人不易把握，故曰："中庸之为德也，其至矣乎！民鲜久矣。"我们可以理直气壮地说：正人君子既是人们日常道德生活的需要，也是社会大患难和大变革时期的需要。

虽然文化西化论一度流行，有些中国人文化自卑心理严重，但中华优秀传统文化在民俗层面仍然以巨大的惯性力量而继续存在，只是处在"日用而不知"的自发状态，君子之德仍然是民众经常提及的正面形象。如人们常说"不要以小人之心度君子之腹"，"不做伪君子、真小人"，"君子一言既出，驷马难追"，"我们要有君子协定"，等等。虽然人们痛感小人得志、君子吃亏，但在内心深处仍然珍重君子、嫌弃小人。

1898年，因"戊戌变法"而被杀的谭嗣同、林旭、杨锐、杨深秀、刘光第、康广仁六人，被后人誉为"戊戌六君子"，这是君子中的烈士。

1914年冬，梁启超在清华大学给学子做过论君子的演讲。他认为中国的君子类似英国的gentleman（绅士），其国民教育以人格养成为宗旨。

这里要说明，绅士与君子有同有异：同在注重人格尊严，异在绅士须具贵族气质，而君子虽平民可成。梁启超论君子之义，用《易传》中的《乾卦·象》"天行健，君子以自强不息"和《坤卦·象》"地势坤，君子以厚德载物"两句概括之，乃是精粹之论。

他说，所谓"自强不息"，一是指"自励"，"尤须坚忍强毅，虽遇颠沛流离，不屈不挠"；二是指"自胜""摈私欲尚果毅"，能够"见义勇为"。所谓"厚德载物"，"坤象言，君子接物，度量宽厚，犹大地之博，无所不载。君子责己甚厚，责人甚轻"，"然后得以膺重任"。

他对清华学子的期望是，"将来即为社会之表率，语默作止，皆为国民所仿效"，因此要"崇德修学，勉为真君子"，"异日出膺大任"，"作中流之底柱"。

梁启超乃是清华国学院四大导师之一（另外三位是陈寅恪、王国维、赵元任）。他演讲之后，清华大学将"自强不息，厚德载物"定为校训，沿用至今。

1936年5月31日至6月1日，在宋庆龄、马相伯、沈钧儒等人的号召和领导下，全国各界救国联合会成立大会在上海召开。他们发表宣言，呼吁国民党停止内战，释放政治犯，各党派协商建立抗日联合政府。但1936年11月，国民党当局以"危害民国"为罪名，逮捕了沈钧儒、章乃器、邹韬奋、李公朴、沙千里、史良、王造时等七位救国联合会的领导者。卢沟桥事变爆发后，在强大的舆论压力下，国民党当局被迫释放七位爱国者。当时的新闻媒体称七人为"爱国七君子"。

从六君子到七君子，我们可以看到，君子人格绝不限于"谦谦君子"，往往国难当头方显君子本色。他们乃是志士仁人，时刻准备杀身成仁、舍生取义，故深受国人敬仰，被视为英杰、赞为君子，鼓舞着万千中国人投身到民族独立与人民解放的伟大事业中去，可见榜样的力量是无穷的。

当代哲学家冯友兰先生在抗战时期所写的《新原人》一书中，提出人生有四种精神境界：自然境界、功利境界、道德境界、天地境界。自然境界指人生没有任何追求，"日出而作，日入而息"，浑浑噩噩地生活，比动物高不出很多。功利境界指人生有明确追求，但以求个人私利为终极价值，为己可以不择手段，往往损害他人和群体利益。这样的人实际上是指小人。道德境界指人生亦有明确追求，却是以利人行善为终极价值，把个人利益放在第二位。这样的人实际上指君子。天地境界指人生以与天地万物为一体为终极价值，以"赞天地之化育"为己任。这样的人实际上指圣贤。这四种境界对于一般人而言，关键的一步是从功利境界提升到道德境界,脱离缺德小人而成为有德君子。

近代,有些中国人不分精华与糟粕,全盘否定中华传统文化,致使民族文化主体性塌陷,进而带来危害。今人在深入发掘和重新评价中华智慧、美德的文明价值之后,逐步增强了文化自信和文化自觉。在民族文化复兴的新时代,传承和弘扬君子文化已蔚然成风,学校倡导学习君子之教,学者深入论述君子之说,地方努力倡导君子之德,同时把它与表彰道德模范、开展志愿者活动结合起来,并初见成效。

君子人格论甚至引发了国际思想界人士的认同。澳大利亚邦德大学李瑞智教授在曲阜世界儒学大会发言中提出,人类需要君子式的政治家,以促进世界和平与发展。人们也认识到,弘扬君子文化、推动道德建设是一项方兴未艾的事业,是长期的、艰苦的,它不像制度改革、生产增长那样能够预先规划、按期实施,它是无形的精神文化,与信仰的重建连在一起,没有捷径,不可操控,只能由君子式的有识之士努力加以推动,慢慢引起连锁反应,从量变到质变,由边缘到中心,逐渐成为新的风俗习惯。从长远看,这是一项合乎人心的文明事业,会得到社会各界越来越多的支持。

五、君子"六有"论

今天我们应当有新的君子人格论,以适应中华民族伟大复兴和建设人类命运共同体的需要。根据孔子儒家的论述,结合社会历史与现实,融会自己的人生体验,我把君子道德人格概括为"六有":有仁义,立人之基;有涵养,美人之性;有操守,挺人之脊;有容量,扩人之胸;有坦诚,存人之真;有担当,尽人之责。我认为,"六有"能够展现君子的主要品格,内涵相对完整，表述简洁明了，或可提供给教育界朋友参考。下面分题述之。

1.有仁义，立人之基

仁者爱人，义者行宜，乃是做文明人的根基；用生活化的语言说，就是心地善良，行为端正。

樊迟问仁。子曰："爱人。"孔子说："君子学道则爱人。""君子道者三，我无能焉：仁者不忧，知者不惑，勇者不惧。""君子成人之美，不成人之恶。小人反是。""君子义以为上。"孟子说："君子以仁存心。""吾身不能居仁由义，谓之自弃也。仁，人之安宅也；义，人之正路也。旷安宅而弗居，舍正路而不由，哀哉！""故君子莫大乎与人为善。"韩愈《原道》说："博爱之谓仁，行而宜之之谓义。"

君子品德的第一要义是要有爱心，即有良心或良知，关心人、帮助人、尊重人、体贴人，心要保有温度，不能变冷，更不能变黑，否则会失掉做人的根基，使他人遭殃，最终也会害己。居仁才能由义，有了爱心便会坚守正义，维护社会公共生活准则，促进社会安定和谐。

那么，为什么社会生活不能没有良知爱心而一些人却会丢掉良知爱心呢？这就要从人类生活的特点和人性的形成说起。人既是个体的存在（每个人有自己的需求、爱好与生活方式），又是群体性动物和文化动物。人从小离不开家庭、学校，成人后离不开社会与朋友。

马克思在《关于费尔巴哈的提纲》中说："人的本质不是单个人所固有的抽象物，在其现实性上，它是一切社会关系的总和。"人本质上是一种关系的存在，个体的独立性只能在社会关系制约下的有限空间里存在。家庭中亲子相爱、同辈相亲是共同生活熏陶而成的。人与动物不同，文化代代相传，家庭与学校教育使人懂得与人为善，社会道德风气使人知道个体离不开群体。

因此，"恻隐之心，人皆有之"，"爱人者，人恒爱之"，人们在相互关爱中享受着幸福；反过来，害人者人恒害之，人们在相互争斗损害中带来的只能是痛苦。这是人性的初心。儒家进一步要求有德君子将仁爱之心向外扩大，由爱家庭到爱大众、爱人类、爱天地万物，把他人看成自己的同胞，把动植物看成自己的伙伴，这就是北宋大儒张载说的"民胞物与"。

可是人性是善恶混杂的，两者此消彼长：当群体意识强于个人欲求时，善良便占上风；当个人欲求膨胀遮蔽了道德理性时，恶习便占上风。更深一步讲，一些人便会扭曲人性，丧失天良，非但做不成君子，也做不成一般好人，甚至成为罪人。要做文明人，必须成为君子，不仅要有仁爱之心，而且能自觉成人之美，尤其在别人困难的时候，能雪中送炭，这就要消解嫉妒心，以助人为乐，以损人为耻。这是君子和小人的本质区别。

在社会行为上，文明君子必然行事公正，不以利害义、不因私损公，还能够见义勇为、扶危济困。孟子说："恻隐之心，仁之端也；羞恶之心，义之端也。"《中庸》说："力行近乎仁，知耻近乎勇。"可知仁心要知行合一，正义要勇于捍卫，不能只停留在口头上。做到居仁由义，君子人格就有了基石，也就有了人的尊严。

我们常说，人不仅要过得幸福，还要过得有尊严。"好死不如赖活着"的人生是君子无法忍受的。孟子十分强调君子要有正义感，说："生亦我所欲也，义亦我所欲也。二者不可得兼，舍生而取义者也。"可见仁义乃为人之本。

2. 有涵养，美人之性

人有向善之性，而无必善之理。人性中有动物性，积习不良会发展为恶性。人必须有后天教育和修养，才能使善性成长，成为文明君子；经过刻苦努力，才能使德性达到高尚的程度。故孔子曰："性相近也，习相远也。"儒家一向重视社会道德教化和个人修身，并形成一套涵养人性、修成君子的理论方法。

首先，孔子确立君子人格三要素"仁、智、勇"。他说："君子道者三，我无能焉：仁者不忧，知（智）者不惑，勇者不惧。"

《中庸》称其为"三达德"，其中"仁"是主轴，"智""勇"是行"仁"的必要素质和能力，缺其一，人格不能独立。《中庸》还进一步说明："好学近乎知（智），力行近乎仁，知耻近乎勇。"它指明修习"三达德"的着力点，即求智要经由学习而得来，成仁要通过实践的磨炼和考验，毅勇要由知耻之心而生发。没有"仁"，君子人格便没有灵魂；没有智慧，便不能辨别是非；缺乏勇气，行仁则不能持续。

君子人格三要素，至今仍然适用于青少年的教育培养，尤其学校教育必须以立德树人为主，使学生能够居仁由义；智力教育要使学生掌握科学知识和独立思考研究的能力，以便为社会做贡献；培养毅勇精神使学生有克服困难、不怕挫折、不与恶俗同流合污的品格。一个人有此三者，才算是具有完整的人格；学校培养出大批有独立人格的君子，才算是教育的真正成功。

孔子论述了修身的重要性和修习君子的目标。孔子说："古之学者为己，今之学者为人。"意思是，古人学习的目的是成全自己的人格，今人学习的目的是夸耀于别人。

《大学》做了进一步发挥。"自天子以至于庶人，壹是皆以修身为本"，"君子有诸己而后求诸人"，因为"身修而后家齐，家齐而后国治，国治而后天下平"。这是儒家的一条基本逻辑：学会做人，才能学会做事，人能弘道，非道弘人。和顺幸福的家庭、为国为民的社会事业，都要靠人去建立，事业的成功往往取决于素质高的人，这样的人便是君子，而君子又是自觉修习得来的，不是天然而能的。由此，可知修身的重要性。君子以济世安民为己任，为此，必须严以律己，不断提升自己的品格和能力，才堪担当大任。

孔子把人天生的质朴称为"质"，把文采称为"文"，说："质胜文则野，文胜质则史。文质彬彬，然后君子。"意思是，质朴胜过文采，人便粗野；文采胜过质朴，人便造作（像古代祝史官那样只精于文书）。有文有质，恰当配合，既朴素又斯文，这才是君子。

孔子在《论语·卫灵公》中将君子的全面素质说得更为具体："君子义以为质，礼以行之，孙以出之，信以成之。君子哉！"孔子弟子子贡形容孔子的风度时说："夫子温、良、恭、俭、让以得之。"即温和、善良、庄重、俭朴、谦逊。总之，君子应当知书达理、文明礼貌、方正儒雅，不知不觉中便令人起敬。

儒家总结出君子道德修养的多种方式、方法。现举若干项：

其一，《中庸》："君子尊德性而道问学。"就是磨炼品性与切磋学问并举。一方面要在践履中体验和考验人品之优劣，从而提升自己的精神境界，如孟子所云"存其心，养其性"，如王阳明所云要"知行合一"，要"从静处体会，在事上磨炼"；另一方面要乐学不辍，如孔子所说"学而时习之，不亦说乎"，"下学而上达"，"知之者不如好之者，好之者不如乐之者"，把学习作为人生乐趣，故"学而不厌，诲人不倦"。

今日做君子，应当学好中华经典，如四书五经、《老子》、《庄子》、《史记》、唐诗宋词等。经典中积淀着中华文化的基因，里面有哲学，有历史，有道德，有文学，有先人开创文明的美丽故事，是涵养君子人格的人文学苑。

经典训练可以陶冶人的性情、增长人的见识，了解中华文化的博大精深，可以使自己成长为中国式的文明人。学与行必须结合，如宋儒程颐所云："涵养须用敬，进学则在致知。""敬"即认真严肃，孔子说："修己以敬。"宋代理学家朱熹很看重"敬"，谓""敬"之一字"为"圣门之纲领，存养之要法"。

其二，从善如流，慎独改过。一个人生活的周围环境，总是有君子有小人，自己的思想言行也难免有对有错。孔子主张"见贤思齐焉，见不贤而内自省也"，"三人行必有我师焉，择其善者而从之，其不善者而改之"。

君子善于学习，是学别人的优点，而将其缺点引以为戒，从而省察自己、增强德性、改正错误。在学校要向老师学习，也要向有长处的同学学习；在家里向父母长辈和兄弟姐妹学习；在社会上向同事和朋友学习。

孔子学无常师，他善于向古圣贤学习，向当时的士君子学习，也经常与学生相互讨论，做到教学相长，故能集夏、商、周三代文化之大成于一身，成为万世师表。

《荀子·劝学》认为"学之经莫速乎好其人"，一个人喜欢君子式人物，便会学做君子。《大学》和《中庸》都强调"君子必慎其独"，要求君子在独处而无旁人知晓和舆论监督的情况下，自觉履行道德准则，不欺骗别人，也不欺骗自己，这样才能使道德内化为性情，久而久之，习惯成自然。另外，从别人和自己的过失中学习是君子涵养的必经之路。从错误中总结教训，敢于直面已经发生的偏差，是君子与小人的重要区别，故孔子说："人之过也，各于其党。观过，斯知仁矣。"意思是，人的错误有不同类型，善于观察错误的成因从而有效改之，便是君子仁德的表现了。

其三，严以律己，宽以待人。孔子说"躬自厚而薄责于人"，努力达到"内省不疚"。这就是我们今天所说的"要多做自我批评"。

孔子的弟子曾子说："吾日三省吾身——为人谋而不忠乎？与朋友交而不信乎？传不习乎？"意思是，为他人办事是否做到了尽心尽力？与朋友来往是否做到信守承诺？古圣贤和老师传授的道理和知识是否能够温习践行？君子并非不犯过错，只是能经常反省、知错必改，所以孔子说"过则勿惮改"，"改之为贵"。

孔子说过"君子求诸己，小人求诸人"，强调君子遇到问题要增强自身应对的能力去应对它，小人则处处依赖别人。孟子加以发挥，认为君子做事动机好却未能达到预期效果，首先想到的不是客观上条件不好，不是对方不配合，而是自身有什么不足，故曰："爱人不亲，反其仁；治人不治，反其智；礼人不答，反其敬。行有不得者皆反求诸己。"意思是，给人以爱却未能使之温亲，那就要检讨自己仁爱的真诚与方式是否存在问题；治理地方未能实现有序富足，那就要检讨自己的智慧有什么欠缺；礼貌待人却未能使对方答之以礼，那就要检讨自己是否做到了真正尊重对方的人格。任何行为只要达不到效果，就应该进行自我反省。

可是生活中常见的现象是一些人遇到表彰便把功劳归在自己名下，而出了差错便怨天尤人，把责任推给别人，自己洗得一干二净。我们现在讲"批评与自我批评"，讲"团结—批评—团结"，多年的实践表明，自我批评是基础，然后相互批评才有效，否则相互批评不仅达不到通过批评实现团结的目的，还容易造成不满和怨恨。可见，自省是多么重要。

其四，存心养性，情理兼具。心，良心；性，人性；情，情欲；理，理性。儒家修身，要保持善心良知，要涵养善性、抑制恶性，要调节情欲使之适度，要增强理性而能明德。

孔子说"克己复礼为仁"，克己是克制私欲以符合礼（社会行为规范）的要求，从而使仁德外化为行动。

孟子说"养心莫善于寡欲""存其心，养其性，所以事天也"。孟子认为，天人相通，人性受于天而显于心，故尽心知性可以知天，存心养性所以事天。儒家认为，人有情感欲望乃是人性之自然，如欲富贵而厌贫贱是人人皆有的本性，但要有所节制。孔子主张以道导欲，《毛诗序》主张"发乎情，止乎礼义"，孟子主张寡欲。

在现实社会中，小人之所以是小人，主要源于私欲太盛，到了理性不能控制的程度，于是便发生损人利己的行为。如果私欲过于膨胀，以致"利令智昏""名令智昏""权令智昏"，便会不择手段去违法乱纪，堕落为罪人，既害人，又害己。

改革开放实行市场经济，我国生产力得到飞速发展。但是，由于中华传统美德经历了近百年的偏激主义的持续批判，其影响力已经大大削弱，市场经济缺乏必要的伦理支撑，在发展中出现拜金主义现象，干扰了市场经济的健康运行。这时，道德君子，尤其是商界的君子，应当挺身而出，带头合法致富、劳动致富、诚信致富。

中国人讲合情合理，既有情又有理，将两者统一起来。君子修身的任务之一是培养道德理性的自控能力，能够使自己从容面对各种物质引诱而不动心。

其五，要懂得惜福和感恩。社会发展有起有伏，有曲折有顺畅，在艰难时刻人们相互支援，在平顺时期人们便要惜福，幸福得来不易，要倍加珍爱。

例如，我们经历过物资匮乏、生活困难的时期，如今人们富裕起来，商品丰富，吃穿住行都得到很大改善，儿童与青少年的成长环境今非昔比，中壮年施展才干的空间成倍扩大，老年人能够安度晚年、享受天伦之乐，我们生逢此时，能不惜福感恩吗？一个人从小到大，到走向社会，到事业有成，不知得到过多少人直接或间接的帮助，便要有感恩之心，要知恩图报。

中国自古便有一条道德训言：滴水之恩，必当涌泉相报。孔子讲"以直报怨，以德报德"。佛教讲"报父母恩，报众生恩，报国土恩，报三宝（佛、法、僧）恩"。而且诸恩是一生都报不完的。有的人不是这样想，总是觉得别人欠他的、社会欠他的，从不想一下自己做得怎样，是否对得起社会和家庭对他的培养，或者把自己的业绩放大了，自以为了不起。这种心态是扭曲的、颠倒的，眼睛只盯着收益和权利，却丝毫不想尽应有的责任和义务。

3.有操守，挺人之脊

人要有尊严，必须挺直腰板，堂堂正正做人。在涉及人类公义和国家、民族、人民根本利益的大是大非问题上，在事关人格独立的原则问题上，要态度鲜明，坚守正道，毫不含糊。这就是士君子一向看重的节操，是无法妥协的，更不能拿来做交易。不过在处理具体问题时可以相对灵活，有时为了长远的、全局的利益，可以在局部利益上做出让步和妥协，但是一定要有底线。

一是要立志正大，矢志不渝。孔子说："三军可夺帅也，匹夫不可夺志也。"内心的正义志向坚如磐石，没有任何外部力量能够改变它，死亡的威胁也无济于事。二是"刚健中正"，不卑不亢。既不低三下四，也不盛气凌人；既不与低俗同流合污，也不自大排他。三是经受得住各种严峻考验，如孟子所云："富贵不能淫，贫贱不能移，威武不能屈，此之谓大丈夫。"为此要"善养吾浩然之气"，使其"至大至刚""配义与道"，勇往直前而毫无怯懦之心。尤其在国家、民族遭受列强侵略欺侮的关键时刻，仁人志士要如曾子所云"临大节而不可夺也"。为了抗击邪恶势力，维护国家和民族的尊严，可以"杀身成仁""舍生取义"。这是中华民族不畏艰难、衰而复兴的伟大精神力量。

4. 有容量，扩人之胸

君子与小人的一个重要差别是君子心胸开阔，能包容他者；小人心胸狭窄，喜欢结党营私。孔子说："君子和而不同，小人同而不和。""和"是承认差异，包纳多样；"同"是自以为是，不容他者。由"和"生出"和谐"，乃是中华思想文化的主流，源远流长；由"同"生出"一言堂"，如不能"同"必然引起争斗，它只是支流。

《国语·郑语》载，周太史史伯说："和实生物，同则不继。"意思是，多样性事物相遇才能产生新的品物，相同事物相加不会有新生事物出现。从此"和"与"同"便成为思想家经常论述的一对哲学范畴，并被运用到社会生活的各个领域，发挥了巨大的作用。

《左传·昭公二十年》载，齐国贤臣晏婴与齐景公论"和"与"同"：

> 和如羹焉，水、火、醯、醢、盐、梅，以烹鱼肉，燀之以薪，宰夫和之，齐之以味，济其不及，以泄其过。君子食之，以平其心。君臣亦然。君所谓可而有否焉，臣献其否以成其可；君所谓否而有可焉，臣献其

可以去其否。是以政平而不干，民无争心。……声亦如味，一气，二体，三类，四物，五声，六律，七音，八风，九歌，以相成也；清浊、小大，短长、疾徐，哀乐、刚柔，迟速、高下，出入、周疏，以相济也。君子听之，以平其心。心平，德和。故《诗》曰："德音不瑕。"今据不然。君所谓可，据亦曰可；君所谓否，据亦曰否。若以水济水，谁能食之？若琴瑟之专一，谁能听之？同之不可也如是。

晏婴用"和同之论"来诠释美味的肉羹是多种食物调料相济而成的，动听的音乐是多种音阶、乐器、声调、旋律配合而成的，那么健康的君臣关系，只能是"和"，不能是"同"。即君出的主意，臣要找其不足；君认为不好的事情，臣要指出其中的正确成分。只有这样才能集思广益、互补所缺、统筹兼顾、政通人和、民心安定。

自从孔子和弟子有子说了"君子和而不同，小人同而不和"与"礼之用，和为贵"以后，"和文化"便成为中国人做人、做事、立制的重要原则。

成书于战国时期的《易传》说："乾道变化，各正性命。保合太和，乃利贞。"书中提出"太和"，即和谐之至。又说："地势坤，君子以厚德载物。"还说："天下同归而殊途，一致而百虑。"意思是，多样性是天下文明发展的客观规律，既有大方向上的共同目标，又有各自发展的特殊进路，君子要包纳万事万物才能成其厚德。

《中庸》说："万物并育而不相害，道并行而不相悖。"同样强调了万物的多样性和谐与真理的多样性统一，不能且不应唯我独尊、一家独大。

5.有坦诚，存人之真

孔子说："君子坦荡荡，小人长戚戚。"

坦荡就是心地光明磊落，没有不可告人的污浊之事，故心安理得。小人心怀鬼胎，故坐立不安。孔子未明言"诚"，但常言"直"与"信"，皆与"诚"相近。直就是真率坦诚、秉公行事。他说："举直错诸枉，则民服。""举直错诸枉，能使枉者直。"又说："以直报怨，以德报德。"贤臣必直，能得民心，且可校正佞臣（枉者）之失。孔子反对以怨报怨，也不赞成以德报怨，而是主张以直报怨，即直道而行，不去计较别人对自己的伤害。至于以德报怨，往往是少数宗教家所为，目的是想用恩义来感化作恶者，一般人难以做到。

孔子说的"人而无信，不知其可也""民无信不立"中的"信"就是守承诺、言行一致的意思。

《易传·文言》云："修辞立其诚。"疏云："诚谓诚实。"

孟子讲"诚"，说："是故诚者，天之道也；思诚者，人之道也。"

"诚"，与"伪"相对，与"妄"相反，是真实、有信、表里如一、不伪善、不欺瞒，做性情中人。孟子首次将"诚"提升到天道性命的高度，认为天地万物的存在和变化是真实无妄的，只有人类社会才会出现伪诈现象，但文明要求人道效法天道，回归真诚无妄，即"反身而诚"上来。自身不诚就无法打动别人，故说："悦亲有道，反身不诚，不悦于亲矣。"他进一步指出："诚身有道，不明乎善，不诚其身矣。""万物皆备于我矣。反身而诚，乐莫大焉。强恕而行，求仁莫近焉。"意思是，万物之道都能在自己身上有体现，物我相通，故应仁民爱物，以此为精神享受。有诚才有真仁真义，无诚必是假仁假义。

在先秦时期，建立起系统的"诚"的哲学著作是《中庸》，其作者像是孟子后学。《中庸》论"诚"，有深度，有高度。第一，提出"不诚无物""至诚无息""不息则久"。这是天道规律，假象终将破灭。第二，指出人道之诚有两种：一种是圣贤可以做到"不勉而中，不思而得，从容中道"，这就是"自诚明，谓之性"；一般人则须修道以教之，明善以导之，这就是"自明诚，谓之教"。具体说来，要"择善而固执""博学之，审问之，慎思之，明辨之"。第三，说明"诚"的目标是"成己成物"。其公式是"至诚—尽己之性—尽人之性—尽物之性—赞天地之化育"。第四，指明至诚的地位和作用在于"唯天下至诚，为能经纶天下之大经，立天下之大本，知天地之化育"。就是说，有至诚之人，才能确立国家发展的大经大本，推动万物健康有序发展，创造文明的新高度。

总之，君子坦诚，做人做事方面：一要做真实人，不做两面人，不戴假面具生活；二要开诚布公，说真话、做真事，不逢场作戏；三要信实可靠，一诺千金，言行一致；四要执着专精，百折不挠，不三心二意、有始无终；五要知错必改，不掩饰、不推诿，自觉承担责任。坦诚君子是真人，并不是完人，其性格率真，优缺点皆显露在外，别人不必揣度捉摸、不必防范戒备，其思想观点鲜明有个性，却不自以为完备，愿意参与百家争鸣，共同探讨真理。当然，坦诚并不意味着口无遮拦、随意乱说，而要适时而说、因事而说，凡说必发自内心、有益社会。现代人讲隐私权，应予以尊重，不探听别人隐私，也不到处诉说自己的隐私，以免给他人添乱。

6.有担当，尽人之责

君子立志远大，有强烈的社会责任心和历史使命感，勇于承担重任，不愿意碌碌无为，也不屑于在个人小圈子里打转，而要在为国、为民、为天下的事业中实现人生的价值。

孔子把"修己以安人""修己以安百姓"作为社会理想而追求，同时又赋予其以神圣的意义。《论语·子罕》篇记载："子畏于匡，曰：'文王既没，文不在兹乎？天之将丧斯文也，后死者不得与于斯文也；天之未丧斯文也，匡人其如予何？'"孔子在匡地受到围困，向弟子表示自信，说周文王之后，尧舜之道就体现在我身上了，上天如果要把圣人之道传下去，匡人不能把我怎么样，我肩负着天命，故不畏惧。

孟子也是以天下为己任，说："夫天未欲平治天下也，如欲平治天下，当今之世，舍我其谁也？"孟子非但不把平治天下的责任推给别人，还认为自己要承担最主要的责任，因为它是天命所赋予的，所以能表现出"舍我其谁"的大丈夫气概。

在孔子、孟子心中，"天命"不是有意志的上帝，而是指向道德之天，表达了文化人的历史使命。

孟子认为要承担起这种救世的重任，此人必须在忧患中反复磨炼，树立起弘毅性格。他举古代圣贤的事例，大舜是在田野中成长起来的，傅说（商代贤人）是从建筑苦役中被提拔的，胶鬲（商纣之臣）是从鱼盐商贩中被发现的，管仲是从牢狱中被放出来的，孙叔敖是从隐居的海边被请回来的，百里奚是从市场中被举荐出来的，"故天将降大任于是人也，必先苦其心志，劳其筋骨，饿其体肤，空乏其身，行拂乱其所为，所以动心忍性，曾益其所不能"。君子一要敢于担当，二要能够担当，这就要经受艰苦的磨炼和考验。我们今天讲挫折教育，其意与孟子是相通的。

《大学》一书，把士君子的担当归纳为修身、齐家、治国、平天下，后来"修齐治平"便成为中国士人的人生座右铭。

《易传·乾卦·象》曰："天行健，君子以自强不息。"要求君子不甘于落后，要有上进心、事业心、大作为，能体现大自然赋予人的顽强生命力。

《易传·系辞下》说："《易》之兴也，其于中古乎？作《易》者，其有忧患乎？""《易》之兴也，其当殷之末世，周之盛德邪？当文王与纣之事邪？是故其辞危。危者使平，易者使倾。其道甚大，百物不废。惧以终始，其要无咎，此之谓《易》之道也。"它指出，殷纣王暴虐而天下危亡，周文王修德而人心归向，殷鉴不远，人们应当具有忧患意识，以纣为戒，故有《周易》之作，目的是指导国家总结经验，吸取教训，由乱而治。此后，忧患意识便成为中国士君子的深层意识，在乱世要治乱兴邦，在治世要居安思危。故孟子说："入则无法家拂士（辅佐之士），出则无敌国外患者，国恒亡。然后知生于忧患而死于安乐也。"

孟子认为，国君要与民同乐同忧。"乐民之乐者，民亦乐其乐；忧民之忧者，民亦忧其忧。乐以天下，忧以天下，然而不王者，未之有也。"与民同乐同忧就是曾子所说的"仁以为己任"，这是士君子应当努力去做的。

（摘编自中华书局2020年版《君子人格六讲》，内容有改动）

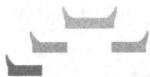

新荀学探索与新经学构建

荀子被冷落，荀学被误读，为时久远。我对荀子的关注，起于20世纪90年代前期，首先碰到的问题是如何重新理解荀子的性恶论；后来我在研究无神论者与宗教的关系时，发现荀子的无神论就是能够尊重他者宗教信仰的无神论，又能从社会管理的高度看到鬼神之道（古代的宗教）有道德教化功能，我称之为"温和无神论"，可以视作现今"积极引导宗教与社会主义社会相适应"的方针在中国传统文化中的渊源之一，愈发感到荀子是位有大胸襟、大智慧的圣贤。今天看来，荀子不仅系统发展了孔子礼教学说，而且他的"群学"就是最早的中国社会学，其社会管理学可以为社会建设提供颇多的大智慧。近些年荀学研究出现复兴的新气象，有学者提出"新荀学"的概念，令人振奋。但是历史上扬孟抑荀的偏见对今人仍有影响，社会人士对《荀子》一书比较陌生，新荀学的兴盛需要有志者加以大力推动。为了正本清源，参与荀学的讨论，我又苦读《荀子》三十二篇，务求准确理解并读出新意。在此过程中，我受到冯友兰老师和费孝通先生两位大思想家的启示，力图从社会学的角度重新考察荀学及其当代价值，并由此提出中华新的核心经典"六典五经"说、"九典五经"说以及新经学若干构想，希望得到学界朋友的批评指正。

一、重新厘定荀子与荀学的历史地位

（一）荀子的历史定位："智圣"

荀子同孔子、孟子一起，是先秦时代创建儒家学派的三位代表性人物，他们的地位都超过了大贤而达到"圣人"的境界。其中，孔子在"祖述尧舜，宪章文武"的基础上集三代之大成，创立了仁礼之学，确立了中华民族发展的人本主义精神方向，成为万世师表，被世人公推为"至圣"；孟子用居仁由义发展了孔子仁学，以仁政讲民生主义，以"民贵君轻"讲民权主义，用养浩然正气讲心性之学，《孟子》一书逐渐从子学升为经学，影响了宋以后的中国社会，孟子成为"亚圣"。至于荀子，他生活在战国百家争鸣时代，三次为齐国稷下学宫"祭酒"，是一位集诸子百家之大成的儒家学者。在制度文化即礼文化的层面上，荀子把孔子的思想与社会管理结合起来，礼义并举、义利并重，以"礼主法辅"论发展了孔子礼学，使礼文化系统化、理论化，从而促成了礼经的形成与礼制的建设，在社会稳定与发展的实践中发挥了建设秩序、完备体制、协调群际的作用，为我国古代文明的发展，为中华礼义之邦的形成做出了重大贡献。他推动礼义文化之智慧与功绩超出了孔子、孟子。因此，现今需要摆脱历史成见，消除对荀子的误解，把他与孔子和孟子并列为"三圣"。

从"三圣"的气象和性格来看，孔子平和，仁厚博施，是仁者型圣人；孟子耿爽，浩然气正，是勇者型圣人；荀子的特点则是思维严谨，邃密群科。荀子的文风宏富正大而又切实合用，论证严密，讲究推理，极有说服力。他吸收了名家的逻辑学用于论证经学，因此荀学有系统性、层次性，前因后果极其分明。所以荀子是智者型圣人，应当据实称之为"智圣"。

（二）荀学历史地位的再评价

荀学可以分为狭义与广义两种。狭义荀学指对《荀子》一书的整理诠注研究，广义荀学是指对荀子学派整体思想及其社会影响的解释及研究。对荀学的历史地位，可以从以下几方面来分析与评价。

其一，荀学的重心和特色是"群学"，荀子首创了中国社会学。在中国思想史上，以社会群体为基点构建自己的理论体系并提炼出核心理念"群"的只有荀子一家。荀子书中，"群"与"群众"多次出现，指向今日所说的"社会群体"，并成为一种学问，但未及用"群学"之名。严复第一次把西方社会学译为"群学"，而中国群学实源于荀子，"明分使群"论即是中国最早的社会学。荀子不像孔子和孟子那样以血亲为基础和纽带来看家庭、家族及其扩大形态的国家，而是从人的社会性出发，超出宗法血亲看待社会人际关系的复杂性，对礼制与道德的起源做出社会学的解释。其"明分使群"论的主旨在于：人之高于动物在于能群，即能组成社会；人之能群在于能分，即有阶层和分工；人之能分在于义，即有道德规则。《荀子·礼论》说，人生而有欲，若无"度量分界"，必然引起争乱，"先王恶其乱也，故制礼义以分之"。即是说，从群学的角度来看，礼义起于对人生而有之的欲望的制约，是为了使社会有秩序、有分工、有伦理，根本上说是"明分使群"的需要，目的在于从制度上和公共规则上实现对不同社会人群的管理。荀子用群学的眼光来说明礼义的由来，比起孟子单纯用人性善解释礼义的源头要深刻得多。

其二，荀子学派在中华礼义之邦形成过程中的贡献远远超过孟子和其他学派而居儒家之首。传世的"三礼"，《仪礼》是周代流传下来的礼书，侧重于仪节的描述，冯友兰在《中国哲学简史》中称之为"当时所行的各种典礼程序实录"；《周礼》即《周官》，其年代在学界有争议，或是战国或更晚的儒者对官制的较为系统的设计，对后代朝廷机构设置有直接影响；《礼记》主要是战国末荀子学派的一群学者的集体创作。冯友兰说："我相信，《礼记》各篇大多数是荀子门人写的。"①这很有见地，荀子礼学最发达，才能出现《礼记》这样的上乘之作，其思路与荀子礼论高度契合。朱伯崑在《先秦伦理学概论》中说得更具体："《礼记》并非戴圣、戴德所作，而是一部讲礼的论文集，收集了由战国到汉初儒家讲礼的著作。各篇的年代，大部分已不可考。就其内容看，包括了思孟和荀子两派的著作，其中与荀子一派关系比较密切。有些篇直抄《荀子》，或在文字上稍有修改。……《礼记》中的许多篇，可以作为孟、荀之后儒家思想发展的史料，特别是荀子学派讲礼的史料。"②可以说，荀子及其学派对礼学的系统论述在先秦儒家中是首屈一指的。中华礼义之邦是从汉代开始的，其特点是以儒学为国家指导思想，表彰六经，依据礼经和世情制定礼乐制度，贯彻于政治、教育和民俗，形成以"五常""八德"为基本规范的社会道德风尚，治国理政依规循制，中华文明达到一个新高度。荀子及其弟子与后学，对于古典礼经的诠释和礼义文化的多层面、多角度的阐扬，到了汉代不断落实为社会制度、经学学问与道德生活，对于中华礼义之邦的形成起了重大作用。

其三，荀子对于先秦儒家经学的发展做出了重大贡献。这

① 冯友兰：《中国哲学简史》，北京大学出版社，1996，第128页。
② 朱伯崑：《先秦伦理学概论》，北京大学出版社，1984，第122页。

一点被后人严重低估了。只就《荀子》这部书所引所记先秦经典而言，在许多方面超过了孔子和孟子，也对流传下来的四书五经做了重要的文献补充。第一，《荀子》书中引证《诗经》达八十余处，都是作为价值导航而使用的。第二，《荀子》一书引用先秦典籍时，其中引有许多逸书，后来没有流传，因此极其珍贵。第三，荀子对孔子很尊崇，记载下孔子一系列言行，其中有的与《论语》相同者而行文不同，也有许多为《论语》所无，对于研究孔子应当属于第一手资料，与《论语》同等重要。荀子给后人留下了宝贵的孔子思想资料，如果将《荀子》书中和其他经书尤其《礼记》中的相关资料加以整合，那么可以形成一部《续论语》，从而给孔子研究开辟出一个很大的空间。宋元之后直到清代，程朱理学兴旺并主导国家意识形态，在表面上排贬荀学，在事实上却推崇四书超过五经，而《大学》与《中庸》正是荀门礼论的产物，因此，荀学放射出前所未有的光辉。

二、荀子群学要义重释

在重读《荀子》的过程中，我提炼出荀子群学的十项要义，包括"明分使群"论、隆礼重法论、天人之分论、人性趋恶论、君舟民水论、尚贤使能论、爱民富民论、君子守德论、劝学修身论、神道化俗论。如前所述，"明分使群"论是荀子群学的总纲。在其他九项要义中，有如下几点值得特别给予关注并做出新理解。

（一）人性趋恶论

研究儒家思想不能不弄清儒家的人性理论，首先是孔子的性近习远论、孟子的性善说和荀子的性恶论。表面看起来，以孔子性近习远论为出发点，孟子从一个方向上发挥出性善说，荀子从另一个方向上发挥出性恶论，形成鲜明的对立。孟子的性善论后来成为中国人性论史的主流，而荀子的性恶论则与之形成鲜明的对立并往往被误解和贬抑。今天我们需要从荀学的内在逻辑出发，将荀子的人性论置于群学的视野中，通过与孟子性善论的比较与会通，进行理论上的疏导和界说。

其一，荀子的性恶论把人生而具有的本能和感性欲求看作人性，但并不是直接认之为恶，而是说若没有礼义的约束和教化，任由本能的性情泛滥则将发展成为恶，严格地说是人性趋恶论，所以需要加强社会的礼义教化，改造人性。相比于孟子理想主义的性善论，它有着更强的现实主义精神。

其二，荀子的性恶论并非与孟子性善论决然对立，而是孟子性善论的补充和修正。这两种人性论都是动态的，孟子的性善论也不否认人生来具有各种感性欲求，不过他只是严格地把道德心或曰良知良能界定为人性，并认为人们需要经过种种努力才能摆脱物欲的迷惑，扩充善性，成为善人，因此他的性善论实际上是人性趋善论。这样看，孟子和荀子的人性论的目标是相同的，能够殊途同归，使人性同归于善，所以孟子说"人皆可以为尧舜"，荀子说"涂之人可以为禹"，孟子的办法是将善性之端扩而充之，强调教育和修养，荀子的办法是用礼义"化性起伪"，强调劝学与修身。二者都认为需要后天的人文化成，都很重视社会环境的选择和改造。

其三，荀子人性论的特点是从社会看人性，又由人性论社会，他不像孟子那样较多地从先天的道德心出发讲善恶，而是把道德看成社会文化的产物，从社会关系出发考察人性发展可能对社会产生的利弊得失，思考人类如何化解利益冲突而走向和谐。他给礼法的产生和存在提出一套早期社会学论证，因此比孟子的人性论深刻。

其四，荀子在某种程度上承认人性里有潜在的向善要素，但与孟子特别强调人性中德性的作用不同，他更强调人性中智能的作用。荀子认为人有私欲，也有智慧，为了能在群体中正常生活，知道社会必须有秩序与道德，这就是理智的力量，故《荀子·性恶》篇说："然而涂之人也，皆有可以知仁义法正之质，皆有可以能仁义法正之具，然则其可以为禹明矣。"正如冯友兰先生所说："孟子说人皆可以为尧舜，是因为人本来是善的；荀子论证涂之人可以为禹，是因为人本来是智的。"①

（二）理欲统一的理念

荀子是一位理欲统一论者，首先表现在与其人性论相关的理论环节上。其一，"化性"而非"灭性"。荀子的人性趋恶论具有多重的、复杂的内容，其中，包含有"性朴论"的内涵，如《荀子·礼论》篇说："性者，本始材朴也；伪者，文理隆盛也。无性则伪之无所加，无伪则性不能自美。"荀子认为，好荣恶辱、好利恶害是人性的天然材质，非善非恶，所以需要"化性起伪"。"化性起伪"就如同工匠制作器物，是对质朴人性的改造，是化性而不是灭性，所以他在肯定人的欲求的必然性、必要性的同时，需要有师法之化、礼义之道，使人的欲求保持在合理的范围内，与道德形成一种动态平衡，这是人的个体性与群体性的统一。其二，以礼养欲。荀子的人性论还容纳有"人性善恶混"的意义，即《荀子·大略》篇所言"义与利者，人之所两有也"，这就为人可以为尧舜亦可以为桀纣找到了内在根据，所谓"性恶"和"化性起伪"不是将欲利本身指斥为恶，也不是禁欲，而是以礼义"养人之欲，给人之求，使欲必不穷于物，物必

① 冯友兰：《中国哲学简史》，北京大学出版社，1996，第126页。

不屈于欲，两者相持而长"（《荀子·礼论》）。这种以礼养欲的主张，既为"隆礼重法"提供了逻辑依据，又比"节欲"说更有柔性，是一种合情合理的人性论，比之宋儒的"存天理灭人欲"之说高明多了，有利于社会群体正常有序地生活，这显然是理欲统一论。

荀子在阐发儒家民本主义时，形成爱民富民论，把礼与欲、义与利、群与己的关系统一起来。荀子讲爱民富民远承三代、近继孔孟，而且吸取了战国中后期经验，讲得更丰满、更切实。爱民富民思想有诸多综合创新之处：一是把政治与爱民富民紧密结合，多次讲"平政爱民""裕民以政"，治国理政首要是爱民富民；二是吸收重商思想，把重农与重工商业并举，讲平关市之征，讲百工之事，主张全面开发农、林、牧、副、渔各行各业；三是讲"民富则田肥"，把富民与农耕的辩证关系讲完整了；四是强调藏富于民，下富则上富，反对少数人垄断导致贫富分化，对于历代由于土地兼并而引起社会冲突有预见；五是提出"大凝"的新概念，是说执政者的成败在于能否真正尚贤使能、爱民富民，把社会精英与大众凝聚成为一体；六是对强秦有肯定、有批评、有提醒，尤其对其远仁义而尚强力表示了极大不满，加以警告，这是荀子留给后人的宝贵精神遗产，至今仍有借鉴作用。

《荀子·富国》中关于国富与民富的关系问题及相应的财富合理分配的思想，蕴含有"共同富裕与合理等差并行"的当代价值。荀子反对上富下贫，他的理想是"上下俱富"。但是，共同富裕不等于富裕的程度一样，原因有二：一是人的身份位阶有高下之别，二是人的品性能力及勤勉的程度有异。《荀子·富国》说"礼者，贵贱有等，长幼有差，贫富轻重皆有称者也"，也就是要德称位、位称禄、禄称用。从今日看，讲贵贱等级是荀子的历史局限性，但他强调按照业绩的大小各取其相应报酬是对的，无论收入多寡皆是事功换来的，不是侥幸得来的，而且整个社会要做到"利足以生民"，"少者以长，老者以养"。荀子的思想又与社会主义按劳取酬的思想相通，既反对不劳而获，也反对平均主义。我们今天可以有新的设想：将来的美好社会，如马克思在《哥达纲领批判》中所说"劳动已经不仅仅是谋生的手段，而且本身成了生活的第一需要"，全社会都实现了共同富裕的目标，但这种共同富裕不是空想主义的，大富者保持较高生活水准，且能把多余财产捐给社会，自觉做公益事业；中富者占大多数，都能过上相当富裕的生活，而致力于追求精神文化的丰富性；小富者处在下端，能过上自给有余的自由自在的小康生活。大富、中富、小富三大阶层不是固化的，通过合理的竞争，有的上升，有的下降，这样有益于鼓励人们的积极性，使社会生产不断得到发展。

（三）神道化俗论

荀子发展了孔子和孟子的人本主义，使之达到明白无含混的无神论的程度，这在儒学史上是第一次。但荀子对鬼神之道的态度是温和的、包容的，开创了儒家理性主义宗教观的传统，形成治国理政以"神道设教"为处理宗教问题的基本方略，影响了中国两千多年。后代人对他的这一贡献的评估严重不足，应予以弥补。

荀子温和无神论的要点在于：其一，"明于天人之分"的理性主义和"君子以为文"的群学视野。荀子主张天道与人道各有自己的分际，社会的治乱祸福根本原因在于政治的清浊而不在天，若遇灾异现象时一味相信神灵而不尽人事是有害的。但是，百姓的求神祭祀活动是一种"文饰"，可以缓解精神焦虑、满足心理需求，对于明智的君子而言，可视这些活动为民间文化而给予包容并加以引导。荀子在历史上第一次提出类似"宗教是文化"的概念，从管理学角度把精英与一般信仰者做了适当区分，并超出执政者和精英阶层自身观念的局限性，认为社会不同阶层对同一种礼俗如丧祭之礼可以有不同的理解，只要有益于道德教化，便可相互包容，各得其所，即所谓"圣人明知之，士君子安行之，官人以为守，百姓以成俗。其在君子，以为人道也；其在百姓，以为鬼事也"（《荀子·礼论》）。这样，圣人、精英、政府、百姓社会各阶层能够和而不同，共成礼俗文化。其二，把敬天法祖的信仰纳入礼文化范畴。敬祭天地祖先是感恩报本，依据在"礼有三本"。荀子在《荀子·礼论》篇中从信仰层面论述礼文化："礼有三本：天地者，生之本也；先祖者，类之本也；君师者，治之本也。……故礼上事天，下事地，尊先祖而隆君师，是礼之三本也。"这实际是说，敬天法祖是中国人的基础性信仰，是礼文化的价值源泉。荀子尤其重视丧祭之礼，这不是因为他相信死后有鬼，而是出于哲学的思考，把生与死连贯起来，形成完整的文化心理学的生死观，表示对亲人的尊重、对族系的感恩。这样，他将神道纳入人道，把丧祭之礼作为培养百姓敬爱先辈的忠信之道的必要途径，主张管理者即使不信神道也要给予尊重，发挥其慰藉人心、涵养人性、稳定社会的文化功能，显示了很强的理性精神，在今天仍有巨大的现实意义。

无神论内部是有不同形态的。有18世纪法国唯物主义的"战斗无神论"，以及苏联激进主义的"宗教鸦片论"和"与宗教斗争论"，真正的马克思主义的宗教观是温和无神论，它的特点是超出旧的无神论，以理性的态度说明宗教和对待宗教。我曾撰文对温和无神论加以说明："它比以往的无神论要深刻，看到了宗教有神论产生和存在的社会根源和认识根源，历史地说明了宗教在人类历史文化中的地位和作用，所以它反对向宗教宣战，而主张通过社会改革和发展来逐步消除自然与社会异己力量对人的压迫，以促进人的解放、人的幸福和人性的回归。它从来不加剧和渲染有神论与无神论的争论，主张彼此尊重，真心实意地维护信仰自由，强调无神论者与有神论者的团结，引导人们集中力量去创造人间的'天堂'。这样的无神论是真正科学的无神论，它避免了武断、粗暴，能把宗教纳入人文学科的视野，客观地去研究和评价宗教，从而推动了宗教学的发展，使无神论上升为科学。"[1]需要指出，温和无神论在中华文化中有着深厚的渊源，荀子的宗教观就是最具代表性的温和无神论。

三、新经学构想

我们站在今日人文学术之高地，需要为荀子正名，重估荀学的价值。由此出发，着眼于当代文化建设的需要，我们还应当认真思考中华核心经典系统的重建，在此我大胆提出自己的"六典五经"说和"九典五经"说。

（一）新经学建设的理念与方法

中华传统文化以儒学为主导，而儒学又以经学为主轴。但是，百多年来经学发展脱离价值本源，使经学传统断裂、民族文化自信失落。今天应当结合新时代的需要建设新经学，而新经学的建设则需要回归价值本源并有时代高度和问题意识。

第一，新经学的建设要实现指导思想的返本开新，重新赋予经典以确立社会人生意义的使命。儒家经学之所以能成为儒学史的主轴，又进而规约着中华民族的精神方向，乃是由于它能提供

096

---

① 牟钟鉴：《探索宗教》，宗教文化出版社，2008，第103页。

中华文明发展的仁恕、通和、刚毅之道，使之成为全民族的核心价值。近代以来，由于文化激进主义成为潮流，反对尊孔读经，经学遂衰变成一种新史学，丧失了其价值功效。民国以来，学界受西方科学主义与哲学的影响，一些学者把清代章学诚的"六经皆史"之说曲解为"经学即史学"，将经学变成纯知识系统和考据史学的研究对象，取消其"人文化成"的道德功能，称之为"国故"之学，其中章炳麟起了重要作用，后来的《古史辨》疑古派亦是如此，其造成文化失根失魂的后果是严重的。直到改革开放，人们才逐渐觉醒。今天的新经学建设，必须回归到价值层面，体现儒家"修己以安人""修己以安百姓""修身、齐家、治国、平天下"的理想；文本的考证要为价值追求服务。六经的具体作用各有不同，但都服务于培育真善美的君子品格，如《礼记·经解》所云"温柔、敦厚，《诗》教也；疏通、知远，《书》教也；广博、易良，《乐》教也；絜静、精微，《易》教也；恭俭、庄敬，《礼》教也；属辞、比事，《春秋》教也"。同时新经学要结合当今时代需求，开拓出新的空间、新的内涵，如此方能与百姓日常生活息息相关，容易与社会各界产生共鸣。

第二，继承和发扬当代新儒家"阐旧邦以辅新命"的综合创新精神，在他们成就的基础上向前跨行。新儒家代表性学者梁漱溟构建了新文化学，熊十力构建了新唯识学，冯友兰构建了新理学，贺麟构建了新心学，钱穆构建了新国学，方东美构建了生命哲学，唐君毅构建了新儒家道德哲学，牟宗三构建了道德形上学，徐复观构建了真善美互摄的新儒学，张岱年构建了新气学，朱伯崑构建了新易学。今天中国新一代儒学学者要有志气有勇力融合中西、贯通古今、推陈出新，在丰厚积累的基础上加大探索的力度，拓展儒家新经学的品类。现已有新仁学、和合学、后新儒学、生活儒学、新礼学、道哲学等新儒学理论出现并在推进中，它们都是应人类面临的各种严峻挑战之运而生的，我们还期盼新《诗》学、新《春秋》学、新《书》学、新《乐》学、新四书学、新兵学等能陆续问世。

第三，新经学的方法论。构建新经学，需要长期实践和探讨，有几点意见可供参考。一是鼓励百家争鸣，推动形成各具特色的新经学学派，开展对话和讨论。在中国文化史上，凡是百家自由争鸣的时代便是学术繁荣的时代，如春秋时期有儒、墨、名、法诸家兴起，魏晋南北朝时期有玄学、佛学兴起，宋明时期有理学、心学、气学兴起。二是活学活用经典，善于区分何为常道、何为变道。如儒家讲的"五常"（仁、义、礼、智、信）是常道，"三纲"（君为臣纲、父为子纲、夫为妻纲）是变道；道教的"道"（真理）是常道，"术"是变道；佛家的"慈悲平等"是常道，"权设方便"是变道。三是儒、道、佛三教应有各自特色的新经学哲学。如儒家经学要在新仁爱中和哲学上多下功夫，以应对贵斗哲学和文明冲突论带来的社会危机，并推动当代道德文明建设；道家要在新生命哲学上着力，以治疗当代人的身心病态，促进人们的生理与心理健康；佛家或可在新般若哲学上创新，以帮助人们解脱由于无明而引起的烦恼，过上安乐生活。三教之间彼此吸纳，又不失自身主体性。在三教中，儒道互补是基脉，这种互补是人文化成与返璞归真的互补，是进取担当与舍先居后的互补，是家国情怀与个体自由的互补，是男性阳刚与女性阴柔的互补，是道德主义与自然主义的互补，是动力型文化与调适型文化的互补，是"道中庸"与"极高明"的互补。总之，儒道互补决定了中国哲学的精神和中国人的性格。荀子的哲学正是在儒道互补的基础上吸收诸子学说而形成的，他隆礼任贤又崇尚自然，既讲劝学修身又讲虚壹而静，既重视礼义矫饰性情又主张礼义养情顺性。因此，研究新荀学要有儒道互补的视野。

（二）中华核心经典系统的调整："六典五经"和"九典五经"说

历史上儒家核心经典的种类一直在调整。汉初称《易》《诗》《书》《礼》《春秋》为五经，而《论语》《孟子》不是经。尔后有《孝经》《论语》入经。再后，增为九经、十二经，清代十三经形成。宋代朱熹作《四书集注》，元代定为科举读本，于是由《大学》《中庸》《论语》《孟子》组成的四书对后来中国社会产生的影响，已超过五经。近代以来，经学衰微，但有识之士仍在提倡读经，如20世纪40年代，朱自清在《经典常谈》中指出："经典训练的价值不在实用，而在文化。"20世纪80年代叶圣陶在《重印〈经典常谈〉序》中说："经典训练不限于学校教育的范围而推广到整个社会，是很有必要的。"他们所说的经典是广义的，包括群经、先秦诸子、史书、辞赋诗文及文字学著作。

对于今日社会，究竟将儒学核心经典确定为哪几部书比较合适，尚有待讨论。我的构想是五经不变，四书增为"六典"。"六典"包括《论语》《孟子》《荀子》《礼记》《孝经》《史记》。理由如下：《论语》与《孟子》，其经典地位不可动摇，毋庸赘述。《荀子》的重要性，前文已有论述。《礼记》是中华礼文化最具系统性的先秦理论著作。朱子将其中《大学》《中庸》两篇抽出列入四书，有其道理，如朱子在《大学章句序》中所言"教之以穷理、正心、修己、治国之道"，又如程子所说"《大学》，孔氏之遗书，而初学入德之门也"，其"修齐治平"已成为士君子的座右铭；《中庸》一篇，程朱认为"乃孔门传授心法"，论中和，论中庸，论"仁、智、勇"三达德，论至诚如神，论

"尊德性而道问学"，论"祖述尧舜，宪章文武"，皆儒学之精粹，故辐射力强大。《礼记》中不只《大学》《中庸》重要，其他几乎篇篇皆是精品，不读不足以了解礼文化的深厚积蕴。《孝经》论孝，大大提高了孝的层次。随着《孝经》的流布，孝之德不断被放大，成为礼文化的核心组成部分，汉代君王宣示"以孝治天下"，于是孝道由家庭伦理上升为政治伦理。因此，不读《孝经》，难以透彻了解礼义文明的发展。司马迁所作《史记》是一部伟大的作品，它集历史、思想、文学于一身，乃世界名著。《史记》是我国第一部纪传体通史，写了自黄帝以来到汉武帝约三千余年的历史，梳理了中华文明的源流。司马迁以文献资料和口头传说为据，加上他读万卷书行万里路的实地考察，以其高瞻远瞩的眼光把历史写成治国理政的明鉴，以其文学素养把历史人物事迹写成活生生的故事，引人入胜。他用全副生命铸成了中国史学史上的丰碑。他写《史记》有远大的目标，即《报任安书》所说"亦欲以究天人之际，通古今之变，成一家之言"，这是司马迁受刑后坚持写书的大担当。司马迁是中国古代最伟大的史学家，他写历史兼顾天人之间的相与互动，考察古今交替的经验教训，由史出论、以论带史，其间贯穿着史家对社会对家国的高度关怀和深沉责任，形成中国史学的优良传统。《史记》对中国历史文化的贡献厥功至伟，司马迁揭示出中华文明的起源而明黄帝为中华文明之祖，他敬孔子为至圣和中华民族之师，所成的一家之言，逐渐扩展为整个中华民族的主流信仰，这是《史记》的特殊贡献。

如果我们的视野能超出儒家经学，扩及于中华文化中心地带的儒、道、佛三教，那么中华核心经典还可以由"六典"增为"九典"，形成"九典五经"的结构，"九典"为《论语》《孟子》

《老子》《庄子》《荀子》《礼记》《孝经》《史记》《坛经》。

由"六典"扩充为"九典"的考虑是中华民族是多元一体的格局，中华文化是多元通和的生态，在中华文化中，儒是主导，儒道互补是基脉，儒、道、佛三教是核心，所以中华核心经典应以儒经为主，加上道家与佛家的主要经典。这样，更有利于全面涵养人的心性，拓展人的文化心胸和视野，优化社会文化生态。在增加的道家和佛家三部经典中，《老子》又称《道德经》，是道文化的第一经典，以哲理诗的方式展现贵柔的大智慧，为中外人士所珍爱，流布两千余年，传遍五洲四海，用道的哲学引导人们返璞归真，消除各种欺骗伪诈，使社会从虚假中摆脱出来，走向真实美好的境地。中国人无论男女老少都应读《老子》，学会包容，克服异化，回归自然。《庄子》一书共三十三篇，其中内篇七篇，外篇十五篇，杂篇十一篇，道教界称之为《南华真经》。《庄子》"寓言十九"，以艺术的手法，用大量寓言故事表达一种心在物外的洒脱的人生哲学，行文汪洋恣肆、恢恑憰怪，对世人颇有感染力和吸引力。学者多认为内篇为庄子自著，外篇、杂篇为庄子后学所著。读《庄子》可重点读内七篇和《天下》篇。庄子亦尊崇大道，但他将大道的客观性转化为主体境界，向人内在的精神境界开拓。庄子认为，人的生存空间是有限的，但精神空间是无限的，可以用智慧不断加以拓展。庄子倡导人的精神自由，读《庄子》可使人从实用人生提升到审美人生，由于它的故事性强，读之津津有味，心灵在不知不觉中便被美化了。《坛经》是中国佛教作品中唯一称为"经"的典籍，记载禅宗六祖慧能的言行，影响巨大，文字生动明快，易于阅读。其中心思想是佛性本有，不假外求，不立文字，顿悟成佛，佛法在世间，不离世间觉，无念为宗，无相为体，无住为本。《坛经》吸收了儒家重现实、重人伦的入世精神，又借重于道家微妙玄通、见素抱朴的超越意识，使禅宗在深层次上融入中华固有文化，受到社会欢迎。就不信佛的人而言，可将《坛经》之论视为信仰心理学，吸取其中智慧，破除贪（贪欲）、嗔（怨恨）、痴（无知与偏执）的病态心理，发现和涵养人性中善良、坦诚、包容的品性。这对于造就快乐的人生、善美的社会是有帮助的。

（摘编自商务印书馆2021年版《荀学新论》，内容有改动）

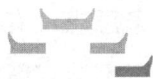

儒学继承与创新的三种途径

一、返本开新

这是我国港台新儒家的提法。返什么本？为什么要返本而后才能开新？返孔孟之本，返五经之本，返中华文化源头之本。孔孟之后，儒学有发展有偏离，有创新有扭曲，有开展有萎缩，所以需要经常返本，重新找到源头活水，重新体认儒学的真精神，使之发扬光大。例如，儒学在宗法等级制度和君主专制主义政治的操控下，挤压了它包含的仁爱忠恕精神，出现了"以理杀人""礼教吃人"的现象，使儒学成为一种摧残人性的东西，就需要重返儒学之本，回到孔子的"以仁为体、以礼为用"的思想上。在时代精神的观照之下，对原典重新解读，接续鲜活的智慧，找到新的亮点，使之焕发出新的生命之光。如果不返本而开新，开出的只能是无源之水，很快会干涸；只能是无本之木，不能成长。民族文化的创新不能全盘移植外来的成果，外来文化如不适应民族文化的土壤则无法生存，硬要占领只能造成摧残民族精神的后果，那是有为民族不能接受的。贺麟先生说："民族复兴本质上应该是民族文化的复兴。……儒家文化的复兴。假如儒家思想没有新的前途、新的开展，则中华民族以及民族文化也就不会有新的前途、新的开展。"[1]他认为西洋文化要吸收，但要将其加以儒化和华化。"如果中华民族不能以儒家思想或民族精神为主体去儒化或华化西洋文化，则中国将失掉文化上的自主权，而陷于文化上的殖民地。"[2]守住原典精神，才能有民族主体文化。所谓开新是对传统的开拓创新，历史不能割断，根基不能抛弃，否则开新无从谈起。从积极方面说，传统是开新的宝贵资源，儒学是创新文化取之不尽的智慧源泉和动力。欧洲的现代化得益于古希腊罗马的文艺复兴，得益于基督教的革新与发展，韦伯的《新教伦理与资本主义精神》已说得很明白。中国的底色是儒家文化，返本开新的首要工作是对四书五经做出新的诠释，对儒学精要做出新的概括，既深刻准确，又富于创造性，然后结合今日之实际，加以引申发挥，有时达到吕坤所说："发圣人所未发，而默契圣人欲言之心"（《呻吟语》）。返本不仅是学界的事，也是大众的渴望。当代中国人在文化激进主义汹涌浪潮带动下，离开本源，随波逐流，四处彷徨，失其精神家园已经太久，现在要求"回家"，向中华文化回归。做好经典普及工作，尤其推动儿童读经，是"培本固元"的大事，是基础性的、战略性的文化建设事业。由儒、道及百家共同铸造的中华精神，梁启超、张岱年用《易传》的两句话概括：自强不息，厚德载物。我再加一句：刚健中正。自强不息是不甘落后、艰苦奋斗的精神，有忧患意识，有担当魄力，有乐观心态，有精诚意志，百折不挠，愈

104

---

[1] 宋志明编《儒家思想的新开展——贺麟新儒学论著辑要》，中国广播电视出版社，1995，第86页。

[2] 宋志明编《儒家思想的新开展——贺麟新儒学论著辑要》，中国广播电视出版社，1995，第88-89页。

挫愈奋。厚德载物是仁爱天下，尊重差异，包容多样，立人达人，不欲勿施，利物不争，海纳百川。刚健中正是顺时利民，和而不流，中立不倚，不偏不党，不卑不亢，无过不及，择善固执，从容中道，守经用权，合情合理，温良坦荡。中华精神，常驻常新，百代不易。

二、综合创新

这是张岱年先生的提法。张先生于1987年提出文化综合创新论，为学界所普遍认同。我的理解，综合是指汇集古今中外文明成果，包括借鉴前贤研究成果，以便集思广益。在综合的基础上创新，会使创新的动力加强，创新的智慧丰富，创新的内容深广。只综合而不创新，不过是建起个"文化陈列馆"，供人观赏而已，不能实现自我创造价值。只创新而不综合，则孤陋寡闻，单薄贫乏，创新乏力，只能是闭门造车，没有实效。匡亚明提出研究古代思想家要把握"三义"：本义、他义、我义。本义即思想家文本的精确内涵，研究者首先要考订清楚。他义是此前学界研究成果，至少是有代表性的成果，研究者要广泛收集，认真参考。我义是研究者独特的见解，要比前人有所突破，有所进步，有所提升。这就是综合创新。在当代的历史条件下，综合创新的重要方面是如何在文化上推动中西融合、实现相摄互补。儒学在古代成功地接受了佛教进入的挑战，吸收它，改革它，使它成为中国化的佛教，同时儒学也开出一个新的局面，如陈寅恪在《中国哲学史审查报告三》中所说："佛教经典言：'佛为一大事因缘出现于世。'中国自秦以后，迄于今日，其思想之演变历程，至繁至久。要之，只为一大事因缘，即新儒学之产生，及其传衍而已。"①儒学在当代既受到社会主义思想的冲击，也受到欧美西洋文化的挑战，儒学一度衰微和沉寂，一些人预言它行将过时。然而它经历了磨炼和洗礼，除去了僵化陈腐的部分，生机显露，起死回生，焕发出新的光彩。它在吸收社会主义的平等、公正理念和西方文化民主、自由、科学、人权思想之后，正在进入新一时期的发展，其前途是光明的。人们正在推动儒学转型，建设符合时代需要的新儒学，包括新仁学、新礼学、新心学、新理学、新气学。港台已有当代新儒家，内地（大陆）也必将有新的儒家学派出现。在民间则有新"五常"、新"八德"逐渐流行。在与西方文明的对话中，儒学非但没有被边缘化，反而以其"天人合一""天下一家""和而不同""忠恕之道"等理念，为西方所看重，孔子正在以新的精神形象周游列国，为人类摆脱各种危机、实现和平发展和文明转型做出新的贡献。贯通古今，融会中西，综合创新，必须有批判精神，选择智慧。能够识其长短，纳优弃劣。西方文化特长在于尊重个性，倡导自由，开启民智，倾力法治，故而发展出当代的民主与科学；其短处在于崇尚斗争，弱肉强食，唯我独尊，重利轻义，一神排他，以力服人。中国文化特长在于尊德崇礼，爱好和平，天人一体，中道不偏，重人轻神；其短处在于智性不彰，个性不显，竞进不足。如何在中西互动中采两者之精华而熔于一炉，弃两者之糟粕而引为借鉴，是实现综合创新的关键所在。

三、推陈出新

这是20世纪50年代文艺界的口号，适应于文艺渐进式的发

---

① 陈寅恪：《陈寅恪先生全集》下册，里仁书局，1979，第1363页。

展。如京剧以旧形式唱新内容。可以扩而大之，使其适用于整个中华传统文化的新发展。推陈出新可以从形式与内容两方面说。从形式上说，现代的内容，民族的形式，永远是需要的，尤其在文艺上，民族的形式如中国样式的戏曲、诗歌、音乐、舞蹈、绘画、文字、语言等，为中国人所喜闻乐见，再适当借鉴外国的文艺，为中国文艺增添色彩。这样的推陈出新，容易达成共识。若从内容上说，把推陈出新拓展到政治、道德、哲学等领域，就会有争论发生，而且做起来实非易事，因为要做研究、辨析、筛选、提炼和转化等大量艰苦工作。推陈的"陈"，指过去的传统，包括精华和糟粕。如"五常"之德——仁、义、礼、智、信，是中国人的普遍伦理规范，不会过时。但以往的解释和实践，有许多旧时代的烙印，需要剔除，重加阐释，增入新义，方能适应新的时代，这就是推陈出新。仁，强调其爱、生、通的内涵，去其旧礼的成分。义，强调其社会正义、公平的内涵，去其忠于个人或小集团的狭隘性。礼，强调其社会公共生活规则性，去其束缚个性自由的旧礼。智，强调其知识才能的内涵，避免其归智入仁的偏窄性。信，强调其诚实不欺的品格，开拓诚信制度层面的建设。传统的孝道是中华民族的美德，要大力继承和发扬，但也要推陈出新，去其愚孝的成分，增强其敬养的内涵，还要依据时代的进步建立敬老养老的社会教育与保障体系，使孝道落到实处。

精华与糟粕的区分是相对的，有其时代动态性，不可只依据一时的评判标准裁决数千年文明之是非。在斗争哲学盛行的年代，孔子的中庸之道被认为是糟粕而遭到全盘否定。而现在以人为本、构建和谐社会与和谐世界的治世方略，其重要思想渊源便是孔子和儒学的中和哲学。中庸之道所倡导的中正之道、和而不

107

同等理念及其温和主义品格，日益显露其促进人类文明的作用。再者，即便是在当时被部分人视为糟粕的，也有转化的可能性，即所谓化腐朽为神奇，关键在于人是否具有超凡的智慧、必要的知识与途径。人类生活中的垃圾与废料，可以变废为宝。人们曾把麦谷的秕糠用作饲料，人不屑食用，现在才知道，它们也有某些营养价值。宋明理学家提倡"存天理灭人欲"，被封建王朝后期统治者用来扼杀民生需求和个性解放，五四时期启蒙运动的先驱直斥其为封建糟粕，自有其合理性。如今时代改变了，市场经济推动了生产力的快速发展，也充分释放了人们的物质欲望，造成物欲横流、道德滑坡的文明危机。"存天理灭人欲"有了转化的可能性。至少在"天理""国法""人情"之间要形成一定的平衡关系，天理还是要讲。从目前看，"存天理"很难，"灭人欲"（灭过度的物欲）更难。"人欲"正像脱缰野马，狂奔不止，信仰、道德在它面前是苍白无力的，以前人们低估了"人欲"爆发的力量。人欲不可滥，又不可灭，可否将理学家的命题调整为"存天理制人欲"？许多古代的理念皆如此类。

孔子的学说可古为今用，有的"可以直取而用之"，有的"可以剖取而用之"，有的"可以借取而用之"。[1]儒家文化对于中国未来文化建设来说是极珍贵的思想资源，随着时代的发展和人们理念的演变、视野的扩大，儒学资源的发掘利用将不断有新的高度。最好的做法不是简单化一分为二，武断决定弃取，而是在推陈出新上下功夫，不人为预设模式，则这份遗产是取之不尽用之不竭的宝藏。

以上继承与创新的"三新"之说，其同皆在于主张从儒家传

---

① 谷牧：《谷牧回忆录》，中央文献出版社，2009，第421-422页。

统中开拓出新形态、新局面。其异在于返本开新注重正本清源，以保证中华真精神得到发扬光大；综合创新注重包纳多样，以保证儒学的生命活泼多姿；推陈出新注重转化传统，以保证儒学的资源不断为现代文明输送营养。"三新"之说又彼此关联，不可分割。不返本开新，不接续源头活水，综合创新便会食多不化，推陈出新就会迷失方向；不综合创新，不引进众家之说和外来文明，返本开新便会泥古不化，推陈出新就会乏力苍白；不推陈出新，不致力于内部创造，返本开新就会徒说空话，综合创新也会主体不明。因此，"三新"之说相辅相成，相得益彰，则儒学的继承与创新庶几可以顺利进行。儒学是中华文化的主干和底色，是人类各种文明体系中人本色彩浓重、包容精神强烈的文化体系。中国的文明建设需要儒学，世界的文明转型需要儒学。儒学的继承与创新之最终目的，一是为了重建中华民族的主体文明，实现中华民族伟大复兴；二是为了推动人类文明的对话，探讨全球伦理，建设和谐世界，这是我们这一代学人的历史责任。

（原载2010年11月22日《人民政协报·学术家园》，
内容有改动）

第二章 儒学与中国文化

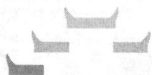

儒学在中华文明多元通和模式形成中的地位和作用

一、中华文明的生态是多元通和模式

中华文明的特点是，第一，多民族、多宗教、多信仰。中华文化自始至今都具有多样性、多层性，从未发生一教垄断文化的情况。儒学在政治意识形态上占主导，但在思想文化层面上则是儒、佛、道并存，多种宗教与文化共生。敬天法祖是中国人的基础性信仰，但它允许人们兼信别教。第二，多神主义根深蒂固。一神教进入后，受中华传统影响，也承认他教他神的合法性、合理性，给予尊重。第三，人文思想与宗教神道并存，体制化宗教与民间宗教并存，本土信仰与外来信仰并存。只要爱国守法、劝善积德，不同宗教信仰的人皆有正常生存的空间。第四，在多样性文化的关系中，和谐是主旋律。中国历史上没有发生宗教战争与迫害异端，冲突仅是支流。在中华文明中，多样性文化的发展趋势是渐行渐近、彼此沟通、吸收互渗，所以称为多元通和。中国人的信仰具有"混血"的特点，这在世界上是不多见的。

中华文明的多元通和模式源于农业文明、家族社会积累的向往稳定和睦、礼尚往来、互助互利的民俗与智慧；来源于中华民族多元一体，在不断迁徙、交往中汇聚形成的内部保持差异的文化与命运的共同体；来源于孔子儒学仁爱通和与老子道家道法自然学说的长期熏陶。儒学是中华民族文化的主干和底色，是各民族团结一体的最有力量的文化纽带，是中华民族的文化精神之魂。从文化民族学和文化生态学的角度考察和评价儒学，并给世界文明转型提供中国经验，是儒学研究的一项重要任务。

二、儒学的忠恕之道给予中华文明以高扬的道德理性与人本精神，以爱人为各种信仰的第一义，从而避免了神权政治，避免了哲学和科学成为神学的奴仆

在儒学的指导下，中华文明形成人文为主、宗教为辅的人本主义引导神本主义的格局，未曾出现欧洲中世纪基督教神学主宰文化的局面。中古与近古的中国，学术繁荣、科技先进、礼仪昌盛、文化多姿多彩，处在当时世界的先进行列。同时，这种人本主义学说尊重天命和大道（吸收道家学说），保留对宇宙万物源头和社会价值终极的敬意，摆正人在宇宙中的位置，"赞天地之化育""辅万物之自然"，是"补天"的位置，其责任是"为天地立心""尊道而贵德"。它是积极的，不是狂妄的。儒学是入世的，它关注社会人生，博施济众，主张修身、齐家、治国、平天下，以天下为己任，培养出一批又一批仁人志士，成为国家民族之栋梁。佛教本来是出世的，在儒家影响下发展出中国化的禅宗和人间佛教，强调佛法在世间，不离世间觉，通过改良社会，达到普度众生。道教早期向往个人肉体长生成仙，受儒家及禅宗影响，后期全真道主张三教合一，强调对内在性灵的体悟，以识心见性、苦己利人、重生贵养、仁厚爱民为宗，遂有丘祖西行、一言止杀的无量功德。中国伊斯兰教讲"两世吉庆",中国基督教讲"上帝是爱",都是吸收了儒家仁和之道的结果。可见,中国的各种宗教包含较多的人文理性精神,不把神道绝对化,不视神灵为绝对权威,而将改良社会、关注民生放在第一位。

三、儒学的中和之道给予中华文明以温和、中庸、宽厚的品格

人们用和而不同与兼容并存的态度对待各民族、各地区、各类型的文化,包括外来文化,既刚健中正又厚德载物,形成了中华文化的多样性与开放性,避免了各种极端主义的流行,也使中华文化积蕴深厚。儒家讲中和,中是以人为本,合情合理,不走极端,无冒进和保守之失;和是承认差别,包容多样,尊重他者,善于协调,统筹兼顾。中是天下之大本,和是天下之大道。致中和,则自然万物健康发育,人类社会和谐美满。受儒学影响,佛教讲缘起中和之道,道家道教讲阴阳中和之道,皆倡导守中致和,避免陷于怪异偏邪之途。从和而不同、殊途同归,到理一分殊、美美与共,温和主义成为一条贯通古今的认知传统。在儒家中和之道的引导下,各种文化包括外来宗教,经过调整、提高,温和主义成为主流。偏激主义、暴力倾向没有大的市场,即使一时流行,也未积淀成为传统,迟早会遭到历史的淘汰。中国历史上没有发生大的宗教狂热与宗教冲突。中国信仰文化种类之多样,关系之和洽,乃是大国中所仅见,人们的精神信仰有巨大的选择空间。中国形成如此良性的文化生态,孔子儒学中和之道的引导与包容功不可没。

四、儒学的"五常"（仁、义、礼、智、信）、"八德"（孝、悌、忠、信、礼、义、廉、耻）成为中国人的普遍伦理规范和中华文明的底色，也为各种宗教所认同，成为中国化宗教道德的基础

由此之故，中国宗教很早就具有道德宗教的色彩，以劝善为首务，以积德为修道之基。外来宗教也必须彰显其社会道德功能，强化儒家伦理，特别是忠于国家、孝于亲族的核心道德。信神是道德的支撑，而不能用信神来破坏道德。中国人心中的神是善神，信神必须行善积德才是真信，以神的名义做损害他人之事是对神的亵渎。佛教说：诸恶莫作，众善奉行，自净其意，是诸佛教。其五戒——不杀、不偷、不淫、不妄语、不饮酒，与儒家仁、义、礼、信、智，恰相对应。道教讲功德成神，积善成仙，修道者要以忠孝和顺仁信为本。在"五常""八德"中，忠与孝是核心。忠德是对国家民族的认同和责任，有助于形成社会各界包括宗教界的深厚的爱国主义传统。孝道为百善之首，孝悌为仁爱之本，孝敬父母与慈爱子女乃是中华民族传统美德的根基，是各民族、各地区共同的道德认知，由此形成中国人强烈的认祖归宗意识，并将爱心扩充为爱他人、爱万物。外来宗教和各种人文学说及其信奉者，迟早会融入爱国、爱族、爱德的传统之中，使中华民族的共同体因有强固的道德文化纽带而长期延续发展。

五、儒学温和的人文的神道观，使中华文明包纳各种类型的宗教，使历代宗教政策比较宽松，而且宗教被纳入社会道德教化体系，发挥劝善济世的功能

儒学是伦理型的人文学说，以人为本，以今生今世为重。它不是宗教，但绝不反对宗教。一是"敬鬼神而远之"，既不热

心鬼神之事，又对他人和民众的宗教信仰采取和而不同与"敬"的态度；二是主张"神道设教"，让宗教发挥推动社会道德的作用。在儒学的主导下，历代政权都采取儒、佛、道三教并奖的政策，包容各种外来宗教，并逐步使之中国化，成为中华文化的有机组成部分。对各民族的特色宗教，皆在爱国守法的前提下予以承认，以满足各个民族、各种人群的需求，并有益于社会稳定与民族和谐。中国历史上，除个别时期，没有发生持久的大规模的反宗教运动，宗教成为社会公共管理体系的一个正常子系统。中国是世界大国之中宗教种类最多的国家，也是大国中宗教关系最和谐的国家，被称为"宗教的联合国"，孔子与儒学所造就的宽松和谐的文化环境在其中发挥了关键的作用，其功至伟。

六、儒学的兼和思维与协调智慧的世界意义

当今世界处于全球化时代，经济、科技与信息传播高度发达，这说明人类具有发展自己的智慧。同时，当今世界处于一个国家、民族、宗教冲突普遍，对抗与流血从未间断，生态危机加剧的时代，这也说明人类在高速发展的同时缺乏协调的智慧，不会处理群体关系、天人关系，并给人类的可持续发展带来威胁。孔子和儒学恰恰在协调关系上表现出超前的大智慧，可以有效地推动和谐世界的建设，这正是当今人类迫切的需求。孔子和儒学在对待事物多样性及矛盾时，采用"兼和"的思维方式。张岱年先生说："兼赅众异而得其平衡，简曰兼和。"儒家看待社会的时候，总有整体性的思考，能照顾到天下社会各阶层、各民族、各地区的生活、文化和它们之间的关系，追求共生共荣、天下太平的目标，因此提出"协和万邦""讲信修睦""天下一家""中庸之道""和而不同""修文德

来远人""四海之内皆兄弟""政通人和"等理念，不赞成以力服人、弱肉强食、以邻为壑、严刑苛法、对抗争斗。儒家看待宇宙的时候，不把人和自然界对立起来，而是将二者作为大生命整体的有机组成，强调二者相互依存的关系，因此提出"天人一体""赞天地之化育""仁者以天地万物为一体""为天地立心"等理念，不赞成征服自然、暴殄天物，对天地自然始终怀抱敬意。凡大体上遵循儒家处世之道的就是治世，违背它的就是乱世。

儒家文化造就了一个多元通和的中华文化生态，证明它是有实践生命活力的。而中国民族、宗教、地域、文化的多样性，乃是世界的一个缩影。中国能做到的，世界也能做到。孔子不只属于中国，也属于人类，他得到世界上越来越多的人的由衷敬爱，这不是偶然的，人们认识到他的学说可以造福全人类。只要人们认真向孔子学习，把他的协调智慧用于处理当代国际事务，学会统筹兼顾，用以取代尚斗哲学，文明冲突就能变为文明合作，生态危机也易于克服，和谐世界就会到来。

117

（原载文化艺术出版社2011年版《第三届世界儒学大会学术论文集》，内容有改动）

论儒道互补

一、研究儒道互补的意义

中国传统文化是一个多元的动态的体系，学派纷呈，内外互动，多姿多彩。而在诸子百家之中，地位最高、影响最大的两位思想家，无疑是孔子和老子；渗透最深、流传最久的学派，无疑是儒家学派和道家学派。儒道两家相比，儒显道隐。儒家名声显赫，在两千多年中居于社会思想文化的正宗和主导地位，是政治、教育和道德领域的指导思想；道家崇尚自然无为，与社会现实保持着一定的距离，具有隐士派和浪漫派的风格，它形成一股强大的潜流，扩散到社会文化生活各个层面，凡有儒家的地方便有道家与之互补。可以说，中国传统思想文化是阳儒阴道、外儒内道，道中有儒、儒中有道，自为而相因。假如只有儒家而没有道家，中国的传统思想就会失去一半光彩。林语堂说："道家及儒家是中国人灵魂的两面。"这是千真万确的事实。

儒道互补是一项较新的规模巨大的研究课题，它涉及整个中国哲学史和思想史的内在结构和发展过程，因此需要长期进行研究。本文的任务是从宏观的高度，概括地提出关于儒道互补的基本理念和轮廓，期望引起社会的关注和讨论，以便推动这一研究继续深入发展。

研究儒道互补的重要性，可以从以下三个方面加以理解。

（一）儒道互补是中国思想的主干和基本线索

中国传统文化博大精深，积累丰厚。从思想的层面来说，它有着基本的价值观和哲学理念，有着贯彻始终的主线。那么中国传统文化的思想主干和核心是什么？它如何影响了中国文化的发展历程？这个问题在学术界一直是有争议的。通常我们能见到四种说法：

第一种是儒家主干说，国内外有许多学者持此见解。[①]自从汉武帝实行"罢黜百家、独尊儒术"的文化政策以后，直至辛亥革命之前，儒学一向是官学，是最正统的意识形态。依据儒家思想而建立的礼教制度和文化支配着社会的教育、道德及民俗，所以儒学为百家之首，儒家主干说在很大程度上是符合历史事实的。

第二种是道家主干说，也有一些学者提倡此说，其最得力者当数道家学者陈鼓应教授。他认为，就传统文化整体而言，当然儒家是主导的，但就哲学层面而言，则以道家为主，也就是说中国哲学史以道家为主干。陈教授认为，被人们看作儒家哲学经典的《易传》实际上是黄老道家作品。[②]我们的确不能否认，道家在哲学的宇宙论、本体论、认识论、辩证观等领域的贡献比儒家要大，道家的抽象思维发达，擅长形而上的思考。所以道家主干说自有其合理论据。

------

① 例如冯友兰早期的《中国哲学史》两卷本，便以儒家经学作为汉以后的学术代表。当代新儒家学派普遍主张儒家主干说。

② 参见陈鼓应：《道家主干说》，载《老庄新论》，上海古籍出版社，1992；陈鼓应：《易传与道家思想》，台湾商务印书馆，1994。

第三种是儒佛道三教鼎立说。史家在研究中国思想史时很早就有"儒佛道三教"的提法。近些年来，不少学者以儒佛道三教并立与合流为基本线索，阐述中国传统思想文化的发展历程，三教关系问题逐渐成为学术讨论的热门话题。[①]我们认为，魏晋以降，儒佛道三家成为三大主流学说，其中以儒为主体，以佛、道为辅翼，互相渗透、互相推动，他们的合流影响着中国文化的全局，其他各教各家皆不能与之比拟，这也是历史事实。

第四种是儒道互补说，这正是本课题所要阐述的观点。我们认为，前三种说法尽管有其根据，但不免有所偏失，未能十分精确地体现中国文化的核心脉络。只有儒道并立与互补之说，才能从深层把握中国思想文化发展的基本线索。

儒家主干说的缺点是只看到中国思想文化的显流，而忽略了它的隐流，或者说只看到中国思想文化阳刚的一面，而忽略了它阴柔的一面，不能完整体现中国文化的阴阳之道。事实上，儒家和道家总是既互相对立又形影不离，二者互相推扬、共同发展。道家主干说的缺点是过分抬高了道家的地位，把与儒家相依赖而存在、以调节功能为主的道家，夸大成导向性和动力型的学说，这不仅不符合中国文化史，也不符合道家自然无为的本质。如果我们把人生哲学作为中国哲学的中心内容，那么我们必须承认，儒学在哲学史上仍然起主导作用。

儒佛道三教鼎立说的缺点有二：一是它无法说明先秦和两汉的思想史，所以不能贯彻历史全过程，二是缺乏对三教关系的深层次分析，事实上三教合流正是建立在儒道互补的基础之上。

---

① 例如任继愈主编的《中国哲学发展史》，其魏晋以后的部分就强调儒佛道三教合流。

我们认为，儒道两家思想的并立与互补，是源远流长、贯彻思想史始终的基本脉络，它体现了中国思想的阴阳互动、刚柔相济的特色。其他各教诸家都围绕这个基本脉络而开展自己的思想，外来的佛教文化也是通过儒道互补的途径实现其中国化的目标。抓住了儒道互补，就等于抓住了中国思想发展史的大纲。

（二）儒道互补影响了中国民众和士人的性格特征

在先秦诸子百家中，儒家和道家是"立教"之学，它们向世人展示了各自独特的价值体系。儒家以"仁"为其宗旨，道家以"道"为其指归，在确立中华民族精神方向和铸造民族之魂上都做出了巨大的贡献。儒道两家都出现了一批大学者，他们将孔子老子的思想加以开拓发展，使之常驻常新。两家的人生智慧、政治智慧和文化智慧，扩散到社会各阶层各角落，逐渐凝聚成为一种国民性格。举例说，中国人重家庭、重孝道、重信义，表现出儒家的素养；同时，中国人崇尚自然、知足常乐，表现出道家的精神。

中国知识分子即士阶层从小就接受文化典籍的训练，熟悉孔孟老庄的思想并受其熏陶，很多人形成儒道互补的人生价值取向。在对待宗教的态度上，多数知识分子接受孔子"敬鬼神而远之"（《论语·雍也》）和老子"以道莅天下，其鬼不神"（《道德经》第六十章）的影响，既不热衷宗教，又不反对宗教，而是看重宗教哲学的道德教化功能，表现出一种理性主义的态度。在对待政治和生活的态度上，中国主流的知识分子一方面受儒家哲学的影响，有较强的历史使命感和社会责任心，采取入世的积极的态度，以天下为己任；另一方面又受老庄道家哲学的影响，必要时采取超然和通达的态度，顺应自然而不刻意强求，能够安于平淡和自得。这两种素质使得士君子的生命富有弹性，他们用儒家进取，用道家调节，形成人文主义与自然主义交融的风格，可以适应顺境和逆境的转换。历史上有不少士大夫，为官时或顺境中以儒家为归依，坚守道德良知，维护纲常名教，争做忠臣良将；在野时或在逆境中则以道家为归依，淡泊名利，独善其身，洒脱自在，保持着自己的真朴之性。儒道交替为用，士大夫们可以在曲折的生活中左右逢源，不失其精神依托，这叫作进退出处之道。这种"士的精神"的实质就是儒道互补。

（三）儒道互补是儒佛道三家学术史研究的重要内容

儒学史的研究在过去一直以经学史为轴心。近代以来，虽然学者们注意到儒学与佛学的交融互动，但比较忽略儒学与道家的互渗互补。事实上，道家对儒学的影响不比佛学对儒学的影响小，如果不认真研究，儒学史的真实面貌就不可能被揭示清楚。

道家思想史的研究起步较晚，系统性较差。老庄之学、黄老之学、魏晋玄学，这是人们关注的三个热点。魏晋以后，道家思想发展的脉络不清，它实际上寓于道教中，并且相当一部分与儒学史紧密结合在一起了。

中国近代著名哲学家冯友兰说："在三四世纪有些道家的人试图使道家更加接近儒家（指魏晋玄学——笔者）；在十一二世纪也有些儒家的人试图使儒家更加接近道家（指宋明道学——笔者）。我们把这些道家的人称为新道家，把这些儒家的人称为新儒家。"[1]按照冯友兰的上述说法，新道家之"新"在于"接近儒家"，新儒家之"新"在于"接近道家"，可见儒道互补是两家学说向前发展的重要动力，这是很精辟的见解。

佛学史也与儒道互补密切相关。佛学从印度传入中国后，

---

[1] 冯友兰：《中国哲学简史》，北京大学出版社，1996，第20页。

经历了玄学化和世俗化的过程并慢慢融于中国文化，形成了具有中国特色的佛学。佛学一方面吸收道家思想与话语，重新解释佛教经典；另一方面又吸收儒家的参与意识和伦理思想，使自身更加贴近现实人生。例如禅宗不立文字，主张顿悟，蔑视经典和权威，这是受了道家"得意忘言"论和回归自我论的启发。禅宗又主张在入世中出世，即俗而真，运水搬柴无非妙道，这是吸纳了儒家的现实主义精神。当然，佛学也给予儒学和道家道教以重大影响，它的性空学说强化了道家的超越精神，它的中观学说也给予道教内丹学以重要启迪，它的整个哲学思想为儒学建立本体形上学提供了丰富的营养，儒佛道三教之间是互动的。

儒佛道三教各自的历史与三教关系史的研究，都需要研究儒道互补，才能深入下去。

二、儒道两家基本特征的比较和儒道互补的深层分析

（一）儒道两家基本特征分析

什么是儒家？什么是道家？这是不容易说得清楚而又不能回避的问题。儒道两家都有许多分支学派，不同时期有不同形态。它们的基本特征应该是舍弃了内部学派差异性和时代变异性，而为整个学派所共同拥有的属性。

我们认为儒家的基本特征应是"人文化成"①。"人文"即人伦文化，以人为中心，以伦常为基础，形成仁礼之学。"化成"即教化成善，重修身，重教育，重后天的气质变化。总之，儒家是伦理教化型的人文主义。儒家重人道而轻神道，不是宗教神学，而是人文主义学说。但儒家的人文主义又不同于西方的人文

---

① "人文化成"语出《周易·贲卦·象传》："观乎人文，以化成天下。"

主义，前者重家庭与社会伦理，后者重个人自由与理性，所以儒家是伦理型的人学，其核心的概念是"仁"。

道家的基本特征应是"返朴归真"。道家认为人的自然本性是纯朴的，社会的原始状态是和谐的。社会文化的发展使人丧失了天然的纯真，使社会出现争斗和欺诈，人类于是陷入痛苦和灾难。只有回归本然，人性才能纯和，社会才能太平。道家崇尚大道，因为大道具有永恒、真实、自然而然和生生不息的特征。顺应自然和回归真朴是道家恒持不变的精神，所以我们可以称道家为自然复归型的人文主义，其核心概念是"道"。

荀子站在儒家立场上批评庄子"蔽于天而不知人"（《荀子·解蔽》）。"天"是指自然状态，"人"是指人工制作，这句话精辟地点明道家是一种自然主义，主张一切都顺应自然，保持事物本来质朴、自得的状态，不赞成加上人为的成分。道家也讲"人"，但要用"天"化"人"。当然，道家也可以批评儒家"蔽于人而不知天"，也就是说儒家主张"人文化成"，一切都以人为中心，而不赞成事物保持或回归本然状态。儒家也讲"天"，但要用"人"化"天"。儒家的人文主义和道家的自然主义（它是一种特殊类型的人文主义）之间形成了一种张力，彼此冲突，又彼此制约和互补，共同推动着中国思想文化的发展。因此，我们说儒道互补的时候，是以儒道两家既明显不同又恰相对应的关系为前提的。这种不同，有时候是并行不悖，有时候是相辅相成，有时候是相反相成。从发展趋势看，二者早期互相批评的成分多，后期互补的成分多。孔孟以后的儒家不断吸收道家的自然主义和超越精神，但一直保持着儒家以伦理为本的精神。老庄以后的道家也逐渐肯定人伦之常道，但仍然保留着以自然为本的基本精神。所以两家虽然互补，却始终没有合一，因为两家的核心理念是有差异的，而且形成的各有特色的文化传统，具有很大的稳定性。

（二）儒道互补的深层分析

儒道互补的深层本质是什么呢？

1. 儒道互补是人类进化与复归的互补

儒家认为人性和社会是进化的，先天的状态并不完善，所以需要后天教化，先"尽己之性"，然后"尽人之性"，再"尽物之性"，最后"赞天地之化育"（《礼记·中庸》）。总之，儒家主张社会文明的不断创造和不断进步。但儒家忽视了人性在不断进步和升华的同时会出现人性的异化和扭曲，因此需要有复归本位的运动。道家要通过"返朴归真"来克服异化现象，保持人性的本然纯朴和社会的宁静平和，老子提出"复归于婴儿"（《道德经》第二十八章）和"小国寡民"（《道德经》第八十章），庄子提出"法天贵真"（《庄子·渔父》），向往"至德之世"（《庄子·马蹄》），都体现了对文化异化的批判。但是道家经常分不清回归与倒退的界限，为了回归而宁可牺牲发展和进步，这样的回归是无法实现的。儒道互补的结果，是形成一种完整的理论，既主张社会与人性不断升华前进，又主张社会与人性不断回归本位，使得人性既拥有智慧，又能保持纯朴和自由，使得社会既高度发达，又和谐有序。坚持进化，避免异化——这无疑是人类发展应该追求的方向。

2. 儒道互补是阴阳互补

儒家"人文化成"的传统表现出一种刚健的进取精神，主张参与社会，担当责任，不做旁观者。《易传》里有"刚健中正"和"天行健，君子以自强不息"的说法。《论语》赞美"仁以为己任，死而后已"①的人生态度。

孟子提倡"富贵不能淫，贫贱不能移，威武不能屈"（《孟子·滕文公下》）的大丈夫气概。北宋张载有句名言"为天地立心，为生民立命，为往圣继绝学，为万世开太平"，表现出贯通古今、胸怀宇宙、悲天悯人的宏大气魄。当然，儒家也讲刚柔相济、阴阳互补，但仍以刚主柔，以阳制阴。道家则不然，其"返朴归真"的传统主要体现出女性的阴柔谦和精神。老子说："柔弱胜刚强"（《道德经》第三十六章），他称颂水德、坤德，以柔弱不争、顺应自然为宗旨，是一种女性智慧，可以弥补男性文化有刚少柔的不足。儒家思想熏陶出一批仁人志士，他们成为社会发展的中流砥柱。道家思想则培养出一批隐逸之士或社会生活的旁观者和批评者，他们使社会增加了自我调节的能力。中国哲学的主流是阴阳哲学，如《易传》所言"一阴一阳之谓道"（《易传·系辞上》）。道有阳与阴两重性，乾道自强不息，坤道厚德载物，两相结合，便是刚柔相济、阴阳互补。儒与道一日不能分离，正如阴阳和男女不能分离一样。

3. 儒道互补是虚实互补

儒家的人文主义具有求是务实精神，它的公式是修身、齐家、治国、平天下，它专注于今世人生的修德和社会事业，所以伦理学和政治学特别发达。它对于死后的问题和鬼神的问题，采取存而不论的态度。可以说儒学是方内之学，是现实主义的人学。道家的学说更关注形而上的世界，它要把人的精神从世俗的日常生活中解脱出来，甚至要超出社会道德，从宇宙大化的高度

---

① 出自《论语·泰伯》："士不可以不弘毅，任重而道远。仁以为己任，不亦重乎？死而后已，不亦远乎？"

看待世界，所以道家具有超越意识、玄虚精神。道家所推崇的大道是超乎形象、具有无限生机的宇宙之源和价值之源，人们修道的目的是提高精神境界，与大道一体化，使精神获得彻底解放。道家的这种求虚探玄精神，使得它的哲学和美学特别发达，儒道互补就是形而上学和形而下学的互补。历史上的儒家为了发展自己的宇宙论和本体论，总是不断从道家吸取哲学营养；反之，历史上的道家为了更好地与现实生活沟通，也总是不断地从儒家吸取人生智慧。儒道互补，形成了中国哲学精神。冯友兰指出，中国哲学的主要传统是"既入世而又出世"[1]，两者统一在圣人的人格上，便是"内圣外王之道"。他又说："因为儒家'游方之内'，显得比道家入世一些；因为道家'游方之外'，显得比儒家出世一些。这两种趋势彼此对立，但是也互相补充。两者演习着一种力的平衡。这使得中国人对于入世和出世具有良好的平衡感。"[2]冯友兰在《新原道》一书中，把"极高明而道中庸"视为中国哲学精神："极高明"即玄虚精神，主要来自道家，"道中庸"即入世精神，主要来自儒家，两者的统一便是中国哲学精神。[3]

127

4. 儒道互补是群体性与个体性的互补

人的存在具有两重性。一方面人是社会动物，具有群体性，其本性中就包含着关心家庭、他人和社会的意识；另一方面人又是相对独立的生命个体，有自己特殊的利益、欲望、情感、个性和自由意志，其本性中包含着关心自己，追求个人幸福与自由的意识。群

---

[1] 冯友兰:《中国哲学简史》，北京大学出版社，1996，第7页。
[2] 冯友兰:《中国哲学简史》，北京大学出版社，1996，第20页。
[3] 《新原道》是冯友兰在抗战时期所著六书之一，又名《中国哲学之精神》。

体性与个体性既矛盾又统一。儒家思想强调人的群体性。孔子认为"仁"就是"爱人"（《论语·颜渊》），表现为"忠道"是"己欲立而立人"（《论语·雍也》），表现为"恕道"是"己所不欲，勿施于人"（《论语·卫灵公》）；宋代思想家范仲淹提出"先天下之忧而忧，后天下之乐而乐"（《岳阳楼记》），都体现了儒家以他人和社会为重的精神。道家思想强调人的个体性，重视个体的安宁和精神自由，主张个体不受社会礼教的束缚。老子说"知足不辱，知止不殆"（《道德经》第四十四章），是从个体幸福出发的。庄子讲精神"逍遥"和庖丁养生之道也是以个体的自由和幸福为中心的。《论语·微子》载道家隐士长沮、桀溺劝孔子避世以求个人安宁，孔子回答说"鸟兽不可与同群，吾非斯人之徒与而谁与"，充分表现了儒家群体价值观与道家个体价值观的不同。但是这种不同又可以形成一种制衡和互补，使社会不至于偏向以共性压抑个性或者以个性破坏共性这样两个极端，把群体性与个体性结合起来，使社会既生动活泼又团结有序。

三、儒道互补的历史考察

儒道互补是一个漫长的发展过程，它与中国文化的兴起、发育与演化相始终。

（一）儒道殊途而同源

儒道两家皆源于中国古代文化，尤其是夏、商、周三代文化，皆是基于发达的农业文明和理性智慧而产生的学说。儒道两家有共同的中国文化基因，例如都认为天人一体，都主张人际和谐，都追求高尚的精神生活，都重人道而轻神道，它们表现出同一种东方文明精神。但是儒道两家同源而异流，同体而异用，理论的侧重点和进路不同。在天人关系上，儒家强调人的作用，所以要助天行道；道家强调天的作用，所以要顺天体道。在社会关系上，儒家较多地继承了周代以男性血缘为纽带的宗法伦理文化，尊宗敬祖，以孝为本，强调男主女从，表现出男性文化的鲜明特色；道家较多地保存了古代母系氏族文化的遗风，具有更多的平等性和古朴性。老子用"谷神""玄牝"（《道德经》第六章）等女性相关语汇来形容大道的母体性，表现出女性文化的鲜明特色。[①]在社会理想上，孔子主张"从周"（《论语·八佾》），即重建周礼；老子主张回归到更古远的"小国寡民"（《道德经》第八十章）的时代。按照牟宗三先生的说法，春秋时期"周文疲弊"，要解决这个问题，才有诸子百家兴起。儒家用仁学改良周礼，为使周礼重新焕发生命力。道家用道学批评周礼，要使人性获得自由自在的发展。他们的理路不同，但是都追求人性的健康化，都希望建立一个没有战争、没有欺压、没有苦难的合理社会，他们的终极目标是相通的。

（二）孔孟和老庄的并立与互补

孔孟与老庄的气象是很不相同的。孔子、孟子是大教育家，是道德大师，他们一生学而不厌，诲人不倦，为弘扬仁义孝悌，为修己以安百姓而奋斗不息，虽历尽波折而不改初衷。老子、庄子是大哲学家，是智慧大师，他们是超越世俗的隐士，大智若愚，微妙玄通，具有隐士的风度。一种是入世的，一种是出世的。

孔孟的治国之道是"为政以德"（《论语·为政》）、"仁者无敌"（《孟子·梁惠王上》），具体地说便是导之以德，齐之以礼，和之以乐，任之以贤，使之以惠。老庄的治国之道是"无为而

---

① 参见牟钟鉴、胡孚琛、王葆玹主编《道教通论》，齐鲁书社，1991。

治"，具体要求是君道简约，臣民归朴，各顺其自然性情，自化自富，因势利导，而不妄加干预。

人的成长和社会的发展，既需要"人为"，也需要"自然"。所谓"人为"，即是文明的传承、发展、创造，即是人的主观能动性。所谓"自然"，即是文明的协调和纯化，即是事物内在的本性和事物的客观发展趋势。文明既要发展，又要调适，所以老庄和孔孟的思想本身已互相包含。孔子赞美大舜"无为而治"（《论语·卫灵公》），其进取的生活态度中也包含着退避之道，故说"用之则行，舍之则藏"（《论语·述而》），"天下有道则见，无道则隐"（《论语·泰伯》），"隐居以求其志"（《论语·季氏》），"无可无不可"（《论语·微子》），故孟子称孔子为"圣之时者也"（《孟子·万章下》）。孟子借鉴老子"含德之厚，比于赤子"（《道德经》第五十五章）的思想，提出"大人者，不失其赤子之心者也"（《孟子·离娄下》），从而把他的"良知"理念纯化了。他还说"养心莫善于寡欲"（《孟子·尽心下》），其说与老子"少私寡欲"一脉相承。反之，老子除了主张隐世，也讲"爱民治国"（《道德经》第十章），"与善仁，言善信"（《道德经》第八章）。庄子除了批评儒学，也讲仁义，"德无不容，仁也；道无不理，义也"（《庄子·缮性》）。

（三）荀学与黄老之学中的儒道互补

孔孟老庄之后，在儒家出现了荀子之学，在道家出现了黄老之学，它们都是儒道结合的产物。荀子宗师孔子，专精于礼学，故是儒学大师，但他在天道观上排斥天命论，主张"天行有常，不为尧存，不为桀亡"（《荀子·天论》），显然是接受了老子的天道自然无为的观点。他在认识论上提出"虚壹而静"①的理念，也是受老子"致虚极，守静笃"（《道德经》第十六章）的影响。发端于战国中晚期而流行于汉代的黄老之学，是一种道家新思潮，它的"新"正在于接纳儒学，兼综百家。司马谈在《论六家要旨》中说道家"因阴阳之大顺，采儒、墨之善，撮名、法之要"（《史记·太史公自序》），正是指黄老道家。黄老之学，包括《黄老帛书》《吕氏春秋》《淮南子》等书的思想，确实是综合诸家，融合北方黄帝之学和南方老子之学而形成的，就其核心思想而言，以道家"清静无为"为宗旨，以儒家仁义礼乐为实用，以道证儒，以儒显道，儒道相辅相成。如西汉黄老之学的代表作品《淮南子》，其中《原道训》是全书的哲学基础，属道家；《修务训》《泰族训》《齐俗训》是全书的社会政治学说，倾向于儒家。司马谈、司马迁父子好黄老之学，《汉书·司马迁传》说太史公"论大道则先黄老而后六经"，指明了黄老道家以道为主、兼崇儒学的特点。

131

（四）《易经》和《易传》是儒道两家的共同经典

儒道两家各有奉习的经典，如儒家奉习《诗》《书》《春秋》《论语》《孟子》，道家奉习《道德经》《南华经》《列子》等。只有《周易》为儒道两家所共同奉习，其中的缘由，一是《易》为中国文化之源，当然也是儒家道家之源；二是《易传》为儒道两家学者共同创作，故后世儒者珍贵它，新道家也珍贵它。

《周礼·春官·宗伯》记载，《易》有《连山》《归藏》《周易》三种。据《周易》专家金景芳研究，《归藏易》以坤卦为

---

① 出自《荀子·解蔽》。关于荀子的"虚壹而静"，参见林秀茂：《荀子的人性论》，《启明哲学》1997年2月第5期。

首，突出坤德和女性的地位，与《道德经》贵柔守雌的思想一脉相通。①而《周易》以乾卦为首，主张天尊地卑，男主女从，则是一种阳性文化，容易为儒家接受。战国时期，儒道结合成为一种思潮，儒家借重于道家的理论思维来发展自己的哲学，道家借重于儒家的现实态度来发展自己的政治伦理学。在这样一种文化背景下，《易传》出现了。它强调阴阳合和、刚柔相济，第一次创造出为各家共同接受的哲学体系，即阴阳哲学。《易传》一方面阐扬儒家的仁义礼教之学，说"安土敦乎仁，故能爱"（《易传·系辞上》），"立人之道曰仁与义"（《易传·说卦》），"父父，子子，兄兄，弟弟，夫夫，妇妇，而家道正；正家而天下定矣"（《易传·家人卦·象传》）；另一方面又用道家的天道之学给儒家寻找哲学的根据，故《易传·说卦》在论述"立人之道"以前，先讲"立天之道曰阴与阳，立地之道曰柔与刚"，表示人之道来于天地之道。《易传·序卦》在讲述君臣父子关系之前先从宇宙万物讲起，"有天地然后有万物，有万物然后有男女，有男女然后有夫妇，有夫妇然后有父子，有父子然后有君臣"，而儒家从来没有这样的讲法。《易传·系辞上》说"神无方而《易》无体"，无体即无定体，它"寂然不动，感而遂通天下"，此即是老子的道。但是《易传》又对老子思想有所修正，它不限于用柔顺坤德解释道的性质，而是阴阳并重，乾坤并崇，故曰"一阴一阳之谓道"，又曰"夫乾，其静也专，其动也直，是以大生焉；夫坤，其静也翕，其动也辟，是以广生焉"（《易传·系辞上》），"男女构精，万物化生"，"阴阳合德，而刚柔有体"（《易传·系辞下》）。《易传》运用阴阳的理念，将道家的形而

---

① 参见金景芳、吕绍纲：《周易全解》，吉林大学出版社，1989，序。

上学同儒家的伦理学有机结合起来，达到了水乳交融的效果。

（五）魏晋玄学是儒道互补的新道家

魏晋玄学被世人称为新道家。它的"新"正在于接纳儒学，而且是在更深的层次和更大的规模上接纳儒学。魏晋玄学的主要代表人物何晏、王弼、郭象等，对于儒道两家的经典如《周易》《论语》《老子》《庄子》等都很推崇。他们讨论的中心理论问题是"有"与"无"的关系、"名教"与"自然"的关系，而前者是后者的哲学表现。"有"即是现实世界，在当时主要指名教社会；"无"即超越的本体，它在人性上的体现便是自然真性。玄学家一方面肯定"有"，肯定名教的价值；另一方面又认为"有"以"无"为本，即是说名教须建立在自然真性的基础上。王弼的贵无论提出"将欲全有，必反于无也"（《老子注》）的命题，将儒家入世精神与道家超越意识有机结合起来。郭象论述了"内圣外王之道"，内圣者"无心玄应，唯感之从"，外王者"戴黄屋，佩玉玺"，"历山川，同民事"。这样的得道者，"虽在庙堂之上，然其心无异于山林之中"（《庄子注》）。郭象主张用道家哲学提升精神境界，用儒家礼学治理社会。由此可知，正是儒道互补铸造了魏晋玄学的理念和精神。

（六）宋明道学是儒道互补的新儒家

宋明道学（包括程朱理学和陆王心学）是儒家哲学理论的高峰，被人们称为新儒家。宋明道学继承和发展了先秦与汉魏的儒学，在最高概念"道"的指导下，建立了以"理"和"心"为本体的哲学系统，使儒家学说终于具有了足以与佛学道家相媲美的形上学层次。

以往的研究者较多地看到宋明道学对佛学特别是禅宗思想的吸纳，认为是佛学提高了儒学。这诚然是事实，但宋明道学的形成也得益于吸收道家的哲学思想，在有些方面也许道家的影响比之佛学更为深刻。

第一，老子提出的"道"成为宋明道学的最高概念，"道学"之名因之而生，而在此以前的儒家以"仁"为最高概念，这是一个重大的变化。邵雍说："道为天地之本，天地为万物之本。"（《皇极经世书·观物篇》）张载说："运于无形之谓道，形而下者不足以言之。"（《横渠易说·系辞上》）二程说："阴阳，气也，形而下也；道，太虚也，形而上也。"（《河南程氏粹言》）朱熹说："阴阳是气不是道，所以为阴阳者乃道也。"（《朱子语类》卷七十四）朱熹又将"道"与"理"与"太极"相贯通，说"理也者，形而上之道也，生物之本也"（《晦庵先生朱文公文集》），"道字，即《易》之太极"。在心学家王阳明那里，"道"与"心"是可以互释的，道心即是良知，他说"心体即所谓道"，又说"心即道"（《传习录》）。道学家推崇十六字真传——"人心惟危，道心惟微，惟精惟一，允执厥中"（《尚书·大禹谟》），以道心为理想人性，认为道心即是合乎宇宙大道的人性。以上可知，"道"的概念涵盖了"理"与"心"的概念。

第二，道学家受启于《易传》"形而上者谓之道，形而下者谓之器"（《易传·系辞上》）的说法，提出了自己的体用论，以道为体，以器为用，或者以理为体，以气为用，将本质世界和现象世界协调起来。朱熹认为理世界是气世界的本体，无形无象；气世界是理世界的体现，有形有象。"理也者，形而上之道也，生物之本也；气也者，形而下之器也，生物之具也。"（《晦庵先生朱文公文集》）王阳明"四句教"说："无善无恶是心之体，有善有恶是意之动，知善知恶是良知，为善去恶是格物。"（《传习录》）他以"无善无恶"为心之体，这与儒家"人之初，性本善"的传统说法不同,他在善恶之上还发现了超乎善恶的心体,这是受了道家"有以无为本"的影响。

第三,宋明道学中心学一派,特别是泰州学派,高扬主体意识,赞美纯真人性,追求精神自由,皆得益于道家的庄子学派和魏晋玄学放达派的熏染。颜钧发挥道家自然人性论,并秉承魏晋风度,谓"率性所行,纯任自然,便谓之道"(《明儒学案》),故不为名教所束缚。李贽发挥老子"赤子婴儿"之说和庄子"真人"之说,提出童心说,谓"童心者,真心也……失却真心,便失却真人"(《焚书》),以此反对一切虚假行为。焦竑发挥庄子"知者不言"(《庄子·知北游》)的思想,指斥圣人之书为"古人之糟魄"(《庄子·天道》),提出"学道者当尽扫古人之刍狗,从自己胸中辟取一片乾坤,方成真受用,何至甘心死人脚下"[1],并指斥"唐疏宋注,锢我聪明"[2],"汉宋诸儒之所疏,其糟魄也"[3],形成一种相当自由的思想。何心隐从庄子"相忘于江湖"[4]的理念中引申出"相忘于无子无父""相忘于无君无臣"(《何心隐先生爨桐集》)的主张,成为当时的异端思想。总之,泰州学派的适性主义、批判精神和平民观念,皆源于道家的个体意识,其思想脉络是清晰可寻的。

四、儒道互补的现实意义

(一)儒道互补是一种人生智慧

人生难得,不知多少机缘巧合才会诞生一个生命,而这个

---

① 焦竑:《焦氏笔乘》,李剑雄点校,上海古籍出版社,1986,第230页。
② 焦竑:《焦氏笔乘》,李剑雄点校,上海古籍出版社,1986,第227页。
③ 焦竑:《焦氏笔乘》,李剑雄点校,上海古籍出版社,1986,第229页。
④ 出自《庄子·大宗师》:"泉涸,鱼相与处于陆,相呴以湿,相濡以沫,不如相忘于江湖。"

生命又需要家庭的抚养、社会的培育才能成才，所以人生不可虚度。如何认识人生，如何度过人生，这是一门大学问，无边无涯，深不见底，同时是仁者见仁，智者见智，各有不同的见解和选择。儒道互补的人生观应当是一种较佳的选择，因为它是一种大智慧，其妙处在于指导人们在现实与超越、前进与迂回之间取得恰当的平衡，从而保持自我，使生命有后续力。

按照儒家的"尽性"之说，一个人应当把自己本来就具有的潜能，包括德性、才智和情意，充分发挥出来，并且尽可能去帮助他人发挥其潜能，还要推动万物各尽其用。这便是《中庸》所说的"尽己之性而后尽人之性，尽人之性而后尽物之性"。性之所有，大小侧重各有不同，不能要求一律，但要尽最大努力去做。儒家主张"尽人事而后听天命"，充分发挥人的主观能动性，但因为事物的发展过程中有相当一部分因素为人力所不能支配，所以不能强求。"天命"是指人生可能达到的最大限度，故人事未尽不可以言天命。按照儒家的人生哲学，人们应当积极地对待人生，利用一切条件去学习、深造、修养，使自己在"仁、智、勇"诸方面都得到健康发展，并以此为出发点，主动参与社会改革和建设事业，关心他人，关心群体，为大众做有益的事情，这就是"成己成物"。

人生是一场艰难跋涉的旅途，不仅道路迂回曲折、千难万险，而且不如意的事十有八九，俗话说："福无双至，祸不单行。"如果急于求成，或者事事求好，固执强行，必然到处碰壁，一身烦恼，甚至会走向悲观主义，放弃生活。所以人一方面要主动求进、刚强不屈，另一方面又要舒缓从容、柔韧难折，这就需要道家的智慧。道家的智慧至少可以给我们三点启示。其一是有所为必有所不为。不仅要学会争取，还要学会放弃。《淮南子》说"辞所不能而受所能"，有所放弃才有所收获，这与老子"欲取固予"的智慧也是相通的。其二是顺应自然，因时制宜。事情经过努力仍未成功是由于机缘未至，不妨退一步等待，直到水到渠成，而不强行妄为。老子说："不知常，妄作，凶。"（《道德经》第十六章）这句话应牢牢记住。其三是保持超脱潇洒的心态，对于世事看得开放得下。同那些日常的是是非非保持距离，在做生活的主人的同时不妨做个旁观者，站高一步，对事物采取"以道观之"的姿态。身不为形体所役，心不为外物所使，自得其乐，这样就会获得一种精神上的自由。道家的生活态度使人的生命富有伸缩性，帮助人去承受各种打击而不丧失生活的乐趣。

儒道兼修，互补为用，实在是一种较理想的人生智慧。当进则进，当退则退；有些事情积极，有些事情淡然；热心于社会生活，同时给自己留下足够的精神空间。中国优秀的知识分子往往以儒道互补作为自己的人生信仰，用以安身立命，而不必去信奉一种宗教。儒道互补仍将为现在和未来的人们提供一种积极入世又富有超越精神的人生哲学，人们将从中获得教益。

（二）儒道互补是一种政治艺术

政治是集团利益的集中体现，是现实性最强和斗争最尖锐的领域。当政治手段不能解决问题时，往往发展成为军事冲突，造成人间的许多悲剧。儒道互补可以提供一种不同于斗争哲学的政治理念，它主张用高度理性化的智慧去处理复杂的现实问题，以造福于人类社会。

儒道互补的政治理念，首先，主张社会管理者和被管理者提倡分工协作、各得其所，使政治管理回旋于有为和无为之间。政治管理必须有所施为，现代社会管理尤其需要管理者日理万机，全身心地投入。按照儒家的理念，管理者要"为政以德"（《论语·为政》），关心民众疾苦，实行仁政，使民众富裕起来并受到良好教育。是否管理得越多越好呢？并非如此。按照道家的理念，政治管理又必须"无为而无不为"（《道德经》第四十八章），也就是说管理者不专断、不包办，其职责是为民众创造发挥才能的良好环境和社会保障，这样民众自然会各在其位、各谋其职、各尽其才，形成理想的管理局面。

其次，在国家、民族、集团之间，提倡通和之学。儒道两家都反对侵略战争和以强凌弱，主张和平友好。儒家提倡"和而不同"（《论语·子路》）、"和为贵"（《论语·学而》）。儒家认为人类是一个大家庭，人与人之间休戚与共，痛痒相关，因此人们应当有一体之爱。王阳明说"天地万物一体之仁"，人们不仅应该爱同类，还应该爱自然万物。道家提倡慈德，坚决反对战争。老子说"以道佐人主者，不以兵强天下"（《道德经》第三十章），"夫唯兵者，不祥之器，物或恶之，故有道者不处"（《道德经》第三十一章），又说"故天之道，利而不害；人之道，为而弗争"（《道德经》第八十一章）。道家认为"道通为一"，世界上的事物本来是一个整体，互相联系，彼此依存，不应人为加以割裂。

儒家的"和"，既反对"斗"，也反对"同"，它主张多样性的和谐。为了和，必须沟通。中国近代思想家谭嗣同提出"仁以通为第一义"（《仁学》），用道家的"通"解释儒家的"仁"，所谓"通"，是指开放、交流、沟通。仁爱通和之学最符合现代社会的需要。由于经济全球化和信息、交通的发达，世界已经成了名副其实的地球村，国家、民族、集团之间的共同利益开始大于它们之间的分歧和对立，所以在处理国际和族群间的争端时，必须用仁爱通和之学来取代斗争哲学，开展对话，促进沟通，淡化宿怨，实现和解，除此之外人类没有别的出路。[①]

（三）儒道互补是一种文化理念

人类创造了高度发达的文化，既包括具有价值体系和审美功能的哲学、宗教、艺术，也包括十分先进的科学技术。但是，现代科技文化在提高人类素质和生活水平的同时，使人类外向化和工具化。现代人可以拥有汽车、楼房、电脑，但难以拥有真情、淳厚和青山绿水，这是令人悲哀的。这里需要两个平衡，一个是科学主义和人文主义的平衡，另一个是人文主义与自然主义的平衡。科学主义认为科学是万能的，可以解决人类面临的一切问题。事实上科学属于工具理性，它是造福人类的手段，却不能解决信仰失落和道德滑坡，科学的成果一旦被用于不正当的目的，还可能给人类带来严重危害。儒家重人文、重教育、重亲情的文化精神，可以纠正科学主义带来的人情淡薄、人心冷化的弊端，恢复理想、信仰、道德的尊严与热情。人文主义当然是好的，它可以促进文化的繁荣。但是过多的人为、过度的人情、过重的教育和过繁的法律法令又会造成人与自然的疏离、人的纯朴真情的丧失。道家重自然、重质朴、重回归的文化精神，又可以弥补片面的人文主义带来的人情拖累和生态恶化的弊端，恢复人性的纯朴，重建优美的环境。儒道互补可以在现代社会为人类文化的未来发展找到一个健康的方向。人类必须重视儒家的"仁义"理念和道家的"自然"理念，努力建设一种新型的生态文明，这种文明包括人文生态和自然生态。人文生态要求人性内部的德性、才智、情感的平衡，要求人与人之间的和谐。自然生态要求人与自

139

---

① 参见牟钟鉴：《宗教在民族问题中的地位和作用》，《中央民族大学学报》1998年第3期。

然之间形成和谐互动的良性关系，自然界自身形成生态链条之间的良性循环。21世纪的人类应当借鉴儒道互补的文化理念，走出一条新路来。

（与韩国林秀茂教授合写，执笔，原载《中国哲学史》
1998年第4期，内容有改动）

人文与宗教的互补

——儒释道融合的重要经验

一、儒释道三家融合是人文与宗教的互补

世界文明对话的提倡已有数十年之久，但步履维艰，成效不大。亚伯拉罕系统三大一神教（犹太教、基督教、伊斯兰教）之间，不但在历史上发生过宗教战争，而且至今仍然关系紧张，时有冲突和流血。这些宗教矛盾与民族矛盾交织在一起，成为当今世界不安定的重要因素。如果人们把目光转向中华文明史就会发现，异质文明之间的对话与交融在中国早已进行，而且很成功，主要表现在儒释道三种文化的接近与合作，形成了中华文明多元通和的发展模式。如果人类能够多借鉴一点中国历史经验，文明对话就会加快速度，文明冲突就会日渐减少，和谐世界的理想就会早日实现。

儒释道代表着三种各具特质的思想文化体系。儒家属于礼文化，以孔子为宗师，以五经为经典，以仁学为核心，其基本精神有五：仁爱、尚德、重礼、中和、入世。释家属于禅文化，以释迦牟尼为宗师，以《心经》等为经典，以三法印为原理，其基本

精神有六：缘起、因果、慈悲、中道、平等、解脱。道家属于道
文化，以老子为宗师，以《道德经》等为经典，以大道为信仰，
其基本精神有五：尊道贵德、道法自然、重生贵养、虚静通脱、
返璞归真。在三家之间，儒家虽然保留着天命鬼神的传统观念，
但孔孟之道乃是东方伦理型人学，强调以人为本，重视现实人
生，追求修身、齐家、治国、平天下，其宗旨是向人们提供做人
做事的道德规范，即"五常"（仁、义、礼、智、信）和"八德"
（孝、悌、忠、信、礼、义、廉、耻），因此它是公共性的社会
德教，不是以神为本位的宗教。佛家否定现实宇宙的真实性，要
人们看破人生，解脱烦恼，到达"常乐我净"的涅槃彼岸，并提
倡念佛祈福，认为出家人要遵守清规戒律，按仪规礼拜佛祖，它
是东方式的宗教。道家自汉末以后演化为道教，推尊三清诸神，
追求长生不死、得道成仙，强调性命双修、功行两全，内固精
神、外修阴德，道士要道、术兼修，懂得符箓、丹法、科仪，它
是中国土生土长的宗教。

　　由此我们可以说，儒释道的融合在一定意义上乃是人文与宗
教的互补。儒家的"五常""八德"最适合中国历史上家族社会
和农业文明的精神需要，使之形成一种伦理秩序，有益于国家长
治久安，故汉以后儒家成为中华思想文化的主干和底色。那么，
为什么社会还需要佛教和道教作为信仰的补充呢？这是因为人们
面临的两大人生困惑不能在儒家德教中获得满意的答案。一个是
生死问题，大家都希望死后有另一个世界继续人生而不是断灭，
对此孔子存而不论。另一个是命运与报应问题，大家都希望好人
有好报，而现实中好人得祸、坏人亨通的现象得不到解释，儒家
的"福善祸淫"与"积善余庆、积恶余殃"还不能使人满足。佛
教和道教皆主张灵魂不死和存在彼岸世界，并且相信善有善报、

恶有恶报。这给人以心理的安抚并对现实不合理现象予以较合理的解释。佛与道之间又有不同：佛教着重在慈悲平等、转生轮回、三世因果，道教着重在生道合一、积善成仙、阴德感应。民众在家庭生活和社会生活中以儒家"五常""八德"为道德准则，用以规范人生、评判人物、教育子女、改善风气；同时信仰佛教或道教，寄托对来世的向往、对幸福的追求、对消灾的渴望，许多人觉得儒释道共信就比较圆满了。此外，佛道二教能够以"神道设教"的方式加强儒家德教，佛教的慈悲、平等扩充了儒家仁爱、忠恕的内涵，道教的虚静、养生弥补了儒家谦和、修性的不足。

总之，佛道二教的宗教神圣性和神秘性使得人文的儒家增强了超世的趋向。反之，儒家的仁和之道和人文理性影响着佛教和道教，使它们具有了较强的宗教理性和现实关怀，使温和中道精神成为主导，从而有效抑制了极端主义和宗教狂热。主张在入世中出世的人间佛教成为后期佛教发展的主流，追求在全其真性中得道的全真道成为后期道教的主流，皆因它们大力吸收了儒家文化的营养。在历史上，儒释道三家虽因文化理念不同而发生过摩擦，在政治权力干预下还偶发过冲突，但对抗从未成为传统，争论反而促进了解，三家关系的基本趋势是渐行渐近，共生共荣，相得益彰。其中的一条重要经验便是人文理性与宗教信仰实现了良性互动。

二、儒释道各家内部的人文与宗教互补

儒释道三家各有自己的渊源和进路。儒家源自三代礼文化，更直接上承周代礼乐文化，孔子用仁学将其提升为成德之教。佛教来自印度，以出家修行、证成正果为目的。道教源自原始宗教

文化，秉持老子自然柔静之道，追求长生成仙。三家的特质有明显差异而能在中华大地逐步接近、互相学习，固然是由于佛教有"无缘大慈、同体大悲""人皆可以成佛"的大爱，道教有"容乃公""圣人之道，为而不争""积善成仙"的胸怀，更由于作为中华文化正宗的儒家有包容精神，其仁和忠恕之道讲求尊重和接纳不同的文化。

儒家对包括神道在内的多元文化的态度，有几个基本点：第一，在坚持仁义大方向的前提下实行"和而不同"，相信多元文化可以"殊途同归"；第二，"敬鬼神而远之"，孔子不热心于神道，但对于他人的信仰采取尊敬的态度；第三，"神道设教"，凡有益于劝善戒恶、道德教化的神道都予以肯定和支持。正是由于儒家秉持如此温和、理性、包容的人文主义态度，又在思想界居于主导地位，才使得中国思想文化的发展从来没有被一家一教所垄断，而能够在中华民族主体文化不断繁荣的同时，呈现多样性和开放性，走上了多元通和的道路。各种人文学说和宗教派别，只要爱国守法、劝人为善，无论来自何方，在中国都有正常生存发展的空间，并且逐渐成为中华文化的有机组成部分。外来宗教中，佛教的中国化是最成功的，继而伊斯兰教也取得显著成果，天主教和基督新教一度受外国政治势力干预而出现曲折，但在中华仁和文化的熏陶与爱国爱教人士的推动下，以儒释道融合为榜样，也在不断减弱一神教原有的排他性而向和谐宗教迈进。

儒释道三家不仅形成人文与宗教的互补，而且三家内部也呈现出人文性与宗教性的互补关系。儒家是礼文化的代表，它自身可分为礼教和儒学两个部分。礼教是指敬天法祖的宗教，几乎是全民性的基础性信仰，在国家有郊社宗庙制度，在民间有"天地君亲师"的祭祀，这是最具中国特色的宗教。儒学是指孔孟以来形成的人文主义学说，讲成人治国之道，而"不语怪、力、乱、神"。原始儒学从先秦诸子学发展为两汉经学，再由魏晋玄学经学演变为宋明道学，而后经由清代经学进化为现代新儒学，皆主张以人为本。一教一学，并行互渗而各有统绪，使得儒家在显扬人间性的同时保留着超世的宗教性。

佛家的禅文化也包含两个部分：佛教与佛学。佛教不仅要求信众信奉"五蕴""十二因缘""四谛"等教理，还要信众相信轮回转生、因果报应，视佛祖释迦牟尼、诸佛、菩萨为超人的神灵，能保佑众生解脱灾厄获得康宁，并要求信众按仪礼拜，如法修持，信仰阿弥陀佛者专心念佛，死后可往生西方净土。佛学是一些视释迦牟尼为大觉悟者的高僧、居士和学人，用佛家的智慧教人看破红尘、解脱烦恼、使精神达到大自在状态的学问。中国禅宗提倡佛性本有，不假外求，见性成佛，因此无须读经，也不礼佛，把崇拜神灵、追求彼岸的宗教性佛教变成取消神灵、即身悟道的人生哲学。佛教面向大众，佛学面向学人，各有侧重，并行不悖。

道家的道文化包含作为哲理的老庄道家和作为宗教的中国道教，其共同点是推尊大道，敬仰老子，以《道德经》为根本经典，提倡清静无为之道。其相异点是道家之旨在于破除物欲俗情，提高精神境界，达到内心的逍遥自由，其生死观是"顺乎自然"，其宇宙观是"天道自然无为"；而道教之旨在于炼养长生、得道成仙，其生死观是"逆乎自然"，其宇宙观是神仙主宰世界，多神统领人间。因此道家偏于人文哲学，道教偏于神道宗教。但两者又互相纠结，不即不离。先有道家，后有道教，而道教的清修教派及后期全真道又不断回归道家，把哲学与宗教结合起来。

三、儒释道融合为世界文明对话提供了有益经验

人类的生存发展和文明社会的进化，需要以人为本的人文主义。它是人们直面人生的各种现实问题，为了人的幸福，以清醒理性的态度探索解决各种问题的学说和途径。同时，人生的短暂和现实的苦难又引起人们的焦虑，需要以神为本的宗教信仰。它能够在情感心理上寄托人们向往来世和天堂的梦想。前者就是中国古人讲的人道，后者就是神道。然而，神道归根结底还是人道，它是为了满足人的精神需求而出现的，它是人道的一种特殊形态。因此，在正常情况下，以人道为主，以神道为辅，用人道引导神道，是符合两者的本质与功能的。中国历史上的儒释道三教以儒为主、释道为辅的格局恰恰就是一种健康的文化生态，它弥补了儒家宗教性的不足，又使佛道二教具有了较强的人文理性。三家内部又各有人文与宗教的相互制约。儒释道三家作为中华思想文化的核心，还把它们的人文与宗教兼顾的精神辐射到中国其他宗教和不断进入的外来宗教，遂形成中华文化的多元通和模式。它有几个显著特点：一是多信仰多宗教相互包容，没有一教坐大独断；二是温和主义占主流，反宗教的和宗教自身的极端主义不易流行；三是人文学说有宗教的情怀，宗教信仰有人文的关爱；四是人们可以在三家之中自主选择信仰，也可三家或两家共信，社会不以为怪异。

西方文化从源头上说乃是"两希"文化互动的结果。源自古希腊文化的人文主义、理性主义与源自古希伯来文化的一神宗教（先后发展出犹太教、基督教、伊斯兰教），在彼此吸收与斗争中推动西方文化向前发展。在人文哲学方面，柏拉图的理性主义形成深厚传统；在宗教信仰方面，基督教成为主流宗教。二者彼此推扬，为西方文化的繁荣做出了贡献。但柏拉图理性主义有追

求绝对理念的倾向，而基督教则有信仰绝对唯一神的传统，于是两者在互动中呈现此消彼长、互相排斥、大起大落的状态。如欧洲中世纪基督教垄断思想文化，哲学和科学成为神学的奴仆，各教派之间进行宗教战争，出现迫害异端的宗教裁判所。文艺复兴到18世纪法国大革命期间，战斗无神论者登上思想界中心舞台，用简单化的唯物论激烈否定基督教和教会，掀起反宗教运动。当代西方文化正在探索人文与宗教良性互动、宗教与科学协调发展、宗教之间对话沟通之路，并取得可喜成果。但在宗教文化方面，一神教先天的唯我独尊的传统和以各种形式出现的宗教极端主义，仍在阻碍文明对话并折磨着人类社会。而在世俗文化方面，科学主义、功利主义和斗争哲学也在使人类失去信仰和道德良知，把人变成"物质人""冷血人""工具人"。历史教训告诉我们，人文学说若不包纳一定的宗教性，即没有对天道神灵的敬畏，会蜕变为彻底世俗化的功利之道；宗教信仰若不加强人文理性，即不把人的生命和幸福放在首位，也会异化为残暴害人的作恶之教。这两者的后果都是可怕的。

回观中华儒释道三家融合的过程，人道与神道，人文与宗教，一直彼此相摄，三家之间你中有我、我中有你，并无不可逾越的界限。三家的关系，从最初的社会功能求同（劝善义一），到国家政策的协调（三教并奖），再到后来哲学理论的汇通（三教一家），联系日益紧密，它们共同为铸造仁慈、民本、中和、弘毅、尚德、信义、勤俭、宽容的中国精神做出了重大贡献，也为今日世界文明对话树立了良好的榜样，提供了有益的经验。

（原载《探索与争鸣》2014年第4期，内容有改动）

147

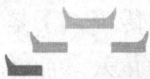

儒家人性论与新人性论构想

中国哲学偏重于论人，儒家哲学尤重于论人，学者们不能不花大气力探讨人的本性，并依据对人性的理解，形成各家各派的学说，于是人性论便成为中国哲学特别是儒家哲学的重大问题。关于人性论的探讨对中国传统社会的道德建设，乃至治国之道，产生过重大的影响。人类的认识过程虽然是由近及远的，但成就的大小却是由远及近的，也就是说认识大自然不容易，认识人类社会更难，认识人自身最难。人总是敏于认识外界（相对而言）而拙于认识自己。于是在人性问题上众说纷纭，争论不休，一直达不成共识。从今天的观点看，历史上的各家人性学说也确实互有短长，既有精辟独到处，也都有令人不满意的地方。这里只想对儒家几种主要的人性论做简要述评，并试图在前人认识成果的基础上，提出一种新人性论构想，作为今后探索的铺路之砖。

一、孔子的性近习远论及其影响

孔子是儒家人性论的开山鼻祖，在人性问题上，他直接讲的一句话就是："性相近也，习相远也。"人的天性是相近的，由于后天的积习而形成了差别。相近的人性是什么？相远的积习又如何？孔子没有讲，因此这句话既简练又相当模糊，正是这种模糊性给后来各派儒者的不同发挥提供了很大的回旋余地。就性近习远这句话本身而言，无疑是正确的，而且有极高的概括性，它指明了人性的统一性与差异性，为人性问题的研究指出了根本方向。

孔子还讲了一些与人性有关的话，如"唯上知与下愚不移"。我们当然可以说这句话是讲人的才智差别，与善恶无关。但人性问题本不应限于善恶，才智气质亦是性，故有才性说。同时在孔子思想里，智与德是联系在一起的，上智者必是上善，故孔子这句话具有人性论的含义。孔子认为大智大善者和大愚大恶者都是天生的，前者"生而知之"，不需要学习，后者"困而不学"，教育也没有用。孔子认为自己非生而知之者，当然在他以下的大多数人就更需要学习，上智与下愚是极少数。这个看法就是后来"性三品"说的滥觞，所以不可忽视。

孔子又说："吾未见好德如好色者也。""富与贵，是人之所欲也；不以其道得之，不处也。贫与贱，是人之所恶也；不以其道得之，不去也。"孔子在这里肯定"好色""欲富贵""恶贫贱"是普通人性，无论什么人都有这些欲求。但仅停留在这个层次上的人是小人，是低等的人。人性还要有更高的层次，那就是"好德""义然后取"，以道得之，即用德性制约情欲，做品德高尚的君子。这也是一种欲，但不是一己的情欲，而是利他的德欲，孔子讲"欲仁""己欲立而立人"之欲，就是君子之欲，它要靠学习修养才能建立。可知孔子不主禁欲，而主节欲和化欲，他在人性内部区分出高低层次，给人性的升华指出一个方向。孔子的节欲导欲说，保证了儒家道德论既不陷于宗教的禁欲主义，又不流于非道德论者的纵欲主义，凡有这两种偏向在儒家内部出现时，正宗的学者都回到孔子，用孔子的节欲论加以驳正。

二、孟子的性善说及其评价

孟子是性善论的正式提出者，他以为人性之善，与生俱来，乃人性之内本来就具有的趋向，并非从外部灌输进来，亦非后天学来的，后天所学无非善性之扩充。他最典型的论述，有以下几段：

> 人皆有不忍人之心。……所以谓"人皆有不忍人之心"者，今人乍见孺子将入于井，皆有怵惕恻隐之心，非所以内交于孺子之父母也，非所以要誉于乡党朋友也，非恶其声而然也。由是观之，无恻隐之心，非人也；无羞恶之心，非人也；无辞让之心，非人也；无是非之心，非人也。恻隐之心，仁之端也；羞恶之心，义之端也；辞让之心，礼之端也；是非之心，智之端也。人之有是四端也，犹其有四体也。

> 恻隐之心，人皆有之；羞恶之心，人皆有之；恭敬之心，人皆有之；是非之心，人皆有之。恻隐之心，仁也；羞恶之心，义也；恭敬之心，礼也；是非之心，智也。仁义礼智，非由外铄我也，我固有之也，弗思耳矣。

> 人之所不学而能者，其良能也；所不虑而知者，其良知也。孩提之童，无不知爱其亲者；及其长也，无不知敬其兄也。亲亲，仁也；敬长，义也。

我们可以把孟子的性善说概括为几个要点：第一，所谓人之善性即是仁义礼智，见同类而能同情，遇荣辱而有羞耻，待长辈而能礼貌，逢是非而能分辨，总起来可以称为道德心，道德心是人性的内涵。第二，道德心是天性所具，人皆有之，自发如此，不需要学习，只要没有利害的考虑，它就会显现。第三，所谓性善，只是说人性中有道德的萌芽，即"端"，它还需要扩充，才能完全得到实现，但有此善端乃是成为善人的内在根据，为善的可能性在一切人身上都是存在的。第四，人与禽兽的区别就在有无道德心，丧失道德心者，虽有人形而无人性，与禽兽无异，人要想不堕入兽道，就必须保持本性中的善端，加以发扬，万勿丢失。

我们还可以进一步做些讨论。首先，孟子如何对待人的生理本能和感官追求？孟子承认，在这方面人人相同。所以他说："口之于味也，有同耆焉；耳之于声也，有同听焉；目之于色也，有同美焉。"又说："口之于味也，目之于色也，耳之于声也，鼻之于臭也，四肢之于安佚也，性也。"生理满足、感官享受为天下所同好，本来也可以说是与生俱来的人性，但孟子在承认感性同好之后，马上否认它们是人性。理由有两个：一个是这些感官满足不是人兽相别的标志，反是人兽接近的地方；另一个是这些感官满足受客观条件的制约，不是主体想得到就能得到的。所以他说："人之所以异于禽兽者几希，庶民去之，君子存之。"又说："人之有道也，饱食、暖衣、逸居而无教，则近于禽兽。"人之所以高于禽兽不在于物质生活有保障，而在于有道德教化的精神生活。人身有大体、小体之分。大体即心之官，它能够思维，心之所同然者是理义，这才是人性的本质规定，从其大体，心好理义，才是人性发展的方向；小体即其他生理器官，从其小体，迷于物欲，是人向禽兽的倒退，所以不能算作人性。他在承认口、目、耳、鼻四肢欲求之为性时，接着又说："有命焉，君子不谓性也。"反之，仁义礼智能否实现，属于命运的安排，但"有性焉，君子不谓命也"，因为这才是人应该努力去追求的事情。总之，孟子所谓人性，不包括人的生理属性和感性欲

151

求，专指人的道德属性和高层次精神追求，人虽然不一定具有完美的善德，但起码要有为善的要求。孟子关于做人的标准比较严格，在这种标准的衡量下，不仅为非作歹者不算是人，就是饱食终日无所用心的人，也离禽兽不远，因为他大体不备，没有道德精神生活。

其次，孟子如何说明恶的起源？概而言之，德性丧失而兽性主导，大体不养而小体先立。孟子认为人的生理属性和感性欲求与禽兽具有相同的性质，小体的满足，习焉不察，仅有的一点点道德心才把人与动物区别开来。人与动物所同者实多于所异者，稍不注意就可能把人之所以为人的那点道德心丢掉，所以世上的恶人恶行是很多的。孟子强调"人之所以异于禽兽者几希"，除君子能保住外，庶民和小人都把它失掉了。从个人来说，"四端"若不能扩而充之，则"不足以事父母"；从社会来说，若"仁义充塞（仁义之路被阻塞）则率兽食人，人将相食"，那将不是人的世界了。孟子并不是说生理欲求即是恶，而是说生理欲求若无仁义加以引导制约，便成为恶，便是兽行。由此可知，孟子并不是一位幼稚的乐观主义者，他对于社会现实生活中的丑恶现象敢于正视并有充分的了解。他的性善说只是想说明，这些丑恶兽行的存在不能怪罪人的天性不好，而是人不去努力、自甘堕落的结果，人本来是可以为善的。所以他说："乃若其情，则可以为善矣，乃所谓善也。若夫为不善，非才之罪也。""故曰：'求则得之，舍则失之。'或相倍蓰而无算者，不能尽其才者也。"换句话说，人不能发挥本性中潜在的品性，故堕恶流。孟子又进而指出，人的道德善性和人的生理欲望有一定的矛盾，彼此相抑相制，此消彼长，不可能同时都很旺盛，所以他说："养心莫善于寡欲。其为人也寡欲，虽有不存焉者，寡矣；其为人也多欲，虽

152

有存焉者，寡矣。"所谓"有不存""有存"是指善性而言，欲望太多太强，善性必然很少，也就意味着恶性增加。这就是孟子对于恶的看法。在他的学说里，善与恶的对立等同于人性与兽性的对立，所谓恶就是人的兽行，所谓恶人就是只有兽行的人。

再次，孟子提出性善说的目的何在？可以从两方面说，一者人人皆有善端，而又需要扩充发展，所以道德教化是可能的，又是必要的。孟子说过"人皆可以为尧舜"的话，反对自暴自弃，对人的自性表现出很高的信心；但人要做圣贤却极不容易，要"存心养性""反身而诚""养浩然之气""勿忘勿助""求其放心""尽心知性""动心忍性"。从性善说出发，必然重视教育和修养，以便把向善之可能变成为善之现实。二者人之善性爱心必须向外推广，由家庭到社会，乃至到禽兽万物，从而改良整个外部世界。孟子说："老吾老，以及人之老；幼吾幼，以及人之幼。"又说："亲亲而仁民，仁民而爱物。"君子仁人对于禽兽，"见其生，不忍见其死；闻其声，不忍食其肉"。其中最重要的是在仁心的基础上建立仁政，这是仁学的真正目的所在。他说："先王有不忍人之心，斯有不忍人之政矣。以不忍人之心，行不忍人之政，治天下可运之掌上。"这是向国家领导者提出要求，要他们首先发挥善性，成为仁人君子，然后将仁德实现于社会政治。仁政的主要内容是"制民之产""以佚道使民""省刑罚""薄税敛""勿夺其时""与民同乐"。总之是要富民、惠民、爱民、教民。

孟子的性善说后来成为中国人性论史的主流，它开辟了中国文化道德自救的路线，海外一些学者称其为自力救赎的道路，以便与西方基督教的他力救赎道路相对应。孟子的学说符合孔子为仁由己的精神，符合儒家重伦理、重教化的学派特色，又与中国传统社会重人治、重精神文明而又宗教气氛不浓的国情相适应，所以流传广泛而长久。后来的诸多人性学说，如性三品、性二元论、性一元论等，虽然各有千秋，但就其基本倾向而言，都来源或接近于性善说。

依今天的眼光衡量，性善说的优点主要有两个：一个是强调人性中的道德层次，致力于人性的改良和升华；另一个是对人类自救抱有充分的信心。伴随着性善说的出现和流行，良心的概念在中国人中间普及开来，它使众多的人懂得做人做事要有起码的良心，要不违背社会公德，于是良心（或称良知）成为人们心目中相当稳定的道德是非标准，尤其在社会政治生活和道德生活发生危机时（如统治集团失去人民的信任、道德说教流于虚伪），良心是维系社会正常生活的重要力量，社会发展主要靠大家的一点仁心和天良，否则精神生活就要完全瓦解了。道德心显然是人性中一个重要的、有待进一步发展的要素，这一要素在重感官享受而轻精神追求、重才智而轻德性的情况下显得更为重要，迫切需要加大它的比重，以恢复人性内部结构的平衡。性善说的救世论，不靠神，不听命，始终相信人类自身的问题还要靠人类自己去解决，坚信人都有成为好人的可能。因此社会不管出现多大的曲折和倒退，人们都不能丧失信心、放弃努力，而要尽最大的努力，千方百计地扬善抑恶，扭转不好的趋向和风气；同时抱着与人为善的态度，去褒扬好人，帮助和改造坏人，绝不放弃任何机会去挽救失足者，只要他的天良尚未丧尽。总之，性善说不仅在理论上有其合理性，在实践上也有其功用性，尤其在改造犯罪者的工作中有指导意义。如果没有"人会变好"的信念，对于堕入歧路者就只有惩罚一途了。

性善说也有明显的不足之处。孟子把人的生理本能和感性欲求排除在人性之外，这就不妥当，因为它们是人性的基础，是人性不可分割的一部分。人不仅要有道德生命，也要有感性生命，那才能成为一个活生生的人，有血有肉的人。感性生命受到压抑或摧残，人性就是畸形的、可悲的。中国古人称丧失正常生理性功能者为"不能人道"，称毁坏人身、扼杀生存的行为为"惨无人道"，都把生理的需求、生活的欲望看作人性的内容，这当然是合理的。这一部分人性与动物性接近，但不能因为两者相通就否认它是人性，人本来就是从动物演化而来的，人性不能不内含着某些动物性。仔细考究起来，人的生理属性虽与动物相近相通，但并不完全一样，其生理机制相通，其实现方式相异，人的生理属性含有文化的因素；更何况人的感性欲求在范围和目标上，远远超出了动物，如求富贵、求享受，欲望大得很，动物是没有的。

最后，性善说把高层人性全部归结为道德性，是将人性狭隘化了。人的高级属性除道德外，还有自我意识、理性思维、创造精神，等等。再说，人的道德性究竟是怎样形成的？孟子没有说清楚，或者说得不正确。因为道德心不是与生俱来的，它其实是社会文化的产物，所以孟子所谓的"四端"，有明显的时代和民族的印痕，它是中国古代社会的产物，尽管它具有超时代、超民族的意义，就其当时的表述形式而言，它只能为中国人所熟悉。再说，天赋道德说在论证上也很单薄，最有说服力的就是见孺子将入于井而有怵惕恻隐之心的例子。单有例证还不能说是严密的理论论证，何况人们还可以举出许多相反的例证，来说明人性本恶，例如人们在小时候就表现出的私心。这里还关联着一个更具根本性的理论问题：什么是善？什么是恶？如何给它们以科学的界定？孟子依据当时社会的传统道德观念，把善恶的标准当作不言自明的理论前提，毋庸论证，其实是大有问题的。

三、荀子的性恶论及其评价

荀子主性恶之说，与孟子恰相对立，形成中国人性论史上主要的两派。虽然荀子的性恶论在影响上不如孟子性善说，但其深刻性不亚于孟子，又恰恰与孟子形成互补。荀子在《荀子·性恶》篇中说：

> 人之性恶，其善者伪也。今人之性，生而有好利焉，顺是，故争夺生而辞让亡焉；生而有疾恶焉，顺是，故残贼生而忠信亡焉；生而有耳目之欲，有好声色焉，顺是，故淫乱生而礼义文理亡焉。然则从人之性，顺人之情，必出于争夺，合于犯分乱理而归于暴。故必将有师法之化，礼义之道，然后出于辞让，合于文理，而归于治。用此观之，然则人之性恶明矣，其善者伪也。

这一段是性恶论的典型论述，其论点可以归纳成以下几个：一，人生而有好利避害之心、耳目之欲，不教而能，不学而知；二，顺人性自然发展，必导致争夺、残贼、淫乱等恶行发生；三，辞让、忠信、礼义等道德行为是后天教化的结果，不能自然形成。所以结论是人之性恶（自然趋恶），善者伪也（人工而成）。这里要注意一点，荀子似乎并不是直认人之趋利避害和情欲为恶，而是说若不加约束，必导致恶，因此所谓性恶，严格地说是人性趋恶。

荀子性恶之说是针对孟子性善说而提出的，他在同一篇中批评孟子说：

> 孟子曰："今之学者，其性善。"曰：是不然。是不

及知人之性，而不察乎人之性、伪之分者也。凡性者，天之就也，不可学，不可事；礼义者，圣人之所生也，人之所学而能，所事而成者也。不可学、不可事而在人者谓之性，可学而能、可事而成之在人者谓之伪。是性、伪之分也。今人之性，目可以见，耳可以听。夫可以见之明不离目，可以听之聪不离耳，目明而耳聪，不可学明矣。

荀子在反驳孟子时，首先标明何者谓性。他的界定是与生俱来，自然而成，不待学习，"不事而自然谓之性"，"生之所以然者谓之性"。荀子此一人性的界定，既可以说与孟子不同，又可以说与孟子针锋相对。不同在于，荀子所谓性指人生来就有的本能，孟子所谓性指人之所以异于禽兽的特性，两家因对概念理解不同而辩论，此即墨经所说的"辩无胜"，因为辩论对象不是一个。但是进一步考察，又知两家是对应的。孟子认为人之异于禽兽的道德心是与生俱来的良知良能，不学而知，不虑而作。荀子正是针对于此，指出自然生就的并不是道德而是情欲和求利之心。孟子举出人皆有恻隐之心和儿童无不知爱其亲敬其长等例证，说明道德心天生就有；荀子不是列举而是概括指出社会生活的大量事实，说明情欲与功利才是人的天性，而且造成社会的争斗和混乱，道德不加训练是形成不了的。荀子指出，孟子自己也承认人之善性极易丧失，需不断扩充才能保持，足证善性非性；真正的人性不待扩充，自然而有，很难丧失，那只有感性欲求。从事实上说，我们不得不承认，荀子的论证比孟子更有说服力。

那么，善又由何而来呢？人世间为什么不都是恶人呢？荀子认为人性可以改造，化性起伪便可为善。荀子开始只是说："然则礼义法度者，是圣人之所生也。"圣人何以能生礼义法度呢？他又说"圣人积思虑，习伪故，以生礼义而起法度"，即圣人善于用心选择，能积伪。那么再问，圣人能积伪，一般人是否也有这种可能呢？荀子说过"涂之人可以为禹"，也就是承认人人皆有为善之可能。为什么呢？荀子说："然而涂之人也，皆有可以知仁义法正之质，皆有可以能仁义法正之具，然则其可以为禹明矣。""质"是禀性，"具"是才能，荀子终于承认，人的资质之中本来就具有择善为善的能力，然后才可能接受圣人所作礼义法度的教化。但他不把这种能力称为性，因为这仅仅是择善的能力，还不是善的品德本身，没有教育，这种能力不能自然发挥出来。可是这样一来，他就与孟子相当接近了。孟子所说的性善也是指向善的可能性，是非之心也是一种对善的选择能力，心之官则思而立其大体也是"积思虑""化性起伪"。只要承认"涂之人可以为禹"，就不能不与"人皆可以为尧舜"的观点站在一起，承认人性之中含有向善的潜在因素，否则化性即不可能。所以荀子的性恶论并不彻底，他的理论内部存在着矛盾。荀子在另外的场合，又用社会的需要来解释善的存在，此即协调说。他在《荀子·礼论》中说：

> 礼起于何也？曰：人生而有欲，欲而不得，则不能无求；求而无度量分界，则不能不争；争则乱，乱则穷。先王恶其乱也，故制礼义以分之，以养人之欲，给人之求，使欲必不穷于物，物必不屈于欲，两者相持而长，是礼之所起也。

人的欲求必生争乱，社会不能维持，需要礼法加以控制和调节，在欲求和物品之间形成一种动态的平衡。虽然礼是先王和圣人制定的，但从根源上说是为了解决人际利益冲突而产生的，也就是说基于社会群体生存和发展的需要。作为礼义道德的善，虽然外在于个体的人性，但却内在于社会群体的生活。这种观点比较接近于西方法学理论，其原理就是确认人性本恶，故需要法律加以管制。不过荀子又区别礼乐与法度。"由士以上则必以礼乐节之，众庶百姓则必以法数制之。"这是贵族意识在礼法问题上的表现。

将孟子和荀子做比较，他们的人性论的理论侧重点不同，孟子侧重于分析人的道德理性，荀子侧重于分析人的生理欲求，所以一执性善，一执性恶。但两人的道德观念、善恶标准是一样的，皆重仁义礼乐而轻物质欲望，所以看着相反的理论，却得出一致的结论，即社会要加强道德教化，个人要加强道德修养（一个要扩而充之，一个要化性起伪）。他们的教育思想和修身理论都很丰富精彩，可以说是珠联璧合，相得益彰。他们还有一点也是相同的，即强调社会环境对人性发育有重大影响。孟子说："富岁，子弟多赖；凶岁，子弟多暴，非天之降才尔殊也，其所以陷溺其心者然也。"荀子说："可以为尧、禹，可以为桀、跖，可以为工匠，可以为农贾，在势注错习俗之所积耳。"又说："蓬生麻中，不扶而直；白沙在涅，与之俱黑。"所以两人都很重视社会环境的选择和改造，这是他们教育思想的重要组成部分。

荀子的性恶论不承认有先天的道德存在，把道德看成社会文化的产物，应该说是合理的。他把人的生理和感性欲望贬为恶流，但毕竟承认它们是人性，而且是基本人性，这也应该被肯定。他我之间、群己之间存在着利益冲突，没有道德与法，人类将在冲突中相互伤害，因此善恶问题不能孤立地从个体上看，还要放到社会关系中考察，才能加以判断，这是荀子性恶论的内在逻辑。在这里，荀子要比孟子深刻得多，他针对社会礼法的产生与存在，提出一套不同于道德论的全新的早期社会学论证，颇有理论价值。人类社会是在火与剑、血与泪中发展的，不论古今中外，清明太平的世道少，混乱灾祸的时候多，人间的苦难实在是太深太繁，社会的丑恶现象时有发生。这种社会实际状况给予性恶论以有力的支持，而对性善说不利。性善说较富有理想主义色彩，性恶论较富有现实主义精神。

荀子性恶论也有它的缺点。一个是关于感官欲求是否等于恶的问题没有说得十分清楚，这里涉及对恶的界定。荀子有时候说"古者圣王以人之性恶，以为偏险而不正，悖乱而不治"，这是直接指人性为恶。他有时候又说"性者，本始材朴也"，无所谓善恶，尧舜与桀跖之性是一样的，只是小人不能化性起伪，顺其天之性而为之，发展下去，要导致争夺、残贼、淫乱，然后成为恶。荀子说："凡古今天下之所谓善者，正理平治也；所谓恶者，偏险悖乱也。是善恶之分也已。"这是就人性引起的社会效果而言的，并不是人性本身就有善恶之分。荀子绝不会认为"饥而欲饱，寒而欲暖，劳而欲休"这种人的情性本身就是恶，恶是"纵性情，安恣睢"的结果。由于笼统地讲人性恶，对于人的生理本能和物质欲求缺乏必要的肯定和分析，荀子人性论也同孟子人性论一样，忽略人的感性生命的重要性，使他们的道德论缺乏坚实的物质生活基础，与《管子》"仓廪实则知礼节，衣食足则知荣辱"的思想相比，有明显的不足。

另一个缺点就是在善的起源问题上持外因论和圣人论的观点。按照荀子的解释，礼义法度生于圣人之伪，非生于人之性情；非但如此，礼义法度恰恰是为了制性养情而由圣王制定的，它是人际关系和谐的需要，不是人的本性需要。这样，荀子就将人性和社会割裂开来，取消了善的人性内因。其实不然，善也是人性的一种内在要求。另外，圣人之伪又从何而来？他的礼义法度如果是从他以外的地方得来的，那他还不是终极原因，如此就会形成循环论证：如果是圣人天生而有之，那就说明人性并不是生来就恶，至少圣人之性是善的，这又违背荀子坚持的性恶和善伪的基本论点。所以坚持性恶论，既不信仰神为至善之源，又要致力于社会的道德建设，必然要在理论上遇到绝大的困难，因为根基不牢。道德的本源性根基不立，道德就会成为一种外部灌输的东西，一种悬空不实的东西，绝不会行之久远。

四、世硕的性有善有恶论、告子的性无善恶论和扬雄的性善恶混论及其评价

这三家可以放在一起讨论，因为三家异中有同，都不赞成将人性归结为善和恶中的一种，都认为人性的发展存在着为善或为恶的两种可能性，这三家处在性善论和性恶论的中间地带。

一是世硕的性有善恶论。世硕是战国初期人，其书《世子》已佚，其人性论主要观点保存在王充《论衡》一书中。该书《本性》篇说：

> 周人世硕，以为人性有善有恶，举人之善性，养而致之则善长；性恶，养而致之则恶长。如此，则性各有阴阳，善恶在所养焉。故世子作《养书》一篇。密子贱、漆雕开、公孙尼子之徒，亦论情性，与世子相出入，皆言性有善有恶。

据此段资料，世硕认为人性之中善恶两种因素皆生而有之，养善则扩而充之为善人，养恶则扩而充之为恶人。世子所谓养，应当包括他养（教育）和自养（自修）。这一理论回答了

善恶的根源和现实生活中善恶交杂的原因，又突出强调了后天教化对道德形成的重要作用，相当合于情理，故有许多学者加以附和。只是资料过于简略，不知其详细论证，殊为可惜。什么是善？什么是恶？人性中的善恶两端又从何而来？世硕的说明，我们不得而知。

二是告子的性无善恶论。告子与孟子辩论人性问题，提出"生之谓性"的人性定义，故而指出"食色，性也"。他认为，作为人的生理本能，不存在道德上的善恶问题，故云"性无善无不善也"，人性之善恶乃后来习染改造而分别形成，他用两个比喻来说明："性，犹杞柳也；义，犹桮棬也。以人性为仁义，犹以杞柳为桮棬。""性犹湍水也，决诸东方则东流，决诸西方则西流。人性之无分于善不善也，犹水之无分于东西也。"告子的人性论不同于孟子，他以生理本能为人性，孟子以人之所异于禽兽者为人性，告子有见于人兽之同，孟子有见于人兽之异，各执一端，故不可调和。告子又与荀子不同，两人虽然都承认"生之谓性"，似乎接近，但告子认为生理本能不是善，亦不是恶，而荀子认为生理本能具有恶的性质或恶的趋向；告子将人之后天趋善和趋恶的两种可能性平等看待，荀子则认为顺性必为恶，比较容易，化性方能善，比较困难。

后世之儒者也有言性无善恶者。如王安石论性无善恶，情有善恶；胡宏论善恶不足以言性；王守仁论无善无恶心之体。但他们的人性论严格说来乃是性超善恶论，与告子本质不同。只有龚自珍明白地说"告子知性"，云："善恶皆后起者。夫无善也，则可以为桀矣；无不善也，则可以为尧矣。"（《龚自珍全集·阐告子》）他非孟而是告，可以说是大胆的行为。

告子的"食色，性也"成为千古名句，不论什么人都难以否认，孟子当时也没有直接反驳。《礼记·礼运》也说："饮食男女，人之大欲存焉。"不宜于进行道德评价。设若取消这两种本能，人类不能生存，何谈人性的提高。告子以为人之初是未雕之材（杞柳），在成长中因加工不同而形成差别，这一思想颇合于孔子性近习远论，而且能从动态看人性的多样性，是难能可贵的。事实上，儿童的心灵是一张白纸，可以涂抹出不同的色彩，有极大的可塑性，所以教育至关重要。但是人性绝不等同于生理本能，它还有更多的东西。儿童尚未成人，不是完全意义上的"人"，所以人性的研究对象要以社会化了的成人为主，告子的人性论在这里就无能为力了。

三是扬雄善恶混论。他在《法言·修身》中提出："人之性也善恶混，修其善则为善人，修其恶则为恶人。气也者，所以适善恶之马也与！"他认为人性之中善与恶的因素混杂在一起，培养其中的善性就成为善人，培养其中的恶性就成为恶人，在这个过程中，"气"起着承担者的作用。大约是说，修性与养气密不可分。扬雄此论是世硕之说的继续，由于他的文名大，所以善恶混论影响也大。此说的新意在于：第一，人性的内容包括视、听、言、貌、思，感性与理性活动都在人性范围之中；第二，从动态角度将人性分为三个层次。"天下有三门：由于情欲，入自禽门；由于礼义，入自人门；由于独智，入自圣门。"（《法言·修身》）这一看法已接近于性三品说。

以上三家反对把人性归结为单一因素，并且都指明道德的善恶不是注定的，各种潜在的可能性都有，就看后天如何努力。善恶混论揭示了人性的复杂性和矛盾性，既不像性善说那样乐观，又不像性恶说那样悲观，更接近于现实生活。但三家的善恶观念是传统的，没有创新，他们对人性的考察都是孤立地研究个体，

163

相当忽略人的社会存在和社会属性，加以论说简单，不能构成严密的理论体系。

五、以董仲舒、韩愈为代表的性三品说及其评价

性三品说的理论依据是孔子的性近习远说和上智下愚说，而在内容上则是对性善、性恶、性善恶混诸论的综合与提高。

董仲舒认为，人之德性，天生之而人成之，生而即有的自然之质，有善质而未可谓善，需经后天教化而成其善，"性如茧如卵，卵待覆而为雏，茧待缫而为丝，性待教而为善，此之谓真天"（《春秋繁露·深察名号》）。一般所谓的性是指有善质可以教化为善的中民之性，教化不足亦可以为恶，这是人口中的绝大多数。董氏在《春秋繁露·实性》篇中说："圣人之性，不可以名性。斗筲之性，又不可以名性。名性者，中民之性。"中民之性可以教化，为多数；圣人之性不教而善，斗筲之性教亦为恶，这是极少数。

董仲舒之后有王充。王充在总结前人学说的基础上，提出性三品说："余固以孟轲言人性善者，中人以上者也；孙卿言人性恶者，中人以下者也；杨雄言人性善恶混者，中人也。"（《论衡·本性》）

王充之后有荀悦。如果说王充是从正面肯定了性善、性恶、性善恶混三说是各有所得，那么荀悦便是从反面指出以上诸家各有所失。荀悦在《申鉴·杂言下》中说：

> 性善则无四凶，性恶则无三仁；人无善恶，文王之教一也，则无周公、管、蔡；性善情恶，是桀、纣无性，而尧、舜无情也；性善恶皆浑，是上智怀惠而下愚挟善也，理也未究矣。

荀悦认为上智下愚不移，其次善恶交争，于是教扶其善，法抑其恶，在全民中，从教者占半数，畏刑者占四分之三，不移之民不过九分之一，而这一分之中又有微移者。荀悦主张尽可能运用教与法来善化民众，绝大多数都能变好。

唐代韩愈，其性三品说最具有代表性，他以为不仅性有三品，情亦有三品，《原性》云：

> 性也者，与生俱生也；情也者，接于物而生也。性之品有三，而其所以为性者五；情之品有三，而其所以为情者七。曰何也？曰：性之品有上中下三。上焉者，善焉而已矣；中焉者，可导而上下也；下焉者，恶焉而已矣。其所以为性者五：曰仁、曰礼、曰信、曰义、曰智。上焉者之于五也，主于一而行于四；中焉者之于五也，一不少有焉，则少反焉，其于四也混；下焉者之于五也，反于一而悖于四。性之于情视其品。情之品有上中下三，其所以为情者七：曰喜、曰怒、曰哀、曰惧、曰爱、曰恶、曰欲。上焉者之于七也，动而处其中；中焉者之于七也，有所甚，有所亡，然而求合其中者也；下焉者之于七也，亡与甚，直情而行者也。情之于性视其品。

韩愈的性情论源于《礼记·乐记》，后者有"人生而静，天之性也；感于物而动，性之欲也"的话，韩愈接过来，以性为内，以情为外，是性体情用的思想，故性之三品与情之三品相应。性之上品只有善，以仁为主，兼具礼、信、义、智四德；性之中品有善有恶，于五常混而不纯；性之下品有恶无善，于五常皆悖谬。韩愈将情的内容分列为七种，皆属于人的情感欲望范围。他认为情不等于恶，要看是否得当，动而处中者为上品，有过有不及为中品，直情而行为下品。孟、荀、扬之人性论各有所偏，"皆举其中而遗其上下者也，得其一而失其二者也"（《原性》）。所以只有性三品说才是最完整的。韩愈把性三品说与社会的教育和法律联系起来，说明对不同品性的人要用不同的方式处理："上之性就学而愈明，下之性畏威而寡罪，是故上者可教而下者可制也。"（《原性》）教育用于上品中品，刑法用于下品，教育与法制各有所用，缺一不可。

性善性恶的讨论，到性三品说的提出和完善，可以说是达到了总结性的地步。就系统性和全面性而言，此前各家是无法与它相比的。性三品说的长处在于它比较充分地考虑到人性的各种复杂情况，与社会现实生活中人性的多元表现相符合。我们不能不承认，在同样的社会环境和教育条件下，总有极个别的人生性善良，不沾恶习，宛若天成；也有极个别的分子生性恶劣，屡教不改，使人无可奈何。当然，大多数人有善有恶，可教而化之，这其中又可分若干档次。我们如果撇开性三品说所标烙的宗法等级社会印痕，那么我们不能不承认性三品说有其合理性。教育绝不是万能的，对于极少数冥顽不化、作恶多端者，只能绳之以法，在强制的情况下加以改造，最后还会有人至死不悟。性三品说还是强调以教育为主，相信大多数人可以为善，但必须辅之以法。这种社会管理的对策既保留了儒家为政以德的传统，又去掉了早期儒家迂阔的成分，从而具有现实的可操作性。教育与法制，两者不可或缺，这是历史经验证明了的。

性三品说的善恶标准和三品分类无疑是中世纪社会的产物，表现出贵族意识和等级观念，例如韩愈说过"民不出粟米麻丝，作器皿、通货财，以事其上，则诛"（《原道》）的话，那么他所谓以法制之的下品之性，便是指不愿以血汗供养王公的百姓之性，显然是在为专制主义辩护，倒退于孟子甚远，极不足取。性三品说在理论上没有跳出道德人性论的圈子，而且主要依靠归纳法对现成事实做出分类，缺乏深入的理论分析，全面但不深刻。韩愈的长处是使复杂的问题简明化、条理化，语言文字的功夫极深；其短处是论理而不精，不能建立高水平的哲学体系，其人性论也是如此，粗略而不严谨。

六、理学家的扬性制情论及其评价

性情为一还是为二，人们很早就有不同看法。《荀子·正名》云："性之好、恶、喜、怒、哀、乐谓之情。"这是性情统一论。《中庸》云："喜怒哀乐之未发，谓之中；发而皆中节，谓之和。"后儒以未发为性，已发为情，性情已有区别，但属体用关系。何劭作《王弼传》云："何晏以为圣人无喜怒哀乐……"这是最典型的性情相分论。李翱受佛教影响，在性情相分的基础上提出性善情恶论，故主张去情复性。

167性情问题起源于道德心与感官欲求的关系问题而又比它广大。情包括生理欲求，也包括人的各种低级和高级的情感表现，如爱，既有私爱也有泛爱。儒学史上，凡是重视道德心而贬低感性欲求的学者，很容易走上扬性抑情的道路。《白虎通》以为性生于阳，情生于阴，而"阳气者仁，阴气者贪，故情有利欲，性有仁也"。凡是主张道德生命与感性生命不可分离的学者，则易于持性情统一论。如王安石就明确提出"性情一也"，他不赞成情善情恶论，根据《中庸》未发已发的思想，指出："喜、怒、哀、乐、好、恶、欲，未发于外而存于心，性也；喜、怒、哀、乐、好、恶、欲，发于外而见于行，情也。性者情之本，情者性

之用。故吾曰性情一也。"(《临川集》卷六十七)

宋明理学家从张载起,中经二程,到朱熹,运用他们的哲学理气论来分析人性问题,提出天地之性和气质之性的性二元论。他们虽然并不直指气质之性为恶,但认为天地之性纯善,气质之性中含有恶。就其基本倾向而言,乃是一种变相的性善情恶论,因为气质之性就是有情之性。张载说:"形而后有气质之性,善反之则天地之性存焉。故气质之性,君子有弗性者焉。"(《正蒙·诚明篇》)学者要变化气质,返于天道之善。

程颐以理气论性,云:"性即理也,所谓理性是也。天下之理,原其所自,未有不善。"(《二程遗书》卷二十二上)又云:"气有善不善,性则无不善也;人之所以不知善者,气昏而塞之耳。"(《二程遗书》卷二十一下)程颐认为性出于天,才出于气,气有清浊,禀其清者为贤,禀其浊者为愚,孔子所说的"性相近"指气质之性而言,"生之谓性"之性亦是气质之性,"天命之谓性"之性方是天地之性,即理性。

朱子是性二元论的集大成者,其论云:

> 人之所以生,理与气合而已。天理固浩浩不穷,然非是气,则虽有是理而无所凑泊。故必二气交感,凝结生聚,然后是理有所附著。凡人之能言语、动作、思虑、营为,皆气也,而理存焉。(《朱子语类》卷四)
>
> 论天地之性,则专指理言;论气质之性,则以理与气杂而言之。(《朱子语类》卷四)
>
> 性命,形而上者也;气则形而下者也。形而上者,一理浑然,无有不善;形而下者,则纷纭杂揉,善恶有所分矣。(《明道论·性说》)

天之生此人，无不兴之以仁义礼智之理，亦何尝有不善？但欲生此物，必须有气，然后此物有以聚而成质；而气之为物，有清浊昏明之不同。禀其清明之气，而无物欲之累，则为圣；禀其清明而未纯全，则未免微有物欲之累，而能克以去之，则为贤；禀其昏浊之气，又为物欲之所蔽，而不能去，则为愚，为不肖。是皆气禀物欲之所为，而性之善，未尝不同也。(《玉山讲义》)

朱子认为人之本然之性人人皆同，合于天理，无有不善；但人之生须理气结合方有血肉之躯，禀气则有清浊昏明，故有善有恶。朱子此论，有两点可引起注意，其一是气质之性包括言语、动作、思虑、营为，扩大了人性的外延，涉及人所特有的思维、语言、自觉性行为等项；其二是提出禀气与物欲两项要素，前者为客观要素，后者为主观要素，禀气清而无物欲之累为上，禀气不纯而能克物欲之累而去之为中，禀气浊而不能去物欲之累为下。这种新的三品说容纳了主观努力的因素。

朱子主心统性情说，认为"合如此是性，动处是情，主宰是心"(《朱子语类》卷五)，又云"性，本体也，其用，情也；心则统性情，该动静而为之，主宰也"(《晦庵先生朱文公文集》)。性是善的，因为理当如此；一发用便为情，情有中与不中之别，属于气质之性，故有善有不善。恻隐是情是善，人欲是情是恶。朱子认为韩愈性三品说有合理性，但不曾指明分三品者乃气质之性；孟子之性善乃是说天命之性，故纯善，但不曾说到气质之性，其余性恶及性善恶混诸说皆论气质之性而未说到性命本原处。我们可以看出，朱子之人性理气二元说，一方面是综合以往人性诸家学说，另一方面欲以理学建立人性本体论，即人性的形上学，所以在理论上比以往人性论要高。按照朱子的观点，可以说天地之性为本体，气质之性为发用；性为体，情为用。善是天道所予，恶则发源于气质和人情，故扬理而抑欲，尽性而制情。

这一派人性论的价值在于提出"理想人性"，作为人性发展的方向，所以看起来它比现实人性要高，又相脱节，有此高一层，方能起指导作用。一个具体的人总是不完美的，他应该向往一种理想的人格，并且为此而不断地修德，尽管他永远也达不到那种理想的境地，但努力的方向是明确的，而且步步靠近，人性不断得到升华。这一派人性论在理论上的最大弱点是理与情分离，远人情以论天理，虽讲制情，实则处处抑情，不仅使人感觉理想人性高不可攀，而且感觉理想人性不近人情，有点冷酷，于是圣贤之学与民间日用了不相关，甚或对立。这样的人性论发展下去，负面作用很大，故有人出来加以纠正。

170

七、性情统一的人性一元论及其评价

这一派人性论的共同点是不赞成程朱将人性分成形上形下两种，主张性在情中，道德心不能离开感性生命。王阳明突出一个"心"字，认为心即性即理，心外无性，心外无理，而这个心即是活脱脱的人心，包括灵明知觉和情感。他说：

> 所谓汝心，却是那能视、听、言、动的，这个便是性，便是天理。有这个性才能生。这性之生理便谓之仁。这性之生理，发在目便会视，发在耳便会听，发在口便会言，发在四肢便会动，都只是那天理发生，以其主宰一身，故谓之心。（《传习录》）

王阳明虽不多讲情字，但对情的内涵多有阐发，如人说乐是情感体验，而王阳明则谓乐是心之本体。"仁人之心，以天地万物为一体，诉合和畅，原无间隔"（《与黄勉之书·其二》）。仁人之心必充满爱乐，此即是性，亦即是情。王阳明认为圣人之心如明镜，随感而应，无物不照；而"圣人之行，初不远于人情"（《答刘内重》）。他又说："天地间活泼泼地，无非此理，便是吾良知的流行不息。"（《传习录》）可见王阳明是主张性情一体的。王阳明曾经评论告子的人性论，肯定他的性无善无不善的说法，指出他的毛病时说"有个无善无不善的性在内，有善有恶又在物感上看，便有个物在外"（《传习录》），不懂得内外合一之道，而程朱正是以性为体为内，以情为用为外，所以王阳明的批判既是针对告子，又是针对程朱的人性论。

王阳明之后有刘宗周，刘氏依据理在气中之说，谓"道心即人心之本心，义理之性即气质之本性"（《刘宗周全集·语类十二》），"义理之性即天命之性"（《刘宗周全集·文编中》）。其弟子黄宗羲进而指出，性即理，皆不离气，云"其在人而为恻隐、羞恶、恭敬、是非之心，同此一气之流行也；圣人亦即从此秩然而不变者，名之为性"（《南雷文定·与友人论学书》）。

171

王船山提出人性日生日成说，为中国传统人性论别开一新途径。在性善情恶说看来，性是不变的，只有情才变化。王船山则认为性情一体，都是在不断演变中形成。他说："夫性者生理也，日生则日成也。""举凡口得之成味、目得之成色、耳得之成声、心得之成理者，皆是也。是人之自幼讫老，无一日而非此以生者也，而可不谓之性哉！"他还指出："惟命之不穷也而靡常，故性屡移而异。"（《尚书引义》）以往人性诸说，无论主性善，主性恶，还是主善恶混，皆企图在复杂多变的众生相中找到那不变的最初的共同性的人性基因。王船山打破此种思维模式，首次指出，人性是个过程，人的各种功能包括感性和理性皆在后天生活中逐步形成。

颜元力主性情统一、理气一元。他反对将人性混同天道，认为人性皆气质之性，故云："夫性字从生心，正指人生以后而言；若'人生而静'以上，则天道矣，何以谓之性哉！"（《存性编》）又云："非气质无以为性，非气质无以见性也。"（《存性编》）颜元指出："发者，情也；能发而见于事者，才也。则非情才无以见性，非气质无所为情才，即无所为性。"（《存性编》）他认为宋明理学之论人性，在理论上有两个错误，其一是"以天道人性揽而言之"（《存性编》），其二是"以才情气质与引蔽习染者杂而言之"（《存性编》）。所谓天地之性就是混淆了天道与人性，所谓性善而情恶就是厚诬了才情气质，其实才情气质亦是善的，恶是由于引蔽而误用其情。

戴震是力主性情合一论之学者。他提出血气心知即性，形成鲜明特色。他对人性的界定是："性者，血气心知本乎阴阳五行，人物莫不区以别焉是也。"（《孟子字义疏证》）血气心知之性，是活生生的人性，其内涵又可以分为三："人生而后有欲，有情，有知，三者血气心知之自然也。给于欲者，声色臭味也，而因有爱畏；发乎情者，喜怒哀乐也，而因有惨舒；辨于知者，美丑是非也，而因有好恶。"（《孟子字义疏证》）欲、情、知乃人性三要素，欲是生理感官的本能，情是心理活动的起伏，知是理性活动的功能。理义不是性，但性中有知理知义的能力，人之异于禽兽者在于知觉能力高，故而知礼义。戴震将"欲"纳入人性，是为了反对理学家天理人欲之辨。他认为，"耳目百体之所欲，血气之资以养者，所谓性之欲也，原于天地之化者也"（《原善》）。欲是天性，"自然之符"，不可无。当然，除了"性之欲"外，还有"性之德"，但性之德只是"由性之欲而语于无失"而已。"欲不失之私，则仁；觉不失之蔽，则智；仁且智，非有所加于事能也，性之德也。"（《原善》）正由于戴震将情欲视为人性，故能尖锐批判脱离人情的"以理杀人"的严酷现实，而为弱者的生存权呐喊。

性情一元论的最大优点是在不忽视人的道德生命的同时，重视人的感性生命，七情六欲皆在性中，只是防止过与不及之失。这样的人性论不使人感到玄远，而使人感到亲切。建立在这种人性论基础上的人格修养论，会使人格的发展生动切实，有整体性，不至于发生人格分裂。建立在这种人性论基础上的社会管理论，也会有较多的人道主义和民本主义内涵，重视民间疾苦，注意解决各种民生问题。当然在理论上它也不是完善的，它对于人性的内在层次结构及其与社会文化的关系仍未能给出科学说明，其善恶观念有明显的时代烙印。

儒家在以上七种人性理论之外，还有许多种略有差异的人性学说，但大体上可以归类于以上七种。在儒家之外，还有老庄道家的自然人性论，佛教性本清净的人性论，由于不在本文论列范围，故略而不述，它们的影响也远不及儒家人性诸说。

八、新人性论构想

长期以来，理论界只信奉一种人性论，可称为具体人性论，认为人只有阶级性，没有共同人性，说者认为这是马克思主义的观点。其实这是当时"以阶级斗争为纲"的路线在人性理论上的表现，并不符合马克思主义。这个历史阶段已经过去了。细查马克思的著作，找不到"人性就是阶级性"这样的话，我们所看到的是马克思在《关于费尔巴哈的提纲》中的一句名言："人的本质不是单个人所固有的抽象物，在其现实性上，它是一切社会关系的总和。"我们还看到恩格斯在《反杜林论》中的另一句名言："人来源于动物界这一事实已经决定人永远不能完全摆脱兽性，所以问题永远只能在于摆脱得多些或少些，在于兽性或人性的程度上的差异。"这两句名言都说得很好，我们对人性的探讨不能离开社会关系而孤立地去考察，也不能不从研究人与禽兽的同与异开始，这是科学的眼光和方法。"人性是阶级性"的说法亦有其合理性，我将它改为"人性带有阶级性"，并在新人性论构想中给予它一定的地位。我的研究和构想将充分吸收中国历史上儒家人性论的积极成果，并借鉴中外其他各家的精华，用社会学、心理学和结构主义的方法，联系社会的发展，对人性的内部结构进行分析，并在理论上重建它，我称之为"人性三层次说"，设想用它来解释复杂的社会人生，兼收历史上诸家之说，使它们在人性三层次结构中占有应得的位置。

第一，人性的界定。人性是人类在高级哺乳类动物属性的基础上，在长期生物进化和社会群体文化生活中获得的相对稳定的属性，它既内含动物性，又比动物性高级，并在向更高级的水平发展。当我们怒斥一个人丧失人性的时候，往往说他行如禽兽，其实这是不准确的。当一个人丧失人性的时候，他也丧失了部分的高级兽性，我们应当说他禽兽不如才对。我们不可看轻高级动物，其中有的有严格有序的群体生活；有的有浓厚的情感生活，如雌雄之情、母子之情、兄弟姊妹之情，喜怒哀乐皆已有之；有的有初级的思维活动能力以及相应的传递信息的动物语言，所以动物并不简单。人类正是在高级动物特别是灵长类动物古猿的属性的基础上，演化出更高一层的生理器官及相应的思维能力和情感活动。动物有动物的社会，人有人的社会，两者的最大区别在于动物没有文化而人类有文化。文化是自然界的人化，人类按照自己的需要改造自然，形成适于人类生存和发展的独特环境和生活方式，动物基本上只能适应而不能改造环境，所以没有文化。文化是人创造的，反过来又影响了人，形成了人性的高层次性和丰富性。生物的进化给予人类以自然属性，社会的文化给予人类以社会属性；进化仍在进行，文化仍在发展，所以人性仍在继续演变。

第二，人性的最低层次：生理属性。生理属性是人性的基础，主要指人的本能欲求，即所谓饮食男女，人类有此本能而得以生存和延续。这种本能欲求是从动物身上继承下来的，具有遗传机制，生而具有，无师自通，虽圣哲英雄皆与平民相同。就本能实现的生理机制而言，人与动物相同；就本能实现的方式而言，人受社会文化的制约，因而与动物有异，故有饮食与婚姻的习俗，不能仅仅是果腹与杂交。我之所以不把生理本能简单称为自然属性，就是因为人类本能实现的过程已经具有社会性，不是赤裸裸的动物性。压抑本能是违背人性的，放纵本能是向动物倒退，只有本能的合理满足和升华才是人性发展的方向。生理属性除食欲与性欲外，还包括各种生理器官特别是感觉器官的满足与舒适，如耳欲听、目欲视、鼻欲嗅、舌欲味、身欲适，总之包括人的一切感性生活需求，属于养身的范围，不仅要基本满足，而且要质量优美，条件充裕，如要吃得好、穿得好、住得好，希望健康长寿，要求安全可靠，这都是人的正常生理属性。高级动物也有选择较好生活条件的欲求，但它们仅停留在对已有环境的选择上；人却要想方设法改变环境，以满足自己的感性需求，这就是追求享受。这种强烈的欲求不断推动人类去进行发明创造，改良生产工具，改善物质产品，改变环境条件，使社会得到发展。

若无生理需求的不断增长，人类社会便不会脱离动物界，也不会越发展越高级。

孟子只用道德心来定义人性，不仅否定了人性之中内含的动物性，还否定了人类高于动物的一切生理属性。这样的人性论，其本意是要提高人的地位，但由于抽掉了人性的基础，其结果是人性丧失了感性的活力，成为悬空不实之物，导致对人的生存权和生理需要的忽视。荀子肯定人的生理属性是人性，但认为它先天具有恶质，其消极作用与孟子之说相同。其实人类的生理属性本身不存在道德善恶问题，我们必须说它是正常的、正当的，应该加以肯定和满足。但是，人类在满足生理属性的欲求时，若个体与群体及他人之间发生矛盾，处理矛盾的不同方式会形成善恶的评价，下文将专项论述之。

第三，人性的中级层次：心理属性。动物也有某些高级心理活动，但与人相比，尚处在萌芽状态。人的心理属性比之生理属性来说，距动物更远，它基本上为人类所特有，是在长期的社会群体生活中形成的。人类的心理属性可分为三大类：才（能力）、情（情感）、德（品行）。能力方面有自我意识的觉醒与控制，理性的思维活动，使用语言交流信息（后来发展出文字），记忆、联想、模仿、创造，制作与使用工具，有目的、有计划的活动，等等。这种能力的相应生理器官便是发达的大脑和灵巧的双手。肢体能够直立使双手得到解放并大大开阔了视野。情感方面有亲情、友情、爱情，怜悯同类，关心群体，自尊自爱，有喜有乐，有怨有怒，荣誉感，心理满足，等等。人类的情感生活非常复杂和丰富，这是人类区别于动物的一个重要标准。从野蛮进入文明以后，人类社会出现了宗教与艺术，在很大程度上就是为了满足人类情感上的种种需要。品性方面有维持社会起码秩序的基本公德并内化为良心、正义感，一般是非的判断力，社会责任心，协同活动，追求幸福，等等。人类的品性与情感交织在一起，如同类之爱既是情感活动又是品性因素。人类的品性一言以蔽之，就是良心或良知。孟子和王阳明以为良心是先天的，这个解释不对，但并不是没有良心。社会风气不论坏到什么程度，我们总会发现，坏人毕竟是少数，好人还是多数，他们是有良心的，否则社会正常生活根本无法维持。人类是作为一种社会群体进化而来的，又必须在保持群体的稳定有序中求得生存和发展，所以不能不对社会中人们的利益冲突和个人行为有所制约，对人际关系有所协调，这就形成了社会公德，用以加强人群间的亲和力，避免人们在争斗中同归于尽。社会公德通过社会文化体系熏陶着公民，并世代相传，内化为人的心理素质，形成较为稳定的心理结构，这就是良心。人们自觉或不自觉地用这一心理结构为基本坐标来判断或处理事情，似乎觉得良心是先天就有、与生俱来的，其实良心是社会生活的产物，是文化传统的凝结。人在孩童时期，刚刚接受文化熏陶，动物性较强，所以既纯真质朴，又多照顾自己的眼前利益，而道德心是在逐渐接受家庭、学校和社会教育中慢慢形成的。人类其他的品性、能力和情感，也都是人类在社会实践和文化生活中发育起来的，形成的历史过程很长，经由遗传和文化传统，一代一代传下来，成为人类的共同本性。我并不否认人性有一定的遗传性，但是，第一，这种遗传性归根结底是人类进化和社会文化造就的，不是自然界本来就有的；第二，这种遗传性主要是人的生理器官特别是大脑的精密构造的遗传，它只能使儿童具有潜在的人性，要使人性显现出来必须有社会文化的环境。一个从小就脱离了社会和文化的幼儿，为动物所哺育，如已发现的狼孩、熊孩、狗孩，他们的人性发挥不出来，有的只是动物性，只有及时回到人类社会，经过一番教育开导，他们才能重新获得人性。而动物不具有人所特有的潜在人性，无论如何培养，也产生不出高级人性。人的上述心理属性为正常人所具备，只有程度上的强弱、能力上的大小之差异而已。

还有一点要加以说明，即自爱自利是人的心理属性之一，因为人既是群体性的，又是个体性的，任何人都不能不考虑个人的利益、愿望和荣誉，这里无须进行道德善恶的评判，只有在个人利益和群体或他人利益发生矛盾时，才有善恶问题出现。

第四，人性的高级层次：变异属性。这个"高级"的含义并不都是指品位高，而是说它们是在社会史和人性史上较晚出现的，与社会生活的复杂化直接关联。人类社会文化的发展，开始时比较简单统一，随着生产力的提高和智慧的增强，随着社会分工和社会结构的不断复杂化，随着氏族、民族的形成和地区发展不平衡性的加剧，人类社会文化内部出现越来越大的分化和矛盾冲突，统一的淳朴的人性也因此而出现分裂、差异和对立。人性的变异属性就是指人类由于阶级、阶层、时代、民族、地域、集团、行业、文化素养、学识等因素而引起的人性上的差别性和多样性。人们在思维方式、价值取向、道德观念、审美意识、思想信仰等方面是不一样的，有时甚至互相敌对，这就给人类的共同本性打上了变异的烙印。

一种情况是人的社会地位不同，思想感情也不同，这里就包括人性的阶级性。煤油大王不知道拣煤渣老婆子的辛酸，灾区的灾民不去种兰花，贾府上的焦大也不爱林妹妹。费尔巴哈也说过，皇宫中的人与茅屋中的人所想的是不同的。《水浒传》里的大宋皇朝讲奉天承运，宋江等梁山好汉讲替天行道，他们的"天"是相反的。在阶级矛盾尖锐的时候，双方甚至不能共存，而形成你死我活的紧张状态。古今中外的这种事实真是太多了。

与阶级性相联系的是时代性。中国中世纪社会以"三纲"（君为臣纲、父为子纲、夫为妻纲）为不变的道德法则，近现代社会正要废除这一法则，以平等自由为新的道德法则。

另一种情况是民族与地域的文化差异引起人性的差异，在政治、宗教、道德和习俗上各有自己的特色，这其中虽有善恶是非问题，更多的则是文化传统上的习惯不同，可以并存和互补。例如，欧洲人和中国人有许多不同，前者重个人、重竞争、重法制、重宗教，后者重群体、重和谐、重人情、重人文（相对而言）。民族是建立在血缘关系上的文化共同体。民族之间的文化心理、生活习俗是不同的，这样才形成一个五彩缤纷的世界。

由于社会行业、职业和群体不同，也会产生性情上的种种不同，处事的态度、方式各有特点，甚至气质、风度也有差别，所以人们仅通过观察，就可能分辨出学生、教师、职员、军人、工人、农民、学者、领导干部。这些差别是次要的，不如上述两种差别深刻。此外，不同年龄段的人们，在心理上有明显的不同，也就是说随着年龄的不断增长，人的性情是会改变的，有时会变化很大。如果我们再向下细究，每一个人都有不同于他人的独特的气质、性情、志趣、风格、才能，同一集团、同一家庭内部都不会绝对相同。男女两性之间的一刚一柔，也是一种差异性。

还有一种重要情况，就是人的品性在少数人身上趋于严重的两极分化。有一小部分人在良心的基础上努力修德，融私于公，一心一意为他人和社会做贡献，必要时毫不犹豫地牺牲自己以成全正义事业，达到很高的精神境界，中国人称之为圣贤。如果说有无良心是人与禽兽的区别（动物里也有义犬义马），那么有无献身精神则是圣贤和平凡的区别。一般有良心的人，也可以严于律己，修为君子，达到较高的道德境界，处在圣凡之间；但真正做到忘我的人还是少数，不过他们为世人树立了一个做人的标准，使人明确了人性发展的方向。与此相反，还有少数人或由于环境恶劣，或由于生性顽劣，无限膨胀自己的贪欲，为了利己不择手段地损害他人和社会，把良知抛到九霄云外，把动物性中的野蛮残忍成分发挥出来，再加上人的智慧的狡诈阴险，制造一个又一个骇人听闻的罪行，成为社会害群之马，或者发动侵略战争，使大地生灵涂炭。这是一些完全丧失人性的大恶大奸之人，其对人类的危害远烈于禽兽。为了多数人的生存和幸福，必须用正义之剑来制服和惩罚他们。当然，这样的人很少；在做了坏事和犯了罪的人们当中，多数人仍有改造的可能。

最后，由于精神失常或半失常，由于生理发育先天有欠缺，一部分人的人性不完全，不具有常人的情感、智力和品性，我们也不能以常人视之，但这也是人性复杂化的一个因素。社会上有犯罪心理学，犯罪与心理失常和变态是有联系的。

180 　　第五，人性三层次之间的关系。在通常情况下，人性的生理属性、心理属性和变异属性是同时存在的，是互相包含、互相制约的。人的生理属性一般不会赤裸裸地表现，多少都受心理属性和变异属性的影响。就拿食色的本能来说，食有饮食文化，色有婚姻制度，心理的因素和文化的因素大量渗入，同动物的本能差别很大。人的心理属性离不开生理属性的基础，也常常受到变异属性的影响，因而同中有异。我们首先要承认人类有共同的人性，不仅生理属性相同，心理属性也相同。我们不能说只有劳动人民有良心，地主资产阶级没有良心。庄园主和资本家当然不都是道德家，而且有剥削行为，但是他们也有事业管理的功能，只要取之有道、用之合法，不违背职业道德，那他们就是有良心的。但是他们的心态与劳动者毕竟不同，有些人昧着良心赚钱，这就是变异性在起作用。

变异属性亦内含着生理属性与心理属性，在通常情况下，其变异不超出心理属性所允许的范围，一旦超出此限度，就会丧失人性，堕入兽道。例如，赚钱求利无可非议，假如图财害命或走私贩毒，便是没有人性；集团间有利害冲突亦属正常，若发展到群体灭绝，便是丧尽天良，禽兽不如。人性的变异是不可避免的，但应当向健康化和丰富化的方向演变，应当使人的德性、审美、才智三者均衡发展，并不断提高它们的层次。人性的一个严重问题是重才智轻德性，形成畸形的、扭曲的人性，德性不足以驾驭才智，才智就要反过来危害人类，所以人性三要素中德性是第一位的，它决定着人性发展的方向。

第六，善与恶的界说、根源和评论。历史上的学者论说善恶都是把善恶看成单个人所固有的抽象物，不懂得它们的本质存在于社会关系之中。鲁滨孙在孤岛上不发生善恶的问题，后来他遇上了礼拜五，又与原始部族接触，对他的行为就有了善恶的评价。人是社会动物，离开群体就无法生存和发展；人又是个体的存在，具有个人利益和自我意识。由此，必然发生个体与群体、自我与他人之间的关系，这个关系是既统一又对立的矛盾关系，它是一切社会的基本矛盾。善与恶的观念固然有其时代可变性与集团多样性，但古今中外善与恶的观念仍有其共同性和稳定的内涵。什么是一般意义上的善呢？能够协调人际关系，注意照顾群体和他人利益的思想行为是善。简单地说，善就是人的利他意念及行为。什么是一般意义上的恶呢？任凭个人利益膨胀，导致损人利己、损公肥私的思想行为是恶。简单地说，恶就是人的损他意念及行为。不同时代不同阶级阶层对群体利益的理解不同，所以善恶的观念有所不同；但救人于水火饥寒之中皆谓之善，诬害他人滥杀无辜皆谓之恶，这是没有两样的。

从根源上说，善恶皆源于动物性。高等动物及至古猿有群体生活也有个体活动，它们在激烈的生存竞争中养成了维护群体和弱肉强食的双重本性。人类诞生以后保留了部分兽性，又通过文化的创造发展出特有的人性。社会群体（氏族、部落、民族）与个体的利益息息相关，互助友爱的生活使人养成关心他人和全局的习性，社会又通过教育有意培育增强这种习性，于是有了强烈的社会道德意识，即善的意识。与此同时，个体与群体、个人与他人、群体与群体之间不断发生利益冲突，后来又出现了阶级、阶层之间的冲突。多数人受生存条件和狭窄眼界的限制，自发地只顾眼前和个人利益，人性中的动物恶性容易发作，人性中的高层属性受抑制，一过度就会损害别人而成为恶。所以人性中的善与恶的萌端确实是混然杂处，其根据就是人的社会性与个体性的双重性。环境的教化、主观的努力，可以促使善性发育而为善人；环境的引诱、主观的放松，亦可以促使恶性膨胀而为恶人，其间的转化是有条件的，但容易发生，往往在一念之间。多数人是善恶掺杂，有时为善，有时为小恶，道德心和卑劣的念头在互相打架，形成心灵的矛盾和不安。人在社会矛盾中生活，人性也充满着矛盾，人本身就是一个矛盾体。但人无论如何不能失去基本人性即良心，只要有一点天良未泯，他就有希望。

道德的善不是天上掉下来的，不是圣人发明的，它根植于人性，是人类发展的内在需要。善的行为不仅有利于他人和社会，也提高了自我价值，充实了个体的精神生命，如老子所说："既以为人，己愈有；既以与人，己愈多。"恶的行为，包括以个人利益损害他人利益，也包括以某一集团的狭隘利益去损害其他群体的利益，还包括以社会的名义去损害其他个体的利益而暗中满足个人私欲，后者不仅是恶，而且是大恶。恶的行为动机是害人利己，事实上是损人又害己。一方面是对人性的自我践踏、自甘堕落；另一方面要遭到报复，犯法者受刑戮，败德者受人议，作伪者常怵惕，怎么会有好结果呢？古语云：天作孽犹可违，自作孽不可活。良心的自我审判是严厉的，终生不能逃脱。

新人性论构想是面向现实的又是积极向上的，既继承和容纳历史上各家人性论之长，又努力开拓和创新，它试图解释人性的各种复杂现象，又希望给人性的未来发展找出一条健康的道路。

（原载《齐鲁学刊》1994年第6期，原标题为《儒家人性论的综合考察与新人性论构想》，内容有改动）

儒家的伦理观及其当代取舍

一、儒家伦理思想的简要回顾

"伦理"，即人伦之理，已与"道德"一词通用，故儒家伦理思想即指儒家的道德学说，讨论道德的起源、道德的原理原则、道德的规范品质、道德的重大问题与社会功能、道德修养方法以及道德与其他文化形态的关系，内容十分丰富，是今日新道德建设所应批判继承的宝贵思想资源。儒学是一种伦理型的人文主义学说，伦理思想在其整个学说中占有核心的位置，并到处染有伦理色调。

儒家的伦理观源于周代文化。周人建立起成熟的宗法等级制度，以殷为鉴，在传统的天命鬼神崇拜中推出"敬德保民"的新观念，形成一套人文的礼乐制度，用以补充单纯依赖宗教祭祀和政治手段的不足。孔子继承和发展了周人重人伦之道的传统，冲破传统宗教对社会思想的约束，创建了儒家的道德学说，把人道提到首位，形成以道德论为核心的哲学理论体系。孔子以仁为最高道德原则，以礼为仁的表现形态，以孝悌为道德基础，以忠恕为一贯之道，以中庸为至德，把道德行为和修身济世联系起来，强调道德的自觉性和社会功用。孟子仁义并举，用性善说与良知良能说明道德的本源，以五伦为道德的基本内容，以仁政为道德的社会目标，提出存心、尽心、养气、寡欲等一系列道德修养方法。荀子以礼为最高道德原则，用群分、养情说明道德的起源，倡导性恶论和道德后天说，注重教育、学习和实行。《礼记》主张礼义与法令并行而以德教为主，提出天下为公的大同理想，提倡人道亲亲，对于孝道等道德规范有系统发挥。《大学》一篇以修身为治国之本，确立"三纲领"（道德目标）、"八条目"（修道步骤），提出"絜矩之道"来处理上下、左右关系。《中庸》一篇将天道、人性、教育一体化，概括儒家伦理为"五达道""三达德"，以诚为道德修养的根本，以中和为天道人道的终极理想，又论述了"道问学""尊德性""慎独"等修养方法。《易传》把仁义与阴阳相配，从天道性命之理的高度为儒家伦理做论证，以"穷理尽性以至于命"作为道德修养的方向。

汉初《孝经》出现并流行，儒家伦理最重要、最基本的道德规范——"孝道"，得到了突出的强调和阐发，使孝的观念普遍根植于人们的心中。以董仲舒和《白虎通》为代表的汉代儒家，在先秦儒学的四德说、五伦说、忠孝说和礼乐论的基础上，总结出"三纲"作为政治伦理和家族伦理的基本原则，概括出"五常"作为社会伦理的基本范畴，而后又综合为纲常名教，成为全社会不可动摇的行为法则。

宋代及元明清各代，理学占据儒学的主导地位，继续提倡三纲五常。在儒者推动下，社会上又流行起"忠、孝、节、义"新四德说和"孝、悌、忠、信、礼、义、廉、耻"八德说，进一步丰富了传统道德的规范。程朱一派，用"理一分殊"的礼本体论来论证三纲五常的合理性，陆王心学用心性良知说来论证三纲五常的内在性，他们都把儒家伦理高度哲理化了。与此同时，义利之辨、理欲之辨成为道德论的热点。在正统的道学之外，出现儒家功利学派（陈亮、叶适等），他们主张志功统一、义利统一，出现心学异端（泰州后学），他们主张以欲明理、礼在情中，有近代新道德的萌芽，于是造成儒家伦理思想的分化。明清之际，王夫之、黄宗羲、颜元等，对宋明理学心学提出批评。王夫之提出变化日新的思想，黄宗羲抨击君主专制制度，颜元高扬经世致用，都对传统道德的弊病有所触动。戴震批判纲常名教，斥之为"以理杀人"。谭嗣同著《仁学》，给予仁以崭新的解释，抨击名教乃"上以制其下"的工具，"三纲五伦之惨祸烈毒，由是酷焉矣"。他号召冲决伦常之网罗，预示着儒家伦理思想的终结。

二、儒家关于道德起源的学说

1. 天命说

186

天命有时指天神的意志，有时指天道的运行。孔子说"天生德于予"，认为人德来源于天命。《中庸》说"天命之谓性，率性之谓道，修道之谓教"，按朱熹的解释，天以阴阳五行化生万物，人物因各得天所赋之理，以为健顺五常之德，而气禀或异，故而修之。《易传》说"一阴一阳之谓道，继之者善也，成之者性也"，又说"立天之道曰阴与阳，立地之道曰柔与刚，立人之道曰仁与义"。《易传》认为人间道德是承接和效法天道阴阳之化而来的。董仲舒则谓"人之受命于天也，取仁于天而仁也"，他的天命说有较鲜明的神学色彩。程颐和朱熹认为天道与人道只是一个道理，皆有五常之性，只是表现形式不同而已，这是道德本于天理说。

2. 人性说

这一派不否认道德最终源于天道，但主张道德直接源于人性，即人之天。孟子提出四端说和良知良能说，认为人生来便具有向善之性。"恻隐之心，仁之端也；羞恶之心，义之端也；辞让之心，礼之端也；是非之心，智之端也。"仁、义、礼、智四德发源于四心，四心乃人性所固有，不是外面加于人的，皆是不学而能、不虑而知的良知良能，也就是人们平常所说的良心。陆王心学承继孟子而强调道德的自觉自律，陆九渊谓"仁义者，人之本心也"，王阳明则提倡良知说，认为心具万物之理，"明德之本体，而即所谓良知者也"。

3. 节制说

此说以荀子为代表，主人性恶。认为人性即个体的情欲，顺而任之，必引起争夺、残杀，故须以礼义节之，道德由是而生。可知人的本性无道德，道德是一种调整人际关系和改造人性的外在力量，因此是后天的、人为的。荀子说："古者圣王以人之性恶，以为偏险而不正，悖乱而不治，是以为之起礼义、制法度，以矫饰人之情性而正之，以扰化人之情性而导之也"。按照荀子的说法，道德是圣人创造的，而圣人又是根据"化性起伪"的需要而制作礼义法度，目的是节制人们的情欲本能，使人性变得美好，又协调社会关系，使之和谐有秩序。这种说法可称之为道德源于社会关系论，它对于个体来说是外在的，对于群体来说又是内在的，它是社会正常存在和发展的需要。荀子明于天人之分，他不赞成道德源于天道之说。

天命说中的天道说有合理成分，它看到了人性与天性相通的地方。如果我们把天理解为大自然，人归根结底是大自然的产物，是生物进化史上的一个环节，人也是从动物慢慢演化而来的，至今保留着一些动物性，例如生存本能，人性之中是不能缺少这一基础部分的，否则人性与其他成分无从谈起。但传统的天命说也有神秘的成分和忽略人性的独特性的缺点，仅仅依赖于天道，不能够说明人之所以为人者，这必须到社会群体、社会文化中去寻找答案。人性说致力于探讨人的特殊本质，对人类自身的进步有较强的信心，把教育的基点建立在人皆可以为善、皆可以为尧舜的设定上，最大限度地发掘人自身的积极因素，以实现人类的自救。但人性说没有科学说明良知性善何以形成，只是简单归结为天赋，没有看到个体成长中社会文化环境的潜移默化的影响。同时，人性说没有说明恶的起源，把恶排除在人性之外，这种过于理想化的理论与社会现实生活难以对接。节制说看到了人性的内部矛盾、个体与群体的冲突，从而为社会法度体制的存在提供了理论性的说明。但节制说又把社会需要与人性加以分割，完全抹杀道德的人性基础，其圣人制作礼法之说没有正确说明礼法产生的历史过程，这些都是它的不足之处。

188

三、儒家关于道德最高原则的观点

基本上有三种看法。

1. 以仁或仁义为至德

孔子的道德论以仁为核心，仁是全德之称，它兼含诸德如忠、恕、孝、悌、恭、宽、信、敏、惠等。仁是人生很高的境界，故孔子不轻许人以仁。孔子认为"博施于民而能济众"者可以称之为圣人，比仁人更高一筹。但不是说仁德与圣德有什么高下差别，而是说圣人除了具有仁德，还要有地位和权力，用以成就治国利民的大业，而社会事业的成功与否，需要许多客观的现成的条件，非关道德之事，不是人力能够求取的。孔子亦甚重义，曰"君子义以为上"，但义不是与仁并立的德目，乃是仁德在处理公私关系上的原则表现。孔子是以中庸为至德，中庸也不是仁以外的德目，它是行仁的最佳状态，没有过与不及的偏失。孟子以仁与义并举，同视之为高道德规范。他以亲亲为仁，以敬长为义。亲亲之仁，推而广之，就是仁政和博爱，"老吾老，以及人之老；幼吾幼，以及人之幼"，"亲亲而仁民，仁民而爱物"。敬长之义推而广之，就是尊重并不侵犯别人的正当权益，"人皆有所不为，达之于其所为，义也"，"人能充无穿逾之心，而义不可胜用也"，仁是爱心，义是知耻，仁是圆通，义是方正。孟子用仁来安顿人心，用义来指导行为，故说"仁，人之安宅也；义，人之正路也"，两者如道德之双轮，缺一不可。

2. 以礼为至德

孔子一贯强调仁先礼后，仁内礼外，但也讲过"克己复礼为仁"的话，礼反过来可以为仁的标准；又说"立于礼"，把礼看作成人的标准。这是因为仁德可感受难掌握，它必须外化和凝结成为若干确定的规矩，作为人们行为的守则。荀子从这方面进一步发挥，形成隆礼贵义的思想，用"礼义"代替孟子的"仁义"，作为治国修身之本，在礼义之中又特重礼。他说："《礼》者，法之大分、类之纲纪也。故学至乎《礼》而止矣。夫是之谓道德之极。"又说："隆礼贵义者其国治，简礼贱义者其国乱。"礼可以包含其他道德条目而成为道德的大宗，故《荀子·大略》说："礼也者，贵者敬焉，老者孝焉，长者弟焉，幼者慈焉，贱者惠焉。"宋明以后的理学家以天理为最高道德原则，把客观性的道德神圣化其实质就是将礼化为理。

3. 以诚为最高道德原则

孟子已有这种思想，说："是故诚者，天之道也；思诚者，人之道也。"《中庸》加以发挥，把至诚看作道德的最高表现，它说："唯天下至诚，为能尽其性；能尽其性，则能尽人之性；能尽人之性，则能尽物之性；能尽物之性，则可以赞天地之化育；可以赞天地之化育，则可以与天地参矣。"道德之用在于尽性成己，赞化成物。成己为仁，成物为智，从根本上说都必须以至诚为之，不诚则伪，不诚则妄，一切无从谈起，所以说"诚者物之终始，不诚无物。是故君子诚之为贵"。尚诚与尚仁尚礼并不矛盾，它是从另一个角度强调道德态度的重要性。

四、儒家的主要道德规范与道德品质

1. 仁

仁的基本内涵是爱人，这是孔子规定的，孟子又谓之恻隐之心。但儒家主张爱有差等，施由亲始，由家庭之爱推及社会之爱、天下之爱，以至于爱天地万物。韩愈《原道》谓"博爱之谓仁"，确定了爱的普遍性，是孔孟仁说的发展。张载《西铭》把宇宙看成家庭，说"民吾同胞，物吾与也"，人人是兄弟，人物是同类，更扩大了仁爱的范围。程颢提出"仁者以天地万物为一体"的天人一体的仁说，强调宇宙之爱。朱熹更从生意上说仁，突出重生的内涵，认为"仁者，天地生物之心"，他又认为仁包四德，仁者乃心之德、爱之理。王阳明亦讲万物一体不二，其良知说主张发明本心，即是仁心。谭嗣同著《仁学》，云"仁以通为第一义"，糅合了西学的精神，颇有近代的新意。

2. 义

扬雄《法言·重黎》云："事得其宜之谓义。"《礼记·乐记》云："义以正之。"义指正当的行为原则。孔子孟子常将义与利对举，重义而轻利，实则义指为公，利指为私。义指精神的追

求，利指物质的索取。孟子又说："羞恶之心，义也。"义是一种扬善抑恶的道德感情，后又引申出恩义、情义，指人不能忘恩负义。仁本身就是善，而义是人对善的选择和坚持。义是儒家处理个人和社会、个人和他人、物质生活和精神生活相互关系的道德规范，代表社会行为的原则和崇高性，儒家认为它比个人生命还重要，必要时应做到舍生取义。

3. 礼

礼有三重含义：一曰礼法，二曰礼义，三曰礼仪。礼法指政治与社会制度，如孔子所说的"君君，臣臣，父父，子子"，"为国以礼"，荀子所说的"礼者，贵贱有等，长幼有差，贫富轻重皆有称者也"，"《礼》者，法之大分"。具体地说，礼指宗法社会的等级制度和家族制度。在运用上，孔子强调"礼之用，和为贵"。荀子则强调"乐合同，礼别异"。礼义指人的社会行为规范，属于道德的体系。孔子说"克己复礼为仁"，"君子博学于文，约之以礼"，这些地方的礼皆指道德行为守则。荀子常将礼义连用，云"制礼义以分之，以养人之欲，给人之求"，是道德的内涵。礼仪指人际交往中的仪节，表示自己身份和对对方身份的尊重，也包括已成为习俗的生活方式，称为礼俗。如孔子说"君使臣以礼"，"以礼让为国"，《中庸》说"礼仪三百，威仪三千"。从今日看来，传统礼法大部分过时，礼义与礼仪一部分过时一部分还有存留价值，没有待人接物的规矩是不行的，礼貌是文明的重要指标。

4. 智

智指人的聪明才智和学识，有智然后能知人善任、明断是非，故是道德的品质之一。孔子说"知者不惑"，孟子说"是非之心，智也"，又说"智之实，知斯二者（指仁与义）弗去是也"。在儒家看来知仁知义才是智，同时也要具有丰富的知识，而这些主要靠后天学习才能获得，"好学近乎知"。

5. 信

信指诚实而有信用的品质，交友之道以诚信为本，做人做事也要信守承诺。孔子说"朋友信之"，"敬事而信"，"民无信不立"，"人而无信，不知其可也"。诚信是道德的基本要求之一，国家、政党、团体、个人无信皆不能立于社会。儒家又认为信要与义联系起来，合称信义，故孔子说："信近于义，言可复也。""言必信，行必果"未必是君子，信必须服从仁义大节，不必学匹夫匹妇之小信，要看大节，故孟子说："大人者，言不必信，行不必果，惟义所在。"

6. 忠

忠有两层含义：一曰尽心为人效力，这是泛义；二曰尽心为君服务，这是狭义。孔子说"与人忠"，曾子说"为人谋而不忠乎"，都是从泛义上说忠，朱熹概括为"尽己之谓忠"。孔子说"臣事君以忠"，郑玄说"死君之难为尽忠"，这是从狭义上说忠。忠作为一种道德品质，随着君主专制制度的发展，其忠君的含义被强化，在忠君的概念里，尊敬、顺从是首义，忠臣要为君王死节，君要臣死臣不敢不死，而不问君是明君还是昏君，这是愚忠。但儒家主流派讲忠节是有原则的：第一，君仁而臣忠，孟子认为不仁之君可废可诛；第二，君有过要谏净，不能一味服从。王符说"人臣者，以忠正为本，以媚爱为末"，也就是说要以正道事君。偷合苟且者，非但不是忠臣，而且是奸臣国贼。忠的道德，在尽己的要求下，包含着忠于祖国、忠于中华民族的内涵，这一内涵在近代中国受外国侵略时日益显露其进步性，尽忠报国者受人尊敬，为奸卖国者为人所不齿。

7.孝

孝指子女对父母和先祖的道德行为，是仁德的根本，是传统道德中最为重要的道德品质。孝的基本要求，是孔子所说的"生，事之以礼；死，葬之以礼，祭之以礼"，生时敬养，病则侍奉，死时哀丧，三年守孝，不改父道，以时祭祀。孟子又加上了娶妻生子以承家祭，故曰"不孝有三，无后为大"。《礼记》的说法是"大孝尊亲，其次弗辱，其下能养"，"显扬先祖，所以崇孝也"，孝的内涵逐步在拓展。《孝经》集中论孝道，"夫孝始于事亲，中于事君，终于立身"，"君子之事亲孝，故忠可移于君"，这样，孝道包容了忠道，又是忠道的基础。《孝经》又说："教以孝，所以敬天下之为人父者也。"《孝经》以后，孝道超出家庭伦理，成为政治伦理和社会伦理，故"明王之以孝治天下也"。孝道一向被认为是天之经，地之义，百行之先，万善之首，罪莫大于不孝。后来出现愚孝，谓天下无不是之父母，父要子亡不敢不亡，这不是儒学的本义。儒家有"事父母几谏，见志不从，又敬不违"和"父有争子，则身不陷于不义"的说法，而且主张"父慈子孝"，父子双方都有道德责任。现代社会，孝道不再是道德的首位，父母与子女在人格上是平等的，但孝道不能取消，只宜改造，保留尊老爱幼的优良传统，注入互尊的朋友精神，建立有中国特色的新型家庭伦理。

8.悌

"悌"通"弟"，是幼对长的道德态度，包括弟敬顺兄和晚生后辈敬顺年长辈高者。兄弟同辈，有骨肉之亲，但家族社会里，在继承权和发言权上，兄有着特殊的优先地位，仅次于父，故常并称"父兄"，在道德上则并称"孝悌"，"入则事父兄"，"入则孝，出则弟"。悌德的基本要求是"敬"，有此敬心，发散开去，便有义行。朱熹说："仁主于爱，而爱莫切于事亲；义主于敬，而敬莫先于从兄。故仁义之道，其用至广，而其实不越于事亲从兄之间。"悌德可使长幼有序，推广到乡里和社会，便会形成礼貌敬让的风尚。中国有敬老（不限于父母）的传统。《礼记·祭义》记载，古代有尊事三老五更的制度，天子亲临辟雍，割牲而赐之，"所以教诸侯之弟也"。《白虎通》说："王者父事三老，兄事五更者何？欲陈孝悌之德，以示天下也"。

9. 恕

恕道是对他人的体谅和宽容，它与忠道结合起来，形成仁的完整内涵。按照孔子的说法，恕即是"己所不欲，勿施于人"。《大学》提出"絜矩之道"，是对恕道的发挥，"所恶于上，毋以使下；所恶于下，毋以事上"，前后、左右亦如之，都是要人设身处地，去为对方着想。"恕"字上"如"下"心"，即是将心比心，是儒家处理人际关系的基本道德原则，也是一切社会人际关系健康化所必须遵守的信条。恕道的宽容精神与民主自由的原则相一致，也就是容忍不同于自己的主张和行为，不把自己的观点强加于人，以平等的态度待人。

10. 中庸

二程说："不偏之谓中，不易之谓庸。中者，天下之正道；庸者，天下之定理。"朱熹说："中者，不偏不倚，无过不及之名。庸，平常也。"这是儒家对中庸的代表性解说。孔子以中庸为至德，中庸不是一个独立的德目，它表示行仁的最佳状态，故又称"中行"，即根据事情的发展变化准确掌握行仁的尺度，恰到好处，毫无偏失，这是很难的，不仅需要公心，而且需要智慧和经验，守经行权，能方能圆，因时制宜，很少人能做得到。有人把折中调和称为中庸，这是误解。四面讨好，八面玲珑，不讲原则，似忠而伪，这叫作乡愿，恰恰是孔子孟子所痛恨的，称为"德之贼"。中庸是有原则有标准的，它坚守正道而不与一切偏失错误妥协，故《中庸》说："故君子和而不流，强哉矫！中立而不倚，强哉矫！"和而不流才是真正的强者。实在做不到中庸，则做狂者或狷者，狂者有所进取，狷者有所不为，切不可堕落为乡愿。

11. 诚

诚的内涵是真实无妄、信守不欺。孟子强调反身而诚，重视道德自律。《中庸》提出"不诚无物""择善固执""成己成物"。《大学》讲修身步骤，以诚意为旨要，意诚才能慎独。王阳明主张"君子之学，以诚意为主"。诚是道德的生命，诚则道德存，伪则道德亡，所以诚的精神必须大力发扬。

12. 耻

耻指人的羞愧之心，为保持人格的尊严，对于不道德的行为不屑去做，从感情上加以排斥；对于别人加于己身的侮辱不能容忍。孔子说"行己有耻"，孟子说"人不可以无耻"，《管子·牧民》说"国有四维"，即礼、义、廉、耻，并提出"四维不张，国乃灭亡"，将耻提到立国之本的地位，也得到儒家的普遍认同。耻是一种道德良心，知耻是做人的基本要求，无耻则无人格可言。国则有国耻，无国耻则无国格可言。

13. 勇

勇作为德目指行善的胆气魄力，不惧怕恶势力与困难，有勇往直前的精神。孔子说："勇者不惧。"《中庸》将勇与仁、智并列，作为道德人格三要素之一。儒家认为勇必须与仁义相连，否则就是盲目的或错误的，可能危害社会，所以它是一种从属性的道德条目。《中庸》说"知耻近乎勇"，厌恶不道德的行为，而后方能见义勇为，所以有耻能生勇。勇是道德实践的必要条件，有仁、智而无勇，是道德人格的重大缺陷，其仁、智不能充分贯彻，甚至不能坚持，所以怯懦者是不能成仁取义的。

14. 廉

有操守、不苟取，谓之廉，与贪相对。廉正、廉隅、廉介、廉洁，这些说法都表明，只有廉才能方正纯洁。《孟子·滕文公下》记载，匡章谓陈仲子为廉士，朱熹注云："廉，有分辨，不苟取也。"凡风骨凛然，不妄营求者，称为廉士。廉洁是为官的道德品质，能廉洁者为清官，其反面便是贪官。无论何时何国，健康的政治机构都要提倡廉洁奉公，清除贪官污吏。

15. 直

公正无私为直。实事求是，不加曲饰，谓之直士。孔子说"人之生也直"，"举直错诸枉"。荀子说："是谓是、非谓非曰直。"邵雍将直与诚联系起来，说："去利欲，由直道，任至诚，则无所不通。"为人处世，不计个人利害，唯以求真为善为准则，就是至诚直道。孔子提出"以直报怨，以德报德"的道德回应原则，比较平实易行，产生很大影响，而宗教所倡导的以德报怨的回应原则则是一般人难以做到的。但孔子认为直道不适用于父子之间，说："父为子隐，子为父隐，直在其中矣。"朱熹注云："父子相隐，天理人情之至也。故不求为直，而直在其中。"按朱熹的意见，父子天伦之亲，不是不要直道，而是要有比直道更多的东西。

16. 节

节有二义：一曰操守，二曰礼仪。操守之节又称为气节，是守义不移的一种道德恒心，是保持高尚人格不堕的精神力量。曾子说"临大节而不可夺也"，即在紧要关头不变操守。中国知识分子有重气节轻名利的好传统，在国家民族患难之际，坚守民族气节，"富贵不能淫，贫贱不能移，威武不能屈"，这是一种优良的精神传统。宋代之后，理学家提倡贞节，专对妇女，要求女子不可离婚再嫁，从一而终，以贞操为至宝。再嫁、婚外恋、失身于强暴而不死，皆是失节行为。这是封建礼教的消极性和严酷性，鲁迅曾著《我之节烈观》加以深刻批判。

17. 志

人生要树立正确的奋斗目标，叫作立志。目标一旦确定，便要矢志不渝。孔子十五有志于学，他的最高人生目标是志于道，有此志向，便会有独立人格。"三军可夺帅也，匹夫不可夺志也。""何谓尚志？"曰："仁义而已矣。"尚志就是以行仁义为人生目标。朱熹认为"学者须以立志为本"，立志要高，立志要坚，才有可能成为仁人君子。

18. 俭

爱惜财物，量入为出，谓之俭，它与奢相对，是中国人传统优良品德之一。孔子主张"节用而爱人"，又说"礼，与其奢也，宁俭"，反对做事铺张。以个人而言，要安贫乐道，生活上低标准，道德和事业上高标准，所以俭亦是重要的德目。俭则廉，廉则义，义则仁，所以《礼记》说"俭近仁"。俭以养德，这是无数事实证明了的。中国人向来反对暴殄天物，把挥霍浪费看作是犯罪，这其中也包含着天地万物一体之爱的感情，人应该对各种器物以及生物有爱惜之心。俭是节流，勤是开源，所以勤俭是连在一起的。勤俭建国，勤俭持家，这是中国人的好传统，就是经济发达了，生活水平提高了，也要精打细算，不任意浪费。

以上这些道德条目都可以加以改进继承下来，事实上它们早已深入民间，成为一种道德传统。

五、儒家关注的重大道德问题

1. 义利之辨

义利问题涉及个人利益与集体利益的关系、物质利益与道德原则的关系，是中国伦理学史上头等重要的问题，一向是儒家道德论探讨的重点所在。孔、孟、荀都重义轻利。孔子说"君子喻于义，小人喻于利"，孟子说"王何必曰利，亦有仁义而已矣"，荀子说"义胜利者为治世，利克义者为乱世"。他们也讲利，是指国家人民之公利，这样的公利即是义，故孔子有富民利民惠民的主张，孟子有仁政的思想，荀子亦讲裕民养民。汉代董仲舒有句名言："正其谊不谋其利，明其道不计其功。"董氏把义与利完全对立起来，他的本意是想说，选择一种主张只应看其是否合于道义，不应考虑它是否有功利性的结果，也就是在道德动机上不能掺杂个人利害的计较，但在客观上，董氏的说法容易给人造成义与利毫不相干的印象。其实董氏亦主张为天下兴利，他反对的只是私利。宋儒大都严于义利之辨，在道德论上尚义而抑利。程颢说："大凡出义则入利，出利则入义，天下之事，惟义利而已。"程颐说："义与利只是个公与私也。"朱熹说"义利之说乃儒者第一义"。儒家主流都以公私分辨义利，强调个人的道德行为只能以行善合义为出发点，不能有私心，故其道德修养论以去私为要。

但儒家还有一支功利学派，不赞成将义与利绝对对立，主张义利统一论。宋代李觏对孟子"何必曰利"提出异议，认为此言偏激，"焉有仁义而不利者乎"。叶适批评董仲舒的"正谊不谋利，明道不计功"的观点，认为此语全疏阔，"后世儒者行仲舒之论，既无功利，则道义者乃无用之虚语耳"。清初颜元将董仲舒两句名言改为"正其谊以谋其利，明其道而计其功"，主张道义与功利的统一，认为不计功利"是空寂，是腐儒"。

其实儒家上述两派是相反相通的。主流派不仅肯定公利，也肯定正常的个人利益。孔子认为"富与贵，是人之所欲也"，只是需要得之以道。荀子说："好利恶害，是君子小人之所同也，若其所以求之之道则异矣。"朱熹弟子陈淳说："但当营而营，当取而取，便是义。"主流派之明义利之分，主要是为了限制贵族统治者不断膨胀的私欲，要他们"乐以天下，忧以天下"；而对社会下层则"因民之所利而利之"，使民"养生丧死无憾"，因此主流派的义利观实际上是以义为利之本，以义导利，不是唯义非利。功利派在重利的同时不否认义的重要性，只是要使义落在实处，避免把义挂在嘴上，流于虚名。功利派所说的利，主要指国家社会的实事实功，也就是公利。所以两派可以互相补充。

进入现代社会以后，儒家传统的义利观最大的不适应处是扬公而抑私，把公私加以割裂，至少不太重视个人利益，在道德上不肯定追求个人利益的行为。追求私利，可以说是人的天性，也是社会发展的巨大动力，问题是不能损人利己，否则就会转化为社会的破坏力量，所以要用公来加以调节，也就是合理的个人主义。天下的事，往往相反相成，以人们之私而成社会之大公。为了赚钱和办实业，其结果促进社会经济的发展，有利于人民大众。自利而利他，这大概是多数人的道德水准；只有少数人才可能"无恒产而有恒心"，做到先公而后私。在非常时期、紧要关头、祸患来临，许多人都能做到挺身而出、见义勇为，乃至舍己为人，但不能要求人们在平时都有公而无私，硬要这样倡导，只会培养出一大批伪君子。《聊斋志异》上说，"有心为善，虽善不赏；无心为恶，虽恶不罚"，这里强调道德动机的纯正，有其合理性，尤其无意之中做了错事，应该原谅。但是有心为善，赏之何妨？为了声誉而花钱办公益事业，总比为了享受而花钱挥霍要好得多。看来"私为万恶之源"的观念需要加以改变。当然，我们不能够完全否定传统的义利之辨，新的观念应该是公私兼顾、义利统一，因为公利是必须得到保障的，危害公利必然危害多数人的私利，私利膨胀的结果形成互相危害，则每个人的私利最终受损，所以不能见利忘义、损人利己。还是要回到孔子的那句话——"见利思义"，这样的义利观比较平实，容易为现代社会所接受。

2. 理欲之辨

理欲问题与义利问题相关，都涉及公私关系。但理欲之辨更侧重于人的道德理性与自发情欲的关系，也就是道德生命与感性生命的关系，它是从义利之辨中发展出来的，在宋明理学中成为头等重要问题。

孔子肯定人皆有欲求，欲富贵，好闻达，好色等，但人应该有更高的追求，如好学、欲仁、闻道，用道义来限制个人欲求的范围。孔子也把人的需求分成感官的和心理的两个层次：口好味，耳好声，目好色，这属于感官的需求，人之同然；心好理义，这属理性的需求，亦是人之同然。孟子认为，人之所以异于禽兽者在于有道德心，应当加以扩充；而扩充道德心不能不适当抑制情欲，故说"养心莫善于寡欲"。荀子提出"以道制欲"。《毛诗序》说："发乎情，止乎礼义。"先秦儒家基本上是节欲论者。

天理人欲说首见于《礼记·乐记》，该篇认为人的天性是静的，感于物而动则生出欲望好恶，若不加以节制，被外物所诱惑，就是"灭天理而穷人欲"，会引起道德败坏、社会混乱。宋儒进一步突出天理人欲之间的对立，主张"存天理灭人欲"。张载明确区别天理人欲高下，说："上达反天理，下达徇人欲。"程颐说："凡人欲之过者，皆本于奉养；其流之远，则为害矣。先王制其本者，天理也；后人流于末者，人欲也。"程颐认为用道德来节制生活是天理，而超过限度如奢侈腐化、残忍暴虐便是人欲。朱熹说："学者须是革尽人欲，复尽天理，方始是学。"他认为人之一心，天理与人欲不可并，私欲净尽则天理流行。

朱子并不反对人的生存需求，说："饮食者，天理也；要求美味，人欲也。"朱子的理欲说主张节欲而非禁欲，其主要指向是限制贵族的纵欲奢华，同时反映了农业社会经济水准低下情况下的俭朴道德风尚。王阳明在理欲问题上与朱子一致，说："只要去人欲、存天理，方是工夫。"总之，宋明理学家的理欲说偏重道德理性，强调理智对情欲的控制，有其合理性；但它过分强调道德生命而忽视人的感性生命，带有一定的禁欲色彩，流行起来便发生种种弊害。贵族的穷情奢欲得不到抑制，而一般人的自然人性反受到限制和损害，远人情以论天理，使天理变得冷酷，于是就有人出来纠正。

明代阳明心学之后的泰州学派，向理欲传统观念发起冲击。王艮提出"安身"即养生的问题，把它与"行道"同等看待。颜钧说"率性所行，纯任自然，便谓之道"，所谓率性即任情，包括"好贪财色"在内。何心隐提出"育欲"说，以便与"灭欲"说相对立。李贽说"穿衣吃饭即是人伦物理"，又说"人必有私，而后其心乃见"，在他理想的社会下"天下之民各遂其生，各获其所愿有"，提出以适性遂欲为伦理的新观念，对传统道德进行了大胆的挑战。清儒戴震提出"理者存乎欲者"的命题，所谓天理不是人情之外的东西，只是情得其平，"体民之情，遂民之欲，而王道备"。他尖锐指出，有权势有地位者利用理来迫害下层人民，使理的严酷性超出刑法："人死于法，犹有怜之者；死于理，其谁怜之？"

理性与情欲既矛盾又统一，情欲的自发性不需要道德，道德的理智必然抑制情欲；情欲的健康化又需要道德，道德的理智又依赖情欲。最理想的状态是以理导欲，在两者之间取得平衡和协调，使人的道德生命和感性生命都能活泼健康。人的情欲不能灭只能节，节制情欲主要在两个方面：一是不能放纵到危害身体健康，二是不能膨胀到危害他人的幸福。在这个范围内，不仅生存需求是正当的，尽情享受也是合理的。

3. 义命之辨

这个问题的实质是道德实践中主观能动作用与客观条件的关系。孔子既讲"为仁由己"，又畏天命，他在为己和顺命之间划出界限——志道据德、为仁行义、讲论学问、做君子还是做小人，取决于自己；富贵贫贱、生死寿夭以及事业的成败，决定于天命。命给予道德行为的限制，不在道德评价上，而在道德功效的大小上。孟子正式以义命并举，说："孔子进以礼，退以义，得之不得曰'有命'。"义是道德原则，命是客观力量，孟子主张重义而顺命。张载提出"义命合一存乎理"的命题，实际上仍重义顺命，如"今日富贵，明日饥饿，亦不恤，惟义所在"。但他对命的态度积极，认为命既可利用，又可转化，故说："富贵福泽，将厚吾之生也；贫贱忧戚，庸玉汝于成也。"顺境固然有益，逆境更可磨炼，对于道德人格的形成都有好处。程颐说："贤者惟知义而已，命在其中。"总之，儒家在道德行为上的态度是尽人事而后听天命。不顾命运如何，以实践自己的道德信念为第一要务，不轻易言命，不在人事未尽时言命，甚至明知其不可为而为之，都只为求得一个心安理得。这种态度的价值在于不因过分顾虑道德行为的效果不佳而降低对自己的道德要求。

与义命之辨和义利之辨相联系的还有一个义力之辨，也是讨论主观动机和客观条件的关系。明代政治家与思想家高拱在其著作《问辨录·论语》中，载有这样的争论。有人问，《左传》中记述孔子之言："陈恒弑其君，民之不与者半，以鲁之众，加齐之半，可克也。"程颐认为："此非孔子之言。诚若此言，是以力不以义也。"高拱指出，程子的话不对，因为"诚为义，亦必用力而后能济，则力皆义也。"他引用《论语》，子路问孔子："子行三军则谁与？"孔子答曰："必也临事而惧，好谋而成者也。"假若不审度彼我实力，不预测胜负可能，只满足于所谓"义举"之名，必不能成功，这是最迂腐不过的了。高拱接着指出："后世儒者，但言义便不要力，但言力便说非义，而岂知圣人以义用其力，以力成其义乎？"而义不以力之说，"遂使轻事之人，不审彼己，不量胜负，不度事机，而徒然以为义，卒之事败而国家受其祸，犹自以为义也"，这实在是很可悲的。高拱是实政家，是改革派，他看到一种举措或行动，在明确其正义性的同时，还必须有切实可行的计划，有可以操作的实际力量，包括主体的智慧和客观的人力物力条件，空有好心是远远不够的。这一论点可以作为传统义利说和义命说的重要补充。

4. 理心之辨

人的道德行为受两方面的制约，一是内心的道德自律，二是外在的道德规范。这两个方面的关系在早期表现为仁与礼、自然与名教的关系，到宋明时期演变为理学和心学的对立。程朱理学强调道德客体理的神圣性，视理为宇宙的永恒本体和社会道德的不变法则，要求人们认同它，建立共识，由此改良人性，稳定社会，二程称理为"天理"，不为尧存，不为桀亡，推之四海而皆准。天理表现在人伦上，便是"父子君臣，常理不易"，人生要修为圣贤，而"圣人与理为一"，为明理穷理，必须用敬致知。朱子亦以天理为宇宙本体，其修养功夫则强调居敬穷理，最后达到"豁然贯通"，心与理为一。以"仁"为例，孔子强调仁的主体真实感受，而朱子说"仁者，本心之全德"，"心之全德，莫非天理"，天理与仁，名异而实同，于是仁的道德客体意义得到凸显，这是理学家的精神。陆王心学则不同，他们推重作为道德主体的"心"的价值，提出"心即理"的命题，认为主体的道德良知是第二性的，它的发现、保持和扩充对于社会道德风气的改善具有决定意义。陆九渊以发明本心为主旨，认为一切道德准则皆出于人之本心，故只要明心尽心，顺此本心而行，则无不合于道德，这叫作先立乎其大者。王阳明认为人生来便有判断善恶的能力，叫作良知，后天为私欲所蔽，故有愚不肖，学者只要致此良知，扩而充之，就会成就道德人格，所以他说"圣人之学，惟是致此良知而已"。他批评理学说："后之人惟其不知至善之在吾心，而用其私智以揣摸测度于其外，以为事事物物，各有定理也，是以昧其是非之则，支离决裂，人欲肆而天理亡。"王阳明不赞成程朱理学太看重客观的道德规范，因为那样会忽略道德主体的自觉意识，而没有道德主体的自觉意识，道德便不能有效发挥作用。

程朱理学重视社会共同道德规范的严正性，这有利于保持社会道德的统一性和社会秩序的稳定性，所以它成为元明以后的官学，受到政府的提倡。但由于它重理轻情、重客体轻主体，在政治的扭曲下逐渐造成社会道德的虚伪、冷酷和形式化，而为先进的思想家所批判。陆王心学有强烈的主体意识，看重生命主体的自尊、自爱、自信，努力创造和保持道德生命的真实活泼，很合乎改革家和开拓者的胃口。不过由于它忽视道德规范的客观权威性和统一性，容易导致道德的多元化，形成对传统道德的破坏，因而受到正统卫道者的抨击。

理学与心学所讲述的道德内涵有许多过时了，但它们所论及的道德的社会性与个体性、道德的他律与自律、道德的外在性与内在性的关系问题，仍然是道德论的重大问题，极具启发意义。这告诉我们，两者之间必须达到积极的平衡、有机的统一，如有所偏，社会道德就要发生危机。

六、儒家论道德的社会功能

儒家认为道德是社会生活须臾不可脱离的，它起着巨大的作用。主要有以下两种学说。

1. 修己以安百姓

儒家认为道德修养本身不是目的，目的是济世安民，而且只有在济世安民的事业中才能成就圆满的道德人格。孔子提出"修己以安百姓"和"博施于民而能济众"的目标，他对管仲虽有批评而仍许以仁人，就是因为管仲能九合诸侯，一匡天下，体现了仁德的最终目的性。《大学》提出以修身为本，进而齐家、治国、平天下的公式，成为儒家道德人生的座右铭。《中庸》又有尽性至命、赞天地之化育的公式和成己成物的理论，则道德的功能不仅在于健全人性和社会，而且要扩展到协调人与自然的关系，促进宇宙万物的正常发展。后儒借用《庄子·天下》的"内圣外王之道"的述语，表达儒家内修道德、外成事功的思想路线，逐渐形成经世致用的传统。

宋明道学极重心性修养，并要求人们身体力行。但他们所说的"身体力行"主要指道德实践，比较忽略创业治国的功效，于是有务实派出来纠正。宋代永康学派陈亮与永嘉学派叶适大力提倡事功实学，批评道学为虚语，期于开物成务。朱熹曾从道德论上着眼，褒三代而贬汉唐；陈亮加以反驳，他从实效上盛赞汉唐事业，主张道德与事功的结合。叶适认为有公心的人应该务实，包括富国强兵，发展商业。明代王廷相批评理学心学末流是"聚首虚谈，终岁嚣嚣于心性之玄幽，求之兴道致治之术，达权应变之机，则暗然而不知"。东林学派高攀龙说："《大学》之道，先致知格物，后必归结于治国平天下，然后始为有用之学也。"顾炎武指责空头道德家"以明心见性之空言代修己治人之实学"，有害于国家民族。他们都主张明道救世、修身济民，既要独善其身，又要兼善天下。

2. 为政以德

治理国家向来有两种不同的方针，一是以德服人，二是以力制人。儒家主张德治，反对力征。孔子提出"为政以德"的治国论，他对德治与法治的优劣做了比较："导之以政，齐之以刑，民免而无耻。导之以德，齐之以礼，有耻且格。"德治能教化人心，法治只规范行为。他相信道德的力量足以抑恶去邪，故说："君子之德风，小人之德草。草上之风，必偃。"他相信道德的力量足以聚众，说："故远人不服，则修文德以来之。""德不孤，必有邻。"孟子主张以仁心发为仁政，则可以统一天下，他提出"仁者无敌"的命题，推崇王道，贬抑霸道，云："以力假仁者霸……以德行仁者王……"王道即是仁政，将不忍人之心推及于社会，"老吾老，以及人之老；幼吾幼，以及人之幼，天下可运于掌"。《大学》提出三纲领八条目，其中心思想是治国须以修身为本，故云："有德此有人，有人此有土，有土此有财，有财此有用。"《中庸》说："故为政在人，取人以身，修身以道，修道以仁。"大舜、周文王、周武王和周公都是有德之人，故能讲贤使能，惠民劝业，使四方归之。

儒家的为政以德，具体内容包括：君王有德，能以身作则；施行仁政，惠爱民众；尊贤尚德，纳谏兼听；礼乐教化，淳厚民风等。德治论是一种政治理想主义，它把道德的社会功用夸大了，所以孔子、孟子在当时到处碰壁，被视为迂远而阔于事情，相反富国强兵的法家学说得到列国的采用。道德治国论只是不能独用，但不可或缺，它提出的得民心者得天下、失民心者失天下的见解和正人先要正己的主张，比法治论更具有战略眼光，更符合人道主义精神。

汉以后，儒家治国论开始包容法治，主张德刑并用，但仍以德政为主，刑法为辅，继续保持儒家的特色。董仲舒说："庆赏罚刑，异事而同功，皆王者之所以成德也。"但董氏以阳为德，阴为刑，德主生而刑主杀，王者承天意以从事，"故任德教而不任刑"。《白虎通》认为圣人明五常之道"以教人成其德也"，同时治天下必有刑罚，"所以佐德助治，顺天之度也"。韩愈论道统，谓"其法，礼乐刑政"，将德治与法治合二为一，而以仁义道德为导向。宋以后的儒者都以扶树纲常名教为治国救世之道，而三纲五常是道德与政治的结合。由于儒家为政以德的思想影响深远，儒家的治国论始终具有泛道德主义色彩，其弊病是往往把道德问题政治化且忽视法制建设，其优点是对领导集团有一种全社会的道德舆论监督，道德水准低的领导者树立不起光辉的形象。

七、儒家论道德修养的方法

儒家的伦理可以分成两大类：一是明道之学，二是修道之学。天生之，人成之，理想人格要靠不断的修习才能实现，修养是达到圣贤境界的必经之路。所以必须讲求道德修养的态度和方法。儒家的道德方法论内容十分丰富，计其大者，有以下数项。

1. 笃志而固执

首先要"志于道"，树立希贤希圣的人生目标。同时要终生追求不懈，不达目的誓不罢休。《论语》说："士不可以不弘毅，任重而道远。仁以为己任，不亦重乎？死而后已，不亦远乎？"可见修道是终生的事，不能时重时轻，不能有始无终。《中庸》提出"择善而固执"，这是至诚的精神，精诚所至，金石为开，固执的道德追求是修养的根本前提。

2. 反躬内省

为仁由己，所以要严于律己，发生问题不怨天尤人，而是反复省察自己的思想言行，用今天的话说，就是多进行自我批评。孔子说"躬自厚而薄责于人"，又说"内省不疚"。曾子提出"吾日三省吾身"的方法。孟子进一步强调了反身自检的重要性，说："爱人不亲，反其仁；治人不治，反其智；礼人不答，反其敬。行有不得者皆反求诸己。"出了问题埋怨对方，甚至把责任推得一干二净，这是常见的现象。儒家认为归根结底是自己行为不当或不完美，因此要有则改之，无则加勉，把自己完善起来。现实生活表明，在批评与自我批评中，自我批评最重要，相互批评若不以自我批评为基础，便收不到好的效果，道德责任是需要自觉自愿承担的。

3. 慎独

《大学》在解释诚意时提出慎独，意谓为善要诚心诚意，不欺人亦不自欺。《中庸》说明慎独的含义是"君子戒慎乎其所不睹，恐惧乎其所不闻"，在无人监视的情况下更要警惕和自觉，不做非道德的事，这才是诚意为善的表现。慎独的思想来源于孔子。孔子说："古之学者为己，今之学者为人。"为学的目的不是为了表现给别人看，而是为了自身道德的完美，因此必须有高度的自律意识，不能因环境有无监督而改变。

4. 从善改过

道德修养不能停留在书本知识上，还要从周围人身上学习。见贤思齐，见不贤而内自省，不失为加强道德的有效方法，这是随时可以做的。孔子说："三人行，必有我师焉。择其善者而从之，其不善者而改之。"荀子说"学莫便乎近其人"，"学之经莫速乎好其人"。亲近和喜欢品德高尚者，自然受到熏陶。改过是进步的重要方法，孔子说"过则勿惮改"，"过而不改，是谓过矣"，不文过饰非，随时发现随时纠正，这是勇敢的行为。对于别人的批评要持欢迎态度，荀子说："非我而当者，吾师也；是我而当者，吾友也；谄谀我者，吾贼也。"但一般人总是愿听奉承话，要做到闻过则喜是很难的。

5. 下学而上达

通过学习来提高道德境界，而学习方法是多种多样的。《中庸》提出博学、审问、慎思、明辨、笃行五项，并且概括为"尊德性而道问学"两大项。《大学》提出修身要从"格物致知"开始，然后转入身心修养。按照孔子的本意，他是主张先从一般知识学起，打好基础，然后逐步提高的。他说"下学而上达"，"君子博学于文，约之以礼"。子夏说"君子学以致其道"。在学习步骤上儒家学者有"自诚明"和"自明诚"的争论。张载的解释是："自明诚，由穷理而尽性也；自诚明，由尽性而穷理也。"究竟选择哪一条路好，恐怕因人而异，但学习要通过累积，要有过程，然后才能成为仁人君子，这是儒家的共识。

6. 讷于言而敏于行

孔子强调"敏于事而慎于言"，"听其言而观其行"，把道德实践看作道德修养的基本功夫和道德评审的标准。荀子更进而认为"学至于行之而止矣"。《中庸》说"力行近乎仁",强调做的重要性。道德学问不是外在的知识,必须同自身的做人处世结合起来,在实践中体会做人的道理,这才是真学问,强调知行合一是儒家道德论的重要特征。

7. 推己及人

孔子说:"能近取譬,可谓仁之方也已。"仁是道德的主项,培养仁德的方法是将心比心,推己及人,由近及远,逐渐向外开去,这是每个人都可以效仿、切实可行,而又进境无穷的方法。这方法说容易也容易,说难也难。爱己之心人皆有之,爱亲之心亦人皆有之,一定范围内的推己及人不难做到,但是要将这种爱人之心推得广推得远,真正做到视他人如己身,视天下犹一家,这是很难的。孟子谓:"老吾老,以及人之老;幼吾幼,以及人之幼。"这句话可以有两层含义:一层是说,我们应当将爱自己老幼之心推广去爱他人的老幼;另一层是说,我们在爱自己老幼的同时,希望帮助天下的人都能够爱他们自己的老幼。按照儒家天人一体的思想,人还要把爱心推及于自然之物,这叫万物一体之爱。

8. 存心养性

孔子说:"克己复礼为仁。"克己指克服私欲。孟子接着说:"养心莫善于寡欲。"孟子又说:"存其心,养其性,所以事天也。"他认为天人相通,人性受于天而显于心,故尽心知性可以知天,存心养性所以事天,他首次提出修养心性的问题。存心养性的功夫是保持和扩充心性之善端,使之健康发育。养性还必须养浩然之气,配义与道,使它至大至刚,塞于天地之间,形成操守不移的大丈夫气概。在修养的态度上,孟子主张不可疏懒,亦不可急躁,"必有事焉而勿正,心勿忘,勿助长也",从容不迫地去做。

以上道德修养方法都是早期儒学提出来的。唐宋以后，儒家的修身论由于吸收佛道和自身的争论而得到丰富发展。李翱受佛教影响强调"去情复性"，周敦颐受道家和道教影响而"主静"，二程则本于孔子而"主敬"。孔子说过"修己以敬"，敬就是庄重严肃，不苟且马虎。程颢主张"识得仁理""以诚敬存之"，程颐也说："涵养须用敬，进学则在致知。"《易传》有"穷理尽性以至于命"的话，成为宋明道学家道德修养的共同目标，但他们在修养方法上各有所偏。理学强调从"穷理"入手，心学强调从"尽性"入手，两派争执不休。以朱熹为代表的理学一派偏重"道问学"，强调入手处是"即物而穷其理"，"至于用力之久，而一旦豁然贯通焉，则众物之表里精粗无不到，而吾心之全体大用无不明矣"，这是由渐到顿，故重视学问的讲论。以陆象山、王阳明为代表的心学偏重"尊德性"，主张直接从诚意正心入手。陆象山强调先立乎其大者，"若能尽我之心，便与天同，为学只是理会此"，"收拾精神，自作主宰，万物皆备于我，有何欠阙"。他自认为是"简易功夫"，批评朱熹的格物穷理是"支离事业"。王阳明的修养方法就是"致良知"，他从"心即理"的前提出发，说明"格物致知"不是即物穷理，而是恢复本心，去恶念复善念，故云："知善知恶是良知，为善去恶是格物。"他主张"知行合一"，真知的过程也就是践行的过程，所以强调道德修养要"从静处体会，在事上磨炼"。

211

儒家的道德修养方法具有一般方法论意义，大部分可以继承下来，转换其时代内容之后，使其发挥新的作用。凡愿意培养德性的人，不能不借用儒家两千多年积累起来的使人性臻于完美的经验和方法，若把这一切都抛弃，中国人的文明程度肯定要倒退，我们只应比前人做得更好，而不是做得更差。当代社会，人们把主要精力用于才智的发展，功利的导向是重才轻德、重利轻文，人性两要素（德性与才智）发生倾斜。相比之下，儒家重德性德育的思想是十分可贵的，它要解决的是如何做人的根本大事，关系到社会和人性发展的精神方向，切不可等闲视之。

儒家道德又不可直接拿来使用，它不但本身需要改进，要取精去粗、重新诠释；而且还要根据时代的特征，吸收新的道德因素，综合古今中西，才能形成适合中国现代化进程中的社会新道德体系。

这里可以简要谈三点。

第一，由儒家系统化了的传统道德，其"三纲"说最具有封建性，必须剔除，凡与君主专制主义、重男轻女、封建家长制相联系的道德观念，如愚忠、愚孝、节烈等，绝不应当保留。对这种旧道德的批判，已由五四时期的先进思想家们完成，他们的成果应当继承下来，并随时警惕封建性道德的死灰复燃或变相出现。

第二，传统道德，即使精华的部分，在强调群体意识时，也相当忽略个体的自由与幸福。它也讲人格独立和人格尊严，但多从义务着眼，缺乏权利意识。现代西方文明，最重个人自由与人权，视其神圣不可侵犯。西方的社会公德和法律是围绕公民个人的权益必须受到保护这一中心而建立起来的。西方的平等、自由观念应当被吸收到中国的新道德中去，以弥补传统道德重人伦而轻自由的不足，真正把公民道德建设起来。

第三，传统道德重血缘而轻职缘，而职缘道德必须大力加以扩展。中国传统社会是家族社会，所以道德带有极深的宗法伦理色彩。现代中国正在向社会主义现代化强国迈进，道德的领域也大大扩展了。家族血缘关系仍然存在并且将继续下去，所以家庭道德仍有积极作用，何况儒家主张视天下为一家，已经把家庭道德放大了。但仅仅靠放大还不能解决一切问题，因为有些社会关系不是靠旧的思路所能理解的。市场经济体制下的社会，出现许许多多新的人际关系，其中最主要的职缘关系是人们的职业交往，相应的，必须建立新的职业道德，内容要比家庭道德丰富广大得多。中国传统道德中也有职业道德的成分，如"敬业乐群""童叟无欺""以诚招天下客"等，但不发达、不系统，这是自然经济的停滞、孤立造成的。在市场经济充分发展的社会，职业道德在社会道德中占有重要地位，要花心思建设，除了发掘传统道德资源，还要认真借重海外的经验，并且大胆进行创造，但这已经不是本文的任务，恕不赘述。

（原载中国大百科全书出版社1997年版《中国儒学百科全书》，条目为"儒家伦理思想"，内容有改动）

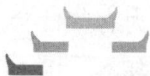

儒家宗教观与新人文精神

一、儒学不是宗教但有宗教性

儒学是不是宗教，在国内外都有争论。要解决这个问题，需要从三个方面统一认识：一是对宗教概念的理解要恰如其分，不能过窄或过宽，定义标准不同，衡量的结果就各异；二是对儒家思想的核心和精神要有准确的认定，究竟它是以神为基点还是以人为基点，其余是枝节问题；三是对儒家和古代传统宗教的关系，以及儒家对传统宗教的态度，要有历史的考察。儒学是基本上继承了古代宗教传统，还是基本上挣脱了这个传统而另有开创？如果能在上述三个方面达成共识，儒学是不是宗教这个问题，便可迎刃而解了。

宗教的定义，见仁见智，据说有上百种，但归纳起来有三种倾向性：一是以世界上成熟了的宗教为典范，树立宗教划分标准；二是把信仰等同于宗教，凡给人以精神依托者皆是宗教；三是以历史和现实中的各种宗教为基础，概括其共同特征，形成宗教概念。我根据中国传统哲学扣其两端而用其中的态度和方法，倾向于第三种。

214

首先，我不赞成用基督教或伊斯兰教的模式作为考察一切宗教的标准。这两种宗教不仅是世界宗教，而且是一神教，有完备的制度，是宗教发展史上亚伯拉罕系统的特殊形态。如果以此为标准确认宗教，不单原始宗教、民族宗教、民间宗教都要被抹杀，就连佛教和道教也要被驱逐出宗教的领地，而社会上也确实流行过佛教不是宗教、道教只是准宗教的说法。我也不赞成现在颇为流行的以"终极关怀"或"终极托付"为内涵的宗教定义，这样的定义太宽泛，容易混淆宗教与一般哲学的界限。我认为哲学与宗教是属于同一层次上的文化形态，它们的共性是对世界、社会、人生穷根究底，使人能够安身立命，因而都带有最终超越的性质。而哲学除了宗教哲学以外，还有许多非宗教的哲学。我的理解，宗教的基本特征是将世界二重化为人间和神间，崇拜超人间的神秘力量，以超世的彼岸为人生的归宿，因而出世性就成为一切宗教的基本属性。中国文献中原本没有"宗教"这一术语，它来源于外国文化：一是来源于印度佛教，二是来源于英文religion。佛教以佛陀所说为教，以佛弟子所说为宗，宗为教的分派，合称宗教。《景德传灯录》圭峰宗密禅师答史山人十问："（佛）灭度后，委付迦叶，展转相承一人者，此亦盖论当代为宗教主，如土无二王，非得度者唯尔数也。"宗教主就是佛教的主要传承人。英文religion泛指对超人间力量的信仰。日本明治十二年（1879），小崎弘通在《基督教的学问》一文中使用了"宗教学"一词，接着许多日本学者都在其比较宗教学研究著作中频繁采用汉字"宗教"，作为对英文religion的翻译，然后流传到中国，在20世纪初逐渐为中国学界接受。章太炎、蔡元培、严复、梁启超等人较早使用"宗教"，宗者本也，宗教者，有所本而为教也。中国人认为万物本乎天，人本乎祖，所以要尊天敬祖，并用祭祀教化世人，这也许就是中国人容易接受"宗教"这个外来词汇的原因。在中国古代典籍中，最接近于近代"宗教"概念的词汇，就是"神道"二字。《易传·观卦·彖传》云："观天之神道，而四时不忒，圣人以神道设教，而天下服矣。"后来儒家常用"神道"一词代表鬼神崇拜之事，把它与"人道"相对举，最能体现宗教的特质。魏源说："《诗》《书》《礼》皆人道设教，惟《易》则以神道设教。"[①]这是在宗教的意义上使用"神道"一词。

若用宗教的出世性或者用神道来衡量，儒学的核心成分便不是宗教，因为它不谈死后，不讲来世，怀疑鬼神，它所关注的重心在现实人生、现实社会，它所追求的理想人格——圣贤，是具有完美品格的人，而不是神，实现理想人格的途径也不是敬仰神灵，而是靠自身的信心和磨炼。儒学就其本质而言是一种人学而非神学，所以常被佛教徒称为"世教"，而儒者则称佛教、道教和其他宗教为"神道"，自称"人道"，或"内圣外王之学"。世教和超世的区别，人道和神道的区别，就是人学和神学、哲学和宗教的区别。如果我们不把儒学当作人学而当作宗教，就必然曲解孔子的思想，曲解儒家道统的人文主义性质，这对于深入把握儒学的真精神是有害的。我们可以承认儒学中有传统宗教的影响，认为这种影响构成儒学的某种特色，但必须认定儒学发展的主流是非宗教的，儒学史绝不是宗教史。在历史上，儒学主流派允许容纳一定程度的宗教，但不许将儒学在总体上宗教化。凡将儒学化为宗教或神学的努力，最终都失败了，或者作为一种支流而存在，起不到长久主导的作用。其原因不在于这些努力本身存

---

① 中华书局编辑部编《魏源集》上册，中华书局，1983，第20页。

在问题，根本上是由于儒学的文化基因是入世的而非超世的。至于说儒学在中国传统社会精神生活中，起到了基督教在西方社会那样的作用，这是不同的问题，另当别论。

反过来说，儒学也并非一些人认为的那样是无神论，无神论间或有之，但亦非主流。儒学主流派诚然不是宗教，但绝不敌视宗教，非但不敌视，还认为宗教不宜取消，只是不热衷于宣扬宗教，把它放在自己学说的次要地位。儒学不是在批判宗教，而是在改良宗教中诞生的，它在保留宗教某些形式、某些概念的同时给予其新的人文主义的解释，减弱其神道性，增强其人道性。承认神道，但神道要服务于人道，这是儒学坚守的总原则。我们可以说儒学在宗教与无神论之间，走了一条不偏不倚的中庸之道。

把儒学说成是宗教的学者，在思想上有一个误区，就是想在佛教、道教、基督教、伊斯兰教之外，寻找真正能代表中华民族多数人的基本信仰，但他们找错了地方，以为非儒学莫能当之，硬把儒学说成宗教。岂不知儒学只是中国知识阶层的信仰，比儒学更基本的属于更广大民众的信仰，则另有所在，这便是尊天敬祖的信仰。它有相应的宗教祭祀，是本来意义上的宗教，是原生型的宗教。它源远流长，与儒学不是一回事，儒学的出现要比它晚得多。它与儒学形成了两个虽有关联却又并行发展的统绪。如能认清这一点，不但能够解决儒学是不是宗教的问题，而且能够加深对于中国早期文化发展史的特殊道路（与西方文化比较）的理解。所以本文想从夏商周三代的宗教文化说起，在论述儒家宗教观建立和发展的历史过程中，考察儒家的思想进路。这样做，一些纠缠不休的问题，也许容易看得清楚。

217

二、夏商周三代的信仰重心及其转移

中国古代传统宗教继承原始宗教而来，到夏商周三代，特别是在周代，形成一套相对稳定和成熟的宗教典制，其核心信仰就是尊天敬祖，在天神崇拜和祖先崇拜之外，还有社稷崇拜以及日月、山川等自然崇拜，并形成相应的郊社制度、宗庙制度和一系列其他祭祀制度，成为维系社会秩序和家族体系的主要精神力量。早期典籍如《尚书》《周易》《诗经》、"春秋三传""三礼"等书，都保存了许多三代宗教的资料，殷周卜辞、金文中也有宗教的内容，可与文献相互印证。殷人称至上神为"帝"，周人多称"天"，有时合称"天帝"或"昊天上帝"。天神是百神之长，统领着日月星辰、风雨雷电、山川湖海以及所有的自然神，同时天神还决定人间的君权授受，主管世上的吉凶福祸。按照《尚书》的记载，殷之伐夏、周之伐殷，都是遵照天命，恭行天罚。祭天是君王不可与人分享的特权，祭天的方式大致有郊祭、封禅、告祭、明堂等形式。祖先崇拜十分发达，它与国家和家族相结合，强调父系血统关系。按照《礼记·祭法》的记载，虞、夏、殷、周都有隆重的祭祖典制，祭祀自己民族的远祖和有功之祖以配天。《礼记·王制》记载祭祖活动之大者，有春礿、夏禘、秋尝、冬烝，祖庙之制按天子、诸侯、大夫、士、庶人的等级分为七庙、五庙、三庙、一庙、寝五种。社稷崇拜的地位仅次于祖先崇拜，因为中国一向以农业立国，所以重农业祭祀，而社稷之祀就是最高的农业祭祀。社是土神，稷是谷神。社稷之神最初是自然神灵，后来升华为人格神，并选取传说中的英雄祖先来担当，如有句龙为社、柱为稷，禹为社、周弃为稷等说法。根据《诗经·周颂·载芟》，周代已立社稷无疑。社稷之祭常与南郊祭天同时进行，主要目的是祈求丰年，所以古籍上常将郊社并提。其他百神之祭也往往与农业祭祀相联系，都是围绕着消灾去祸，祈求五谷丰登、人丁兴旺这个主题。

周代在发达的农业文明基础上建立起成熟的宗法等级制，又吸收商代灭亡的教训，改进了社会管理方法，因而使古代宗教达到一个新的水平。周代宗教有两大新特点：一是使宗教活动高度典制化，二是将天命与德政联系起来。周公建立了一套十分丰富的礼乐制度，其特点是政治、宗教、伦理三位一体，郊社宗庙制度与政权、族权紧密结合，是国家体制的重要组成部分，统治者全凭这样的以神权为支柱的全方位体制，控制着人心，管理着国家。但周人以殷为鉴，在依靠上天祖灵的同时，也注意争取民心，强调"以德配天"，"天命靡常"，"皇天无亲，惟德是辅"（《尚书·蔡仲之命》），"民之所欲，天必从之"，"天视自我民视，天听自我民听"（《尚书·泰誓》）。从统治者来说，仅依靠世袭得来的地位是不够的，天子还要"敬德保民"，承担一系列的责任，才能取得上天的支持，否则，天命会抛弃无德之君，转移到新的有德者身上。这样，在周代的神道治国思想中，已经出现了最早的重人轻神的新观念萌芽，这就成为儒家人文主义的滥觞。

随着周礼的崩坏，无所不包的宗教文化出现分裂。春秋时期一股人文主义思潮开始萌动勃兴，其特点是对神道表示疏远和怀疑，在人神关系上开始向人的一方倾斜。最典型的例子有《诗经》怨天，"昊天不惠"（《诗经·小雅·节南山》）；重人，"职竞由人"（《诗经·小雅·十月之交》）。《左传》记载季梁的话："夫民，神之主也。是以圣王先成民而后致力于神。"（《左传·桓公六年》）史嚚云："国将兴，听于民；将亡，听于神。神，聪明正直而壹者也，依人而行。"（《左传·庄公三十二年》）宫之奇云："鬼神非人实亲，惟德是依。"（《左传·僖公五年》）

219

子产云:"天道远,人道迩。"(《左传·昭公十八年》)先进的思想家并不直接否定鬼神的存在,他们只把神道降为次要地位,突出人道的重要性,并把鬼神解释成助善为民者,认为神道依赖于人道才能发挥良好作用。这种思想为儒家鬼神宗教观的建立起了直接的催化作用。

三、孔子是儒家宗教观的创建者

孔子是儒家的创始人,也是儒家宗教观的创建者。他的思想是在摆脱传统宗教、发扬人文精神的过程中形成的。但他并不废弃宗教,而是采取改良的态度,保留传统的天命论,消除天神的人格特征,使之抽象化为命运之天、义理之天;又进一步限制天命的作用,把仁德修养、智慧积累、事业开拓放置在人的主观能动性的支配之下,认为人生一定要尽人事,人事未尽,不可以言命。孔子还主张保留传统的宗教祭祀典制与活动,但不正面回答鬼神的有无问题,却要求人们对鬼神诚敬,以发挥神道的道德教化功能。孔子走了一条在信与不信之间的路——神道的形式,人道的立场,神道的手段,人道的目的。

首先,孔子提出"敬鬼神而远之"的命题,为儒家的宗教观定下了基调。这一基调从两个相反的方向加以限制,一是敬而不慢,二是远而不迷,这是一种道德理性的态度。如果只敬畏而不保持一定距离(远之),就会溺于鬼神之事,从而忽略现实人生;如果只疏远而毫无敬畏之心,就会放纵行为而无所规约。

其次,孔子拒绝从存在论的角度论证鬼神的有无和人死后的情状。他说:"未能事人,焉能事鬼?""未知生,焉知死?"他只要求他的学生以一贯之礼事死如生:"生,事之以礼;死,葬之以礼,祭之以礼。"在孔子看来,死是生的继续,神道是人道的继续。

220

第三，孔子认为宗教祭祀活动不可缺少，而且人参与祭祀要具有诚挚的感情，故云"祭如在，祭神如神在"，"祭思敬，丧思哀"。子生三年然后免于父母之怀，故三年之丧毕而后孝子心安。明知鬼神未必有，却要人们祭以敬、丧以哀，这是可能的吗？是不是自相矛盾呢？按照孔子的看法，万物源于天地（"天何言哉？四时行焉，百物生焉"），子生于父母，那么人之敬天祭祖实属一种忠孝之道，是祀者自身情意的需求和满足（所谓"心安"），发自内心，不是为了向鬼神求福消灾，所以应该敬诚，不慢不欺，并不必计较鬼神有无。只有祭祀求报者才希望鬼神必有，而且能为其所用，但有此功利性考虑则是把鬼神降低为工具，反而不可能做到诚心诚意致敬了。所以"祭如在"是心理上真诚的要求。

第四，祭祀之重要，正在于通过情意的纯化和浓化而发挥其改良人心、淳厚风气的功能。故曾子云："慎终，追远，民德归厚矣。"通过操办父母的丧事和追念远代的先祖，培养人们孝悌之心、感恩之情，使民风淳朴。在宗教祭祀必要性的说明上，孔子放弃了鬼神存在论的理由，而强调祭祀情意论。

孔子宗教观的特点是淡化宗教的神学成分，增强人文内涵，使神道归属人道。这符合宗教在社会实际生活中的位置，但不符合信教者的心理，在信教者心里神道支配着人道。这就是矛盾：神道以高于人道的形式而服务于人道。墨子曾批评儒者"执无鬼而学祭礼，是犹无客而学客礼也"（《墨子·公孟》），不肯定崇拜对象的实在性，崇拜活动又有什么价值呢？孔子却从矛盾中找出统一的途径，就是看到了神道的人道根源。总之，孔子宗教观的人文主义倾向成为尔后儒家宗教观的主流，但他的宗教观的模糊性和内在矛盾，又导致后来儒家在宗教理论上的分化，产生出有神论和无神论两种学派。

儒家宗教观的建立还得力于《易传》。《易传·观卦·象传》说："观天之神道，而四时不忒，圣人以神道设教，而天下服矣。"此处所谓"神道"，原指阴阳变化莫测之道，但后人多理解成鬼神之道。于是"神道设教"便成为儒家宗教观最简练的概括，它确实也符合孔子的思想。《易传·系辞上》有几句话："原始反终，故知生死之说；精气为物，游魂为变，是故知鬼神之情状。""阴阳不测之谓神。"这是首次用阴阳二气的变化来说明鬼神，在中国思想史上迈出了将鬼神观念哲理化的第一步，这几句话后来常为宋儒所引证。在《易传·系辞上》的作者看来，所谓生死不过是阴阳二气的一合一离，合则生，离则死，合则始，离则终，万物如此，人也如此。人之生，精气聚而为形体；人之死，魂气散游而变迁。聚而生人则为神，散而化失就是鬼。《易传·系辞上》所谓"神"，实指阴阳变化之妙用，故曰"阴阳不测之谓神"。这是关于鬼神的气化学说，是本体论的论证，它弥补了孔子宗教观之不足，开启了后儒从哲学高度说明鬼神的思路。

四、儒家宗教观的无神论倾向

宗教信仰是宗教的核心，宗教祭礼是信仰的外化。法国社会学家杜尔凯姆认为，全部宗教现象可以归结为两个基本范畴，即信念与礼仪。宗教礼仪就是规范化了的宗教行为，而祭礼是宗教行为中最重要的一种。按照"神道设教"的观点，神道与设教是两大要素，神道可以不神，设教必须靠神道，那么便可能没有宗教信念，只把神道作为教化的手段，使祭祀工具化，从而走上无神论。这是孔子宗教观的内在矛盾衍化的一种结果，这种情况果然发生了，这便是荀子的宗教文饰说。

荀子隆礼，以为礼乐之兴，不仅可以节制欲望，明分达治，更是为了报本反始，崇德继孝，故提出"礼有三本"之说："天地者，生之本也；先祖者，类之本也；君师者，治之本也"，"故礼上事天，下事地，尊先祖而隆君师"。这里把祭祀与人礼打成一片，都看成是不忘祖恩和确立人生根本之大事，非徒为君王治人所设，这是对"慎终追远"思想的发挥。其次，仅就祭礼而言，它能够寄托人们的道德情感而使之有一个隆盛的表现形态，故云："祭者，志意思慕之情也，忠信爱敬之至矣，礼节文貌之盛矣。"荀子认为，死是生的结果，死之道应与生之道一致，死道不善意味着生道不终，故云："生，人之始也；死，人之终也。终始俱善，人道毕矣。"敬始慎终，始终如一，才是君子之道。厚其生而薄其死，敬其有知而慢其无知，是奸人之道，是对亲人的背叛。所以送死是人道的一部分。如死如生，如亡如存，乃孝子一贯之道，若"朝死而夕忘之"，是"鸟兽之不若"，怎么能相与群居而不乱呢？所以祭礼是"称情而立文"（《荀子·礼论》）。荀子在宗教祭礼上直接继承了孔子的情意论和功能论，表现出强烈的人文主义精神。但荀子又不同于孔子，他放弃了对鬼神"存而不论"的态度，明白承认鬼神并不存在，祭祀仅仅是一种社会文化行为，是一种民间风俗，是一种传统的治国方式，虽能善而不真。故其《荀子·天论》云："雩而雨，何也？曰：无何也，犹不雩而雨也。日月食而救之，天旱而雩，卜筮然后决大事，非以为得求也，以文之也。故君子以为文，而百姓以为神。以为文则吉，以为神则凶也。"《荀子·礼论》又云："圣人明知之，士君子安行之，官人以为守，百姓以成俗。其在君子，以为人道也；其在百姓，以为鬼事也。"这两段话说破天机，把神道的存在论基础给彻底抽掉了，神道变成人道，没有了任何出世性。荀子的无鬼神的宗教观，一方面凸显了孔子宗教观的人文主义精神，把宗教行为归结为人间的文化行为；另一方面，由于决然否定鬼神，给传统的宗教观念带来危机，多数人不容易接受，执政者也不允许，就是在士大夫阶层也很难得到广泛赞同，故其学在后来的儒学发展中只能居于支流的地位。

荀子之后，重祭礼者多有，而主无神者少见。承荀学的宗教文饰说而影响较显著者，当推汉代之王充。王充将黄老的天道自然无为之学与儒家的礼学结合在一起，主张无鬼而祭祀，强调宗教的现实文化功用。《论衡·祭意》认为，祭天地宗庙社稷五祀山川，乃礼之常制，"王者父事天，母事地，推人事父母之事，故亦有祭天地之祀。山川以下，报功之义也"。社稷五祀之祭，"皆为思其德，不忘其功也"，"宗庙先祖，己之亲也，生时有养亲之道，死亡义不可背，故修祭祀，示如生存。推人事鬼神，缘生事死，人有赏功供养之道，故有报恩祀祖之义"。王充做出总结："凡祭祀之义有二，一曰报功，二曰修先。报功以勉力，修先以崇恩。"此皆在于弘扬人道，"未必有鬼而享之者"。《论衡·解除》更明白地指出："祭祀无鬼神，故通人不务焉。"《论衡·祀义》从心理学角度说明修祀治病之效在于"祀毕意解，意解病已，执意以为祭祀之助"，实际上是心理治疗的效果，并非鬼神的妙用。王充的无神论锋芒锐利，批判性强烈，但影响不能普及。章炳麟说："汉得一人焉，足以振耻。至于今，亦鲜有能逮者也。"（《检论》）他对王充备极赞颂，同时也说明其学说曲高和寡，不能形成大潮流、大传统。

五、《礼记》使儒家宗教观系统化

儒家宗教观的系统建立，当以《礼记》的成书为标志。《礼记》将古代宗教祭祀加以综合、规范，并按照孔子宗教观的基本精神，加以多层次、多侧面的解释，形成具有体系规模的理论形态，其要点如下。

第一，礼重祭祀论。《礼记·乐记》云："明则有礼乐，幽则有鬼神。"宗教与礼乐互为表里，一显一暗，相辅相成。《礼记·祭统》云："凡治人之道，莫急于礼；礼有五经，莫重于祭。"按《礼记·昏义》，五经礼是冠、婚、丧祭、朝聘、乡射。"夫礼始于冠，本于昏，重于丧、祭，尊于朝、聘，和于乡、射，此礼之大体也。"礼以丧祭为重心，合于古代实际生活。丧以送终，祭以追远，祭以敬天，宗法制社会的稳定实赖于此，故其仪式最隆重，其流行最普遍。在古代，"国之大事，在祀与戎"（《左传·成公十三年》）。祀以治内，戎以应外，皆国家头等大事，故《礼记·祭统》云："禘、尝之义大矣，治国之本也。"《礼记·仲尼燕居》说："明乎郊、社之义，尝、禘之礼，治国其如指诸掌而已乎！"祭礼中郊社之礼尊天道以明人道，宗庙之礼尊先祖以崇恩德，皆关乎立国成人之根本，故后来史书礼志都以吉礼（祭礼）为五礼之首。

第二，报本返始论。祭祀的功用之一是教人不忘自己的本源而生报德之心。故《礼记·礼器》云："礼也者，反本、修古，不忘其初者也。"本源在何处？《礼记·郊特牲》云："万物本乎天，人本乎祖，此所以配上帝也。郊之祭也，大报本反始也。""社，所以神地之道也。地载万物，天垂象，取财于地，取法于天，是以尊天而亲地也，故教民美报焉。"《礼记·祭义》云："筑为宫室，设为宗、祧，以别亲疏远迩，教民反古复始，不忘其所由生也。"儒家认为天地是万物之本，先祖是人类之本，所以要尊天敬祖，而祭祀便是表达尊敬之情的方式。天地祖先之恩德乃生人养人之大德，无与伦比。设若有根不反，知恩不报，必是寡恩少德之奸人，这样的人对社会、对他人同样会刻薄无义。这里没有神秘的意味，只是人情物理之必然，天与祖不是畏惧的对象，而是感激的对象，不是超然的主宰，而是实在的源头。

第三，功烈纪念论。祭祀古代伟大人物，非为其有灵而能赏罚，实因其有功于民，祭祀以为纪念。《礼记·祭法》云："夫圣王之制祭祀也，法施于民则祀之，以死勤事则祀之，以劳定国则祀之，能御大菑则祀之，能捍大患则祀之。"如神农、周弃、后土、帝喾、尧、舜、鲧、禹、黄帝、颛顼、契、冥、汤、周文武，"此皆有功烈于民者也"，故祭祀以资纪念，"及夫日、月、星辰，民所瞻仰也，山林、川谷、丘陵，民所取财用也，非此族也，不在祀典"。由此凸显祭祀的文化意义，减弱其宗教意义。

第四，事死如生论。传统宗教把世界一分为二：一个现实人间，一个鬼神世界。但儒家却要把这两个世界贯通起来，让人从心理感情上把生死、人鬼看成是一体的，认为以生人之道对待死者才是完整的人道。《礼记·祭义》发挥孔子"祭如在"的思想，认为孝子祭祀亲祖，应当在心情上觉得死者如生。"齐之日，思其居处，思其笑语，思其志意，思其所乐，思其所嗜。齐三日，乃见其所为齐者。"这并非说真有亲祖的鬼魂出现，只是说思念已极，宛如听到看到亲祖的音容笑貌。"于是谕其志意，以其恍惚以与神明交，庶或飨之。庶或飨之，孝子之志也。"人们在恍惚中似乎看见祖灵降临，希望祖灵尝一尝供品，这是孝子的心情。《礼记·祭统》将祭礼看作孝道的继续，云："祭者，所以追养继孝也。""是故孝子之事亲也，有三道焉：生则养，没则丧，丧毕则祭。养则观其顺也，丧则观其哀也，祭则观其敬而时也。尽此三道者，孝子之行也。"可知孝道包括生道与死道，以生道尽死道，乃是祭亲的根本态度，故《礼记·中庸》云："事死如事生，事亡如事存，孝之至也。"儒家把祭祀必要性的论证从客观上鬼神的存在转向主观上感情的需要，所以不必去证明鬼神的有无，祭祀是感情的事，不是理智的事。

第五，祭主敬诚论。既然祭祀的意义在主体，那么对于行祭者的心理和态度便要有严格要求，最主要的是有敬诚之心，仪节的周全与否倒在其次。《礼记·祭统》云："夫祭者，非物自外至者也，自中出，生于心也。心怵而奉之以礼。是故唯贤者能尽祭之义。""是故贤者之祭也，致其诚信与其忠敬"，"不求其为"。没有功利求报之心，这才是动机纯正的祭祀。这是尽自己心意之事，至于鬼神是否来享，可以不去管它。

第六，祭为教本论。祭祀的功效不在天赐鬼予，而在教化人心，显扬人道。《礼记·祭统》云："崇祀宗庙、社稷，则子孙顺孝。尽其道，端其义，而教生焉。"它指出了古代宗教活动同时是教育方式，并明确地说："祭者，教之本也已。""祭为教本"是"神道设教"的进一步发展，而祭祀的教化功能是多种多样的，《礼记·祭统》把它归纳为十类："夫祭有十伦焉，见事鬼神之道焉，见君臣之义焉，见父子之伦焉，见贵贱之等焉，见亲疏之杀焉，见爵赏之施焉，见夫妇之别焉，见政事之均焉，见长幼之序焉，见上下之际焉。此之谓十伦。"十伦之中最重要的是忠君与孝亲之道，尊天必忠君，祭祖必孝亲，一为治国，一为齐家，如《礼记·礼运》所说"以降上神与其先祖，以正君臣，以笃父子"。忠君偏于敬畏，故《礼记·祭义》说"明命鬼、神，以为黔首则，百众以畏，万民以服"；而孝亲偏重情意，故《礼记·坊记》云"修宗庙，敬祀事，教民追孝也"。

　　《礼记》的宗教观继承了孔子的中庸路线，对鬼神不宣扬也不否定，只强调宗教祭祀的心理学和教育学的价值，同时把宗教祭祀活动作为一种社会管理方式，把天与人、生与死、神与民、祖与孙打成一片，又以现实人生为中心。由此之故，《礼记》虽然整理了古代的宗教祭祀礼仪，却不能给传统宗教提供出独立的神学，因为神学必须以神为本位才可能形成，而《礼记》的宗教观主体是人文主义的，它只能改变传统宗教，而不能加强传统宗教。

　　《礼记》以后，儒家主流派皆遵循孔子和《礼记》的精神，重祭祀而远鬼神，以人道精神对待神道。其中有两个典型事例足以说明问题。一个是《说苑》里托孔子师徒对话："子贡问孔子：'死人有知无知也？'孔子曰：'吾欲言死者有知也，恐孝子顺孙妨生以送死也；欲言无知，恐不孝子孙弃不葬也。赐欲知死人有知将无知也，死徐自知之，犹未晚也。'"《论语》中载孔子拒绝回答死后的问题，而《说苑》作者则替孔子说明了为什么要拒绝回答，原因之一是死后事说不清楚，故留待每个人"死徐自知之"，而主要原因在考虑社会效应的利弊，欲言死者有知，担心孝子贤孙厚葬久丧，以死道妨生道，欲言死者无知，又担心不孝顺的子孙不以丧礼送终，这两种结果都违背人道第一的原则，于是作者只好加以回避，不了了之。另一个例子见于《旧唐书》，唐宪宗向宰相李藩询问禳祸祈福之说是否可信，李藩回答说"臣窃观自古圣达皆不祷祠"，"仲尼以为神道助顺，系于所行，己既全德，无愧屋漏"，"若苟为非道，则何福可求"，汉文帝"每有祭祀，使有司敬而不祈"，因为福不是人求来的，是道顺而自来，所以人君只宜"履信思顺，自天祐之"。"故尧舜之德，唯在修己以安百姓；管仲云，义于人者和于神，盖以人为神主，故但务安人而已。"李藩的逻辑是："若使神明无知，则安能降福？必其有知，则私己求媚之事，君子尚不可悦也，况于明神乎？"这话说得很好，如无鬼神自然不须祈祷，如有鬼神而祈祷亦属无益，因为神代表善，无善行而徒媚神，神绝不会护佑，所以有神无神，皆须以行善安人为务。"人为神主"的含义不是说人能支配神，而是说人的行为是决定吉凶的关键因素。李藩销神道以归人道，对孔子的人文主义宗教观有深刻领悟。

六、儒家宗教观的有神论倾向

孔子相信天命，重视祭祀，对鬼神不失一个"敬"字，说明他对传统宗教采取宽容妥协的态度。这就使儒家的宗教观从一开始就带有宗教性，它是人文主义的，却不是无神论的，这种情况给有神论者神化儒学提供了理论依据。当统一的汉帝国建立并巩固，急需正宗神学时，便出现了今文经学对孔子的神化。《公羊》学者认为孔丘受天命为王，为汉制法。进而有谶纬经学，把孔子描绘成教主，对六经做神秘化解释，大讲符命和灾异。其中形成神学体系的当推董仲舒，董仲舒的神学是将儒学宗教化，使之与传统宗教相结合的一次重大尝试。

董仲舒首先使儒家义理之天、命运之天具有人格至上神的属性，又回到传统宗教的观念。《春秋繁露·郊祭》云："天者百神之大君也。"天神是最高主宰，统领神界与世间，它有意志情感。《春秋繁露·天地之行》云："天执其道为万物主。"《春秋繁露·阴阳义》说："天亦有喜怒之气、哀乐之心，与人相副。"表现为四季，则"春，喜气也，故生；秋，怒气也，故杀；夏，乐气也，故养；冬，哀气也，故藏"。天授权于君，治理天下，故《春秋繁露·顺命》说:"天子受命于天,诸侯受命于天子。"
《春秋繁露·深察名号》说:"受命之君,天意之所予也,故号
为天子者,宜视天如父,事天以孝道也。"但天神又不像殷代的
上帝,可以直接发号施令,它的意志情感通过阴阳二气与五行的
变化来表达,阴阳五行的正常运行即是天道,于是董仲舒把阴阳
五行学说纳入他的神学体系,从而与先秦的天神崇拜有了区别。
《春秋繁露·天道施》说:"天道之大者在阴阳,阳为德,阴为
刑。"《春秋繁露·基义》说:"王道之三纲,可求于天。""君臣
父子夫妇之义,皆取诸阴阳之道。君为阳,臣为阴;父为阳,子
为阴;夫为阳,妇为阴。"

人道来源于天道,人道亦可以感应天道。其中可能有两种
情况:一种是"世治而民和,志平而气正,则天地之化精,而万
物之美起",另一种是"世乱而民乖,志癖而气逆,则天地之化
伤,气生灾害起"(《春秋繁露·天地阴阳》)。人之感天,关键
在君王,君王无德而行暴,则天降祸异。"灾者,天之谴也;异
者,天之威也。……国家之失乃始萌芽,而天出灾害以谴告之;
谴告之而不知变,乃见怪异以惊骇之;惊骇之尚不知畏恐,其殃
咎乃至。"(《春秋繁露·必仁且知》)君王若能及时革弊图治,
则殃祸可以解除。"五行变至,当救之以德,施之天下则咎除。"
(《春秋繁露·五行变救》)改革的措施主要有薄赋敛、减刑杀、
赈困穷、举贤远佞等。《春秋繁露·玉杯》认为《春秋》的重要
原则是"屈民而伸君,屈君而伸天",可见董仲舒的神学既有替
贵族控制民众的意图,又有用神道约束君权的意义。

《白虎通》作为汉代经学法典,接纳了董仲舒的神学思想,
对于崇天拜祖祀社稷做了神学的解释。《白虎通·爵》宣明君权
天授:"天子者,爵称也。爵所以称天子者何?王者父天母地,

为天之子也。"其解说社稷云："王者所以有社稷何？为天下求福报功。"（《白虎通·社稷》）其解说灾变云："天所以有灾变何？所以谴告人君，觉悟其行，欲令悔过修德，深思虑也。"（《白虎通·灾变》）《白虎通》保存了儒家"神道设教"的思想，但又大量吸收天人感应和谶纬神学，与董仲舒相呼应，也是儒家宗教化的一种表现。

汉代这一派儒者把儒学宗教化的努力，虽获得暂时的成功，产生一定的影响，但从历史的长河看，他们都失败了。扬雄批评神学经学为"巫鼓"，韩愈的道统说中没有董仲舒的地位，宋明主流派儒家学者都不肯定董仲舒的神学。中世纪后期的统治者褒扬董仲舒，祭孔时列为陪祀，也只是看重他对三纲五常的阐发，董仲舒还是进不了正宗道统的行列。一个重要原因是，董氏违背了儒学的人学本质，过分抬高神道，把社会人生的价值之源，从内在的人性转移到高高的、外在的天神上，减弱了"为仁由己"的道德感染力量，这样的儒学是没有发展前途的。

231

七、理学时代的儒家宗教观

从北宋理学起，儒家的宗教观发展到一个新的阶段，即哲理化的阶段，这个阶段直到明清为止。

张载是理学宗教观的奠基人，他正式将阴阳气化论引入鬼神观之中，从哲学存在论的角度说明鬼神的本质。张载是气一元论者，《正蒙·太和篇》提出"太虚不能无气，气不能不聚而为万物，万物不能不散而为太虚"，一切物象皆是气的形态，"其聚其散，变化之客形尔"，聚而有形，散而无形，"但云知幽明之故，不云知有无之故"。从天人合一的观点看，"聚亦吾体，散亦吾体。知死之不亡者，可与言性矣"，因此所谓生死，只是变化，并非灭绝。他认为"鬼神者，二气之良能也"，"天道不穷，寒暑也；众动不穷，屈伸也"，"鬼神之实，不越二端而已矣"。鬼神并非世间所说的神秘之物，其实质就是阴阳二气屈伸变化的本能。动植物的生死乃二气之聚散离合，"至之谓神，以其伸也；反之为鬼，以其归也"（《正蒙·动物篇》）。阴阳在聚合中生物，其化生不可测度，故曰神，"合一不测为神"（《正蒙·神化篇》）。人生时气聚而不散，"气于人，生而不离、死而游散者谓魂；聚成形质，虽死而不散者谓魄"。这样一来，鬼神的神秘性和超世性便被排除了。

继张载者为程颐，《周易程氏传》解释《乾卦·文言》时说："大人与天地日月四时鬼神合者，合乎道也。天地者，道也；鬼神者，造化之迹也。"二程注释《系辞》云："聚为精气，散为游魂。聚则为物，散则为变。观聚散，则鬼神之情状著矣。万物之始终，不越聚散而已。鬼神者，造化之功也。"伊川的鬼神观明显来源于张载，但朱熹批评其"鬼神者，造化之功也"一语，兼形上与形下，不如张载精妙。

理学家中以朱熹的宗教观为最系统，他上承孔子、《易传》、《礼记》，综合张载、程颐诸家，集大成而有创造。

第一，以阴阳二气的屈伸变化解说鬼神。如说"鬼神只是气""鬼神不过阴阳消长而已"（《朱子语类》卷三），"神者伸也""鬼者归也"（《朱子语类》卷六十三）。这是继承张、程之说。朱熹又发挥说："二气之分，实一气之运。"以二气言之，"阴为鬼，阳为神"，以一气言之，"方伸之气亦有伸有屈"，"既屈之气亦有屈有伸"。具体到人身，以二气言之，"生者为神，死者为鬼"（《朱子语类》卷六十三）；以一气言之，"只今生人，便自一半是神，一半是鬼了。但未死以前，则神为主，已死之后，则鬼为主"（《朱子语类》卷三）。再则，鬼神并不等于气。"问：鬼神便只是此气否？曰：又是这气里面神灵相似。"（《朱子语类》卷六十三）在别处又说："气之精英者为神。"（《朱子语类》卷一）实则以理为神，故云："金木水火土非神，所以为金木水火土者是神，在人则为理，所以为仁义礼智信者是也。"（《朱子语类》卷一）又云："神是理之发用而乘气以出入者，故《易》曰：'神也者，妙万物而为言者也。'来谕大概得之，但恐却将神字全作气看则又误耳。"（《晦庵先生朱文公文集·答杜仁仲》）以理释神是朱子的新意，也正是他作为理学家的本色。

第二，以气类相感解说祭祀。朱子认为祭祀当祭者，必与祭祀对象发生相应相感。他说："此身在天地间，便是理与气凝聚底。天子统摄天地，负荷天地间事，与天地相关，此心便与相通。"故当祭天地。"我之气即祖先之气，亦只是一个气，所以才感必应。""祖考之精神魂魄虽已散，而子孙之精神魂魄自有些小相属，故祭祀之礼尽其诚敬，便可以致得祖考之魂魄。"（《朱子语类》卷三）由此而言，祭祀活动并非单纯地报本崇德，在事实上也会感动神灵，否则便成为伪事，所以他斥责单纯设教说，以为"后世说设教二字甚害事"（《晦庵先生朱文公文集·答郏子》）。不过这个被感动的神灵只是与祭者相通的祖气而已。这种感应也是暂时的，"为坛以祭，此心发处，则彼以气感，才了便散"（《朱子语类》卷八十七），所以朱子不主张做许多神像加以膜拜。

第三，重人事轻鬼神，以生理兼死理。朱子受传统宗教的影响，思想里有许多神秘观念，但他主张少谈鬼神，多治实学，故云："鬼神事自是第二着，那个无形影，是难理会底，未消去理

233

会，且就日用紧切处做工夫。""待日用常行处理会得透，则鬼神之理将自见得。"（《朱子语类》卷三）"鬼神之理，圣人盖难言之。谓真有一物固不可，谓非真有一物亦不可。若未能晓然见得，且阙之可也。"（《晦庵先生朱文公文集·答董叔重》）。他采取了搁置一边、暂勿深究的态度。这里固然有"存疑"的老实作风，亦由于儒者以生死鬼神为一，生理即涵盖着死理，故无须另立名目，枉费精神也。《答吴公济》云："来书云：夫子专言人事生理，而佛氏则兼人鬼生死而言之。……抑又有说焉，不知死生人鬼为一乎？为二乎？若以为一，则专言人事生理者，其于死与鬼神固已兼之矣，不待兼之而后兼也。若须别作一头项穷究晓会，则是始终幽明却有间隔。似此见处，窃恐未安。"我们可以说，以死生人鬼为一者，自当以生为主，人学也；以死生人鬼为二者，自当以鬼神为主，神学也。理学在本质上不是宗教，就在于它以生理涵盖死理，不赞成将世界二重化。

234　　　总之，朱子的宗教观代表了后期儒家主流派的观点，在理论上将"敬鬼神而远之"的精神与气化气感说结合起来，形成哲学的宗教观。

　　王阳明的宗教鬼神观亦主气化流通说，谓天地鬼神人物皆一气相通，相与一体，故云"只为同此一气，故能相通耳"，"鬼神也与我同体的"。但阳明心学力主心物一体、心理一体，强调主体心灵的涵盖性与辐射性，不同于朱子突出理的客观性，故在鬼神问题上，王阳明阐扬心灵与鬼神相通并为主宰，重视主体的感受。他说："我的灵明便是天地鬼神的主宰。""天地鬼神万物离却我的灵明，便没有天地鬼神万物了；我的灵明离却天地鬼神万物，亦没有我的灵明。如此便是一气流通的，如何与他间隔得？"他的意思是说，天地鬼神万物的价值和意义需要人心去赋予，并不是说天地鬼神万物依赖于人心而存在。这是意义论的问题，不是存在论的问题，但这容易引起误解，连他的弟子也感到困惑，问他："天地鬼神万物，千古见在，何没了我的灵明，便俱无了？"这仍然是从存在论上发问。王阳明回答说："今看死的人，他这些精灵游散了，他的天地万物尚在何处？"这是从意义论上作答。但意义论中却包含着存在论的答案，既然人死精灵游散，等于承认世间所谓鬼神是不存在的，存在的只有一气之流行，所以王阳明的鬼神观是倾向无鬼神的。

王夫之为晚期儒家中最有学问者，他的鬼神观直接继承张载，与朱子则有同有异。《张子正蒙注》肯定气有聚散，非是有无，聚而有散，散而可聚。张载批评佛教，"彼语寂灭者，往而不返"，王夫之注云："释氏以灭尽无余为大涅槃。"张载批评道教，"徇生执有者，物而不化"，王夫之注云："物滞于物也。魏伯阳、张平叔之流，钳魂守魄，谓可长生。"（《张子正蒙注·太和篇》）王夫之认为，佛教的错误在于主张人与物因缘散尽而消灭无余，不能复聚为有形；道教的错误在于固执于形体有聚无散，都是失于一偏。他认为张载以气之聚散明生死最为精当，故注云："贞生死以尽人道，乃张子之绝学，发前圣之蕴，以辟佛老而正人心者。"据此，他不赞成朱熹关于人死气散不能复聚之说，认为朱子之说"反近于释氏灭尽之言"，不符合儒典的思想。他解释孔子的"未知生，焉知死"的含义，是指"生之散而为死，死之可复聚为生，其理一辙"。他解释《易传》"精气为物，游魂为变"，云："游魂者，魂之散而游于虚也，为变，则还以生变化，明矣。"王夫之的聚散往复说不同于佛教生死轮回说。以物而言，气之聚散往复不过是物的形态发生变化，故一面是器毁形散，一面是"造化日新"。以人而言，"尽神以尽性"

235

者，"则与太虚通为一体，生不失其常，死可适得其体"，这是站在天人一体的"大我"立场上看待生死，故能死而不亡，只有尧舜周孔那样的圣人才能做到，因为"圣人与天合德之极致"。可见王夫之用气化论和道器论把生死问题哲理化了，从而排除了世俗的鬼神观念，也划清了与佛道二教的界限。他虽然反对屈君子之道以证鬼神之说，但他仍像孔子，不愿从存在论和认识论上彻底否定鬼神。《读通鉴论·武帝》云"盖鬼神者，君子不能谓其无，而不可与天下明其有"，"不能谓其无，六经有微辞焉，郊庙有精意焉"。六经有鬼神之说，郊庙有设教之功。《张子正蒙注·太和篇》不赞成人死神灭之说，认为："使一死而消散无馀，则谚所谓'伯夷、盗跖同归一丘'者，又何恤而不逞志纵欲，不亡以待尽乎！"王夫之顾虑无神论可能导致道德的瓦解，所以不反对保存一定的宗教观念和正常的宗教祭祀，但不能狂热入迷，这仍然是孔子"敬鬼神而远之"的传统。

与王夫之同时代的黄宗羲，除了用气聚散论解释鬼神外，他似乎更倾向于撇开鬼神问题从人格影响上说明死而不亡的道理。其《破邪论》云："吾谓有聚必散者，为愚凡而言也。圣贤之精神长留天地，宁有散理。""凡后世之志士仁人，其过化之地，必有所存之神"，"犹能以仁风笃烈拔下民之塌茸，固非依草附木之精魂可以诬也"。人之祭祖不能感其魂之来格，"其魂即在子孙思慕之中"。黄氏此说颇近于叔孙豹的"三不朽"说和今人所谓"精神不死""浩气长存"，皆指其人品格事业感人至深，能长留人间。

八、近代儒家的宗教观

近代儒家，我是指以康有为、梁启超、章炳麟为代表的儒家（不包括当代新儒家），他们处于帝制崩溃的前后，开始接受西方的新思想，在中国推行具有近代特色的社会改革，在宗教观上不再走宋儒的老路。他们有鉴于传统宗教的崩坏和传统儒学的危机，在西方社会思潮的强烈冲击下，试图以一种新的模式重建中国社会的精神信仰，吸收传统又改造传统，学习西方又对抗西方，在混乱中摸索出路。

康有为在政治上是改良主义者。他提出建立孔教的主张，形式上是保守的，事实上也行不通。但从精神风格上说，这也是近代改良主义的一种尝试，是文化改革的重要内容。康有为看到西方文明国家信一神教，专奉教主，以发德心，而中国的孔子，不假神道却能教化人心，受到敬仰，故应推尊为中国的改制教主，以孔子配天而祀之，由国人共推尊信。他又看到西方文明国家实行政教分离，遂主张仿效"治教分途"，建立有别于行政系统的教会体系，从中央到地方，从城市到农村，皆立孔子庙，以时祭祀，讲诵圣经。一乡有庙，庙有讲生，司（数十乡）有讲师，县有大讲师，府有宗师，省有大宗师，由各省大宗师公举祭酒老师，为全国教会之长，兼为教部尚书，专理文教。孔子定礼，祭止天祖，其他皆为淫祠，一律废除。他看到西方以宗教弥补法律之不足，认为神是"在若有若无之间，而不可无"的对象，如尽弃宗教，则人即"无所畏惮，肆其作恶而已"，"夫将欲重道德之俗，起敬畏之心，舍教何依焉"（《中华救国论》）。许多人只知道西方文明之长处在政治与物质，不知道端赖维系人心之宗教；独中国为无教之国，使国无所立，民无所依，天下就要大乱。而中国所建之国教应是孔子之道，因其"配天地，本神明，育万物，四通六辟，其道无乎不在"，它是中国数千年立国之本，一旦弃之，国人将进退失据，"教亡而国从之"（《孔教会序一》），前景不堪设想。所以，他不仅要保国保种，还要保教。康有为在宗教观上是民族本位论者，他学习西方的目标不是移植西方的宗教，而是按西方的模式把儒家变成宗教，用这种宗教来强种强国，以便与西方平起平坐。他说："人之生世，不能无教。教有二：有人道教，有神道教。耶、佛、回诸教皆言神，惟孔子之教为人道教。"这个教的好处是"道不远人，与时变通，为人道所不能外"，同时讲"丧祭之法，宗庙之礼"，"以人道而兼神道"（《陕西孔教会讲演》）。此外，其他诸教都"坚持其门户"，独孔教"敷教在宽，故能兼容他教而无碍"（《中华救国论》）。因此，孔子的人道教比西方的神道教优胜。

康有为建立孔教的主张有其进步性和深刻性：第一，看到近代国家民族不能没有自己的主体信仰，这个问题不解决，国家民族在精神上就无所归依；第二，看到宗教在近代仍有巨大作用，它的社会功能为其他精神形态所不能代替；第三，看到孔子之道作为一种人道有其长久与普遍价值的内涵，是不能简单地抛弃的。但康有为建立孔教之举并没有成功，根本原因之一在于这种宗教化的努力同儒学的人学本质恰相抵触，两者不能并存。脱离神学，才有人学；摆脱宗教，才有儒学。儒家将人生价值根源放在人性自身之中，其学说的核心是在今生世间如何做人，没有彼岸的观念，是人伦日用之常道。儒家圣人是指道德完美的人（人伦之至），所以孔子尽管在历史上被抬到吓人的高度，封王祭拜，但最终还是落实到"师"的位置上，祭孔的主要意义在纪念与文化认同上。当孔子真的被当作教主和神的时候，他的形象便会失去光彩，儒学就要变质了。康有为一方面承认儒学的此岸性（人道教），另一方面又试图以政权的强制力量将人文主义的儒家纳入宗教组织系统并抬高为国教。用这种不相宜的宗教形式来推崇儒学，不仅帮不了儒学的忙，适足以阉割它的自律精神、诚挚情感、道德理性和从道不从君的人格力量，而使其名存实亡。加上清末儒学趋于衰败，儒家倡导的礼教已脱离人情而成为官方的僵死教条，成为束缚人心自由的枷锁，把这种僵化了的学说和信条再进一步规范化为国教而不做内容上的更新，就更没有出路。时代已经进行到帝制社会崩溃并走向近代社会的阶段，儒学不经过大的转化和再生，只在形式上做文章，是不能适应新时代需要的。

梁启超比康有为有见识，他也要尊孔，但反对把孔子抬高为宗教家，反对把儒学改造成宗教。他写下《保教非所以尊孔论》，认为西方人所谓宗教，乃是迷信信仰，"以灵魂为根据，以礼拜为仪式，以脱离尘世为目的，以涅槃天国为究竟，以来世祸福为法门"，奉其教者，"莫要于起信，莫急于伏魔"，故窒人思想自由，持门户以排外，从人类进化前景而言，终究要被取代的。而"孔子则不然。其所教者，专在世界国家之事，伦理道德之原，无迷信，无礼拜，不禁怀疑，不仇外道"。因此，"孔子者，哲学家、经世家、教育家，而非宗教家也"。持孔教论者，非但不能成功，其论即已厚诬孔子，"孔子人也，先圣也，先师也，非天也，非鬼也，非神也"，强孔子以学佛，是"误解宗教之界说，而艳羡人以忘我本来也"。梁氏颇受西学熏陶，已具有近代关于宗教的概念，以信仰主义和理性主义为区分宗教与哲学的标志，故能够断定孔子不是宗教家。他指出康有为等保教论是仰慕西方而忘掉孔学根本，这也是深刻之见。梁氏断言："世界若无政治，无教育，无哲学，则孔教亡，苟有此三者，孔教之光大正未艾也。"但他认为在思想信仰上可以自由选择，这就必须"划定政治与宗教之权限，使不相侵越"，主张"凡一人之言论、行事、思想不至有害于他人之自由权者，则政府不得干涉

239

之，我欲信何教，其利害皆我自受之，无损于人者也，故他人与政府皆不得干预"，这也是相当开明的近代思想。梁氏另一篇论文《评非宗教同盟》，对宗教信仰的特点有独到的阐发。他强调"宗教是各个人信仰的对象"，其特征是："第一，信仰是情感的产物，不是理性的产物。第二，信仰是目的不是手段。"信仰具有个体的自主选择性，"不能相强"。他认为"宗教是神圣，认宗教为人类社会有益且必要的物事"，感慨"中国人现在最大的病根，就是没有信仰"。梁氏撰《论宗教家与哲学家之长短得失》，指出"哲学贵疑，宗教贵信"，宗教与迷信常相为缘，故对真理有妨碍，但宗教之道德不可毁坏，且信教必至诚，故能任重致远，感人动物，成就惊天动地的事业，而哲学便无此巨大威力，哲学与宗教实可以互补。

梁启超关于宗教的界说、信仰自由、政教分离、信仰神圣等观点，在传统学术中是找不到的，完全属于近代思想范畴，清末民初学者很少能达到这样高的认识水平，在中国宗教观发展史上具有划时代的意义。

章炳麟是近代国学大师，他既是革命家，也是古文经学家。他坚决反对君主专制主义，但不反对儒学，倡导尊孔读经，对于除佛教外的其他诸多宗教，他都持批判态度。他批判传统的天命鬼神论，云"若夫天与帝，则未尝有矣"（《訄书》），"曰天者自然而已，曰命者遭遇而已。"（《儒术真论》）。人死之后，身体分解成各种元素，"而人之性亡矣"（《菌说》），故无鬼；"死而不忍致死之，荐祭之设，情也"（《检论》）。他批判道教，认为"自裁者，与求长生者，其愚则同"（《四惑论》）。他不赞成基督教，所谓上帝"无始无终""全知全能""绝对无二""无所不答"，皆不能自圆其说。既说世界有始、世界末日，则耶和华

"起灭无常"。既说上帝全知全能，则何以有恶魔诱人？既说上帝造万物与人，那么上帝又从何而来？"然则神造万物，亦必被造于他，他又被造于他。此因明所谓犯无穷过者。以此断之，则无神可知已。"（《无神论》）。章氏回顾中国思想史上神学与人学的消长，指出仲尼之导世，"始察于人伦，而不以史巫尸祝为大故"（《訄书》），老、庄、孟、荀、申、韩等皆"察于人文"；墨子"尊天敬鬼"，汉代"谶纬之书，俱近宗教"，"而巫蛊之祸作，则仲舒为之前导也"；"今之倡孔教者，又规摹仲舒而为之矣"（《驳建立孔教义》）。他的结论是："神怪绌，则人道始立。"（《訄书》）

章氏反对神学宗教，但主张建立无神的宗教，即佛教，而以法相为其根本。他认为释迦牟尼是师不是神，唯识学不讲灵魂而重心识，这与中国传统文化精神相合。中国佛教之根本在"依自不依他"，"自贵其心，不以鬼神为奥主"（《答铁铮》）。他要"用宗教发起信心，增进国民的道德"（《演说录》），故"今之立教，惟以自识为宗"（《建立宗教论》）。章氏只看到佛教哲理化的一面，学者可以从中得到精神满足，但他忽略了佛教对超自然神灵的崇拜，而正是这一面才能吸引广大教徒，并使佛教保持着宗教的色彩。

我们不妨将康、梁、章三人当作近代儒家的代表，那么他们的宗教观诚然各有不同，但在精神风貌和基本观点上仍有若干一致或接近的地方。首先，他们都反对把儒学理解为鬼神之道，而主张以人道为教；其次，他们都程度不等地受到西方文化的影响，康有为欲引进洋教的形式，梁启超欲引进西方的信仰自由，章炳麟欲引进西方的自然科学；第三，他们都反对取消宗教，认为宗教在近代社会生活中仍有凝聚人心、支撑道德的巨大作用，而中国人必须以"我"为主，重建自己的国民信仰，可知他们在宗教上都是改良主义者，不是彻底的非宗教论者；第四，他们都尊孔而不舍佛，认为两者并行不悖，互补叠用，这也是中国学者长期形成的传统。

九、儒家宗教观的现代和未来意义

以孔子为代表的儒家宗教观体现了中庸之道的特色，在无神论者看来是一种同宗教妥协的不彻底的理论，在正统宗教神学家看来又是一种淡于宗教和有无神论倾向的学说，两方面都不满意它。所以在相当长一段时间内，马克思主义者和基督教神学家对它评价都不高。但是世界历史的发展一再证明了，宗教还将长期存在。世界历史的发展还证明了，传统的宗教不能按老样子继续下去，它正在减弱其超世性，增强其人文性，宗教世俗化的趋势越来越明显。那么世界各大宗教将走向何方？是不是也正在肯定与否定之间走向中庸之道呢？假如我们分析一下世界宗教发展的新动向和新时代社会精神生活在结构上的变化趋向，我们不能不承认，儒家的宗教观具有令人惊叹的超前性和早熟性。

从世界范围来说，宗教走了三个大的阶段。第一阶段是自然宗教，各国都普遍经历了这样一个宗教的原始时期，以崇拜自然神灵为主，包括崇拜祖先神灵，具有自发性、全民性、多神性和强烈的功利性。第二阶段是神学宗教，世界各种主要宗教都经历了并正在经历着这个阶段，出现了高位神乃至至上神，神的社会属性占据优势，有了经典和系统的教规教义，有了严格的宗教组织和制度，一批宗教学者创造出丰富的宗教理论和神学哲学，宗教成为可以由个人选择的、主要是为了安身立命的思想信仰。第三个阶段是道德宗教或称为心理宗教，许多宗教正在走向或将要走向这个阶段。相当一批神学家，不再坚持传统的宗教神话，尽量淡化神和彼岸的观念，而着重突出宗教的道德功能和心理功能。在西方宗教文化史上，早就存在着人文主义的思潮，至康德而有道德宗教的正式提出。康德认为上帝属于信仰的范围，不属于认识的领域，它的存在是无法论证的，但宗教是至善的代表，为道德所必需，要加以保存。20世纪以来，西方基督教的理论，出现许多新思想，其中重要的一股是把上帝视为真善美的化身，神性即人性，不再崇拜创造和主宰人间的上帝，认为传统的上帝已经或即将死去。其实"上帝已死"只是意味着传统的上帝观念已经过时，科学和哲学的发展逼迫理论家放弃《创世纪》中的宗教神话，而接受一种较为合乎生活常识的新的宗教观念，即把宗教视为社会道德的支柱，把宗教信仰视为人性中的一部分。

由此我们回观孔子与儒学的宗教观，它对鬼神的存而不论或将其散化为自然，它对宗教的情意功能和道德功能的强调，它保留神道并将其纳入人道的做法，都表现出一种难得的睿智和远见。儒家不热衷于宗教，但主张适当保留宗教，而且把神道看成人道的继续和组成部分，这不仅是一种合乎情理的态度，而且在实际上也符合宗教在社会现实生活中的地位和作用。宗教本来就是人类社会进化到一定阶段因需要而产生的，它是人类异化的产物，是人类由于现实生活的巨大欠缺而在精神生活领域所做的补偿，宗教的经典、教义、哲学、礼仪都是为了满足精神慰藉的需要而由人创造出来的，所以宗教所宣扬的神道归根结底是人道的一部分。人类在很长的时期内离不开宗教，但宗教又必须受社会生活和现实条件的制约，在人类文化的适当位置上发挥作用。宗教宣传超世，但宗教活动本身不能超世，只能在人间范围内活动。不承认宗教的历史性和长期

243

性，企图很快取消宗教，是不现实的；但是把宗教抬到不适当的位置，使它凌驾在社会之上，使神道脱离人道，这不仅为社会所不允许，而且也与宗教救世劝善的宗旨相背离。宗教教义的虚幻性与宗教生活的正面价值向来是不一致的，这是宗教的内在矛盾，正确的态度应该是不因其教义缺乏真实性而否定其功能的积极性，亦不因其有正面价值而承认其教义全部真实。儒家就是这样的态度。儒家"敬鬼神而远之"的态度，不理会神界存在是否真实而突出宗教的道德和心理功能，把神道归属于人道，这是一种非常理智和通达宽容的态度，既不会流于狂热，又不会陷于武断，表现出一种崇高的人文主义精神。它与世界上对待宗教问题的新人文主义思潮恰相吻合，也将给中国人的宗教观的未来发展以重要影响。中国人多数是否会在宗教观上走儒家的中庸之道呢？西方人多数是否会走中国人的路呢？且拭目以待之。

（原载《齐鲁学刊》1993年第4期，原标题为《试论儒家的宗教观》，内容有改动）

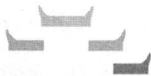

儒家天人之学与生态哲学

地球的整体是什么样子？长期以来人类并没有直接的感受，只能感知它局部的美，因为人类生活在地球表面上，贴得太近，不能全方位观察。只有离开地球，才能形成视角，离开到相当的距离，才能形成涵盖全球的视角，这一点一般飞行器做不到。如今到九霄去巡天俯地的美好愿望不再是神话，由于载人飞船的出现，宇航员直接看到了地球，拍摄到它的形象。地球是湛蓝的、美丽的，云团和云流在它表层按着天籁的韵律缓缓移动，就像一位漂亮的仙女，披戴着素纱，漫步起舞，纱裙飘逸，回旋迷人，在纱罩的后面，隐藏着倾世的绝色。地球与其他已知的星球相比，是真正的天界仙境。人类在地球上用肉眼看到的星辰，没有哪一个能与地球媲美。在目前可测察的广袤太空里，它是已知的唯一有高级生命的星体，是大自然的造化之力在数十亿年的漫长岁月中逐渐成就的无与伦比的杰作。

地球孕育出众多生物，生物进化出人类，形成生机盎然、异彩纷呈的世界。然而大自然的杰作中的杰作——人类，自从具有高度的灵性以后，渐渐地从地球可爱的儿女变成地球的破坏者。地球已经变得有些灰暗，自然之母的润泽肌肤已经变得粗糙难看，千疮百孔。如何医治人类给地球造成的创伤，使地球重新焕发活力，在很大程度上取决于人类的觉悟。

一、生态危机威胁着人类的命运

古人类学的研究成果表明，人类已有300余万年的历史，其中绝大部分时间是在自然生态正常循环之中度过的。从进入文明史以来的数千年中，人类改造自然的速度显著加快，并且接连不断地发生各种战争，对自然环境时有破坏。但是直到17世纪为止，人类文明还属于农业文明的范畴，人类的不良活动尚未对生态平衡造成明显的损害，亦未对环境造成难以自然消纳的污染，所有发生的消极后果，对于地球这个大生命来说都是局部的、可以忍受的和容易化除的。人类依赖自然，接受它的恩赐，对它怀抱着崇敬、感激和畏惧之心，不敢有非分之想。无论东圣还是西哲，都在一面赞美人类的灵秀和智慧，一面歌颂自然界的奇妙与伟大，主张人对自然的顺应和协调。古希腊哲学家就认为水、火、土、气是由大自然和偶然性造成的，艺术必须与自然相协调，政治与立法也要与自然协调合作。

自从工业文明兴起以后，情况便发生了根本性的变化，人类生存的环境开始受到大范围的侵害。大气污染的起始时间，与欧洲工业革命的时间基本吻合。培根提出靠科学技术建立人类对万物统治的帝国，实行对自然的支配。从此，在征服自然的响亮口号下，工业文明迅猛发展，取得了令人眼花缭乱的巨大成就，创造出无与伦比的生产力和物质财富。于是地球从自然统治人类的时代一跃进入人类统治自然的时代。人类拥有了超出以往千百倍以上的各种能量和科学技术手段，贪得无厌地掠夺自然资源，疯狂地向自然界索取，肆意地破坏生态的平衡，以期实现经济的高速增长和社会的发展。在最近这二三百年中，人类对自然的破坏以加速度的趋势发展，而最近一个世纪更是日甚一日，其严重性终于使有识之士在20世纪中叶猛然醒悟，发现工业文明的成果是以破坏自然环境为代价的，已经对人类健康生存构成威胁，这种畸形文明若不赶快设法补救，人类将跨向自我毁灭之途。罗马俱乐部的成立和活动，便是这种觉醒的一个显著标志。于是人类的发展史又来到一个新的交叉路口上。我们这一代人对人与自然的关系做如何的反省，对以往的文明做如何的总结，对社会发展方向做如何的调整，对我们子孙后代的幸福具有关键性的意义。

半个多世纪以来，治理环境成为普遍的呼声，因为生态危机太严重了。生态危机最新的特点是：由缓慢的破坏发展到高速度的破坏，如今环境污染的加重一天超过以往几十年；由地区性的危机发展到全球性的危机，无一国可以置身事外；由一般生存条件的破坏发展到基本生存条件受到威胁，如水、土地、森林这些古人可以充分享受的生存基本要素变得更加珍贵；自然界自我调节机制由局部的、暂时的紊乱发展到部分主要环节出问题，人类活动打乱了地球的生命节奏，使自然界的再生能力不能及时补救人类造成的损害。更为严重的是，地球生态的恶化趋势，除局部得到遏止和改善外，从整体上说，不仅不见停止，而且仍在加重。由于氟利昂的过量排放，保护人类的臭氧层开始遭到破坏，南极上空出现空洞。作为工业废气的二氧化碳急剧增加，引起的温室效应和气候异常，将导致更多的自然灾害。海洋遭到大面积石油污染等人为的污染，工业污水的排放，核废料与垃圾的弃置，以及超量的捕捞，已经使海洋生物大受其害。在陆地上，农药与化肥的大量使用，不仅使土壤质量下降，而且严重污染河流及地下水源，加上工业废水废渣的大量排放，全球性淡水系统的

247

污染十分严重。草原的退化与土地沙漠化亦是世界范围内的严重问题，它影响到农业、畜牧业和气候。

总之，一方面是物质和能量的过度消耗，导致资源危机和生态恶化；另一方面是过量废弃物排向环境，摧毁自然净化结构，造成环境污染。此外，还有核武器这样一个巨大的潜在污染源，一旦被战争狂人释放出来，将毁灭地球；即使能达成禁止和销毁的协议，并真正实行，核武器废品也将长期污染局部环境。

中国的情况也不容乐观：人口太多，使得农业资源超载；可采伐利用的森林资源稀少，部分林场无林可采；水资源短缺的问题日益突出；近海资源下降，海洋污染逐年增加；工业污染由于乡镇企业的猛烈发展而日益严重；城市生态系统逐步恶化；水土流失严重；草原退化与土地沙化的势头未能遏止。当然，由于这些年的努力，局部地区的环境有所改善，但整体情况仍然令人担忧。

可以说生态危机已经成为全人类面临的共同性危机。每一个有社会责任感和关心子孙后代的人，不能不对这一严峻的形势进行深刻的反省和认真的思考，不能不对工业文明的利弊重新进行评价，不能不在人与自然关系上做哲学高度的探究，并因此而常常回到东方古圣哲那里寻找智慧。

二、与自然界敌对还是做自然界的朋友

要改变现状，必须先改变人们的行为；要改变人们的行为，必须先改变人们的观念；要改变人们的观念，必须先改变人们的指导思想，这里有认识问题也有价值取向的问题。在人与自然的关系上，中国古代哲学是天人一体相关论，西方工业社会的哲学是天人二元对立论。我们现在似乎应当建立起一种新的天人相化共荣论，即生态哲学，用以促进世界的健康发展。

我们必须在指导思想上进行痛心的检讨和根本性的转变，至少对以下问题要重新做出抉择。

（一）人类要成为自然的征服者、统治者，还是与自然界共存共荣、协调发展

人类来源于大自然，又是大自然的一部分，离不开自然，所以人类应视大自然为自己的母亲。当然，自然界并不天然就适合人类的生存和发展，还时常给人类带来灾害和麻烦，所以人要改造自然，改善环境，利用天然质料制造各种产品以满足自己的需要，因而有文明的出现和发展。这种情况助长了人们的幻觉，以为自然界只是任人践踏的被动性的对象，人的意志可以随意强加在自然界身上，使自然界成为驯服的奴仆。其实，大自然既给人类创造了适宜的生存环境，又是活生生的有无限潜力的存在。所谓"适宜"是指地球在几十亿年的演化中形成了包括大气、海洋、生物、森林、土壤等在内的特殊生态系统，有了这个系统才诞生了人类。所以从根本上说，从人类生存所需要的基本物质要素——阳光、空气、温度、淡水、土地这些大环境条件来说，地球是最适宜人类居住的地方，而"不适宜"只发生在局部地区的环境与气候上，只发生在不能提供现成的、能满足人类不断增长的各种需求的产品上。"改造自然"，严格地说只是"改善自然"，改良局部的不协调，绝不是改变人类生存的基本条件。至于"征服自然"，那是根本不可能的事，只能说明人类的狂妄自大。"人定胜天"的口号在一定程度上起鼓舞作用，推动人们去建设去创造，但从根本上说它是非科学的，有限的人力怎么能战胜无穷的自然造化之功呢？人不能"胜天"，只能"补天"，假若非要与自然为敌，对自然实行征服和掠夺，其结果必然遭到自然的无情报复和惩罚。人类破坏自然的程度与遭到惩罚的程度成正比，只是有早有迟，到自然忍无可忍的时候，便是人类大难临头的时候，到那时恐怕人类后悔也来不及了。人类是自然界整体的一个小局部，整体被破坏了，局部焉能独存？当我们看到鱼缸中的金鱼时，觉得金鱼很可怜，生活的天地那么狭小，温度、水质稍有变化，金鱼就不能正常生存。其实人类对环境的要求比金鱼更复杂。大气就是大自然给人类创造的"大鱼缸"，大地是其承托，人类只能在其中生存，只是微观的调节能力比金鱼强。我们坐在飞机上俯视大地，便会有人命如蚁的感受，只要大气成分发生大的改变，或者撕裂消散，只要气温发生大的变化，人类就会面临大灾难。蚂蚁夸大国，蚍蜉撼树，人们把这当作笑话。人类妄图统治大自然，岂非五十步笑百步乎？诚为不自量也。人类生存对环境条件的要求极为精细严格，甚至达到了苛刻的程度，温度、氧气、阳光、营养、空间都有大致固定的要求，可以称之为"生命场"，人类必须仔细地保护这个"生命场"，因为人力可以破坏它，但不能再造它。英国科学家洛夫洛克提出"盖亚假说"，认为生物与环境的控制交相感应才使地球保持了有生命、能生存的平衡状态，地球是一个"超生命体"，不仅有岩石、海洋、大气，也须有动植物及微生物的参与，才使地球形成巨大的自我调节系统。以大气与温度为例，数百万年能保持出奇的稳定，就是因为有自我调节机制。人类和动物排放二氧化碳，造成温室效应，而绿色植物吸收二氧化碳，又使温度下降。海洋有一种浮游生物能释放乙烷硫化物，将水蒸气压缩成微滴，形成云层，云层越厚，透过云层的太阳的光热就越少，地球温度就会下降；冷气温则使这种浮游生物数量衰减，因而云层减少，阳光充足，温度便又上升。盖亚假说虽然尚未完全证实，但地球存在着精微而有效的自我调节系统却是毋庸置疑的。人类所破坏的环境

250

条件和因人类活动而绝灭的动植物，究竟在多大程度上参与了这种调节，起着什么作用，尚不甚清楚，因而其后果存在着一系列的未知数。洛夫洛克警告说，这个自我调节系统若被严重破坏，就会发生突然变化，人类虽不至于被毁灭，但可能成为零星散居在地球上的少数生物。这已经是很可怕的前景了。

当然，人类也不能做自然界的奴仆，消极被动地听任大自然的摆布。大自然本来就是不完美的，它哺育人类，也会给人类带来各种灾难。所以人类不能坐等自然界的恩赐，要通过劳动和科技改善环境质量和生活条件。但生活条件的改善必须在保护环境的前提下进行，否则生活条件也不能得到根本的、长远的改善。爱护自然与爱护人类是一致的，为了人与自然的和谐而改造自然，改造自然以达到人与自然的更高一层的和谐。老子说"辅万物之自然而不敢为"，人的活动从根本上说必须顺乎自然，起辅助的作用。"征服自然"的口号是不科学的、有害的，必须用另一个口号——"做自然的朋友"来代替。

251

（二）自然资源是可以无限开发使用的，还是很有限度、必须节约的

中世纪以前的人类社会，人口不多，生产能力低下，使用自然资源有限，所以人们认为天然资源是取之不尽用之不竭的，不必列入成本计算。这种观念直到现有还有影响。可是今天工业的高度发达和人口的迅速膨胀，使地球上一切重要资源都处在紧张状态，照目前的开发速度，不用太久，便会有一部分资源陆续枯竭。不要说煤炭、石油、森林等资源储量有限又分布不均，面临供不应求、成本增高、开采难久的问题，就是古人认为最不值钱的清新的空气、充足的阳光、清洁的淡水，也已经不能随时可得，必须付出越来越高昂的代价。这里存在三个问题：一是掠夺

式开采，毫不顾及子孙后代；二是污染环境，得到了一些资源的益处，却损害了另一些资源的性能；三是使用上的浪费，用中国人的话说就是暴殄天物。特别是一些发达国家，实行畸形的高消费，从发展中国家掠取资源，在本国挥霍无度，水、电、煤气、木材的消耗大大超出正常生活的需要，以满足一部分人的骄奢淫逸。

然而，自然资源除部分可以有限再造外，相当一部分都是在自然进化演变的漫长岁月中逐渐形成的，如煤、石油等各种资源，用掉之后不能人为再生。我们要看到空气、淡水、森林、土地的特殊价值和不可替代性，及其与人类整体的普遍相关性，对它们的大规模滥用和破坏就是对人类的犯罪。所以从现在起就必须提倡文明开发、节俭使用，不断开发无污染的新能源如太阳能、风能，逐步改变人类现有的生产和生活方式。

（三）理想的现代化模式是以经济高速增长为主要指标，还是协调健康发展包括改善生态环境，使人与自然达到高度和谐

西方工业文明的成果是有目共睹的，迄今我们享用的许多生产技术与物质生活用品都是它的产物。但从生态哲学的最新眼光看，不应给予西方现代化的传统模式太高的评价，因为它是引起今天全球性生态危机和资源危机的主要缘由所在，它给人类留下的祸害的严重后果尚难以完全预料和有效消除。由于科学技术的发展和财富的大量增加，人类的确享受到前所未有的幸福。生活过得舒服多了，方便多了，少数富有者甚至达到无欲不足、无所不至的程度。然而这样的幸福充其量也只是一种短暂的幸福，并且付出了太大的代价，包括资源的提前支付、环境质量的明显下降和精神生命的严重萎缩。现代富贵者幸福吗？他们拥有财富和权势，开心自在，但极易成为金钱的奴隶和权力的牺牲品。他们拥有值钱的珠宝和昂贵的用具，但无法拥有清洁无害、优雅适宜的空间环境。一般人更是挤在狭小的空间里享受物质文明成果，不能生活在青山绿水的环绕之中，随时享受大自然的良辰美景，待到远足旅游时才能暂时躲开嘈杂的生活小区，获得喘息舒展的机会，这不是很可怜吗？就算生活在十分美丽的小屋中，但周围环境嘈杂，又会有多少生活情趣？这是现代人的悲哀。所以幸福应是一个综合的指标，除了财富和现代设施的拥有，还必须拥有丰富的、健康的精神文化生活和赏心悦目、有利健康的环境。理想的现代化不应走西方工业化的老路，社会发展必须由单纯追求经济高速增长转变为物质文明与精神文明、社会经济与生态环境互相协调的发展。宁可慢些，但要好些，把环境与发展统一起来。

（四）改善生态环境是只扫自家门前雪，还是全球人类休戚与共，齐心协力克服危机，走出困境

西方发达国家是全球性环境恶化的主要污染源和责任者，但其率先发现问题，加以治理，并取得明显效果，其有识之士关注全球性的环境治理和保护。可是一些发达国家仍然存在只顾美化自己家园却不惜污染和破坏别国家园的自私、短见行为。例如把有毒工业废料弃置公海或别国，把污染较重的工业输出到发展中国家，继续掠夺性地开采别国的矿产、砍伐森林、猎杀珍贵动物，而又不愿意出钱出技术帮助发展中国家治理环境，被世人称为生态帝国主义。这样做，不仅严重损害了发展中国家的利益，而且也不可能使发达国家自身的生态环境得到根本改善。当前的生态破坏和环境污染是全球性的，不受国界、社会制度和意识形态限制。江河湖海的变质、大气的混浊、气候的异常、地下水的污染，对所有人都构成威胁。地球只有一个，几十亿人口挤在这颗小星球上，风雨同舟，共存共亡。只要全球性的大气候一天得不到改善，局部气候和环境的改善绝难持久或真正有效，所以要联合全世界的国家和地区，动员全世界的人力和财力，来从事全球规模的生态保护工程。由于发展中国家面临着社会发展的紧迫任务，资金短缺，科技力量不足，保护环境的困难程度比发达国家要大得多，而发达国家经济和科技水平较高，责任重大，理应在全球生态工程中做出更多的贡献。因此在生态问题上必须建立全球一家的意识。美国有哲学家认为人类正在"挣扎着保全自己"，如果在这种挣扎中人类还要在内部互相算计，以邻为壑，那么人类就将是自甘堕毁、不可救药的一群动物了。

看来，人类要救自己必须建立一个崭新的生态哲学，它立足全球，着眼未来。它使人类在与自然和谐相处的基础上重新确立价值取向，使社会和人生走上健康合理的发展道路。而这样的生态哲学在中国儒家天人之学中早就已经培育萌芽，并且具有相当丰富、深刻的内涵。

254

三、儒家天人之学给我们的启迪

儒家的天人之学从孔孟建立，到程朱陆王发展到高峰，内容十分丰富，思路与西方近代哲学大不相同，其基本特征是强调天人一体。其中关于人在宇宙中的地位和人对自然的态度与生态哲学的关系最为密切，应是我们发掘思想资源的重点。儒家的"天"或"天地"的概念，大体上相当于"自然界"的概念，当然也包括自然界的神秘性和超越性；其"人"的概念，大体相当于"社会人生"，群体与个体都在其中了。因此，天人关系基本上等同于人与自然的关系。

孔子主张敬天法天，故有"畏天命"和"唯天为大，唯尧则之"之说，但对天人关系语焉未详。《易传》提出天、地、人

"三才"的思想，将人与天地并提，把人的地位看得很高。不过人要仰观俯察，与天地变化相协调，绝不是战天斗地，故云"夫'大人'者，与天地合其德，与日月合其明，与四时合其序"，"后以财成天地之道，辅相天地之宜"，其基本思路是顺自然之性而促进之。这一思路至《中庸》发展成为天人相通、以人补天的系统理论。《中庸》认为人性本于天道，教化基于人性，故云"天命之谓性，率性之谓道，修道之谓教"；人的作用在于使天地正常运转、万物健康发育，故云"致中和，天地位焉，万物育焉"；人性最完美的境地是通过成己成物，达到"赞天地之化育""与天地参"的水平。"赞天地之化育"是一种宇宙境界，它充分估价了人在宇宙进化中的伟大作用，避免了"蔽于天而不知人"的偏向，又不同于人类中心主义，而将人的作用引向辅天、补天之路，形成天人一体的思想，把宇宙万物发育运行同人类社会的健康发展结合起来，并予以关切。

孟子有"万物皆备于我矣"和"尽其心者，知其性也，知其性，则知天矣"的说法，认为天道与人道、人性是相通的，存其心养其性是为了更好地"事天"，亦是把天看成第一位，把人看成第二位。孟子按孔子的思维模式，把仁爱之心向外推去，由己及人、及物，故云"亲亲而仁民，仁民而爱物"，热爱亲人也热爱民众，热爱社会的生命也热爱自然的生命，表现出一种泛爱主义倾向。

先秦儒家都把天看成是本源，人是天的派生物，所以从根本上说，人也是天的一部分。不过人与一般事物不同，天生出人，给了人以特殊的禀性和特殊的使命，从而使人成为天的精华之所在和自觉的代表。如《礼记·礼运》所说，人乃"天地之德，阴阳之交，鬼神之会，五行之秀气"，故而认为"人者，天地之心也"。天地本无心，以人为心，人是天地的明觉，天地是人的躯体，所以人要为天地着想，绝无以心毁身的道理。荀子虽然明于天人之分，提出"制天命而用之"的主张，但他的本意绝不如当代一些学者解释的那样是"人定胜天"的思想，而是顺应天道为人类造福，故云"天地者，生之本也"，人要"备其天养，顺其天政"，以与天地相应相和，又云"天有其时，地有其财，人有其治，夫是之谓能参"，人的作用是"治"，顺天时地财而治之，不是乱治，其基本思路仍未脱离天人一致的轨道，只是更看重人的特殊性和能动性罢了。

董仲舒的天人感应和人副天数之说有神秘成分，但他仍十分推崇人的地位和作用，肯定了"天地之性人为贵"的观点，并云"天生之，地养之，人成之"。天地是生命之本源，而人的作用在于使天地所生所养的万物臻于成熟和完美，人的可贵处只在于此。

儒家的天人之学至宋明有一大提升，其重要特点是充分揭示仁学中生命哲学的内涵，天人一体不仅仅是一种认识，也是一种感受，在这里宇宙观与道德心是合一的。周敦颐认为我与天地之同在于皆有生意，其道德表现即是仁。从他开始，以生意解说仁的含义。程颢提出著名的命题是"仁者浑然与物同体"。他用一种很形象的说法来说明这种同体之感，云："医书言手足痿痹为不仁，此言最善名状。仁者以天地万物为一体，莫非己也。"人与天地万物本来就是有生命的整体，血脉相连，痛痒相关，如同头脑、心肺、四肢之间的关系一样。若自然界受到损害，仁人应如己身受到损害一样，有切肤之痛。不关心天地万物的生命者，是由于他与天地一体这个大生命之间的命脉不畅，处在麻痹的病态之中。所以仁者与物同体不单是一种认识，也是一种境界，一种爱心，故"识得此理"还要"以诚敬存之"。

张载的《西铭》是道学中具纲领性的作品，直认宇宙为一大家庭，天地为父母，人类为儿女，故有"民吾同胞，物吾与也"的深切感受。人的生命活动不仅有道德意义（调整人与人之间的关系），而且有超道德意义（调整人与自然界之间的关系），故人生最高理想应是双重的——"为天地立心，为生民立命，为往圣继绝学，为万世开太平"，包括了人与宇宙、人与人的两重和谐。我们可以把张载的人生理想称之为宇宙理想。

朱熹的天人之学有以下几点引人注意。一曰"人是天地中最灵之物"，俗语所谓人为万物之灵。不过人类的灵性程度参差不齐，只有圣人才是灵性之最，堪为天地万物的杰出代表。故云"天地只是不会说，倩他圣人出来说"，"圣人独能裁成辅相之"，圣人是宇宙明妙之所钟，他的伟大不在于凌驾天地万物之上，恰在于替天行道，辅天育物，使人真正成为天地之心。二曰"天便脱模是一个大底人，人便是一个小底天"，用人体推想天地，用天地推想人体，关键在于都是具有内在生命结构的有机体，故相通相应，只是规模大小有别而已。"一身之中，凡所思虑运动，无非是天"，所以人身具有宇宙的全息。三曰"仁是天地之生气"，"仁者天地生物之心"，仁爱的深层本质是爱护生命，人的爱心源于天地生物育物之心。这样，"仁"不仅是人的道德心，也是宇宙本身所固有的普遍性品格，否则哪里会有万物的孕育生成呢？在朱子眼中，宇宙是一片生机，促进生命发育流行便是仁。摧残扼杀生命便是不仁，对待生命的态度成为区别仁与不仁的根本标准，这无疑把仁学深化和拓宽了。

王阳明亦云"大人者，以天地万物为一体者也"。他又进一步说明，"盖天地万物与人原是一体，其发窍之最精处是人心一点灵明。风雨露雷，日月星辰，禽兽草木，山川土石，与人原只一体"，"只为同此一气，故能相通耳"。从张载起，即用"一气所化"来讲人与天地万物何以能为一体。王阳明继之而言气，当然是指"生气"。一体之仁从爱惜自己生命推到爱惜他人生命，再推到爱惜动植物的生命，最后推到爱惜无生命的自然物，形成一种泛爱万物的情感。他主张，一体之仁见之于政治，便是治国之道要兼治人事与天时，不单要富国安民，还要治灾消异，使之风调雨顺，这是最明确不过的将生态调适纳入政治范畴之中，不单单是道德修身的事项了。

总体来说，儒家的天人观是整体性的大生命观，它把宇宙看成是一个超大型生命体，人类是其中不可分割的独立的组成部分。人类是宇宙中最灵秀、万物之最贵者，其贵在于有心善思，能自觉意识到自身的价值，人类的伟大和尊贵不是表现为对天地万物的凌辱和征服，而是在于人类能自觉地为整个大自然着想，善于事天、补天，真正起到"天地之心"的作用。人要懂得与天地万物为一体的道理，要有对自然的爱心，要有与自然心心相印、同气相感的深厚感情，还要在行动上促使各种生命健康蓬勃发展，果能如此，人类的幸福也就在其中了。儒家的天人之学在方向上很自然地与现代生态学说吻合，若能很好地加以发掘和阐扬，对于推动我国生态环境的教育普及工作是十分有利的。

中国的道家也主张天人一体论，甚至道家比儒家更主张顺应天道，更热爱山水之美，更重视生态的保持，其哲学和美学带有自然主义的浓郁气味。

儒道两家对于资源开发与动植物保护还提出一系列颇有价值的意见，所以一般意义上的生态学和生态哲学，确实是古已有之。不过，中国古代的天人之学所包含的生态哲学及种种保护生物与环境的见解，都具有朴素的性质，表现出人类童年时期纯真美好的情感，缺乏严格的论证和成熟的体系，在具体内容上无法与近现代生态学的细密严谨相比。可是古代的天人之学，具体到儒家的天人一体论，又具有当代西方生态学和生态哲学所缺少的内在优势，主要是重视人与天地万物之间的感情心理因素。可以说，西方近代生态理论和环境保护主义的兴起，在很大程度上是由全球性生态危机所带来的，而儒家的天人一体之学，主要不是受到自然惩罚的结果，而是建立在本然的情感与深刻的体认之上。如不从认识上和感情上同时解决问题，就很难扭转人类中心主义和功利主义的心态，所以必须在建立生态哲学的基础上建立生态伦理学，从根本上改造人们的环境意识和道德观念，使之适应于生态文明的需要。

四、努力建设新的生态哲学

关于生态哲学，目前在西方尚无成熟的著作问世，但作为自然科学的生态学早已建立，类似于生态哲学问题的探讨已经开始。罗马俱乐部的若干报告，如梅萨罗维克、佩斯特尔的《人类处于转折点——给罗马俱乐部的第二个报告》，佩西的《未来的一百页》，拉兹洛等人的《人类的目标》，都具有生态哲学的性质，即都想在人与自然的关系上，做出根本性的反省与调整。拉兹洛在1985年创立"一般进化论研究小组"，在自然科学和系统科学新成就的基础上探讨宇宙、生物、社会、文化进化的一般规律，尤其注意解决人类自身的社会、经济、文化的价值观念的转变，以便为人类的生存和未来命运开辟出新的途径。在国内，有中国科学院国情分析研究小组于1989年完成的国情研究报告《生存与发展》（科学出版社出版），这是我国第一份公开的关于生态、资源、环境的综合性调查报告，反映了中国人在这个重大问题上的觉醒。中国社会科学院哲学所研究员余谋昌先生已经出版《生态学哲学》，表明哲学界已经有人十分关注生态问题，并在创造性地建构生态理论体系。我认为建立新的生态哲学必须具有中国特色，这不仅指要紧密结合中国生态的现状，而且指要发掘和转化中国哲学中丰富的思想资源。中国哲学所表现出来的智慧太深刻，太富有启示性，没有这种智慧的帮助，人类很难走出生态的困境。

我以为新的生态哲学要包含以下几方面的基本内容：

（一）天人共生一体的宇宙观

这种宇宙观要阐述人在宇宙中的恰当地位，人与自然生态密不可分的关系，即人类如何生活在一个大的"生命场"之中，如何与自然界交换物质、能量和信息，生态系统与社会系统如何保持良性循环。人不是自然的奴隶，也不是自然的主人。要确立：自然与人是母与子的关系，人与自然是头脑与躯体的关系。人为自然着想与为社会着想具有高度的统一性。所以要放弃"征服自然"的口号，代之以"与自然共存共荣、协调发展"的口号，这无疑是哲学观念上的一场革命。

（二）热爱生命、热爱自然的泛爱情怀

生物之间存在着生态竞争，同时也存在着和平共处和互相依存，特别是当地球变成人的世界以后，保护人类的生物朋友就成为一项急迫的任务。博爱情感的培养十分重要，人性的改良有赖于此。

（三）参与创造赞助化育的使命感

自然界适宜人类的生存和发展，但又不完善，它迫使人类在不断改善外部环境的过程中求得生存和发展，因而锻炼了人类特有的智慧。假如靠大自然现在的恩赐便可以生存繁衍，那人类只能停留在动物本能智慧的水平上。人乃天地之心，天地生人，人被赋予最特殊的使命——自觉参与大自然的造化过程，使大自然变得更加美好。人的能动性、创造性应当朝着这样的方向去发挥。

（四）天人和谐相适的价值取向

追求幸福是人类的本性，人总是把自认为最有价值的事物作为幸福的首要因素。但对于何者最有价值，何者可以带来最大的幸福，则有极不相同的理解和选择。但有两点不可不予澄清，其一是重物轻人的为外物宰制者不会有真正的幸福，其二是掠夺自然破坏环境而求富足者不会有真正的幸福。以上两者的幸福充其量只是畸形的、短暂的幸福，其中隐藏着太多的转化为灾祸和不幸的因素。人类的价值观和幸福观必须根本改变，以天人相适作为社会发展的目标。

（五）人与人的和谐同人与自然的和谐相一致的社会观

要理顺和保持人与自然的和谐关系，至少要以社会关系的某种和谐为前提，一个四分五裂的社会对此是无能为力的。当生态危机成为全球性的严重危机以后，国与国之间的某种联合一致便成为克服危机的必要条件，否则任何重大的改善措施都无法实行。生态哲学的任务之一是从理论上论证地球一家，建立生态学的世界意识。为此就要改善以往种种加剧人际对立的社会学说，以求同存异与和而不同的开放心态加强国际间的关系，共同应对一系列急迫的全球性问题向人类发出的挑战。

在生态哲学的基础上，逐步建设生态经济学、生态政治学、生态伦理学、生态美学、生态教育学等学科。生态经济学要研究国民经济发展中生态的作用，研究如何正确处理社会发展与环境保护的关系，经济效益与生态效益的关系，如何建立生态农业、生态工业，如何发展绿色产业，等等。总之，没有生态概念的经济学绝不是现代经济学。引入生态概念之后，经济学要发生一系列变化，形成经济学发展的一个新的阶段。生态政治学要研究当代政治、政府、政党与生态的关系，国际合作与生态的关系，研究生态保护法律法令及政府的相应职能。当代的生态问题，没有政府的参与及各国政府的协作是无法解决的；同时，当代的政治家若不关心环境与生态，或者不能采取有效措施保护环境、改善生态，就不配做一个真正的政治家，他会受到国际社会和本国国民的同声谴责。生态伦理学要研究人类与自然关系中的道德问题，突破传统的社会伦理范围，把道德观念、道德规范、道德评价、道德修养扩大起来，运用于人对动植物、对环境的态度与行为上，形成保护环境与生态的新观念、新规范，并成为习俗和风气，让人们明白损人利己是不道德的，损害大自然的生机和各种活泼的生物也是不道德的。生态美学要研究人和自然的协调美，克服片面追求人为美、豪华美而忽略自然美、淳朴美的倾向。理论美学要阐发宇宙和谐即美的思想，实用美学要在美的构思与设计上处处体现人与自然融为一体的风格，例如城市规划与建设必须消除污染，改善环境，向花园城市的方向努力。生态教育学要研究生态学在当代教育中的地位与实施教学的途径，研究如何使全体民众尤其是青少年具备生态知识，养成保护环境的习惯，从教学体制、教学内容上做出调整，使生态学成为国民教育的有机组成部分，并培养相应的人才。

我的预测，人类果真能从以往的发展中吸取必要的经验教训，走上健康发展的道路，那么在工业文明之后兴起的必然是生态文明，它纠正了工业文明的偏向，又借用工业文明创造的财富和手段，在更高的基础上向自然回归，其基本特征是社会的发展与人性的改良和环境的优化同步进行，形成协调有序的、互相促进的良性循环。

（原载《甘肃社会科学》1993年第3期，原标题为《生态哲学与儒家的天人之学》，内容有改动）

第三章　当代新儒家代表性学者及其学说

新儒家的历史贡献与理论难题

出入佛儒的新文化学创始人：梁漱溟

出佛入儒的尊生健动哲学创建者：熊十力

融合中西、兼通三教的新理学创建者：冯友兰

出史入论、博通四部及诸家的新国学大师：钱穆

会泳西学与三教而后返本开新的生命哲学大家：方东美

会通中西古今的新心学大学者：贺麟

辩证综合的新儒家道德哲学体系的创建者：唐君毅

开创新儒家道德形而上学的思想巨人：牟宗三

仁智互摄的勇者型新儒家：徐复观

新儒家的历史贡献与理论难题

如果说唐君毅先生生前感慨"花果飘零"和徐复观先生生前准备为儒学"披麻戴孝"是反映了当时新儒家的孤寂冷落，那么现在他们有理由在地下会心地微笑了，虽然还不是畅怀大笑的时候。牟宗三先生健康高寿，他亲眼看到了新的变化。情况确实在起变化，这个变化不仅表现在新儒家后学之健勇可观及新儒家国际影响的扩大，更重要的是新儒家在中国文化的中心地带——大陆引起一定重视，关注者和研究者日渐增多，虽然不是信仰，却大都怀着深深的敬意，以相当严肃认真的态度介绍新儒家，探讨和思考新儒家所提出的问题，其中有批评有保留，也受感染受启示，许多看法比较接近，或者发生共鸣。我手头有两本介绍新儒家的论文集，一本是罗义俊先生编著的《评新儒家》，一本是汤一介、景海峰两位先生主编的《当代新儒家》，所收论文作者是新儒家代表人物，两书的序言则反映部分大陆学者对新儒家的了解和评价，总体说来比较客观公正。此外，由方克立、李锦全二先生主编的《现代新儒学研究论集》（一）、（二），收集了大陆学者研究新儒家的学术论文，作者绝大部分是中青年，他们摆脱了政治化、情绪化的风气，开始对儒学进行学术性的独立研究，

266

同时对传统文化做深刻反省。大陆是儒学的故乡，大陆有如何的反应对于新儒家的未来命运有至关重要的影响。新儒家能否"荣归故里"，在全国规模的民族文化重建中作为一个学派发挥它直接的参与作用，尚有待时间的证明。但有一点是清楚的，即批孔反儒的时代已经过去了，反传统的思潮再也不能左右大陆学术界，儒学的精华在经过艰难困苦之后已经再生，它极有可能在重建新文化的百家争鸣中为自己争得一席之地。社会气氛的变化也为大陆学界建立与新儒家的健康对话创造了良好的条件。

为什么儒学在度过大半个世纪的沉沦岁月之后会出现新的转机？我想原因有四：一是儒学本身是智山慧海，虽说时有沉渣翻浮，毕竟蕴藏丰厚，可开发的思想资源很多，对人们有巨大的吸引力；二是儒学根植于民族心理深层结构，仅从政治和学术的显要层面上取消它，远不足以摧毁它，它有相当一部分已渗入骨髓，溶于血液，在民族感情的催化下，便会随机萌生复发：三是"文化大革命"把反传统推向极端，从而使全盘否定传统的危害性暴露无遗，打破了反传统等于进步的观念，使大陆学人民众重新评价儒学成为可能；四是几十年间出现一批优秀儒家学者，他们有大担当力，有大创造性，对儒学做了有效的阐发和弘扬。关键一条是儒家拥有杰出的人才。人能弘道，非道弘人，没有新儒家理论上持续不断的努力和人格上弘毅亮直的辉映，儒学绝不会有今天的新面貌。受其惠泽者，绝不止于儒学，整个民族文化的复兴皆得其助。所以我赞成这样的说法，是到了表彰新儒家的时候了。

一、新儒家的历史贡献

新儒家的主要历史贡献是使中国文化得以承前启后，并使儒学走向世界。

第一，新儒家是中国现代思潮中，最早起来纠正"五四"主流派反传统太过的偏失，以文化改良派的姿态，从正面深入阐扬儒家的精义和真精神，在滚滚西化大潮席卷中国的情况下，保存了中华民族传统文化的生机和主脉，使儒学在学术的层面不至中绝。社会大变动时期有两种力量最引人注目，一是激进的革命派，他们担当社会变革的先锋和主角，以绝大的力量破坏旧秩序，大声疾呼，振聋发聩，最能激励人心，号召民众，而旧势力之根深蒂固和顽冥不化又必有激进派之冲决而后才能崩溃。二是顽固的守旧派，他们不愿自我更新，利用一切现存手段和习惯势力镇压反抗运动，企图原封不动维持旧秩序、旧文化。这一正一反形成对立的两大阵营，历史舞台上的好戏都叫他们演尽了。与此同时，改良的稳健的派别声音不大，而且往往遭到人们的轻视、指斥，不得不在上述两派之中受夹攻之苦，而事实上第三条道路也总是走不通。五四运动在文化上便是这样的局面，西化派是文化革命的先锋，它对文化专制和封建礼教的尖锐批判，解放了一代中国青年的思想，显示了中国文化自身弃旧图新的精神和对外接纳借鉴的勇气。但不可否认它有很大的历史局限性，短期的积极作用大，长期的消极作用也不小。

"五四"西化派对待传统文化的态度有三点不足：其一，对儒学的批判有太多的政治化、情绪化成分，喜作漫画式的挖苦，其中不乏精彩动人之笔和震撼心灵的时候，但没有坚实的学术根基，不能算作系统科学的总结，其主要目标是揭露它打倒它，而不是说明它转化它，配合革命运动有余，推动文化更新不足。其二，忽视了儒学的复杂性、多重性，只看到它的时代性、贵族性、正统性，看不到它的普遍性、平民性、批判性，只看到它的糟粕和扭曲形态，看不到它的精华和内在生命，把传统文化都归结为"封建主义",甚至要取消汉字,有严重的文化虚无主义倾向。其三,长于破坏,短于建树,五四新文化运动健将有成就的是批判性作品,拿不出可以取代四书五经的新的经典性文化巨著,后人不足依为法式。

西化派的这些缺点在当时被新文化运动的正义、热情、民主、科学等美好事物所掩盖,继而被后起者所膨胀,挟其主流派气势而横行天下,很少有人能清醒认识并加以纠正。于是,反传统、反儒学同"反封建"几乎同义,遂成为一面旗帜,进步青年以聚集在这面旗帜下为光荣。主流派对传统文化必欲连根拔除的结果,便是使相当一些人丧失对民族文化的自信,而把目光完全转向西方文化,以拿来主义的态度大力引进西方学说,企图反客为主,进行外来文化的"全株移植"。反传统成为"五四"以后一种颇为流行的新传统,扭转起来很困难。国粹派的危害性容易看得清楚(他们在学术上的成就应该肯定),但激进派的危害性就不容易认识。

稳健的改良派不吃香,容易受到孤立,这大概与中国守旧势力太强太不愿妥协,新与旧的两军对垒不能不分明、不得不激烈有密切关系。新儒家就是在这样严峻的情势之下,以其刚健中正的气度、独立不倚的精神,出来开辟中国文化健全发展新路的。梁漱溟、熊十力、钱穆、冯友兰、贺麟等人,他们关心政治,但他们本质上都不是政治家,而是思想家、学问家,主要以学术的方式干预社会。他们赞成中国文化的革新,但反对全盘否定,不能容忍对民族文化生命进行摧残。他们都主张容纳西方文化,吸收新鲜血液,在贯通中西的基础上进行创新,但反对崇洋媚外,主张以"我"为主,洋为中用。新儒家认为民族生命系于民族文化生命,振兴民族必须振兴民族文化;而中国的文化重心在儒学，代表是孔子，所以他们要在"打倒孔家店"的一片呐喊声中坚定地保护孔子和儒学的声誉。在具体理论上，他们舍弃了儒学的封建性，而突出阐扬儒学的普遍性、崇高的人道主义和对生命价值的提升。我想，用"文化改良主义"说明新儒家要比"文化保守主义"更为准确。他们视儒家之道为生生之道，视儒家哲学为生命哲学，从挺立人的道德主体入手，使人的生命健康流畅，进而使民族的大生命富有朝气，儒家"生生不已"这个深刻的内涵被新儒家发掘出来并维护下来了。新儒家用儒家的思想精华培植了自己的人格和学问，又用这种人格和学问担当起文化上继往开来的重任。新儒家不仅在惊涛骇浪中表现出一种守死善道、独立不移的坚定性，同时也表现出国粹派所不具备的远见睿智和宽厚能容的博大胸怀。

更为可贵的是，新儒家的卓识者并不像"五四"主流派那样与批评对象势不两立，他们在坚持儒家精神方向的大前提下认真思考批评者的意见，把新文化运动对儒学的批判看作儒学再生的契机，尽管这种批判是过火的。贺麟先生深刻指出，新文化运动破坏扫除了儒家僵化腐朽的部分，使儒学的真精神真面目得以显露，儒学只有渡过吸收转化西洋文化的关口，才能有真正的再生。这里既表现出新儒家对儒学的高度自信心，又表现出新儒家强烈的时代感和拥抱西方文明的开放心态。新儒家大师们实践着这一融合中西、贯通古今的原则，以非凡的德性和智力，创立了各有特色的理论体系。于是有新文化学（梁漱溟）、新体用学（熊十力）、新理学（冯友兰）、新心学（贺麟）、新史学（钱穆）的出现，汇成一股可观的社会学术思潮，活跃于西化派和国粹派之间，使儒家道统薪火相续，以创造开拓的姿态向前发展。

1949年以后，大陆社会在处理民族文化遗产的问题上，本来早有批判继承的方针，学术界在整理古籍、考古发掘、研究文史等方面也有许多成绩。但在实践中，执行的是以"破"为主的方针，上承"五四"以来的反传统之风而变本加厉，文化批判运动接连不断。以孔子为反面教员，在思想文化领域彻底取消儒家学派，不时发动批孔反儒的思想斗争，至"文化大革命"到登峰造极，儒学在社会精神生活自觉的层面上（包括学派、教育、理论等项）可以说基本上消失了。如果说五四新文化运动主流派是革新者，反儒的动机是更新社会、振兴中华，因而有其可爱之处，那么"文化大革命"中的反儒主力是祸国殃民的"四人帮"，反儒的目的是复辟倒退，实行政治与文化的专制主义，性质是完全不同的。于是，"文化大革命"的反儒便成为一幕历史的闹剧，反儒从此沾上坏名声，走向自身的反面。

随着"四人帮"的垮台，反儒运动在大陆不能不告结束，但孔子与儒学在风吹雨打中同青年这一代已相当隔绝，再相见时已显得十分陌生和古奥了。在大陆放逐儒学的情势下，第二代新儒家处境空前艰苦，他们寓居于欧风美雨笼罩下的边缘地区，苦心孤诣，从事着与国内外优势潮流不合的很少为人们理解的民族文化自救事业。他们不依附于政治权力，努力保持着儒家学统的独立性和批判精神，回应着来自四面八方的压力和挑战，办教育，创刊物，撰论著，发宣言，以举世非之而不加沮的精神，在西学汪洋大海的包围中，成功地保存了一小块真正属于中国人自己的精神世界和文化根据地，使中华民族的文化慧命得以延续，儒学由此避免了灭顶之灾。在这块小小的文化园地上，儒学资源可以放手开发，儒学要义可以自由论说，一批有才华有个性的青年在儒家德性和智慧的熏陶下脱颖而出，成为根基深厚的新一代学者，肩负起儒学复兴和中西文化对话的使命。当代中国各种进步思潮都从不同方面体现了民族文化的生命力，但不可否认，新儒家对民族文化的深层内涵体会最为真切，文化责任心和使命感最为强烈，并且具备着相当大的道德精神感召力，这是中国文化可以引为自豪的。

大陆近十几年在改革开放的同时，对文化虚无主义进行了深刻的反省，正式结束了反儒批孔的时代，开始了对儒学和整个传统文化认真而系统的研究。虽然反传统的思潮在社会上还有相当大的影响，西方文化的冲击波强而有力，但在文化上总的趋势是走向多元化的。三大文化体系——社会主义文化、中国传统文化、欧美文化，互相交会、激荡，成为今日社会精神生活的特色。三大文化体系不像过去处在紧张对抗状态，和而不同，彼此容忍，互相借鉴、吸收、贯通，合流的倾向渐成主导。这种情况为学习西方优秀文化和弘扬中华优秀传统文化创造了有益的氛围。在人们认识重建民族新文化的重要性、探讨传统文化价值所在的过程中，早期新儒家和港台新儒家的著作，成为重要的思想营养，其中最重要的启迪就是重建新文化要以"我"为主，接续上悠久传统的根源。许多人认真地参阅新儒家的作品，被他们崇高的文化理想和炽热的爱国感情所激奋，借助他们的思想，找到了迷茫已久的文化生命的源头活水和失落已久的精神家园，认识到一个中国知识分子若脱离了文化母体这个根，他的文化生命是不会茁壮昌茂的，整个中国脱离了博厚久远的传统文化这个根，民族生命也不会自强刚健。应该说，大陆学者在民族文化自信心的提高上既得力于自身的思考和总结，也在某种程度上从新儒家那里受到启悟和催发，这是不可否认的事实。近些年海峡两岸打破长期隔绝对峙状态，人员来往日益频繁，其中文化的交流走在前头，而对孔子和儒学的认同，对传统文化的认同，在促进海峡两岸人民思想感情的接近上起了重要作用。港台新儒家的文化寻根活动对于架设海峡两岸暨香港、澳门之间的精神桥梁是有功绩的。

第二，从纯学术的观点看，新儒家的学术论著丰富而有高质量，是民国以来文史哲领域一次极为可观的收获。新儒家作为五四新文化运动的派别之一，它同主流派的差别就是不停留在对旧传统的一般性批判上，致力于继承、发扬和创新，用系统扎实的学术研究成果为文化的重建奠定基础，而这项工作正是当时热心于社会改革事业的人们所忽略的和不能安心进行的。新文化运动如果没有学术只有运动，势必热闹一阵而没有实际结果，使新文化流于空泛，缺乏说服力量。新儒家对传统文化和儒学的研究，能够摆脱旧经史的窠臼和政治势力的干扰，以独立的方式、现代的方法进行，其特点是中西贯通、古今衔接、源于传统又立足现代，是真正属于中国现代的学术，成就了一批大师、巨匠。

梁漱溟先生的《东西文化及其哲学》一书，是中国现代文化比较学的奠基之作。如果说胡适强调的是中西文化的时代差异性，那么梁漱溟着重指明了中西文化的民族差异性，即在"文化路向"上不同，从而肯定了民族文化的独特价值，这也是"现代化不等于西方化"思想的滥觞。熊十力是民国年间思想最精湛又有高风亮节的哲学大师，其学熔儒佛于一炉，以体用不二立宗，以《周易》为归结，以陆王为统绪，以心性为重点，以自性的开发创造为旨趣，以人生体悟为基础，其哲学睿智全从内心深处自然流出，故有大感通力，为世人敬仰，众多学者乐随其后而为弟子。

如果我们把冯友兰和钱穆二先生列入新儒家，那么，冯友兰的新理学和中国哲学史学影响巨大，在现代中国学术史上占有重要地位，欧美学界很长时间内是通过冯友兰的著作《中国哲学史》来了解中国古典哲学的。钱穆是国学大师，精于考据，兼通经史与文学，其早年的《国史大纲》，通古今之变，合当世之用，是一部以史为鉴的上乘之作。其后期著作更富丽可观，如《论语新解》《朱子新学案》《中国学术通义》等。《朱子新学案》对于朱熹的学术思想分类述要，称引翔实，皇皇百余万言，为朱子研究之集大成者，方便后学，惠泽良多。

20世纪50年代以后，港台新儒家唐君毅、牟宗三、徐复观三先生，著作丰厚，思想博深，弟子众多，蔚成一大学派，后学尊为宗师，学界亦公认他们是第一流思想家、学问家，重视他们的学术成就。唐君毅一生二十余部专著，建立起自己的文化哲学体系，一方面写出《中国哲学原论》这样的长篇巨著，梳理中国哲学基本观念之历史发展，成为中国哲学史研究里程碑式的作品；另一方面写出《生命存在与心灵境界》这样的著作，分析生命之存在为三向，心灵之展现为九境，揭示出人类心灵的丰富内涵。牟宗三著作等身，他以大悲愿大功力反省中国学术发展的源流，建立起规模宏大、结构精严的哲学体系，融摄康德哲学，创立道德的形上学，继承发扬儒家的内圣外王之学，特重道德主体的挺立，并通过良知的坎陷而转出知性主体，由内圣开出民主与科学的新外王，又分疏道统、学统、政统，揭示文化的多层次性，所有这些都是对传统儒学的创造性发展，由此而使他成为当代中国的哲学巨人。徐复观前半生为军政要员，后半生转入学界，服膺儒学，走上学术救国之路。他对民族文化有深厚感情，又对专制主义深恶痛绝，具有强烈的忧患意识和批判精神。他在史学（如《两汉思想史》）、美学（如《中国艺术精神》）方面有很深造诣，经学、哲学亦有较多创见，他的著作经常为学者所称引。

在三先生的后一辈新儒家学者中，杜维明、刘述先等先生的论著能够打破现代与传统相对立的思维模式，吸引一部分青年重视转化传统的工作。由于他们学贯中西，能够站在世界文化发展的高度看问题，又以平实和包容的态度从学理上做耐心的疏解，所以具有较强的说服力。

五四运动至今，中国出现过许多大思想家、大学者，但能够像新儒家那样，逐渐形成一个高水平的哲学学派，代有传人，相转益盛，著述富瞻，人才辈出，形成真正的文化运动，影响及于海内外，则是极为罕见的。这是现代中国学术史上的盛事，意义深远，它对于中华学术的繁荣将有积极的推动作用。

第三，新儒家深沉的忧患意识和清醒的批判意识，不但触及中国近现代的种种社会实际问题，而且更广泛地触及工商业文明带来的全球性危机，即由科技万能和人类妄自尊大而导致的精神世界的失落与环境的恶化，从而与当代西方最新的人文主义批判思潮合拍，使儒学成为人类创造后工商业文明的一项重要精神资源。

新儒家从开始就是为了回应西方文明的挑战而把儒学作为中国文化的代表，又把中国文化放在与西方文化、印度文化的对比中来凸显儒学的人文价值，重建儒学的体系，因此他们的眼界要比传统儒家开阔宏伟，把人类前途问题同中国的命运当作整体问题来探讨，他们的理论具有民族性，也具有世界性的意义。梁漱溟通过中、西、印文化的比较，指出西方文化长于科学和民主，但"理智活动太强太盛"，对于自然对于别人都取利用征服的态度，造成西方社会焦惶、慌怖、苦恼；中国文明早熟，以意欲调和持中为根本精神，追求精神的自得和社会关系的和谐，西方文化将有一天要回归到中国文化的道路上。熊十力也肯定西方文化的长处，但不接受它们的人生态度和价值观念，他认为西方哲学视本体与现象、理性与感性为对立的两极，造成社会的紧张，而中国"体用不二"的哲学传统使我们民族既避免了沦入宗教的迷狂，也避免了浅近的功利主义，可以弥补西方文化的不足。

从20世纪20年代起，新儒家就用道德的人文主义批评西方传来的科学主义，以为科学只研究事实的世界，不能解决人生价值的问题。20世纪50年代以后的中国港台新儒家，对西方文化和哲学都有相当程度的了解，他们主张学习西方的科学与民主，用以推动中国的现代化事业，但他们也对西方文化做出深刻批评，这种批评由于与中国文化的优点相比较而更具有鲜明性。1958年《为中国文化敬告世界人士宣言》指出，西方的哲学、科学、法律同道德是分离状态，西方人一味膨胀其文化势力于世界，造成战争、对抗、核威胁等危机，因此西方人应学习东方重人生境界的提升，圆而神的智慧，仁者的悲悯之情，文化生命之保存延续，天下一家之情怀。人类要发展出一大情感，共同思索人类共同的问题，设法克服人类承载不起自身的信仰、知识、科技所造成的现实力量，建立"立人极"的学问，使人类真正成为地球的主宰。刘述先认为，今日世界最严重的问题是科学与人文之间的不平衡，只有"以人文价值统御科学成果，始能造福人群"，才不致使人成为机器工业或者现代经济制度的奴隶。不仅如此，西方宗教已在走下坡路，于是"在现在超自然的神话被戳破以后，中国哲学尤其儒家理想，可以说是提供了唯一健康的信仰的出路"。也就是说，儒家的人文价值体系不仅可以弥补西方文化重科学轻人文的缺点，也能帮助西方人克服信仰危机。林毓生指出，"儒家思想中精华部分（'天人合一'、'道心与人心的同一'以及人生与宇宙的'和谐'）与近代最重要的西方思想家对于现代化所产生之问题的批评式反省是可以汇通的"。如果是国粹派和狭隘民族主义者在批评西方文化，会使人觉得他们不过是吃不到葡萄便说葡萄酸。但新儒家中的许多人，特别是它的后起者，留学西方，对西方文化相当熟知，有些人还长期生活在西方，对西方社会的利弊有切身体会，心态是现代的、开放的，他们站出来比较中西文化的短长，容易为人所接纳。

更有醒世作用的是西方一些有识之士，他们从20世纪初便开始对自身的文化做超前的认真的反省。如斯宾格勒、荣格、弗洛姆，到汤因比、佩西、里夫金，我们可以举出一长串的名单，这些人士都看到工商业文明给人类带来的种种危机，主要是生态环境危机、人际关系危机、信仰和道德危机。佩西领导的罗马俱乐部有一系列的报告，对上述危机进行了触目惊心的描述。现代社会中，人的内心不协调，人与人之间不协调，人类社会与自然界之间不协调，这种种不协调已达到危险的程度，人类若不进行文明转型的工作，迟早会在一系列的矛盾冲突中造成难以挽救的灾难。在全世界都面临着传统生存模式的重大变更和突破的重要时刻，儒学的人道主义、道德理想和天人一体的学说可以帮助人类重新确立价值观念，调整发展方向，使社会趋于健康合理，因此西方好学深思之士把目光转向东方，要从孔子和老子那里寻找智慧，这不是奇怪的事情。

新儒家已经提出和正在参与的关于人类未来命运的讨论，是超越民族和国家的真正全球性的文化讨论，它使中国哲学走向世界，也使世界面向中国哲学。我毫不怀疑，东方智慧会在这一过程中放射出缤纷异彩。

二、新儒家面临的理论难题

新儒家是学术性群体，其主要使命是根据儒家传统提出符合时代精神的人文价值理想，以期对现实人生有所规约和引导，其活动范围主要在学术界和高等学府。我们不能要求新儒家提供它并不拥有的实现社会理想的实际手段，因此，社会现状的不健康不能证明它的理论不适用。历史有"清谈误国""儒学误国"等论调，也有"佛教安邦""半部《论语》治天下"的说法，都是把一种学说的作用夸大了。事实上任何一种学派学说都不能单独亡国或救国，国家的兴衰是多种因素综合造成的。振兴中华是全体中国人的共同责任。

新儒家要在中国现代化过程中发挥作用，主要看它在理论上是否能透彻地说明儒学传统精神经过创造性的转化确实能适用于当代中国和当代世界。新儒家提出由内圣开出新外王，开出民主与科学，并不意味着他们能实际地去完成这一过程，只要求他们从学理上把儒学与科学、民主的内在联系揭示出来。新儒家和学界对这一理论难题已经说得很多了，我不想重复，我想另外提出几个理论难题加以讨论，用意无非是希望新儒家的理论更完美，更有时代气息，况且这些难题也是一切致力于寻找传统与现代化结合点的人们所共同关心的。我们这个时代是商品经济高度发达的时代，是文化和人的个性多元发展的时代，是精神文明与物质文明失调但正在寻找重新平衡之路的时代。儒学要想彻底脱去传统农业和家族社会的陈旧性，必须敢于面对这样一个崭新的时代而在理论上有所突破和创造。就体（道）用（器）关系而言，不但在"用"上而且要在"体"上有所变革，也就是说要在某些根本性的价值观念上有所更新。事实上新儒家的理论已经有重大的开拓，但还不够有力，还要再向前跨进才行。否则儒学很难走出少数人的书斋课堂，真正改变与现实隔膜的状态，与广大实业界和青年人相呼应，变成一种可为普通民众奉行的文化哲学。

第一个难题是如何突破传统的义利公私之辨，从重义轻利、大公无私的观念，转变为义利统一、公私兼顾的新观念，以便与工商业道德相衔接，也可使儒家道德真正合乎情理。

传统儒学严于义利之辨，尚义非利，认为人的道德行为只应为善合宜，为所当为，不能计较个人利害得失，尚义为君子，尚利为小人，出义则入利，出利则入义，两者不能双成兼得。朱子极重义利分别，尝谓"义利之说，乃儒者第一义"（《与延平李先生书》）。儒家并非不言利，但儒家所言之利乃义中之利，即天下人民之公利，绝非个人之私利。宋明道学家以公私解说利，公利乃是义，私利才是利，义与利的对立归根到底是公与私的对立，在道德的动机上绝不许有私念掺杂，故其道德修养以去私为要。如果从个人情感欲望上去理解求利和为私，则义利公私之辨化为天理人欲之辨，做圣贤的功夫只在革尽人欲，复尽天理。总之，儒家的道德论否认个人私心利欲的正当性，视"私""利""欲"为修养之大敌，这是儒学在人的社会性和个体性之间太过强调前者而忽视后者的表现。

事实上人皆有私，情感欲望乃人性所具，追求个人利益乃天机自发，不可废止，问题只在于调节适度，不可妨害他人。义者宜也，利之宜处便是义，不论公私。公者众私之和，无公则众私不能长保，无私则大公便成空谈。理者欲之节文，天理就在人欲之中，因此从道德论上说，义与利、公与私、理与欲并非水火不能相容，它们本来是统一的、相互依赖的，硬要人为加以分割和对立，便会使道德论走向自身的反面。例如，无利之义翻成欺妄，无私之公导致假公济私，灭人欲之天理变为"杀人"之具。程朱理学说义利、公私、理欲之辨，似乎越说越偏，并不符合儒学的本义。孔子就承认"欲富贵"是人的本性，问题在于是否得之以道；博施济众的圣人和以仁为己任的贤人是人极，一般人很难达到，能够做个"见利思义"的成人也就不错了。这是一种宽厚的平实的心怀。阳明后学已经感到正宗理学在理论上有问题，开始突破传统观念，着手转换儒学若干价值标准，萌生出真正的现代意识。泰州学派的何心隐提出"育欲"说，反对遏止人欲。李贽认为"人必有私，而后其心乃见"（《李温陵集·无为说》），说"富贵利达"乃人之本性，"虽圣人不能无势利之心"（《李温陵集·道古录》），故穿衣吃饭即是人伦物理，他的理想就是使"天下之民各遂其生，各获其所愿有"（《李温陵集》）。这些言论在当时被看作"掀翻天地"的异端邪说，今天来看，实在是合情合理的常道，是真人讲真话而已。

我觉得新儒家强调人性要提升，道德自我要挺立，这是很对的，只有这样，人性的全部光辉才能放射出来，成就完满的人生。但这个过程绝不是否定感性自我后才能完成，道德自我是真我，感性自我也是真我，都需要健康活泼。贺麟先生就相当自觉地意识到儒学一些道德观念要做大的调整。他说："近代伦理思想上有了一大的转变，早已超出了中古僧侣式的灭人欲、存天理、绝私济公的道德信条，而趋向于一方面求人欲与天理的调和，求公与私的共济；而一方面又更进一步去设法假人欲以行天理，假自私以济大公。"[1]他认为道德生活如果完全脱离了人的情欲、需求，则必然陷入空虚与贫乏。他还指出，人无法做到"纯公无私"，合理的利己主义以明确的自我意识"确认个人应有的

---

[1] 贺麟：《文化与人生》，商务印书馆，2005，第66页。

权利与幸福"[①]。这是何等开明创新的思想！循此而进，儒家的理论必可跃入一个崭新的境界。

这里有一个根本性的理论问题尚须认真解决，这就是人性问题。中国历史上有性善说、性恶说、性无善恶、性有善恶、性善恶混、性三品、天地之性与气质之性诸说。宋明理学以孟子性善说为基础，强调性体之本善和良知之发挥。但诸说有得有失，皆未能充分揭示人性复杂而丰富的内涵，且有重性轻情的偏向，不能很好解释恶的来源和作用，忽视了人性之中理智、情感、德性、气度等要素的综合性及人性的生理属性、心理属性、变异属性等多层面的统一，把问题简单化了。

我以为性、情、理、欲、形、神、气、命皆为人性所固有，事情不在于要保留哪些，克除哪些，只在于正确调整诸因素之间的关系，使之有一个相对健康合理的结构。如果没有一个严谨周密的人性论，道德论就根基不牢。假如感性欲求是人性的一部分，那么就只存在着修饰引导的问题，不存在取消克尽的问题，大可不必怕说"利"字，视"私"为恶而加以排斥。历史上有真仁真义的真君子，也有许多假仁假义的伪君子，原因很复杂，恐怕同儒学把圣贤说得太高、道德要求脱离人情有关。标准既不近人情，一些人便矫情而成伪，一般民众则敬而远之。社会上除了少数孜孜为义的道德君子，大多数是孜孜为利的"小人"，然而正是靠这些辛苦谋生的民众创造财富，提供一切人的衣食住行用，社会才得以维持，道德家在享用他们劳动成果的同时又指责他们求利的行为不道德，我以为这种指责本身才是非道德的。

柏拉图认为，人的智慧与美德是需要以有闲暇的生活为条

281

① 贺麟：《文化与人生》，商务印书馆，2005，第69页。

件的，当工作还是谋生手段的时候，只能使生存成为可能，不能使生存的理想得以实现。知识阶层把工作视为人生乐趣，从中开掘生命的深层意义，是由于他不需要用全部精力体力去为生计操劳，否则他也要首先孜孜为利，以满足生存的需要。当孜孜为利的民众有了余财和闲暇，也会有许多人乐善好施，提高自己的道德层次。所以道德的真正标准，不在于为义还是为利，为公还是为私，只在是否劳动谋利，合法谋利，正当谋利。当然，在得之以道的大前提下，为义还是为利，为公还是为私，在道德的层次上是有高低之别的，低的需要提升，高的还要再高，这是道德内部的差别，与非道德行为并不相干，非道德行为的唯一界定是损人利己，损公肥私。我赞成贺麟先生的说法，儒家道德论的改造，要依据合情、合理、合时的"三合"主义。只有"三合"之道才是真正的常道，人们感到亲近，乐意接受它。

第二个难题是如何突破"修齐治平"的公式，使儒学的内圣外王之道，能适用于社会生活的一切领域。

儒家的人生论由个体到社会，以成己成物为宗旨，修身、齐家、治国、平天下；这一理想模式有一转换和补充，即达则兼善天下，穷则独善其身。在这一理想的指引下，儒家人物中上焉者立德，其次立功，再次立言，言不立亦不失为君子，由此成就了许多政治家、道德家、学问家以及忠臣良将、仁人志士。但《大学》八条目中独缺"立业"一项，致使儒家的科技和艺术人才不多，这同儒家对"成物""外王"的理解过于狭窄有关。传统的观念，从"修齐"过渡到"治平"，只有做官这一条路。于是学而优则仕，真儒做官以行其道，俗儒做官以取利禄，大家都往仕途这条独木桥上挤，挤过去的只是少数，被挤下来的是多数。少数为官者，幸遇明君而能施展才能的十不一二，不幸而遇庸主或

282

昏君，则受排挤迫害，不能有所作为，而明哲保身以至曲意迎合者又是少数中的多数。在野的多数不得已从事其他职业，却仍然念念不忘金殿对策，经世安邦，而又好梦难圆，于是抱着怀才不遇之感而郁郁一生。儒家这条政治救国的道路实在是既狭窄又艰难，大大限制了知识分子开拓事业的领域。

实际上人才总是多种多样的，能成栋梁之材固然可嘉，能精于一技一艺，用为一砖一瓦者亦属可敬。只要为社会所需，于民众有益，都应当鼓励知识分子去做，从中施展自己的抱负和才干，其间并没有贵贱高低之分。这就要先从理论上突破"修齐治平"的公式，改变"君子不为小道""君子不器"的观念，把君子之道同百工之业结合起来，给知识分子开辟出通往理想的众多道路，形成不离社会大道又能百业竞发的生动局面。古人有"运水搬柴无非妙道""行行出状元"的说法，对于外王事功的理解就比较宽阔，是值得提倡的，这也是常道之"体"能否表现为最广大普遍的常道之"用"的问题。按照贺麟先生的说法，儒者不必是一家一派，"凡有学问技能而又具有道德修养的人，即是儒者"，"在工业化的社会中，须有多数的儒商、儒工以作柱石"，从事工商业之人如品学兼优即是有儒家气象，不必看其形式上的归属。一个不容回避的事实是：世界已经进入工商社会，儒学必须改变传统的重政轻业、重农轻商、鄙薄技术的观念，扩大"外王"的范围，同时要保持儒家的道德人格和社会理想，并把它们融入社会实业中去，用以纠正工商社会各种丑恶的病症和不良习气，使之臻于健康合理。

内圣外王之道最初就是古圣王之道。在儒家看来，只有尧舜禹汤周文武可称为圣王，他们能够修己以安百姓。先儒把治国平天下的希望寄托在再次出现如尧舜那样的圣君，既有德才（内圣），又有权位（外王），足以推行德政于天下，于是十分强调君王的道德修养，因为天下安危系于一身，君王之清明与昏聩是国之兴衰、世之治乱的决定性因素。然而有德者未必在位，孔子只能当素王（无位之圣），有权者未必有德。中世纪的君王除去开国之君，大都依靠血统登上王位，必然良莠不齐，这就决定了儒家的社会理想在多数情况下无法实现。为了弥补这一缺陷，儒家又有贤相清官之说，以"人皆可以为尧舜"为内圣之普化，以贤者辅佐帝王事业为外王之扩大，儒者的志愿在为王者师，为忠臣良将，可以托六尺之孤，寄百里之命，临大节而不可夺，爱民如子，敬德守礼，刚直廉洁，为世楷模。外王事业虽有所拓展，仍不离在朝参政一途，离开宦途便算是丢掉正业，产生失落感，只好隐居待命。所谓进退出处、用舍行藏，其界限便是在朝还是在野。

新儒家与传统儒家不同，大都不曾为官，或虽曾为官而不愿居官，以学者的身份，保持对社会政治进行批评的权利，他们都是在野之士，却不以在野为失落，一心要在道统与学统上继往开来，自觉肩负起文化救国的使命。他们对内圣的理解比传统儒家更丰富，更具现代意识，他们对外王的理解也有新的发展，主要是容纳了西方的民主与科学。不过新儒家多是哲学家，立志高远，宏论醒世，长于大经大法，而对外王事业的具体内容与实施则语焉未详，体系强而细节弱，不容易使人找到实在下手处。如何改良政治，如何发展经济，如何兴办教育，如何改善风气，如何保护生态，有许许多多实际问题要去一个一个地解决。我们当然不能要求新儒家替人们设计方案，落实措施，但希望新儒家在致力于确定社会人生精神方向的同时，能从理论上引导人们去关心一点一滴的改良，培养人们的务实精神。把远大的目标同眼前的本职工作结合起来，无论为官为民，为工为商为农，还是为学为教，进路虽有不同，殊途而同归，人人可以成功内圣，人人亦可以成功外王。

这里还有一个共相与殊相、一般与个别的关系问题。几代新儒家都是极有个性的人，作品也形态各异，但在处理共相与殊相的关系上，似乎都有重共相而轻殊相的缺点。例如，比较中西文化，对于中西文化之间的异同谈得多，对于中西文化各自内部的差异谈得少；谈中国文化，百家照顾不够，有用儒家代替诸家、用理学代替诸儒的倾向。在心性问题上，新儒家追求的道德心、本心、性体、真我，都是无差别精神境界，这个境界无限圆满，它是内在的又是超越的，虽然本心、性体即存有即活动，要在实践中呈现自身，表现为一种主动、创造的活泼泼的生命力量，故有开拓气象，但毕竟以道德实践为主，太偏重于论证人格的统一性，而忽略人格的多样性，或者说没有很好地把统一性纳入多样性之中，特重民族文化主体的建立，缺少对于个性的有力说明，这对人的才性的充分开发是不是一种限制？当代人类强调多才多艺，个性的自由发展，而儒学中也有"和而不同""一致而百虑""殊途而同归"的思想资源可以运用，但在理论上如何将两者贯通无碍，还得再下一番功夫。

第三个难题是如何开发和重建儒家经济管理思想。儒家有经世致用的传统，对于社会经济极表关切，提出过"厚生利用""开物成务"的原则，素有重农、限田、轻徭薄赋、通货均输、开源节流、均平等主张，也有过扶商惠工的思想。但儒学成熟于农业宗法社会，不可能有近现代工商社会基础上的经济管理思想。由于儒学在处理人际关系上有独到之处，经过一番制作加工，可以用来调节现代经济生活，补充现代管理的不足，中国要想在现代化过程中避免模仿欧美陷于邯郸学步之窘境，必须在向西方学习的同时保留和发扬自己文化传统中最深刻最具生命的成分，形成中西合璧的新的现代化模式。按照韦伯的说法，中世纪的基督教经过宗教改革运动而具有现代精神，为什么独独博大精深的儒学不能够经过创造性的转化而促进现代企业的发展呢？

儒学的危机不是儒学自身带来的，是我们对儒学的解释的滞后与偏差造成的。儒学必须闯过与现代经济相隔膜这一关，利用自己的思想资源，建立起一套系统的经济管理学，使自己不仅在社会生活的哲学和道德层面上，也直接在经济活动的领域里发挥它的积极作用，使再造的儒家精神成为一种新的企业精神。果能如此，儒学既促进了现代化，又将使自己获得深厚的发展动力，生机再也不会枯竭，发展前途便有了可靠的保证。这是可能的吗？大陆和台湾都有学者在探索。仅我所知，大陆学者刘云柏著《中国儒家管理思想》（上海人民出版社出版），台湾学者唐富藏著《儒家的管理思想》（1988年东京"东亚知识人会议"论文），进行了初步尝试。在企业实践中的例子是香港旭日集团董事长杨钊先生，他是著名的"裤王"，青年企业家，他巧妙地将西方管理思想与中国儒佛道传统思想结合起来，在精细的计划、严格的管理上学西方，在确定企业"取之社会，用之社会"的发展方向上，在调节企业内部人际关系以臻和谐及提高企业文化素质上主要依赖中国文化的精神，并且在经营上取得了很大的成功，证明传统用得好可以促进现代经济，更有助于企业管理达到高水平，对于当代企业的未来发展，有导向性意义。更为可贵的是，杨钊先生改变了西方企业界传统的观念：企业间只能是生死竞争的关系，他提出互促共荣的新观念，这显然是受了儒家"天下一家""和为贵"的思想影响。

现代管理学认为，在管理对象——人、事、物三者中，人是管理的核心，在有形资源和无形资源的管理上，无形资源的管理更重要。无形资源包括经营思想、企业精神、企业文化、人力开发，对环境变化的适应能力、企业形象等。与此相应，儒家极重人才的开发、培育和使用，长于调适人际关系使之和谐，强调对人格、德性的尊重，主张以义驭利、以诚取信，提倡文明礼貌待人以及不断学习思考，注意领导人的行为榜样作用，所有这些思想都是现代企业谋求高质量发展所必需的，儒学在这方面大有发挥的余地。

儒家重视人伦关系，孟子有五伦之说："父子有亲，君臣有义，夫妇有别，长幼有叙，朋友有信。"在家族社会里，伦理道德不能不是如此。现代社会大变，属于家庭范围的父子、夫妇、长幼三对关系仍然保持着血缘和人伦上的亲近，但趋于平等；君臣关系转变为没有人身隶属的上下级关系；朋友关系以其平等性、相契性、爱助性而日益重要，成为一种美好的理想的现代人际关系，应当扩大它的范围，使它融入其他人际关系中，借以改善整个社会的紧张状态。传统儒家重血缘而轻职缘，而现代社会职业上的联系重要且普遍，如何用儒家伦理充实职业道德，也是一项重要工作。儒家虽有"敬业乐群""诚实不欺""见利思义"等同于职业道德的观念，但都笼统空泛，还需要根据新的生活经验加以充实。在古代，规范了家庭道德，大体上也就规范了社会道德；在今天，只有规范了职业道德才可能规范社会道德。因此，道德家和企业家通力合作，在职业道德的规范化和实施推广上多下功夫是很值得的。

儒学不仅属于新儒家，也属于全体中国人民，开发运用儒学的精神财富，应当是中国人特别是知识分子的共同事业，所以我愿意参加这个讨论，贡献一份浅见。我不是新儒家的信徒，但我确信自己是新儒家的朋友。本着"和而不同"和"知无不言"的诚的精神，我以自己的思考和感受称赞了新儒家的业绩，同时也列出若干尚待进一步解决的理论难题，既期于人，又励于己，盼之切而言之直，必有不当，仅供思考和讨论。也许这些难题本不是难题或不当如此转换，亦未可知。在处理传统文化的问题上，我不是一个旁观的研究者，而是一个继往开新的参与者，我愿与朋友们一起继续探索和开拓，共同为振兴中华贡献力量。

（原载台湾文津出版社1994年版《第二届当代新儒学国际学术
会议论文集》之二《儒学与当今世界》，内容有改动）

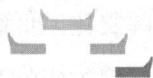

出入佛儒的新文化学创始者：梁漱溟

梁漱溟（1893—1988），字寿铭，生于北京。社会活动家兼思想家。曾执教于北京大学，抗战前在山东推动乡村建设。主要著作有《东西文化及其哲学》《中国文化要义》《人心与人生》。梁氏在心灵上"一生归宿于佛法"，而在社会事业上"归宗儒学"。"前人云：'为往圣继绝学，为来世开太平'，此正是我一生的使命。"[①]他受王心斋的影响，在佛学与儒学之间架起了桥梁，使他由思想者演而为活动家。梁氏是当代新儒家中最早提出新文化学的大儒，他的文化哲学及其社会实践，为中华文化在困境中的复兴，开出一条新路，其价值至今不衰。

其一，提出不同民族文化多线演化理论，论证了中华传统文化在世界多元文化中应有的崇高地位和特色。清末民初，文化的单线进化论在中国盛行，认为世界文化与其经济发展水平相对应，走在一条共同的路上，西方文化是先进的，中国文化是落后的，中西文化的差别是人类文化发展高级阶段与低级阶段的差别，因此中国文化的现代化必须走西方文化之路。这样一来，中

---

① 梁漱溟：《我的努力与反省》，漓江出版社，1987，第290页。

国文化"低级"的帽子就戴定了，毫无优势可言了。梁氏不是简单地为中华文化辩护，而是从文化理论上突破单线进化论，提出多元文化观，开出一个新视野。他在《东西文化及其哲学》里论述西方文化、中国文化、印度文化之间的差别本质上并非历史发展先后的不同，而是由于民族性的差别造成的"根本精神"和"文化路向"上的不同，因而各有特色，不能以优劣论之。书中认为文化不过是"一民族生活的样法"，指出，"所有人类的生活大约不出这三个路径样法：（一）向前面要求；（二）对于自己的意思变换、调和、持中；（三）转身向后去要求；这是三个不同的路向"①。西方文化所走的是"第一条路向——向前的路向"，因此有"征服自然之异采""科学方法的异采""德谟克拉西的异采"。"中国文化是以意欲自为、调和、持中为其根本精神的。印度文化是以意欲反身向后要求为其根本精神的。"②近世西方文化"理智的活动太强太盛"，"精神上也因此受了伤，生活上吃了苦"。印度文化"唯一独盛的只有宗教之一物"，印度人是"努力于解脱这个生活的；既非向前，又非持中，乃是翻转向后"③。梁氏所持的态度是："第一，要排斥印度的态度，丝毫不能容留；第二，对于西方文化是全盘承受，而根本改过，就是对其态度要改一改；第三，批评的把中国原来态度重新拿出来。"④梁氏拒绝印度文化，"承受"西方文化并加以改造，更新和发扬中国文化。他对西方文化持"全盘承受、根本改过"的态度，本意是在继承弘扬中国文化的基础上把西方文化接受下来加以变

---

① 梁漱溟：《梁漱溟全集》第一卷，山东人民出版社，2005，第382页。
② 梁漱溟：《梁漱溟全集》第一卷，山东人民出版社，2005，第383页。
③ 梁漱溟：《东西文化及其哲学》，商务印书馆，1999，第73页。
④ 梁漱溟：《东西文化及其哲学》，商务印书馆，1999，第204页。

化，与抛弃中国文化而"全盘西化"的主张有本质的不同。

梁氏在《中国文化要义》一书里描绘中国的民族品性，其特点有自私自利、勤俭、爱讲礼貌、和平文弱、知足自得、守旧、马虎、坚忍及残忍、韧性及弹性、圆熟老到。可将其与林语堂《吾国与吾民》中所列对照，林氏在该书列"中国之德性"有圆熟、忍耐、无可无不可、老猾俏皮、和平、知足、幽默、保守性八项，与梁氏所列十项大致吻合。梁漱溟进而指出，中国文化在人类文化中是早熟的，如早就认识到"民有民享之理"；中国人虽重义务、轻权利，但"起因于伦理尊重对方"，乃是讲求"道德上之义务，非法律上之义务"，比之"近代西洋人既由相争而达于互相承认"看起来不及，实则超过。他还说："而中国一则以理性早启，趋重于道德之自觉向上，宗教遂以不足；再则以理性早启，乃不以对物者对人，更且以对内者对外；唯相安是尚，不尚武力。"[1]"西洋文化是从身体出发，慢慢发展到心的，中国却有些径直从心发出来，而影响了全局。前者是循序而进，后者便是早熟。'文化早熟'之意义在此。"[2]梁氏认为早熟后之中国，"由此遂无科学"，"长于理性短于理智"，"陷于盘旋不进"，出现种种病态，因此需要引进西方文化以促使中国文化再生。同时，早熟的中国文化也将显示它的现代价值和未来意义，为世界今后的文化发展做出贡献。中国文化的民族性是不能丢弃的，他在《中国民族自救运动之最后觉悟》一文中指出："一民族真生命之所寄，寄于其根本精神，抛开了自家根本精神，便断送了自家前途。"[3]中华民族的根本精神便是儒家文化的伦理理性。

---

① 梁漱溟：《梁漱溟全集》第三卷，山东人民出版社，2005，第258页。
② 梁漱溟：《梁漱溟全集》第三卷，山东人民出版社，2005，第258页。
③ 梁漱溟：《梁漱溟全集》第五卷，山东人民出版社，2005，第109-110页。

其二，伦理本位和以道德代宗教。梁氏在《中国文化要义》第五章《中国是伦理本位的社会》中指出，与西洋相比，中国是家族社会，重家庭伦理，"中国缺乏宗教，以家庭伦理生活来填补它"。但他又说"假如说中国亦有宗教的话，那就是祭祖祀天之类"①，它"不以拜天而止，不能称之曰拜天教；不以拜祖先而止，亦不是宗法社会的祖先教。它没有名称，更没有其教徒们的教会组织。不得已，只可说为'伦理教'。因其教义，恰不外乎这伦理观念；而其教徒亦就是这些中国人民"②。该书第六章《以道德代宗教》认为，"人类文化都是以宗教开端，且每依宗教为中心"③。宗教的共同点在于"一切宗教都从超绝于人类知识处立他的根据，而以人类情感之安慰意志之勖勉为事"④。近代以来，科学发达，理智增强，宗教失势，遂不可挽。中国上古亦离不开宗教，但周孔以来"三千年的文化，其发展统一不依宗教做中心"⑤，"中国之风教文化，孔子实为其中心"⑥。祭天祀祖成为孔子教化内涵的一部分，外来宗教都表示尊重孔子。而孔子无宗教所必具之要素，相信人都有理性，具有是非之心。孔子虽未排斥和批评宗教，却"一面极力避免宗教之迷信与独断，而一面务为理性之启发"⑦。"这是道德，不是宗教。"⑧"在中国代替宗教者，实是周孔之'礼'。不过其归趣，则在使人走上道德

① 梁漱溟：《梁漱溟全集》第三卷，山东人民出版社，2005，第89页。
② 梁漱溟：《梁漱溟全集》第三卷，山东人民出版社，2005，第90页。
③ 梁漱溟：《梁漱溟全集》第三卷，山东人民出版社，2005，第97页。
④ 梁漱溟：《梁漱溟全集》第三卷，山东人民出版社，2005，第98页。
⑤ 梁漱溟：《梁漱溟全集》第三卷，山东人民出版社，2005，第103页。
⑥ 梁漱溟：《梁漱溟全集》第三卷，山东人民出版社，2005，第103页。
⑦ 梁漱溟：《梁漱溟全集》第三卷，山东人民出版社，2005，第107页。
⑧ 梁漱溟：《梁漱溟全集》第三卷，山东人民出版社，2005，第108页。

之路，恰有别于宗教，因此我们说：中国以道德代宗教。"①梁氏进而解说他理解的中国人的道德理性。理性是什么？"这里且以清明安和四字点出之，形容之。而显然与理性相违者，则有二：一是愚蔽偏执之情；一是强暴冲动之气。"②"这是孔子所最怕的。"③"这二者在古代宗教每不能免；他既避之若不及，于是亦就脱出宗教之路。"④儒家"把古宗教转化为礼，更把宗教所未及者，亦无不礼乐化之。所谓'礼乐不可斯须去身'，盖要人常不失于清明安和，日远于愚蔽与强暴而不自知"⑤。

　　梁氏与林语堂一样，都历数中国人品性的优缺点，同时也都怀有一颗乡土厚情之心，称赞中华民族的美德。梁氏誉之为"清明安和"，林氏则誉之为"圆熟、慈和、智慧"，并以新秋精神形容之。梁漱溟的中国文化伦理本位，儒家把古宗教转化为礼，转化为道德，以及用"清明安和"四字形容中华人文理性，都是卓著的识见。但是，儒家伦理完全取代了宗教吗？并没有。不然何以需佛道予以补充呢？中国是一个多民族、多宗教的国家，许多少数民族既受儒学人文理性熏陶，同时未曾离开他们的宗教。即便是汉族民众，也在以"五常""八德"为基本道德的同时信仰天神祖灵及各种神灵，虽然杂而多端，其生活却离不开多神崇拜。历史证明，宗教可以变迁而不能被取代，既不能被科学所取代，也不能被道德所取代。在中国，宗教恰恰是道德的助力，佛教、道教都是传布儒家伦理的功臣。

293

---

① 梁漱溟：《梁漱溟全集》第三卷，山东人民出版社，2005，第110页。
② 梁漱溟：《梁漱溟全集》第三卷，山东人民出版社，2005，第112页。
③ 梁漱溟：《梁漱溟全集》第三卷，山东人民出版社，2005，第112页。
④ 梁漱溟：《梁漱溟全集》第三卷，山东人民出版社，2005，第112页。
⑤ 梁漱溟：《梁漱溟全集》第三卷，山东人民出版社，2005，第113页。

其三，儒、道、佛三家皆是社会人生的需要。梁氏后期撰写《东方学术概观》，论述了儒、道、佛三家的特色和功用。他认为，儒者孔门之学"不是外在事物知识之学，亦非某些哲学玄想，而是就在他自身生活中力争上游的一种学问。这种学问不妨称之为人生实践之学。假若许可我们再多说一点，那便是其力争上游者力争人生在宇宙间愈进于自觉，自立，自如也"①。他强调儒学是一种生活化的学问，是对提升文明人生的一种自觉。那么道家之学呢？它与儒家乃是同源而异流，恰可以相对应而互补。"儒家道家皆渊源自古，而儒家代表其正面，道家代表其负面。言其思想路数特殊的由来，即在早有悟于宇宙变化而于自家生命深有体认——其向内多于向外在此。类乎'太极''阴阳''天地''乾坤''性命'等等皆其共同常用的词汇概念，而各有其所侧重。"②这就点明了儒道作为中国文化两个主要侧面的互应性。具体到生命的体认上，两家"同在自家生命上用功夫，但趋向则各异。儒家为学本于人心，趋向在此心之开朗以达于人生实践上之自主、自如。道家为学所重在人身，趋向在此身之灵通而造乎其运用自如之境"。"个体生命寄于此身，而人心则是其社会生命的基础。""孔子关心当世政教，汲汲遑遑若不容已；而老子反之，隐遁幽栖，竟莫知其所终。学术上所以分明两途者，即其一从心，其一从身之异也。然两家学问功夫入手处又无不在人心内蕴之自觉。"③梁氏以人身法自然之学将老子道家与求仙道教连为一体，曰："道家之言曰：顺则生人（子嗣），逆则成（神）仙。其功夫入手便是逆的，非自然的；同时又是顺的，必须顺乎其自

---

① 梁漱溟：《梁漱溟全集》第七卷，山东人民出版社，2005，第330页。
② 梁漱溟：《梁漱溟全集》第七卷，山东人民出版社，2005，第338页。
③ 梁漱溟：《梁漱溟全集》第七卷，山东人民出版社，2005，第339页。

然才行。故此学以自然为宗。自然者，人身通乎宇宙生命流行有其阴阳演变法则之自然也，初不可以人意措手其间。洎乎功夫到家，自觉朗照之处意识可通，则又不难自为运用。那便为号曰'至人''真人'者是已。"①梁氏揭明，"道家者起自摄生养生之学也"，因此医学发达，可以补西医所不及，针灸之效为世所公认。

关于佛家之学，梁氏回忆自己早年崇佛而排儒道，后来称扬孔孟而讥笑道家，后期则于儒、道、佛三教皆有正面认知。佛教有小乘、大乘，大乘佛教"出世间又回到世间；出而不出，不出而出"。"破执是佛家宗旨"，"佛家之学，盖从世间迷妄生命中解放之学也"，"破我执，净烦恼障；破法执，净所知障"，"质言之，佛家之路即是要从迷妄生活中静歇下来，《楞严经》云：'歇即菩提'是已"。②梁氏引其旧著《印度哲学概论》曰："佛法虽统以破执为归，而自有其缓急次第方便区处。盖理本织妄，学问之为物殊无可讲，唯以化度众生而有言说。其言无意于通玄而用心于导愚。化度固要于开明而导愚宜有方便。由是随缘应机，教法遂有层次类别。质言之，佛法中固不建立一种迷执即所谓宗教式之信仰者，以增益众生之执。而次第开导犹不无宗教式信仰之遗留，逐渐蜕化以至于无执。观其改革之点，宗教式信仰之精神全亡，根本已摧，而安俗顺序之迹又般般可考。凡本土固有之思想、学术、传说、风俗、习惯，皆一意容留而不相犯。"③故"说于众生有益者皆是佛说，若无益者则是外道"④。梁漱溟对于佛法一生追求且深有领悟，内中已体现了儒家"道并行而不相悖"和老

295

---

① 梁漱溟：《梁漱溟全集》第七卷，山东人民出版社，2005，第340-341页。
② 梁漱溟：《梁漱溟全集》第七卷，山东人民出版社，2005，第352-356页。
③ 梁漱溟：《梁漱溟全集》第一卷，山东人民出版社，2005，第63页。
④ 梁漱溟：《梁漱溟全集》第一卷，山东人民出版社，2005，第64页。

子"容乃公，公乃全，全乃天，天乃道，道乃久"的包容精神。同时他申明佛法已不是宗教式的迷执，然而为权设方便仍保留宗教式信仰之遗存，这就是作为哲学之佛法与作为宗教之佛教同时并存之缘由。在梁氏心里，佛法始终是一种非宗教式的人生智慧，并以劝善为要义，同时他能理解和包容民众拜佛的宗教式的信仰。

其四，新文化观的社会实践：乡村建设。梁漱溟是一位有深切人文关怀并身体力行的新儒家。他意识到乡土文明乃是中华文明的根基，而在近代，中国农村在帝国主义、封建主义和官僚资本主义的压榨下开始破产，农民饱受战乱、匪祸、酷政的压榨，陷于水深火热之中，这样下去乡村没有出路，中国及其文化也没有出路。于是他起而提倡并投身乡村建设运动，试图找到一条切实改变中国的新路。1928年，他在广东创办乡治讲习所，1929年应邀担任河南村治学院教务长。1930年他同河南村治学院的朋友一起在山东开办乡村建设研究院，以"知行合一"为宗旨研讨乡村建设理论，培训乡村建设干部，在邹平与菏泽进行颇具规模的乡村建设试验。七年后，这场具有划时代意义的乡村建设运动因日寇侵占山东而结束，虽未结出硕果，却留下宝贵经验和启示。他在《乡村建设理论》中指出，中国乡村已遭三种力量破坏：一是兵祸匪乱、苛捐杂税的政治破坏力，二是外国经济侵略、洋行买办的经济破坏力，三是礼俗、制度、学术、思想的改变而来的文化破坏力。那么如何救治？在寻找不到外部力量的时候只能起于乡村自救运动，从更长远看，"乡村建设运动是起于中国社会积极建设之要求"①，"起于重建一新社会构造的要求"②，要建

---

① 梁漱溟：《梁漱溟全集》第二卷，山东人民出版社，2005，第155页。
② 梁漱溟：《梁漱溟全集》第二卷，山东人民出版社，2005，第161页。

设新的礼俗、新的秩序、新的组织，发展新式农业、提倡合作、设立农业银行。他在《山东乡村建设研究院设立旨趣及办法概要》中强调，只有乡村问题得到解决，中国问题才能真正解决："只有乡村安定，乃可以安辑流亡；只有乡村产业兴起，可以广收过剩的劳力；只有农产增加，可以增进国富；只有乡村自治当真树立，中国政治才算有基础；只有乡村一般的文化能提高，才算中国社会有进步。总之，只有乡村有办法，中国才算有办法，无论在政治上、经济上、教育上都是如此。"[1]他对村治学院和乡村建设研究院的学员有三项精神陶炼：一是合理人生态度的指点；二是中国历史文化的分析；三是人生实际问题的讨论。他要以学带乡，使"社会学校化"。乡村建设不能走日本的路，也不能走西方资本主义道路，而要走一条"民治化""生产与分配社会化"的社会主义道路。他认为，"吾为农国，农业根本不适于资本主义而适于社会主义"[2]。

梁漱溟既有中华自强不息之志勇，又有厚德载物之情怀，其在《中国民族自救运动之最后觉悟》第八部分"我们今后的新趋向"结尾处展示其历史的担当与远见："西洋文化之撞进门来，虽加我重创，乃适以启我超出绝境之机，其为惠于吾族者大矣！凡今日一切问题皆若不得解决者，正以见问题之深且大，意义不寻常，而极勉吾人之为更大努力，以开此人类文化之新局也。鸣呼！吾人其当如何以负荷此使命！"[3]

（摘编自人民出版社2018年版《儒道佛三教关系简明通史》，

内容有改动）

---

① 梁漱溟：《梁漱溟全集》第五卷，山东人民出版社，2005，第225页。
② 梁漱溟：《梁漱溟全集》第四卷，山东人民出版社，2005，第913页。
③ 梁漱溟：《梁漱溟全集》第五卷，山东人民出版社，2005，第116页。

出佛入儒的尊生健动哲学创建者：熊十力

熊十力（1885—1968），原名继智、升恒、定中，号子真、漆园、逸翁，湖北黄冈人。早年参加辛亥革命和护法运动。1918年起进入学界，专心研发中华学术理论。曾在南京从欧阳竟无学习佛法，1922年以后受蔡元培之聘为北京大学讲师，继之为教授至20世纪50年代末。其代表性著作有《新唯识论》《佛家名相通释》《读经示要》《十力语要》《论六经》《原儒》《体用论》《明心篇》《乾坤衍》《存斋随笔》等。熊氏是狂者型学者，个性极强，但非"狂妄"，而是在博通中、印、西三学基础上创建自家独特哲学体系，不受诸家原有传统约束，自由自在地发表议论，具有极高的文化自信，也展现出超群的人生智慧。他还具有变通、切磋的品格，在与马一浮、梁漱溟、钱穆、汤用彤、吕澂等交流、争辩中不断超越自我，更新和改进自己的学说，努力激活以《周易》为导向的儒家哲学的恒久价值，以实现中华民族文化的复兴。他在现代新儒家群体中被誉为"中心开启性人物"，不仅是学术影响最大的一位，而且带领出现代新儒家第二代的唐君毅、牟宗三、徐复观三位大师级学者，使新儒家薪火相传，发扬光大。

其一，忧患意识中的文化自觉。熊氏忧国忧民，不唯要坚决抗日，救危存亡，更要振作民族精神，拯救民族文化自尊心的丧失，接续民族文化的生命，他认为这是救国的根本之途。如果心理上仰人鼻息，甘随人后，民族是没有希望的。因此，建立文化自信自觉关乎民族的兴衰。他对"五四"激进派否定传统文化深为忧虑，《十力语要初续》说："吾于五四运动以后菲薄固有、完全西化之倾向，窃有所未安焉！"[1]"清季迄今，学人尽弃固有宝藏不屑探究，而于西学亦不穷其根柢，徒以涉猎所得若干肤泛知解妄自矜炫，凭其浅衷而逞臆想，何关理道？集其浮词而名著作，有甚意义？以此率天下而同为无本之学，思想失自主，精神失独立，生心害政，而欲国之不依于人、种之不奴于人，奚可得哉？天积众刚以自强，董子《繁露》语。世界积无量强有力分子以成至治，有依人者，始有宰制此依者，有奴于人者，始有鞭笞此奴者，至治恶可得乎？吾国人今日所急需要者，思想独立、学术独立、精神独立，一切依自不依他，高视阔步而游乎广天博地之间，空诸倚傍，自诚、自明，以此自树，将为世界文化开发新生命，岂惟自救而已哉！"[2]熊氏对当时中国面临的自主性危机有清醒认识，对文化激进主义和"全盘西化"论有鞭辟入里的批判，指出他们对中华自家文化宝藏并无深究，对于西学亦满足于浅解，却逞其妄智，欲率天下而行，其害莫大焉。事实确是如此，西化派破坏有余而立新无能，在中华文化研究与西学研究上皆无可观建树，只是善于制造声势，吸引眼球，自鸣得意，以为"救国良方"，而对"文化自杀"的后果茫然不知。

299

① 熊十力：《十力语要初续》，上海书店出版社，2007，第18页。
② 萧萐父主编《熊十力全集》第五卷，湖北教育出版社，2001，第25页。

　　熊氏治学并非泥古守旧，恰恰在于打破门户与学派，推出自创新意。他在《新唯识论》语体文本中说："吾平生著述与笔札之属，字字从胸中流出……"[1]"又如陆象山云'六经皆我注脚，未可如言取义'，如言，即执着言说之谓。"[2]他提倡"自本自根、自信自足、自发自辟"[3]的精神，具有陆王心学"入乎其内，出乎其外"的气象。熊氏虽不通西文，却能经由汉译本比留学生更了解西方哲学，并努力融会中国与西方哲学的精华，建立起中国式本体论哲学，为海外学界所称道。1968年版《大英百科全书》为他立传，赞誉他的哲学是佛学、儒家与西学三者要义综合的独创者。更使人感叹的是，熊氏之文化自信在当时已意识到中国文化不仅能振兴中华，亦"将为世界文化开发新的生命"，非大智慧者不能有如此远见。

　　其二，《新唯识论》《体用论》与新哲学。熊氏的新哲学概括言之，便是"体用不二""翕辟成变"[4]，《新唯识论》奠其基，《体用论》充其实。熊氏深研佛学，取佛家体用论而化之。《新唯识论》不赞成"把本体当做是离我的心而外在的物事"[5]，也不赞成"否认本体，而专讲知识论者"[6]。"易言之，即不了万物本原与吾人真性，本非有二。此中真性，即所谓本心。以其为吾人所以生之理，则云真性。以其主乎吾身，则曰本心。遂至妄臆宇宙本体为离自心而外在，故乃凭量智以向外求索……"[7]那么，本

---

[1] 萧萐父主编《熊十力全集》第三卷，湖北教育出版社，2001，第538页。
[2] 萧萐父主编《熊十力全集》第三卷，湖北教育出版社，2001，第539页。
[3] 萧萐父主编《熊十力全集》第五卷，湖北教育出版社，2001，第22页。
[4] 萧萐父主编《熊十力全卷》第一卷，湖北教育出版社，2001，第670页。
[5] 萧萐父主编《熊十力全卷》第三卷，湖北教育出版社，2001，第17页。
[6] 萧萐父主编《熊十力全集》第三卷，湖北教育出版社，2001，第17页。
[7] 萧萐父主编《熊十力全集》第三卷，湖北教育出版社，2001，第17-18页。

体是什么？本体所以成其为本体者，略说六义："一、本体是备万理、含万德、肇万化，法尔清净本然。法尔一词，其含义有无所待而成的意思。清净者，没有染污，即没有所谓恶之谓。本然者，本谓本来，然谓如此。当知，本体不是本无今有的，更不是由意想安立的，故说本来。他是永远不会有改变的，故以如此一词形容之。二、本体是绝对的，若有所待，便不名为一切行的本体了。三、本体是幽隐的，无形相的，即是没有空间性的。四、本体是恒久的，无始无终的，即是没有时间性的。此中恒久二字并不是时间的意义，只强说为恒久。五、本体是全的，圆满无缺的，不可剖割的。六、若说本体是不变易的，便已涵着变易了，若说本体是变易的，便已涵着不变易了，他是很难说的。本体是显现为无量无边的功用，即所谓一切行的，所以说是变易的；然而本体虽显现为万殊的功用或一切行，毕竟不曾改移他的自性。他的自性，恒是清净的、刚健的、无滞碍的，所以说是不变易的。"①《体用论》有问："本体具何等义？""答曰：略说四义。一、本体是万理之原，万德之端，万化之始。始，犹本也。二、本体即无对即有对，即有对即无对。三、本体是无始无终。四、本体显为无穷无尽的大用，应说是变易的。然大用流行毕竟不曾改易其本体固有生生、健动，乃至种种德性，应说是不变易的。"②熊氏论本体乃是结合中西哲学而为之，他受西方哲学启示，要为宇宙万事万物寻求一个绝对的、根本的终极存在，但这个绝对存在既不是脱离万事万物的"绝对理念"，又非主宰万有的绝对唯一神"上帝"；他受老子和《周易》哲学的熏陶，把本

---

① 萧萐父主编《熊十力全集》第三卷，湖北教育出版社，2001，第94页。
② 萧萐父主编《熊十力全集》第七卷，湖北教育出版社，2001，第14页。

体理解为体用一如、与万事万物不可分离又赋予万事万物品性的大道，它"衣养万物而不为主"，"道常无为而无不为"，它"曲成万物而不遗"，"生生之谓易"，"寂然不动，感而遂通天下"，"天行健，君子以自强不息"。故熊氏强调本体的无主宰性、与事物的不可分割性，即"体用不二"；又强调本体的"生生、健动"，实际上视本体为宇宙运动变化的生命之源，故又称本体为"恒转"，"恒字是非断的意思，转字是非常的意思"，"不常不断，才是能变，才成为大用流行"。所以熊氏的"体用不二"论不仅是中国式的，而且较多地体现了《周易》哲学的精神，即尊生健动的精神。当然其中也有佛家和阳明心学的要素，如赋予本体以"湛然""清净""无滞无碍""离相""离染"等属性，认为"心体即性体之异名，以其为宇宙万有之原，则说为性体，以其主乎吾身则说为心体"①。这是中国儒家"天人合一"的传统。

302
"翕辟成变"则是熊氏的本体运动观，是从《周易·系辞上》"夫坤，其静也翕，其动也辟，是以广生焉"和"阖户谓之坤，辟户谓之乾，一阖一辟谓之变，往来不穷谓之通"而来的。"翕"是凝聚生物，"辟"是分化出新，"以本体之流行现似一翕一辟，相反而成化，此谓之变，亦谓之用"②。熊氏也用"屈伸""乾坤"来表达，皆来源于《周易》哲学。他推崇"《易大传》所以赞扬至精之运与生命之流者，庶几尽其蕴矣。乾为生命和精神，坤为物质和能力。宇宙万有只是此两方面，何可否

---

① 萧萐父主编《熊十力全集》第六卷，湖北教育出版社，2001，第116页。
② 萧萐父主编《熊十力全集》第五卷，湖北教育出版社，2001，第14页。

认"①。而"翕必待辟而后见为流行"②,"从宇宙全体之发展而观,阳明、刚健之辟,一步一步破物质之闭锢而复其焰明主动之贞常性"③。

熊氏的新哲学可以称之为尊生健动的生命哲学。他在《读经示要》中总结自己的学术生涯,曰:"吾平生之学,穷探大乘,而通之于《易》。尊生而不可溺寂,彰有而不可耽空,健动而不可颓废,率性而无事绝欲,此《新唯识论》所以有作。而实根柢《大易》以出也。上来所述,尊生、彰有、健动、率性,此四义者,于中西哲学思想,无不包通,非独矫佛氏之偏失而已。王船山《易外传》颇得此旨。然其言散见,学者或不知综其纲要。魏、晋人祖尚虚无,承柱下之流风,变而益厉。遂以导入佛法。宋儒受佛氏禅宗影响,守静之意深。而健动之力,似疏于培养。寡欲之功密,而致用之道,终有所未宏。"④"晚明有王船山作《易内外传》,宗主横渠,而和会于濂溪伊川朱子之间,独不满于邵氏。其学尊生以箴寂灭,明有以反空无,主动以起颓废,率性以一情欲,论益恢宏,浸与西洋思想接近矣。"⑤此一段话乃是熊十力新哲学之精髓,其要在"尊生、彰有、健动、率性"四义,上承横渠关学,出佛氏而入《易》学,真正彰显了儒家的仁爱、贵生、自强、中正的品格,重视生命的主体性、生动性和创造性,"无宗教之迷,无离群、遗世、绝物等过失,亦不至沦溺于物欲而丧其灵性生活"⑥,强调精神生命的自发自开与活泼洒脱。这是儒家哲学

303

---

① 熊十力:《熊十力论著集之二:体用论》,中华书局,1994,第450页。
② 萧萐父主编《熊十力全集》第三卷,湖北教育出版社,2001,第102页。
③ 萧萐父主编《熊十力全集》第七卷,湖北教育出版社,2001,第22页。
④ 萧萐父主编《熊十力全集》第三卷,湖北教育出版社,2001,第916页。
⑤ 萧萐父主编《熊十力全集》第四卷,湖北教育出版社,2001,第140页。
⑥ 萧萐父主编《熊十力全集》第七卷,湖北教育出版社,2001,第95页。

的真精神、真意趣，而为熊氏新哲学表而出之，气势宏大，理念深邃，开智感人，故其身后弟子弥众，遂形成新儒学学派群体。

其三，以儒为主，化用佛学与道学。唯识学是熊氏哲学来源之一，其讲"万法唯识""唯识无境"，以"真如""佛性"消解主客观的对立，对熊氏有启迪智慧之功。但熊氏超越此唯识旧说，而有新论。《新唯识论》说："唯识为言，但遮外境，不谓境无，以境与识同体不离，故言唯识。唯者特殊义，非唯独义。识能了境，力用殊特，说识名唯，义亦摄境。岂言唯识，便谓境无？"[1]于此可知，《新唯识论》与旧论同在"识可摄境"，无离识之境；异在新论强调识境"同体"，不赞成旧论销境归识。

在宇宙观和方法论上，熊氏主张借鉴唯识法相以增强逻辑精神，与西方哲学相会通。其《佛家名相通释》一书足证其对佛教历史、教义、宗派着力之久，研究之深，故能写成佛教入门之书。其书类似佛教简明辞典，又超过辞典，于主要名相做出深解，若无多年工夫难以为之。该书"撰述大意"说："疏释名相，只取唯识、法相，何耶？""故唯识法相，渊源广远，资藉博厚。而其为书也，又条件分明，如法相书。统系严整。如唯识书。佛家哲学方面名词，盖亦大备于唯识法相诸要典，撮要而释之，则可以读其书而通其学。"[2]"筑室有基，操舟有楫。治斯学者，讵可无依。"[3]"名相为经，众义为纬。纯本哲学之观点，力避空想之浮辞，根底无易其故，裁断必出于己。"[4]"今日治哲学者，

---

[1] 萧萐父主编《熊十力全集》第二卷，湖北教育出版社，2001，第23页。
[2] 萧萐父主编《熊十力全集》第二卷，湖北教育出版社，2001，第344页。
[3] 萧萐父主编《熊十力全集》第二卷，湖北教育出版社，2001，第345页。
[4] 萧萐父主编《熊十力全集》第二卷，湖北教育出版社，2001，第346页。

于中国、印度、西洋三方面，必不可偏废"①，"佛家于内心之照察，与人生之体验，宇宙之解析，真理之证会，皆有其特殊独到处。即其注重逻辑之精神，于中土所偏，尤堪匡救"②。他追溯中国佛教史，"自大法东来，什、肇、奘、基既尽吸收之能，华、台宗门皆成创造之业"③，尔后"魏、晋融佛于三玄，虽失则纵"④，"宋明融佛于四子，虽失则迂"⑤。"揆之往事，中人融会印度佛家思想，常因缘会多违，而未善其用。今自西洋文化东来，而吾科学未兴，物质未启，顾乃猖狂从欲，自取覆亡。使吾果怀自存，而且为全人类幸福计者，则导欲从理，而情莫不畅；本心宰物，而用无不利。异生皆适于性海，人类各足于分愿，其必有待中、印、西洋三方思想之调和，而为未来世界新文化植其根。然则佛学顾可废而不讲欤？"⑥熊氏意识到西方文化物质主义的危害，佛学有自己独到的智慧，能在会通中、印、西文化以促进人类文明中发挥重要作用。

中国佛教性相二宗，性宗典籍由罗什主译，相宗典籍由玄奘主译，"什、奘二师学，可为质正之准则"⑦。他总结出读佛书有四要："分析与综会，踏实与凌空。"⑧分析是对名相条分缕析，综会是寻统系而得其通理，踏实要务求在理会来历中得其实解，凌空是抛开书本、脱而神解、真理自然呈现，这就是通过名相而

① 萧萐父主编《熊十力全集》第二卷，湖北教育出版社，2001，第346页。
② 萧萐父主编《熊十力全集》第二卷，湖北教育出版社，2001，第346页。
③ 萧萐父主编《熊十力全集》第二卷，湖北教育出版社，2001，第346页。
④ 萧萐父主编《熊十力全集》第二卷，湖北教育出版社，2001，第347页。
⑤ 萧萐父主编《熊十力全集》第二卷，湖北教育出版社，2001，第347页。
⑥ 萧萐父主编《熊十力全集》第二卷，湖北教育出版社，2001，第347页。
⑦ 萧萐父主编《熊十力全集》第二卷，湖北教育出版社，2001，第349页。
⑧ 萧萐父主编《熊十力全集》第二卷，湖北教育出版社，2001，第349页。

达到真正的觉悟。他用现代话语进而论之："佛家哲学，以今哲学上术语言之，不妨说为心理主义。所谓心理主义者，非谓是心理学，乃谓其哲学从心理学出发故。今案其说，在宇宙论方面，则摄物归心。所谓'三界唯心''万法唯识'是也。"①"在人生论方面，则于染净，察识分明。而以此心舍染得净、转识成智、离苦得乐，为人生最高蕲向。在本体论方面，则即心是涅槃。在认识论方面，则由解析而归趣证会。初假寻思，而终于心行路绝。"②而证会能够"冥契真理，即超过寻思与知解境地"③。

"今西洋哲学，理智与反理智二派互不相容，而佛学则可一炉而冶"④，这就是佛家认识论的特别贡献。他告诫读者："凡佛家书：有宗论籍，只是铺陈名相；空宗论籍，如宗经之作，只是三支法式。读其书者，切宜言外得意。若滞在言中，便觉毫无义趣。"⑤熊氏研佛，既有同情之理解，又站在其外，评其得失，并分疏其宇宙论、本体论、认识论之特色，以与现代西方哲学相衔接。他并非佛教界中人，自然受到教中学者如吕澂的责难，但他是位慧眼识佛学精义之人，又是佛学现代化的功臣。熊氏认为大乘空宗尚未"领会性德之全"，其实"寂静之中即是生机流行"，"空宗只见性体是寂静的，却不知性体亦是流行的"⑥，这样熊氏就经由空宗而入于《易传》生生之德、大化流行的哲学了。熊氏认为大乘有宗亦有得有失："大乘有宗矫异空宗，颇谈宇宙论。但是，他们有宗将宇宙之体原与真如本体却打成两

---

① 萧萐父主编《熊十力全集》第二卷，湖北教育出版社，2001，第350页。
② 萧萐父主编《熊十力全集》第二卷，湖北教育出版社，2001，第350页。
③ 萧萐父主编《熊十力全集》第二卷，湖北教育出版社，2001，第351页。
④ 萧萐父主编《熊十力全集》第二卷，湖北教育出版社，2001，第351页。
⑤ 萧萐父主编《熊十力全集》第二卷，湖北教育出版社，2001，第352页。
⑥ 萧萐父主编《熊十力全集》第三卷，湖北教育出版社，2001，第175页。

片。"① "然亦以为本体不可说是生生化化的物事，只可说是无为的、无起作的。"②所谓本体真实者"并不是凝然坚住的物事，而是个恒在生生化化的物事"③。于是他又超越了有宗，回归了《易传》哲学，这样便出现《体用论》，建立起自己的哲学。

熊十力对老庄道家的态度如同对待佛家，也是取长弃短，化而用之。关于老子，熊氏最重老子道论，认为"道""无""一"皆指向宇宙之真理、万有之实体，曰："一切万象，以道为体，则道固非离一切万有而别有物。若谓道果超越于一切万有之外者，则道亦顽空，而何得名为宇宙实体耶？老子之后学庄周曾有妙语云'道在屎尿'，可见道不离一切万有而独在也。"④老子谓天地万物得一以清，庄子本之，玄同彼我，双遣是非，而休乎天钧，"天钧者，一之谓也"⑤。"总之，老子开宗，直下显体，庄子得老氏之旨而衍之，便从用上形容。《老》《庄》二书合而观之，始尽其妙……"⑥

熊氏对老子"道"的理解是准确的，道是万有之体，又在万有之中，因此是体用不二，它与西方哲学的超越现象界的"绝对理念"不是一回事。他在《读经示要》中说："夫无者，言乎宇宙本体，所谓太极或太易是也。体则寂然无形，故说为无，非空无之无。有者，言乎本体之显为大用，所谓乾元是也。"⑦"有也者，言其生生之盛也，言其变化不测也……"⑧这里熊氏以体用

---

① 萧萐父主编《熊十力全集》第三卷，湖北教育出版社，2001，第209页。
② 萧萐父主编《熊十力全集》第三卷，湖北教育出版社，2001，第209页。
③ 萧萐父主编《熊十力全集》第三卷，湖北教育出版社，2001，第210页。
④ 萧萐父主编《熊十力全集》第四卷，湖北教育出版社，2001，第204页。
⑤ 萧萐父主编《熊十力全集》第四卷，湖北教育出版社，2001，第100页。
⑥ 萧萐父主编《熊十力全集》第四卷，湖北教育出版社，2001，第101页。
⑦ 萧萐父主编《熊十力全集》第三卷，湖北教育出版社，2001，第952页。
⑧ 萧萐父主编《熊十力全集》第三卷，湖北教育出版社，2001，第952页。

不二解说老子有无之论，并归结到《周易》生生不息、变化流行的哲学上，把老学与《易》学打通，此正是熊氏创造性解老的过人之处。老子讲无本有蹈虚之弊，熊氏以《易》之刚健补救之。《新唯识论》说："老子只喜欢说无，却不知所谓无才是至刚至健，我想老子尚不免耽着虚无的境界。"[1]《读经示要》说："孔子说'天行健'。而老仅曰'周行不殆已耳'。其实，本体现为大用，纯是刚健，故流不已。老子耽虚静，于健德没理会。"[2]结论是显然的：中国哲学的发展必须儒道互补而推之。

关于庄子，熊氏最钟情于庄子的主体意识、自由精神和狂者气象。庄子在《大宗师》论道："夫道，有情有信，无为无形；可传而不可受，可得而不可见；自本自根，未有天地，自古以固存；神鬼神帝，生天生地；在太极之先而不为高，在六极之下而不为深，先天地生而不为久，长于上古而不为老。"《逍遥游》追求精神自由，"举世而誉之而不加劝，举世而非之而不加沮"，"乘天地之正，而御六气之辩，以游无穷者"，逍遥乎"无何有之乡"。《齐物论》讲"天地与我并生，而万物与我为一"。《养生主》讲"以无厚入有间，恢恢乎其于游刃必有馀地矣"。《人间世》讲"乘物以游心"。《天下》讲"独与天地精神往来，而不敖倪于万物"。熊氏深受庄子这种自强、独立、自由、合天、狂放意识的熏染和激励，用以提升生命哲学，说哲学"要在反己而识自本自根。非可向外觅本根也。'自本自根'一语，本《庄子》。庄子此语甚妙，盖深得《大易》之旨"[3]。"而吾之生命，与宇宙

---

① 萧萐父主编《熊十力全集》第三卷，湖北教育出版社，2001，第115页。
② 萧萐父主编《熊十力全集》第三卷，湖北教育出版社，2001，第731页。
③ 萧萐父主编《熊十力全集》第三卷，湖北教育出版社，2001，第732页。

大生命为一。所谓游于无待，振乎无穷者也。"① "道家盖以个人的生命即是宇宙大生命，宇宙大生命亦即是个人的生命。庄子云：'天地与我并生，万物与我为一。'此证真之谈也。"② "社会底种种模型，固然限制了我人底生命，但是我人如果不受他底固定的不合理的限制，尽可自强起来，自动起来，自创起来，破坏他底模型，变更他底限制，即是另造一个新社会，使我和我底同类都得展扩新生命。"③ 显然，熊氏哲学的自信自创、自立自明及其人格的狂傲不羁、俯视世教，深得力于庄子的诡奇奔放，故勇于破除陈套，开辟新论。不过，熊氏亦对庄学及其末流的消极无为有所批评，说："《南华》根本迷谬处，即在视天化为无上之威力，而吾人之生，只是大化中偶然之化，如昙花一现耳。"④ "庄生之宇宙观与人生观，只是委心任运，恭然无自在力。"⑤ 这正如荀子所批评的"庄子蔽于天而不知人"，熊氏却用《大易》之尊生健动加以弥补了。

309

（摘编自人民出版社2018年版《儒道佛三教关系简明通史》，

内容有改动）

---

① 萧萐父主编《熊十力全集》第三卷，湖北教育出版社，2001，第733页。
② 萧萐父主编《熊十力全集》第七卷，湖北教育出版社，2001，第173页。
③ 萧萐父主编《熊十力全集》第四卷，湖北教育出版社，2001，第477–478页。
④ 萧萐父主编《熊十力全集》第四卷，湖北教育出版社，2001，第17页。
⑤ 萧萐父主编《熊十力全集》第四卷，湖北教育出版社，2001，第17–18页。

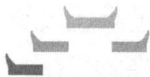

融合中西、兼通三教的新理学创建者：冯友兰

冯友兰（1895—1990），字芝生，河南省唐河县人。北京大学哲学系毕业后赴美，获哥伦比亚大学哲学博士学位。1928年至1952年任清华大学哲学系教授、清华大学文学院院长、西南联合大学哲学系教授兼文学院院长。以后任北京大学哲学系教授、中国科学院哲学社会科学部学部委员。主要著作有《中国哲学史》《中国哲学简史》《中国哲学史新编》《新理学》《新事论》《新世训》《新原人》《新原道》《新知言》，如他自撰的95岁预寿联所云："三史释今古，六书纪贞元。"①晚年写有《三松堂自序》，是一部价值较高的学人回忆录。

冯友兰是当代中国最有完备哲学体系、最具影响力的哲学家兼哲学史家，也是在美国和西方传布中国哲学最成功的学者。他的哲学称"新理学"，一方面是接着宋明理学讲，另一方面是运用西方逻辑分析方法使理学具有当代理论形态，故新理学是中西哲学融合的产物。他在《中国哲学简史》中说："西方哲学对中

310

---

① 冯友兰：《三松堂全集》第十四卷，河南人民出版社，2000，第569页。

国哲学的永久性贡献，是逻辑分析方法。"①他深受柏拉图哲学和新实在论的影响。同时他的新理学有中国哲学史深厚基础作为支撑，其中主要是儒、道、佛三教关于人生哲学的智慧，故有鲜明的中国特色。

冯友兰先生有强烈历史使命感和人文关怀，对中国哲学精神有深度把握。他家中长悬一副对联："阐旧邦以辅新命，极高明而道中庸。"上联是表达自己的家国情怀，研究中国哲学史是为了开发其思想资源为新时期文化建设提供营养；下联是表达自己对中国哲学精神的理解，既有对形而上之体的追寻，又有对形而下之用的重视。他是一位情理兼具的哲学家，抗战时期所写"贞元六书"，标示"贞下起元"，中华民族"一阳来复"，要思想觉醒、文化开新、民族复兴。他在《新原人》自序中说："'为天地立心，为生民立命，为往圣继绝学，为万世开太平。'此哲学家所应自期许者也。况我国家民族值贞元之会，当绝续之交，通天人之际、达古今之变、明内圣外王之道者，岂可不尽所欲言，以为我国家致太平，我亿兆安心立命之用乎？虽不能至，心向往之。非曰能之，愿学焉。此《新理学》《新事论》《新世训》及此书所由作也。"②（后又有《新原道》《新知言》之作）他在抗战胜利后所撰《西南联合大学纪念碑碑文》，充满爱国激情和民族自豪感，文情并茂，铿锵有力，读之使人热血澎湃，成为传世名篇。以下就冯学与多元哲学会通相关联的部分，择其要而列述之。

其一，新理学与共相说。冯氏吸收了柏拉图哲学的共相与殊

311

---

①冯友兰：《三松堂全集》第六卷，河南人民出版社，2000，第277页。
②冯友兰：《三松堂全集》第四卷，河南人民出版社，2000，第463页。

相说，继承了程朱理学的理气说，将之融合为一体，提出新理学的形上学即共相说。他认为"认识论和逻辑学的根本问题，是共相和殊相的分别和关系的问题"①，"这个问题是贯穿于中国哲学发展的过程中的一个根本问题"②。冯氏在晚期所写《三松堂自序》第六章中说："他们（程朱）虽然没有用共相和殊相、一般和特殊这一类的名词，但是他们所讨论的是这个问题。这个问题的讨论，是程、朱理学的主要内容。'新理学'所要'接着讲'的，也就是关于这个问题的讨论。这个问题在程、朱理学中表现为理、气问题。他们所说的每一类东西的所以然之理就是那一类东西的共相，其中包括有那一类东西所共同有的规定性。有了这个规定性，这一类东西和其他类的东西才有质的区别，但是仅有这些共相还不能使具体的世界中就有这种东西。共相是抽象的，它必须有一定的物质基础才能具体化。具体世界的总的物质基础叫做'气'。"③他引《周易·系辞上》"形而上者谓之道，形而下者谓之器"，指明"理是形而上者，器是形而下者"，而器是由气构成的。《新理学》"称理世界为'真际'，器世界为'实际'"④。"程、朱理学和'新理学'，都是主张'理在事先'和'理在事上'"⑤，如"必须先有飞机之理，然后才有飞机"⑥。我们今天依据唯物辩证法来看，新理学讨论的共相与殊相、理与气（或道与器）的关系，就是一般与个别、本质与现象的关系，不过唯物辩证法认为共相寓于殊相之中、一般寓于个别之中，而新理学未

①冯友兰：《三松堂全集》第十三卷，河南人民出版社，2000，第438页。
②冯友兰：《三松堂全集》第十三卷，河南人民出版社，2000，第438页。
③冯友兰：《三松堂全集》第一卷，河南人民出版社，2000，第211页。
④冯友兰：《三松堂全集》第一卷，河南人民出版社，2000，第212页。
⑤冯友兰：《三松堂全集》第一卷，河南人民出版社，2000，第213页。
⑥冯友兰：《三松堂全集》第一卷，河南人民出版社，2000，第212页。

能说得清楚。

那么新理学的共相说在当时的实际意义在哪里呢？就是要解决中国的现代化和保持中华文化特色的关系问题。面对"全盘西化"和"本位文化"的主张，冯氏要做出自己的回答。他认为中国是"以家为本位的社会"，而当时西方是"以社会为本位的社会"，其原因是西方有了工业革命，实现了工业化，这就是近代化的"共相"。但民族文化具有特殊性，无法仿效西方。《新事论》讲"别共殊"，指出"我们只是将我们的文化，自一类转入另一类，并不是将我们的一个特殊底文化，改变为另一个特殊底文化"[1]，也就是使之具有近代形态，并不是所有文化都去模仿西方特有的文化。例如，"基本道德这一方面是无所谓现代化底，或不现代化底"[2]。《三松堂自序》中说："中国现在所面临的问题，基本上还是从上个世纪末年遗留下来的问题，那就是工业化。《新事论》的副题是'中国到自由之路'。这条路就是工业化。"[3]冯氏既坚持中国要发展商品经济，走工业化的道路，又坚持中国文化特色，形成自身传统的传承，从而避免了故步自封和全盘西化的偏向，这确是中国到自由之路。冯氏的"共相与殊相"之论，对于人们正确处理多元文明关系、民族关系有重大启示作用。而人们未曾想到的是，冯氏的共相说在后来1957年演为传统文化的抽象意义，提出所谓"抽象继承法"（陈伯达概括出来的），即主张对于中国哲学命题要区别其中抽象意义和具体意义，要继承具有普遍的规律性的内涵，去掉具体的时代性的成分，并把普遍性的义理与当代实际相结合，赋予它新的具体意

313

---

[1] 冯友兰:《三松堂全集》第四卷，河南人民出版社，2000，第207页。
[2] 冯友兰:《三松堂全集》第四卷，河南人民出版社，2000，第331页。
[3] 冯友兰:《三松堂全集》第一卷，河南人民出版社，2000，第220页。

义。其用意是在那种否定传统的强烈氛围中为中华古典哲学保留一块生存空间，却由此引发一场批冯风潮，直到改革开放以后，北大方为其正式平反。

其二，《新原人》与境界说。汉语"境"本义是疆界，后引申为有层级的状态，多用于文化表述。《庄子·齐物论》有"忘年忘义，振于无竟，故寓诸无竟"，讲的是一种物我合一的状态，郭象注《庄子》，提出"玄冥之境"，就是融己于物。"境界"一词出于佛典。三国时，《无量寿经》传入中国，其中曰："比丘白佛，斯义洪深，非我境界。"佛教之"境界"，指佛法造诣的程度，也常常"心""境"对举，以标示主客关系。近代"境界"一词多用于中国美学与哲学：王国维《人间词话》，就用境界说评析历代词人词作造诣之高低，成为美学名著；冯友兰有"人生四境界"之说，唐君毅有"心灵九境"之说。

冯氏在《新原人》一书中，首先提出"觉解"一词，综合了佛教的觉悟（体证）和概念的了解（知识）而为一，"觉解是明，不觉解是无明，觉解是无明的破除"[1]。冯氏认为，人们生活在一个"公共的世界"，但对于宇宙人生的觉解程度却是不同的，宇宙人生对于不同的人有不同的意义，构成不同人的不同境界，这一说法介乎"佛家的说法与常识之间"，也就是《易传》所说"仁者见之谓之仁，知者见之谓之知"。境界"可以分为四种：自然境界，功利境界，道德境界，天地境界"[2]。"自然境界的特征是：在此种境界中底人，其行为是顺才或顺习底"[3]，生活在此境界中的人，对人生意义"不著不察"，如诗中描绘

314

---

① 冯友兰：《三松堂全集》第四卷，河南人民出版社，2000，第477页。
② 冯友兰：《三松堂全集》第四卷，河南人民出版社，2000，第497页。
③ 冯友兰：《三松堂全集》第四卷，河南人民出版社，2000，第498页。

古代人民的生活："凿井而饮，耕田而食，不识不知，顺帝之则。""日出而作，日入而息，不识天工，安知帝力？"①现代社会中也有很多人处于自然境界，他们做的事情可能很重大，但往往"行乎其所不得不行，止乎其所不得不止"，"莫知其然而然"。②"功利境界的特征是：在此种境界中底人，其行为是'为利'底。所谓'为利'，是为他自己的利。""在功利境界中底人，对于'自己'及'利'，有清楚底觉解。""他的行为，或是求增加他自己的财产，或是求发展他自己的事业，或是求增进他自己的荣誉。""他的行为，事实上亦可是与他人有利，且可有大利底。"③"道德境界的特征是：在此种境界中底人，其行为是'行义'底。""在此种境界中底人，对于人之性已有觉解。他了解人之性是涵蕴有社会底。"④"在功利境界中，人的行为，都是以'占有'为目的。在道德境界中，人的行为，都是以'贡献'为目的。"⑤此即旧话中的"取"与"与"。"天地境界的特征是：在此种境界中底人，其行为是'事天'底。"⑥"他已完全知性，因其已知天。他已知天，所以他知人不但是社会的全的一部分，而并且是宇宙的全的一部分。不但对于社会，人应有贡献；即对于宇宙，人亦应有贡献。"⑦从自然境界到功利境界再到道德境界最后到天地境界，是由低到高的分别，在于其觉解的程度不同，而最高天地境界中的人，"谓之圣人"。冯氏指出："境界有久

315

① 冯友兰：《三松堂全集》第四卷，河南人民出版社，2000，第498页。
② 冯友兰：《三松堂全集》第四卷，河南人民出版社，2000，第499页。
③ 冯友兰：《三松堂全集》第四卷，河南人民出版社，2000，第499页。
④ 冯友兰：《三松堂全集》第四卷，河南人民出版社，2000，第499页。
⑤ 冯友兰：《三松堂全集》第四卷，河南人民出版社，2000，第500页。
⑥ 冯友兰：《三松堂全集》第四卷，河南人民出版社，2000，第500页。
⑦ 冯友兰：《三松堂全集》第四卷，河南人民出版社，2000，第500页。

暂。此即是说，一个人的境界，可有变化。"①因此人须涵养进学、居敬存诚。冯氏高度评价宋明道学："道学家受佛道二家的影响，接孟子之续，说一最高境界。但此最高境界，不必于人伦日用外求之，亦不必于人伦日用外有之。人各即其在社会中所居之位，做日用底事，于洒扫应对之中，至尽性至命之地。他们的说法，可以说是极其平易，亦可说是极其微妙。这是道学家的最大底贡献。"②

冯氏的四境界说是他新哲学的精华，他用中国经验指明哲学的功用在于提升人生的意义，"这些哲学底观念，虽不能予人以积极底知识，但可以使人有一种新境界"③，"此种新境界，是天地境界。此是哲学的大用处。用西洋哲学的话说：哲学的用处，本不在于求知识，而在于求智慧"④。这与讲求知识技术并无矛盾："人若为尽伦尽职而讲求知识技术，其讲求亦是道德行为，其人的境界亦是道德境界。人若为事天赞化而讲求知识技术，其讲求亦有超道德底意义，其人的境界，亦是天地境界。"⑤显然这是人生哲学而非西方以知识论为主的哲学。西方主流哲学也讲宇宙论、本体论，但其目的在于改善思维能力，更好地认识世界，而不在于使人生更有意义。而这后一个目标，西方把它交给基督教去解决。

其三，《新原道》与中国哲学精神。《新原道》看起来像一部简明中国哲学史，实际上是以史寓论，哲学多而史学少，是新的

①冯友兰：《三松堂全集》第四卷，河南人民出版社，2000，第503页。
②冯友兰：《三松堂全集》第四卷，河南人民出版社，2000，第581页。
③冯友兰：《三松堂全集》第四卷，河南人民出版社，2000，第591页。
④冯友兰：《三松堂全集》第四卷，河南人民出版社，2000，第592页。
⑤冯友兰：《三松堂全集》第四卷，河南人民出版社，2000，第596页。

原道之论，类似韩愈之《原道》以阐扬儒家道统为己任，故书名《新原道》，但包纳佛老兼及诸子而阐扬中华哲学大道统，故副题为《中国哲学之精神》。不过，本书以理学到新理学为主导，故自序中说："此书之作，盖欲述中国哲学主流之进展，批评其得失，以见新理学在中国哲学中之地位。"①可见，此书是为新理学做论证的，是新理学体系的有机组成部分。

那么，中国哲学的基本精神是什么？就是"极高明而道中庸"。冯氏在《三松堂自序》中回忆当时国立编译馆约他写一本简明的《中国哲学史》，他答应了，"就用'极高明而道中庸'这句话作为线索，说明中国哲学的发展的趋势"②。他在《新原道》绪论中说，"中国哲学所求底最高境界，是超越人伦日用而又即在人伦日用之中"，"因其是世间底，所以说是'道中庸'；因其又是出世间底，所以说是'极高明'"，也就是"最理想主义底，同时又是最现实主义底"，"如何统一起来，这是中国哲学所求解决底一个问题。求解决这个问题，是中国哲学的精神。这个问题的解决，是中国哲学的贡献"。③

冯氏又把"极高明而道中庸"称为"内圣外王之道"，一方面要在精神上追求超乎形象的境界，达到"经虚涉旷"的高度；另一方面又要在行为上过好日常生活，体现"庸言庸行"的态度。这种生活方式能够同时避免宗教的虚幻和世俗的平庸，既有现实的责任，又有高超的觉解，是一种最理想的人生。《新原道》第一章《孔孟》，说儒家"于实行道德中，求高底境界。

317

---

① 冯友兰：《三松堂全集》第五卷，河南人民出版社，2000，第3页。
② 冯友兰：《三松堂全集》第一卷，河南人民出版社，2000，第229页。
③ 冯友兰：《三松堂全集》第五卷，河南人民出版社，2000，第6页。

这个方向，是后来道学的方向"①。不过他们未能分清道德境界与天地境界，于"高明"方面尚嫌不足。第二章《杨墨》，杨朱"只讲到功利境界"，而墨子"他的行为虽合乎道德，但他的境界是功利境界"②，皆不合"高明"标准。第三章《名家》说，"在中国哲学史中，最先真正讲到超乎形象底哲学，是名家的哲学"③，但"他们尚未能充分利用他们的对于超乎形象者底知识，以得到一种生活"④。第四章《老庄》说，道家的思想"比名家的思想，又高一层次。名家讲有名。道家经过名家对于形象世界底批评，于有名之外，又说无名"⑤。但道家往往分不清天地境界与自然境界的差别，又做方内方外之分，故"其哲学是极高明，但尚不合乎'极高明而道中庸'的标准"⑥。第五章《易庸》说，《易传》及《中庸》所说的圣人，都是"庸德之行，庸言之谨"，能将方内与方外当作一行，但他们不讲无名，而"有名决不足以尽超乎形象底"，所以其哲学"十分合乎'道中庸'的标准，但尚不十分合乎'极高明'的标准。"⑦第六章《汉儒》讲，"严格地说，汉代只有宗教，科学，没有纯粹底哲学"⑧，"汉人注重实际，注重实行，但他们的境界，大概都不甚高"⑨。第七章《玄学》讲，王弼将有情与无情统一起来，"向（秀）郭（象）的努力，就是在于使原来道家的寂寥恍惚之说，成为涉俗盖世

---

① 冯友兰：《三松堂全集》第五卷，河南人民出版社，2000，第23页。
② 冯友兰：《三松堂全集》第五卷，河南人民出版社，2000，第33页。
③ 冯友兰：《三松堂全集》第五卷，河南人民出版社，2000，第36页。
④ 冯友兰：《三松堂全集》第五卷，河南人民出版社，2000，第42页。
⑤ 冯友兰：《三松堂全集》第五卷，河南人民出版社，2000，第45页。
⑥ 冯友兰：《三松堂全集》第五卷，河南人民出版社，2000，第57页。
⑦ 冯友兰：《三松堂全集》第五卷，河南人民出版社，2000，第74页。
⑧ 冯友兰：《三松堂全集》第五卷，河南人民出版社，2000，第77页。
⑨ 冯友兰：《三松堂全集》第五卷，河南人民出版社，2000，第84页。

之谈。将方内与方外，统一起来"①，此其所长。"但照他们所讲底，高明与中庸，还是两行，不是一行。"②第八章《禅宗》，禅宗认为："则应务应世，对于圣人，就是妙道；'动用之域'，就是'无为之境'。如此说，则只有一行，没有两行。……但如果担水砍柴，就是妙道，何以修道底人，仍须出家？何以'事父事君'不是妙道？这又须下一转语。"③第九章《道学》，"道学已把所谓高明、中庸、内外、本末、精粗等对立，统一起来"④，"事父事君，亦是妙道，这是把禅宗所一间未达者，也为之戳穿点破。这可以说是'百尺竿头，更进一步'了"⑤。"宋明道学，没有直接受过名家的洗礼，所以他们所讲底，不免著于形象"⑥，"尚有禅宗所谓'拖泥带水'的毛病"⑦。第十章《新统》，新理学"是接着中国哲学的各方面的最好底传统，而又经过现代的新逻辑学对于形上学的批评，以成立底形上学"⑧，"新理学是最玄虚底哲学，但它所讲底，还是'内圣外王之道'，而且是'内圣外王之道'的最精纯底要素"⑨。

319

　　冯氏在《新原道》中所阐述的"极高明而道中庸"的中国哲学精神，按照作者在此书和他处的解说，可以有三个视角的揭示：一曰内圣外王之道，即人的内在精神境界的高超和外在社会事功的树立相统一，这就是儒家追求的"穷理尽性以至于命"

①冯友兰：《三松堂全集》第五卷，河南人民出版社，2000，第95页。
②冯友兰：《三松堂全集》第五卷，河南人民出版社，2000，第99页。
③冯友兰：《三松堂全集》第五卷，河南人民出版社，2000，第109页。
④冯友兰：《三松堂全集》第五卷，河南人民出版社，2000，第124页。
⑤冯友兰：《三松堂全集》第五卷，河南人民出版社，2000，第124页。
⑥冯友兰：《三松堂全集》第五卷，河南人民出版社，2000，第125页。
⑦冯友兰：《三松堂全集》第五卷，河南人民出版社，2000，第126页。
⑧冯友兰：《三松堂全集》第五卷，河南人民出版社，2000，第127页。
⑨冯友兰：《三松堂全集》第五卷，河南人民出版社，2000，第138页。

和"修己以安百姓";二曰理想主义与现实主义相统一,追求社会的"大同"和人生的"希贤希圣",同时要"有因有革""经世致用";三曰虚学与实学相统一,即"经虚涉旷"与"庸言庸行"的统一,既要超然物外、泯灭天人,又要尽伦尽职、明体达用。总之,中国哲学是有强烈超越意识的,又是有深切现实关怀的,可以使人穷根究底和安身立命。在论述中国哲学精神发展过程中,冯氏对于儒家、道家、佛家做出的重要贡献给予充分肯定,同时又指出其不足,还包纳诸子之学。他是站在中华民族整体立场上而非某一家的立场上继承和发扬中国哲学精神的。他在晚年省察到新理学有"理论矛盾",但对于"极高明而道中庸"却一生坚信不疑,故于1985年在《答〈中国哲学史新编〉责任编辑问》(收入《三松堂全集》)中申明:"我在《新原道》一书中说,中国哲学的特点是'极高明而道中庸',现在我还是这样看。"①

320　　其四,"三史释古今"与"阐旧邦以辅新命"。冯友兰是哲学家,而一生却写了三部中国哲学史著作,不是单纯喜好历史,而要由史出论,使其新哲学有坚实史学根基,以实现"旧邦新命"的目标。他的爱国热情倾注在对中华文化的热爱、理解和深究上,有很强的文化自信力。他在《新事论》第十一篇《论抗建》中批评民初一些人的文化殖民地心理,"有些人亦常说:我们要发扬我们的民族精神,我们要恢复我们的民族自信力。但一说到此,他即说:我们必须有人学德国的费希特。这一句话即表示他自己没有民族自信力。这一句话所表示底心理,亦是殖民地人的心理"②,即文化不如西方的心理。他在第五篇《原忠孝》中指

①冯友兰:《三松堂全集》第十三卷,河南人民出版社,2000,第434页。
②冯友兰:《三松堂全集》第四卷,河南人民出版社,2000,第314页。

出，民初人要打倒孔家店，打倒"吃人底礼教"，说"万恶孝为首"，"民初人此种见解，是极错误底"①。"但他们的自以为了不得底聪明，实在是他们的了不得底愚昧"②，因为他们不懂得历史地全面地看待中华道德，不了解民族精神的来源。他在第十二篇《赞中华》曰："如所谓'中学为体，西学为用'者，是说：组织社会的道德是中国人所本有底，现在所须添加者是西洋的知识、技术、工业。"③"什么是中国人的精神力量，能使中国人以庄严静穆底态度抵御大难？我们说：此力量，普通一点说，是上所说底道德力；特别一点说，是墨家儒家的严肃，及道家的超脱；儒家墨家的'在乎'，及道家的'满不在乎'。"④作者满怀信心地宣示："真正底'中国人'已造成过去底伟大底中国。这些'中国人'将要造成一个新中国，在任何方面，比世界上任何一国，都有过无不及。这是我们所深信，而没有丝毫怀疑底。"⑤

"三史"中第一史《中国哲学史》上下卷，出版于20世纪30年代初（上卷出版于1931年，下卷出版于1933年），是第一部具有现代意义的完整的中国哲学史，其基本架构已为中国哲学史界所接受。此前有胡适《中国哲学史大纲》（卷上），其书实际上是半部中国哲学"批判"史，用西哲"实验的方法"，用科学主义和西方中心论，摧毁中华道统的价值观、道德论，推进了"疑古"思潮和"整理国故"的西化史学。冯氏两卷本《中国哲学史》一出，陈寅恪评之为"取材谨严，持论精确"，"具了解之同

321

---

① 冯友兰：《三松堂全集》第四卷，河南人民出版社，2000，第249页。
② 冯友兰：《三松堂全集》第四卷，河南人民出版社，2000，第250页。
③ 冯友兰：《三松堂全集》第四卷，河南人民出版社，2000，第332页。
④ 冯友兰：《三松堂全集》第四卷，河南人民出版社，2000，第332–333页。
⑤ 冯友兰：《三松堂全集》第四卷，河南人民出版社，2000，第333页。

情"，很快便取胡著而代之，为国内外学界普遍接受。这不仅是由于冯著完整、严谨，而且是由于冯著对中国哲学精神的认同和高扬。

冯友兰在1934年布拉格第八次国际哲学会议上的演说中说："哲学家胡适出版了《中国哲学史大纲》上卷。这本书，实际上是一本批判中国哲学的书，而不是一本中国哲学的历史书。中国哲学中两个影响最大的学派——儒家和道家，受到了他的功利主义和实用主义的观点的批判和怀疑。胡适是赞成个人自由发展的，因此他认为儒家使个人服从于君主和父亲，服从于国家和家庭的学说是错误的。胡适是赞成个人奋斗，征服自然的精神，因此他认为道家消极的学说是错误的。我们在读胡适的书时，不能不感到他认为中国文化的全部观点是完全错误的。"[1]翟志成评论说："冯氏认定中国哲学不仅是中国文化中精华的精华，而且还是华夏民族的灵魂和民族的心。"[2] "冯书的撰写，实际上是透过对中国文化精华大规模的发掘和整理，并使之理论化和系统化，用以彰显中国文化的光明面，好让国人在阅读之余，确信中国文化并不较西方文化为劣，而是春兰秋菊，各擅其胜。如此一来，便有可能使他们从民族文化虚无主义的泥淖中超拔出来，使他们重新认识和热爱自己的民族文化，重新建构其历史记忆和凝聚对中国文化的认同。"[3]毫无疑问，冯著《中国哲学史》，是他的旧邦新命的一项重要承担。

---

① 冯友兰：《三松堂学术文集》，北京大学出版社，1984，第287页。
② 翟志成：《师不必贤于弟子——论胡适和冯友兰的两本中国哲学史》，载宗璞主编《走近冯友兰》，社会科学文献出版社，2013，第139页。
③ 翟志成：《师不必贤于弟子——论胡适和冯友兰的两本中国哲学史》，载宗璞主编《走近冯友兰》，社会科学文献出版社，2013，第139页。

《中国哲学简史》于1948年以英文在美国出版，它用二十几万字述说几千年中国哲学史，做到了简明、生动、深刻，确如该书自序所言："譬犹画图，小景之中，形神自足。非全史在胸，曷克臻此。"[①]我们可以把该书看作是两卷本《中国哲学史》的精华本，是中外青年学习中国传统哲学最好的入门书。但它有自身一系列特点：一曰写作地点在美国，是冯氏于1947年至1948年在宾夕法尼亚大学任访问教授期间之作，这是写作环境的特点；二曰写作时间在20世纪40年代后期，是冯氏完成两卷本《中国哲学史》和"贞元六书"并在抗战胜利之后的作品，这是写作时代背景的特点；三曰写作对象不同国内，主要是美国和西方读者，因此它是国际学术交流的产物，当然后来也汉译回国，亦颇受中国读者欢迎。

从内容上看，《中国哲学简史》叙述了中国哲学主要派别两千多年的历史，包括儒、道、佛三家，墨、名、阴阳、法诸子，重点论述了从儒家到新儒家、从道家到新道家的哲学思想发展，最后论到西方哲学传入后的中国哲学。它既有《中国哲学史》的丰富性，又具有《新原道》的精练性。

从思想上看，它把"贞元六书"所蕴含的一系列哲学反思成果，把"阐旧邦以辅新命"的使命目标和"极高明而道中庸"的中国哲学精神，吸收和贯彻于自身，并加以论说，凸显了中国哲学家的人生追求和思想风貌。

从创新上看，它在中西哲学比较中，展现了中国哲学的特点和优势，使西方人打破西方中心主义，以客观理性的态度了解中国哲学，使中西哲学学者以平等的心态进行学术交流，为此它提

323

[①] 冯友兰：《三松堂全集》第六卷，河南人民出版社，2000，第3页。

出一系列新观点进行启示，开阔了人们的眼界。

书中第一章《中国哲学的精神》辨析西方人将儒家视为宗教的误解，指出："'四书'里没有创世记，也没有讲天堂、地狱。"[①]那么，什么是哲学？"我所说的哲学，就是对于人生的有系统的反思的思想。"[②]宗教呢？"每种大宗教就是一种哲学加上一定的上层建筑，包括迷信、教条、仪式和组织。"[③]以此来看中国，"儒家不是宗教。至于道家，它是一个哲学的学派；而道教才是宗教"[④]，"作为哲学的佛学与作为宗教的佛教，也有区别"[⑤]。从总体上说，"中国文化的精神基础是伦理，不是宗教"[⑥]。那么，中国人是否就没有超道德价值即超乎现世的追求吗？不是，"他们不大关心宗教，是因为他们极其关心哲学"，"他们在哲学里满足了他们对超乎现世的追求"[⑦]。哲学的功用"不在于增加积极的知识，而在于提高精神的境界"[⑧]。书里预言，由于宗教"混杂着想象和迷信"，"在未来的世界，人类将要以哲学代宗教"[⑨]。

冯氏认为儒学非宗教而是伦理型哲学，中国人文主义发达，又辨析道家与道教、佛学与佛教，都确有创见。但他的"以哲学代宗教"论却被实践否定了。因为人文哲学只能是精英的人生观，而大众离不开讲来世和天国的宗教，他们在心理上需要神

324

---

① 冯友兰：《三松堂全集》第六卷，河南人民出版社，2000，第5页。
② 冯友兰：《三松堂全集》第六卷，河南人民出版社，2000，第6页。
③ 冯友兰：《三松堂全集》第六卷，河南人民出版社，2000，第7页。
④ 冯友兰：《三松堂全集》第六卷，河南人民出版社，2000，第7页。
⑤ 冯友兰：《三松堂全集》第六卷，河南人民出版社，2000，第7页。
⑥ 冯友兰：《三松堂全集》第六卷，河南人民出版社，2000，第7页。
⑦ 冯友兰：《三松堂全集》第六卷，河南人民出版社，2000，第8页。
⑧ 冯友兰：《三松堂全集》第六卷，河南人民出版社，2000，第8页。
⑨ 冯友兰：《三松堂全集》第六卷，河南人民出版社，2000，第9页。

灵和彼岸的抚慰，当然也需要哲学的开启。儒家所能普及于大众者，乃是它继承下来的敬天法祖礼教和它构建的"五常""八德"道德规范，而非各代儒学创立的哲学体系。冯氏正确把中国哲学作为人生哲学来看，指出："由于哲学的主题是内圣外王之道，所以学哲学不单是要获得这种知识，而且是要养成这种人格。"①他引金岳霖的话，对于中国哲学家，"他的哲学需要他生活于其中；他自己以身载道"②。哲学"是内在于他的行动的箴言体系；在极端的情况下，他的哲学简直可以说是他的传记"③。

在第二章《中国哲学的背景》中，冯氏比较了儒道两家："因为儒家'游方之内'，显得比道家入世一些；因为道家'游方之外'，显得比儒家出世一些。这两种趋势彼此对立，但是也互相补充。两者演习着一种力的平衡。这使得中国人对于入世和出世具有良好的平衡感。"④冯氏接着指出："在三四世纪有些道家的人试图使道家更加接近儒家；在十一二世纪也有些儒家的人试图使儒家更加接近道家。我们把这些道家的人称为新道家，把这些儒家的人称为新儒家。"⑤前者实指魏晋玄学，后者实指宋明儒学。冯氏预期："未来的哲学很可能是既入世而又出世的。在这方面，中国哲学可能有所贡献。"⑥冯氏在书的最后部分指出：哲学形上学有正的方法和负的方法；前者要表述形上学的对象是什么，后者只凭直觉，不加表述；前者为西方哲学主流，后

① 冯友兰：《三松堂全集》第六卷，河南人民出版社，2000，第12页。
② 冯友兰：《三松堂全集》第六卷，河南人民出版社，2000，第13页。
③ 冯友兰：《三松堂全集》第六卷，河南人民出版社，2000，第13页。
④ 冯友兰：《三松堂全集》第六卷，河南人民出版社，2000，第23页。
⑤ 冯友兰：《三松堂全集》第六卷，河南人民出版社，2000，第23页。
⑥ 冯友兰：《三松堂全集》第六卷，河南人民出版社，2000，第286页。

者为中国哲学主流。道家用负的方法，"佛家又加强了道家的负的方法"①。"禅宗的哲学我宁愿叫做静默的哲学。"②冯氏认为："一个完全的形上学系统，应当始于正的方法，而终于负的方法。"③"只有两者相结合才能产生未来的哲学。"④"人必须先说很多话然后保持静默。"⑤

冯友兰的《中国哲学简史》乃是以对等的心态在西方进行的一次哲学对话，他了解西方哲学的精神，也在比较中清醒地了解中国哲学的精神，以及两者的长短与互补，容易打动西方人，使之走近中国哲学，以便共同推动世界哲学发展。他在《哲学在当代中国》中希望东西方联结、合一："希望不久以后我们可以看到，欧洲哲学观念得到中国直觉和体验的补充，中国哲学观念得到欧洲逻辑和清晰思想的澄清。"⑥如此看来，《中国哲学简史》之作，不仅在为中国阐旧邦以辅新命，也在为人类阐旧邦以辅新命。

326 《中国哲学史新编》七册，写成于1990年，以后陆续出版。在"文革"前，冯氏写有《中国哲学史新编》第一、二册，1964年出版。改革开放以后，他对这两册不满意，从1977年起从头撰写，经二十多年努力终于完成，了其老年心愿，其时作者已经95岁，不久便去世了。冯氏《三松堂自序》中检讨自己在"文革"中写批孔文章，引《周易·文言》"修辞立其诚"，说自己"不是立其诚，而是立其伪"，表现出"过则勿惮改"的君子品格。

---

① 冯友兰：《三松堂全集》第六卷，河南人民出版社，2000，第287页。
② 冯友兰：《三松堂全集》第六卷，河南人民出版社，2000，第287页。
③ 冯友兰：《三松堂全集》第六卷，河南人民出版社，2000，第288页。
④ 冯友兰：《三松堂全集》第六卷，河南人民出版社，2000，第288页。
⑤ 冯友兰：《三松堂全集》第六卷，河南人民出版社，2000，第289页。
⑥ 冯友兰：《三松堂全集》第十一卷，河南人民出版社，2000，第270页。

1977年他给过世老妻写挽联，下联是："斩名关，破利索，俯仰无愧怍，海阔天空我自飞。"[①]

在这种思想解放和自由情况下，《中国哲学史新编》是越写越有特色，越写越有新意。例如，第四册认为魏晋玄学的主题是"有"与"无"的关系问题，玄学分为三个发展阶段：王弼、何晏的"贵无论"是第一阶段；裴頠的"崇有论"和欧阳建的"言尽意论"是第二阶段；郭象的"无无论"是第三阶段。认为佛学和佛教的主题是"形神问题"，佛学在中国亦有三个发展阶段：僧肇、慧远、道生的"格义"是第一阶段；三论宗、《大乘起信论》、唯识宗、华严宗的"教门"是第二阶段；禅宗及各支派的"宗门"是第三阶段。第五册论道学，揭明其人学特质，在于提高士人的精神境界，讨论"人在宇宙间的地位和任务，人和自然的关系，人与人之间的关系，人性和人的幸福等"[②]，其心态如朱熹所说"胸次悠然，直与天地万物上下同流，各得其所之妙，隐然自见于言外"。冯氏认为哲学家对现实的超越，途径有三：柏拉图走的是本体论的路子，康德走的是认识论的路子，道学家走的是伦理学的路子。又概括出儒、道、佛三家的人生态度："道教讲'长生'，佛教讲'无生'，儒教讲'乐生'。"[③]冯氏用"道学"总括宋明新儒学，其下分为程朱理学、陆王心学、张（载）王（夫之）气学三支，朱熹是前期道学集大成者，王夫之是后期道学集大成者。

327

第六册和第七册中一个重大的创新，是对张载《太和篇》的推崇和当代应用。《太和篇》把辩证法归结为四句话："有象

① 冯友兰：《三松堂全集》第十卷，河南人民出版社，2000，第485页。
② 冯友兰：《三松堂全集》第十三卷，河南人民出版社，2000，第485页。
③ 冯友兰：《三松堂全集》第十卷，河南人民出版社，2000，第132页。

斯有对，对必反其为；有反斯有仇，仇必和而解。"冯氏发挥说：
"客观的辩证法只有一个，但是人们对于它的认识和了解可以有
很多，至少有两个。一个统一体的两个对立面是矛盾的统一，
这是都承认的，但是一种认识可以以矛盾为主，另一种认识可
以以统一为主。后者认为'仇必和而解'，前者认为'仇必仇到
底'。这是两种辩证法思想的根本差别。"①冯氏在第七册第十一
章《〈中国哲学史新编〉总结》中重引张载《太和篇》四句话并
做了进一步的发挥。他说："任何革命都是要破坏两个对立面所
共处的那个统一体。"②"革命家和革命政党，原来反抗当时的统
治者，现在转化为统治者了。作为新的统治者，他们的任务就不
是要破坏什么统一体，而是要维护这个新的统一体，使之更加巩
固，更加发展。这样，就从'仇必仇到底'的路线转到'仇必和
而解'的路线。"③他在全书结尾时说："现代历史是向着'仇必
和而解'这个方向发展的，但历史发展的过程是曲折的，所需要
的时间，必须以世纪计算。"④"人是最聪明、最有理性的动物，
不会永远走'仇必仇到底'那样的道路。这就是中国哲学的传统
和世界哲学的未来。"⑤

  冯氏写《中国哲学史新编》，自觉运用唯物史观和辩证法，
并越到后来越努力摆脱苏联日丹诺夫教条模式，使之与中华哲学
相结合，用张载"仇必和而解"重新解释辩证法对立统一规律，
使之适应建设和谐中国社会与和谐世界的需要，乃是其闪光之

---

① 冯友兰：《三松堂全集》第十卷，河南人民出版社，2000，第130页。
② 冯友兰：《三松堂全集》第十卷，河南人民出版社，2000，第663页。
③ 冯友兰：《三松堂全集》第十卷，河南人民出版社，2000，第664页。
④ 冯友兰：《三松堂全集》第十卷，河南人民出版社，2000，第665页。
⑤ 冯友兰：《三松堂全集》第十卷，河南人民出版社，2000，第665页。

处，可以为打造"人类命运共同体"提供中国智慧。由此冯友兰成为当代首倡贵和哲学的一面旗帜。"阐旧邦以辅新命"的历史担当，莫此为大。

其五，任职于清华大学、西南联合大学、北京大学与教育建国。冯友兰是哲学家兼教育家，其教育实践包括哲学教学与高校校务，皆有突出贡献，也是他践行"会和中西、知古鉴今"的重要表现。他任清华大学文学院院长十八年，倡导并形成学术上独树一帜的清华学派。王瑶概括清华学派的特点是，"对传统文化不取笼统的'信'或'疑'的态度，而是在'释古'上用功夫，作出合理的符合当时情况的解释。为此，必须做到'中西贯通，古今融汇'，兼取京派与海派之长，做到微观与宏观结合"①。冯氏说："清华大学之成立，是中国人要求学术独立的反映。在对日全面战争开始以前，清华的进步，真是一日千里。对于融合中西新旧一方面，也特别成功。这就成了清华的学术传统。"②

抗日战争时期北大、清华、南开三校在昆明建立的西南联合大学，乃是当代高校中的奇葩。国难当头，民族危亡，学校与国运相连，西南联大条件艰苦，设备简陋，却大师云集，精神高昂，学术自由，教学生动，高材满堂。从这里先后毕业两千余人，从军旅者八百余人，后来在文理各学科都涌现出一批誉满中外的大学者、大科学家，这是何等壮丽的事业！

冯友兰是西南联大哲学系教授、文学院院长，是联大领导层的骨干，对于联大校风建设有巨大推动。1940年陈立夫以教育部长身份三度训令联大要遵守教育部统一的课程、教材、考试规

---

① 蔡仲德：《附录：冯友兰先生评传》，载冯友兰《中国现代哲学史》，广东人民出版社，1999，第271页。

② 冯友兰：《三松堂全集》第十四卷，河南人民出版社，2000，第157页。

定。联大教务会议致函予以驳斥，强调"夫大学为最高学府，包罗万象，要当同归而殊途，一致而百虑，岂可刻板文章，勒令从同"①，"盖本校承北大、清华、南开三校之旧，一切设施均有成规，行之多年，纵不敢谓为极有成绩，亦可谓为当无流弊，似不必轻易更张"②，维护了联大的学术独立。历史学家何炳棣谓公函执笔者当是冯友兰。

1952年院系调整后，清华取消文科，冯友兰来到北京大学哲学系任教授直至去世。在不断遭到批判的氛围中，冯氏依然顽强坚持自己真诚的学术追求，努力把马克思主义与中华哲学相结合。1957年，冯氏发表《中国哲学遗产底继承问题》（《光明日报》1957年1月8日），认为这些年"对中国古代哲学似乎是否定的太多了一些"，因而提出要区分中国哲学命题两个方面的意义："一是抽象的意义，一是具体的意义。"③我们要取其抽象的意义，如同马克思主义取黑格尔辩证法合理内核一样，这样可继承的就多了。结果受到陈伯达等人的武断批判。1958年6月8日《光明日报》哲学副刊登载了冯友兰《树立一个对立面》一文，不赞成当时流行的一种观点，说北大哲学系要培养有文化的普通劳动者，所以要下到工厂、农村开门办学。冯氏认为下乡下厂锻炼是必要的，但综合大学哲学系主要任务是培养"理论工作者，或哲学工作者"，所以"我们培养学生一方面要照顾到他的学问和修养，一方面又要照顾他将来的职业和工作岗位"④。于是

330

---

① 张思敬、孙敦恒、江长仁主编《国立西南联合大学史料（三）·教学、科研卷》，云南教育出版社，1998，第113页。

② 张思敬、孙敦恒、江长仁主编《国立西南联合大学史料（三）·教学、科研卷》，云南教育出版社，1998，第114页。

③ 冯友兰：《三松堂全集》第十二卷，河南人民出版社，2000，第94页。

④ 冯友兰：《三松堂全集》第十四卷，河南人民出版社，2000，第195页。

又遭到陈伯达的粗暴批判。但冯氏仍然坚持自己的看法，因为通乎情理，所以终究被证明是对的。冯友兰在北大哲学系任教授多年，不因饱受批判而消极自保，仍然在可能和允许的情况下为学生讲授中国哲学史课程，指导硕士和博士研究生，不断撰写著作和论文，积极参加学术研讨活动，培养了一代又一代哲学和哲学史专家学者。中国改革开放以后活跃于中国哲学史和哲学界的大批学者都接受过冯氏直接和间接的熏陶。冯友兰是中国哲学史学科的鼻祖。

（摘编自人民出版社2018年版《儒道佛三教关系简明通史》，

内容有改动）

出史入论、博通四部及诸家的新国学大师: 钱穆

钱穆（1895—1990），字宾四，江苏无锡人。民国元年任乡村小学教师，又为中学教师，后以其学术成就而受聘并先后任职于燕京、北大、清华、北师大、西南联大等高等学府。1949年后与朋友在香港创办亚洲文商学院（后改名为新亚书院），任院长。1979年离开香港赴台湾定居，直至去世。

钱穆的学术进路是由史学大家演而为新国学大家。其学博通经、史、子、集及当代哲学、文学、艺术、科学、教育等学科，著作等身，被称为百科全书式的学者。其史学著作有《刘向歆父子年谱》《先秦诸子系年》《中国近三百年学术史》《国史大纲》《秦汉史》等，其经学著作有《论语新解》《四书释义》《两汉经学今古文平议》《朱子新学案》等，其子学著作有《庄子纂笺》《庄老通辨》等，其新国学（包括文化学）著作有《国学概论》《中国文化史导论》《中国历史精神》《中国现代学术论衡》《晚学盲言》等。

钱氏之所以能从史学大家走向新国学大家，是由于他的史学自觉摆脱了章太炎、胡适"整理国故"的科学主义史学观，转而继承和发扬了孔子修《春秋》、司马迁著《史记》的鉴古知今、明理育德的中华史学正统，故能依史成论，史论结合。他在《现代中国学术论衡·略论中国史学》一章中指出："下及西汉，司马迁遂为中国此下史学所宗。其著史之意，自称乃求'明天人之际，通古今之变'。此两语，亦可谓囊括中国史学大义而得其要矣。有人道，有天道。但人道不能违逆于天道，否则无以长存于天地间。人道乃自天道演出，明天人之际，即求明自然与人文、天道与人道之异同分际也。明天人之分际，乃可以通古今之变。纵有变，而仍有其不变者存，故曰'鉴古知今'。此为中国史学之大纲领所在。"①下面讲到传统与现代化，批评效西方之新而弃中国传统的思潮，说："就中国人立场，当由中国之旧传统而现代化，不应废弃旧传统，而慕效为西方之现代化。不当喜新厌旧，而当由己之旧而达于新，乃始得之。司马迁言：'明天人之际，通古今之变，成一家之言。'此当会通政治制度社会经济文教武备科学艺术一切以明变，又当会通宗教哲学天文地理史学生物诸端以求通。此非专家一人之为家，乃有古今承袭得其传统以生以长之为家。中国之史学正在此。而岂仅载既往，得即成为史学乎？"②钱氏正是走了史学明变求通这条路，得以建树起新国学体系。兹列数项如下。

其一，在中西文化比较中，创建民族自信的新文化史观。钱氏从自然环境、生活方式对文化的影响上说明世界不同文化类型。他在《中国文化史导论》弁言中指出："由源头处看，大别不外三型。一、游牧文化，二、农耕文化，三、商业文化。游牧文

---

① 钱穆：《现代中国学术论衡》，生活·读书·新知三联书店，2001，第133-134页。

② 钱穆：《现代中国学术论衡》，生活·读书·新知三联书店，2001，第144页。

化发源在高寒的草原地带，农耕文化发源在河流灌溉的平原，商业文化发源在滨海地带以及近海之岛屿。"进而他又把三型文化分为两类：游牧商业文化和农耕文化。前者内不足便向外寻求，"因此而为流动的，进取的"。后者可以自给，无须外求，"因此而为静定的，保守的"。前者的民族心理上有"一种强烈之'对立感'"，"尚自由，争独立"，"故此种文化之特性常见为'征伐的''侵略的'"；后者"之最内感曰'天人相应''物我一体'，曰'顺'曰'和'。其自勉则曰'安分'而'守己'。故此种文化之特性常见为'和平的'"。[1]但是，当今是工业化时代，农业大国必须"与新科学新工业相配合"，才能保持自己。从世界全局看，"中国则为举世惟一的农耕和平文化最优秀之代表，而其所缺者，则为新科学新机械之装备与辅助。然则中国之改进，使其变为一崭新的大型农国而依然保有其深度之安足感，实不仅为中国一国之幸，抑于全世界人类文化前程以及举世渴望之和平，必可有绝大之贡献"[2]。接着钱氏在该书正文中回溯了中华久远历史上民族融合和国家凝成，中国人从家族观念而生出的忠恕与敬爱的人道主义，中国古代学术与文字，并特别指出："中国文字实在是具备着'简易'和'稳定'的两个条件的，这一点不能不说是中国人文化史上一种大成功。"[3]作者坚信，在当代，"中国文化在推广与充实"，中国人能够达成天下太平和世界大同的终极理想。

钱氏强调中国人建立民族文化自信之必要，一是中国文化伟大，二是文化是民族的根基。他在《文化与教育》中说："中国

① 钱穆：《中国文化史导论》，商务印书馆，1994，弁言第2-3页。
② 钱穆：《中国文化史导论》，商务印书馆，1994，弁言第5页。
③ 钱穆：《中国文化史导论》，商务印书馆，1994，第91页。

文化拥有四万五千万大群，广土众民，世莫与京，此即其文化伟大之一征。"[1] "必就人类以往全史进程，而纵观通览之，则当有罗马时无美苏，有美苏时无罗马，而中国独巍然屹立于人类全史过程中，而迄今无恙，此乃见其伟大性之全体也。"[2] "故中国文化，不仅有其展扩，而尤有其绵延。必就时空立方大全体观之，乃见中国文化优秀之价值。"[3] 他在《中国历史精神》中，将"民族""文化""历史"看作是一体的，因此，没有历史，即证其没有文化，没有文化，也不可能有历史。因为，"'历史'与'文化'就是一个'民族精神'的表现。所以没有历史，没有文化，也不可能有民族之成立与存在"[4]。在他心中，中国文化是中华民族的灵魂。他的文化自信建立在对中华民族历史文化系统研究和深切理解的基础上。

其二，在综合创新中，建立新国学大道统和转型体系。钱氏国学之新在于：一曰跳出"整理国故"窠臼，以敬意揭示国学当代价值；二曰以复兴儒学为主，兼综诸子百家；三曰继承程朱理学道统而又扩大之；四曰与当代文、史、哲、宗、教、艺诸学科相衔接而有新形态。

他在《现代中国学术论衡》一书的序中批评章炳麟："如其著《国故论衡》，一切中国旧传统只以'国故'二字括净。'论衡'则仅主批评，不加阐申。故曰：'中国有一王充，乃可无

335

---

① 钱穆：《文化与教育》，生活·读书·新知三联书店，2009，第11页。
② 钱穆：《文化与教育》，生活·读书·新知三联书店，2009，第12—13页。
③ 钱穆：《文化与教育》，生活·读书·新知三联书店，2009，第13页。
④ 韩复智编著《钱穆先生学术年谱》卷四，中央编译出版社，2012，第1136页。

耻.'其鄙弃传统之意，则更昭之矣。"[1]又批评胡适："适之则径依西学来讲国故，大体则有采放太炎之《国故论衡》。惟适之不尊释。其主西化，亦不尊耶。而其讥评国故，则激昂有更超太炎之上者。"[2]他指出："旧学宏博，既需会通，又求切合时宜，其事不易。寻瑕索疵，漫肆批评，则不难。适之又提倡新文学、白话文，可以脱离旧学大传统，不经勤学，即成专家。谁不愿踊跃以赴。其门弟子顾颉刚，承康氏'托古改制'义，唱为疑古，著《古史辨》一书，尤不胫而走，驰誉海内外，与适之齐名。"[3]他还指出："亦别有人较适之更作大胆假设者，如线装书扔茅厕，废止汉字，改为罗马字拼音等。"[4]他点破西化派之要害："要之，重在除旧，至于如何布新，则实未深及。"[5]"一切学术，除旧则除中国，开新则开西方。有西方，无中国，今日国人之所谓现代化，亦如是而止矣。"[6]钱氏这种批评是深刻而有远见的，国故论者就是要切断中华文化血脉，把中国传统文化送到历史博物馆中去，驱使中国人亦步亦趋地跟在西方文化后面走。

336

钱氏认为，中华文化复兴必以儒学复兴为主体，而儒学文化又要以孔子和朱熹为代表，然后兼及百家。他在《朱子学提纲》

---

[1] 韩复智编著《钱穆先生学术年谱》卷六，中央编译出版社，2012，第1841页。

[2] 韩复智编著《钱穆先生学术年谱》卷六，中央编译出版社，2012，第1842页。

[3] 韩复智编著《钱穆先生学术年谱》卷六，中央编译出版社，2012，第1842页。

[4] 韩复智编著《钱穆先生学术年谱》卷六，中央编译出版社，2012，第1843页。

[5] 韩复智编著《钱穆先生学术年谱》卷六，中央编译出版社，2012，第1843页。

[6] 韩复智编著《钱穆先生学术年谱》卷六，中央编译出版社，2012，第1843页。

中有宏观的评说，曰："在中国历史上，前古有孔子，近古有朱子，此两人，皆在中国学术思想史及中国文化史上发出莫大声光，留下莫大影响。旷观全史，恐无第三人堪与伦比。孔子集前古学术思想之大成，开创儒学，成为中国文化传统中一主要骨干。北宋理学兴起，乃儒学之重光。朱子崛起南宋，不仅能集北宋以来理学之大成，并亦可谓其乃集孔子以下学术思想之大成。"[1]他同时指出，儒学又与百家互动，而皆以孔子、朱子为中心："然儒学亦仅为中国传统文化中一主干，除儒学外，尚有百家众流，其崇孔尊孔、述朱阐朱者可勿论，其他百家众流，莫不欲自辟蹊径，另启途辙，而孔子、朱子矗立中道，乃成为其他百家众流所共同批评之对象与共同抨击之目标。故此两人，实不仅为儒学传统之中心，乃亦为中国学术思想史上正反两面所共同集向之中心。不仅治儒学者，必先注意此两人，即治其他百家众流之学，亦必须注意此两人，乃能如网在纲，如裘在领。不仅正反之兼尽，亦得全体之通贯。"[2]这就是大国学的理念，一要抓住孔子儒学、朱子理学之纲要，二要兼顾百家众流之变迁。他追溯思想史，"汉儒之为功于当时者，一为治道之实绩，一为传经之专业"[3]。三国两晋南北朝时期，儒、佛、道"如鼎三足，惟儒家一足为最弱"。唐代有《五经正义》，"此为经学成绩之一大结集。而贞观一朝言治，即就其荟萃于《贞观政要》一书者而言，

① 韩复智编著《钱穆先生学术年谱》卷五，中央编译出版社，2012，第1568页。

② 韩复智编著《钱穆先生学术年谱》卷五，中央编译出版社，2012，第1568页。

③ 韩复智编著《钱穆先生学术年谱》卷五，中央编译出版社，2012，第1571页。

亦可谓多属粹然儒家之言"①，"下至唐代，虽仍是儒、释、道三足并峙，而实际上，佛教已成一枝独秀"②。"韩愈尽力辟佛"③，"用力虽大，收效则微"。迨至宋代，宋儒学术三途，"一曰政事治平之学，一曰经史博古之学，一曰文章子集之学"④。至南宋朱子，其学"集理学之大成"，其思想主要有理气论和心性论两个部分，并论及朱子与讲教禅学的关系，谓"朱子识禅甚深，故其辟禅，亦能中要害"⑤。"然朱子又常称道禅林中人"⑥，"惟朱子真识得禅，故既能加以驳辨，亦能加以欣赏"⑦。又论及朱子易学、诗学、四书学、史学、文学及杂学。钱氏提醒读者，"门户之见，实为治朱学者一绝大之障蔽"⑧。其《朱子学提纲》是希望读前"由是而知朱子思想之邃密，与夫其学术体系之博大，而因以知于旷代大儒，不当轻施己见，即属赞扬，已属逾分，妄作弹斥，决难确当"⑨。此数语可知钱氏钟情思于朱子学之深，实为当代学者之首。而他之推扬朱子学，不惟阐其精粹，亦颂其博厚，而能与百家众流相沟通。朱子学是钱氏新国学的核心。

338

---

① 韩复智编著《钱穆先生学术年谱》卷五，中央编译出版社，2012，第1571页。

② 韩复智编著《钱穆先生学术年谱》卷五，中央编译出版社，2012，第1572页。

③ 韩复智编著《钱穆先生学术年谱》卷五，中央编译出版社，2012，第1572页。

④ 韩复智编著《钱穆先生学术年谱》卷五，中央编译出版社，2012，第1576页。

⑤ 韩钟文：《中国儒学史·宋元卷》，广州教育出版社，1998，第490页。

⑥ 钱穆：《朱子学提纲》，生活·读书·新知三联书店，2002，第146页。

⑦ 钱穆：《朱子学提纲》，生活·读书·新知三联书店，2002，第147页。

⑧ 钱穆：《朱子学提纲》，生活·读书·新知三联书店，2002，第220-221页。

⑨ 韩复智编著《钱穆先生学术年谱》卷五，中央编译出版社，2012，第1565页。

在道统上，钱氏所写《中国学术通义》对道统说进行了反省，认为宋明儒家所争持的道统，"是一种主观的道统，或说是一种一线单传的道统"①，"若真道统则须从历史文化大传统言，当知此一整个文化大传统即是道统"②。他在肯定"宋明道学诸儒在中国儒学传统里有其甚大之成就与贡献"之同时，指出"我们今天来讲中国文化，也就不该只讲一儒家。又况在儒家中，标举出只此一家、别无分出的一项严肃的、充满主观意见的，又是孤立易断的道统来"③。钱氏的新国学是大道统因而也是大国学，它囊括了中国历史文化各方面的成果。钱氏在《现代中国学术论衡》的序中说："余曾著《中国学术通义》一书，就经、史、子、集四部，求其会通和合。今继前书续撰此编，一遵当前各门新学术，分门别类，加以研讨。"④"此编姑分宗教、哲学、科学、心理学、史学、考古学、教育学、政治学、社会学、文学、艺术、音乐为十二目。其名称或中国所旧有，或传译而新增。粗就余所略窥于旧籍者，以见中西新旧有其异，亦有其同，仍可会通求之。"⑤钱氏在香港多年，亦曾讲学于日本和美国，对于西方当代学术有深度接触和了解，他以儒家和合精神，致力于中西文化会通，并使国学在坚守自身传统的同时，能够分别进入当代新兴各个学科，形成中西学术文化的比较和互鉴，这是一件很有意

---

① 钱穆：《中国学术通义》，台湾学生书局，1975，第94页。

② 钱穆：《中国学术通义》，台湾学生书局，1975，第94页。

③ 韩复智编著《钱穆先生学术年谱》卷五，中央编译出版社，2012，第1389页。

④ 韩复智编著《钱穆先生学术年谱》卷六，中央编译出版社，2012，第1843页。

⑤ 韩复智编著《钱穆先生学术年谱》卷六，中央编译出版社，2012，第1844页。

义的工作，它是钱氏国学求新的重要体现。

其三，在继承先儒仁学"天人一体"思想的基础上，开拓出大生命哲学观。钱穆著《朱子新学案》上、中、下三册，是其后期用力最勤的著作，其书分门别类，层次分明，有述有论，专题列五十八项，可以称为朱子学大全，前后用时六年，实际上是其大半生研究朱学积累而成的。朱子本身就是全科式学者，如钱氏在《朱子新学案》例言中所说："朱子学，广大精深，无所不包，亦无所不透，断非陷入门户者所能窥究。"[1]而钱氏撰写《朱子新学案》，如同当年朱子集注四书那样既勤且深，故而能够把集儒学后期之大成的朱子学，全方位地呈现出来，并多有创发。钱氏可称为当代的朱子。《朱子新学案》中最精彩的篇章，是《朱子论仁上》《朱子论仁下》，这是朱子和钱氏心灵默应的硕果。

孔子创仁学，倡导爱人之性，并将其与天德联系起来，而有"天生德于予""仁者乐山"之论。孟子继以仁义之学，提出"亲亲而仁民，仁民而爱物"，把仁爱从人推及万物。北宋张载《西铭》提出"民胞物与"的天下观，和"为天地立心"的宇宙使命。程颢《识仁篇》提出"仁者浑然与物同体"的天人之学。朱子上承大易之道，用生生之德充实仁学，建立起天人一体的仁学宇宙观。钱氏对朱子仁学有述有作，精彩绝伦。他发掘朱子仁学精华，批评其理气说之不足。他在《朱子论仁》中指出，"然理气二字之于人生界，终嫌微有空廓不亲切之感"[2]，"及其以仁字释理气，乃见其亲切人生，而天人两界之诚为一体"[3]。

---

① 韩复智编著《钱穆先生学术年谱》卷五，中央编译出版社，2012，第1566页。
② 钱穆：《朱子新学案》上，巴蜀书社，1986，第237页。
③ 钱穆：《朱子新学案》上，巴蜀书社，1986，第237页。

孔孟多从人生说仁，朱子则以天地生意说仁，如"仁是天地之生气"，"只从生意上说仁"，"譬如谷种，生之性便是仁"，"仁者天地生物之心"，"仁本生意，乃恻隐之心也"，"仁者之心便是一个道理"，故"孔门之学所以必以求仁为先，盖此是万理之原，万事之本"。钱氏特重朱子"仁者以天地万物为一体"之说，他在《朱子学提纲》中引朱子的话——"发明心字，一言以蔽之曰生而已。天地之大德曰生，人受天地之气以生，故此心必仁，仁则生矣"[1]，"天地生万物，一个物里面便有一个天地之心。圣人于天下，一个人里面，便有一个圣人之心"[2]等数语，然后评论道："朱子专就心之生处心之仁处着眼，至是而宇宙万物乃得通为一体。当知从来儒家发挥仁字到此境界者，正惟朱子一人。"[3]钱氏《朱子新学案》中有《朱子论天人》一章，引朱子语："天地不会说，倩他圣人出来说。""天便脱摸，是一个大底人，人便是一个小底天。"钱氏进一步言："则性在心中，理在气中，天人合一，天又在人之中。"[4]

341

钱氏在《晚学盲言》中提出宇宙大生命观，宇宙为一整体大生命，人类生命为小生命；人类小生命从宇宙万物和合的大生命来，而此大生命也在小生命中。若只就人类而言，生命亦有大小之分，个体生命是小生命，家、国、天下是大生命。"大生命中，亦包涵有小生命。倘无小生命，则大生命亦失其存在。"[5]"万物之有生无生，都只是现象。只有天地大自然始是其本体。"[6]

① 钱穆:《朱子学提纲》，生活·读书·新知三联书店，2002，第55页。
② 钱穆:《朱子学提纲》，生活·读书·新知三联书店，2002，第55-56页。
③ 钱穆:《朱子学提纲》，生活·读书·新知三联书店，2002，第56页。
④ 钱穆:《朱子新学案》，巴蜀书社，1986，第258页。
⑤ 钱穆:《晚学盲言》，广西师范大学出版社，2004，第124页。
⑥ 钱穆:《晚学盲言》，广西师范大学出版社，2004，第49页。

综上所述，钱氏受朱子启示，强调"天人合一"论，视宇宙为大生命体，生生不息才有人类社会及其个体，而人必须识得宇宙生命与人的生命是一体的，从而扩展仁爱之心，去爱大自然，促其生命发育流行，人心之仁才能达到天人一体的境界，才能真正做到为天地立心。钱氏晚年写《中国文化对人类未来可有的贡献》一文，曰："中国文化中，'天人合一'观，虽是我早年已屡次讲到，惟到最近始澈悟此一观念实是整个中国传统文化思想之归宿处。""我深信中国文化对世界人类未来求生存之贡献，主要亦即在此。""'天命''人生'和合为一，这一观念，中国古人早有认识。"[①]钱氏如此重视"天人合一"，盖在于要人们建树整体性的大生命观，在情感和认知上把自然、社会、个人融为一体，彼此血脉相连，痛痒相关。人类只有达此境界，才会造就和谐的世界，人类的生存才能持久下去。

其四，在中西文化比较中，建立中国式的宗教观。"宗教"一词自清末民初由西方经日本传入中国后，流行开来，成为人文学科不能回避的新概念，但学界在理解上众说纷纭，莫衷一是。有谓中国无宗教者，有谓中国宗教与西方宗教截然不同者，有谓儒学即宗教者，有谓宗教在中国将被科学、美育、伦理、哲学取代者，不一而足。学界很少有人专就中国宗教与西方宗教的同异做会通式探讨，因此中国宗教学迟迟不能诞生。钱穆则独担此任，直面宗教，辨析概念，对比中西，提出新说。

他的《现代中国学术论衡》中首章便是《略论中国宗教》，并分两节专论自己的宗教观。钱氏认为，中西文化皆重信，皆重神，皆信有灵魂，皆崇最高存在，皆重祭祀和道德教化，但特点

---

① 钱穆：《中国文化对人类未来可有的贡献》，《中国文化》1991年第1期。

各有不同，不能简单类比。以"信"而言，中国有"孝、弟、忠、信，五常之仁、义、礼、智、信。惟西方宗教信在外，信者与所信，分别为二。中国则为人与人相交之信，而所重又在内"①，"信与所信和合为一"②。中国人重神，"但神不专在天，不专属上帝，亦在人在物"③。"圣之与天与神，亦和合为一，故尊圣即可谓乃中国之宗教。"④"西方宗教，信不求证。如上帝，如天堂，如灵魂，信其有，斯止矣。"⑤中国之信灵魂，"以信在心，无反证，即心安而理得"⑥，"设为坟墓，岁时祭拜，斯亦心安。祠堂神主，魂气所归，则可晨夕敬礼"⑦。"西方之上帝乃一具体存在，中国之天则属抽象存在。"⑧"中国既更重在信者之自身，则生平行事，果使问心无愧，纵不侍奉上帝，上帝亦不加罚。"⑨

钱氏比较佛教与耶教回教之异同。异在：一是涅槃的抽象性不同于上帝天堂之具体性，二是言生前作业而有生老病死四苦与西方信灵魂不同，三是"信佛教，同经修炼，同得成佛。耶回二教，信者仅得灵魂上天堂，决不得同成为耶稣与穆罕默德，此又大不同"⑩。钱氏又指出："佛教来中国，乃于中国传统文化有其

---

① 钱穆：《现代中国学术论衡》，生活·读书·新知三联书店，2001，第1页。
② 钱穆：《现代中国学术论衡》，生活·读书·新知三联书店，2001，第1页。
③ 钱穆：《现代中国学术论衡》，生活·读书·新知三联书店，2001，第2页。
④ 钱穆：《现代中国学术论衡》，生活·读书·新知三联书店，2001，第2页。
⑤ 钱穆：《现代中国学术论衡》，生活·读书·新知三联书店，2001，第3页。
⑥ 钱穆：《现代中国学术论衡》，生活·读书·新知三联书店，2001，第3页。
⑦ 钱穆：《现代中国学术论衡》，生活·读书·新知三联书店，2001年版，第3-4页。
⑧ 钱穆：《现代中国学术论衡》，生活·读书·新知三联书店，2001，第4页。
⑨ 钱穆：《现代中国学术论衡》，生活·读书·新知三联书店，2001，第4页。
⑩ 钱穆：《现代中国学术论衡》，生活·读书·新知三联书店，2001，第5页。

近似处，但亦有一大不同处。佛教与耶回二教同对人生抱悲观，而中国人对人生则抱乐观。"①但"中国高僧，亦知反之己心，则即身可以成佛，立地可以成佛"②，禅宗、天台、华严皆盛唱其说，"此为中国化之佛教"③。钱氏又分别一神与多神："一神多神，又为近代国人衡评中西宗教信仰高下一标准。"④"凡中国人所亲所敬，必尊以为神"⑤，故有祖宗神、天地神、农神、日月神等，"但中国观念神在外，圣在内，惟通天人一内外，乃以神圣连称。如中国人称天地君亲师，纵亦言天地之大德，终不言圣天圣地，亦不言天圣地圣"⑥。钱氏又指出："然则中国之礼，即中国之宗教，其原始尚远在周公之前，而传递则直达于近世。故亦可谓中国有宗教，而无教主。为之主者，即天，即上帝，即列祖列宗。"⑦中国人受儒家影响，性情"广大融通"，"故中国人能信佛教，同时又能信回教耶教，而和平相处无冲突。庄老之徒，其后亦创为一道教。儒家则终不成为一教，更见为广大而高明矣"⑧。钱氏引"孔子曰：'敬鬼神而远之。'又曰：'祭神如神在，吾不与祭，如不祭。'是孔子于鬼神，非信非不信。宗庙社稷，以至祖先祠堂，祭拜之礼，特以教敬，斯已矣"⑨。"礼中必有鬼神"⑩，"故孔子之教，可谓之礼教"⑪。"中国之礼，皆

344

---

① 钱穆：《现代中国学术论衡》，生活·读书·新知三联书店，2001，第6页。
② 钱穆：《现代中国学术论衡》，生活·读书·新知三联书店，2001，第6页。
③ 钱穆：《现代中国学术论衡》，生活·读书·新知三联书店，2001，第6页。
④ 钱穆：《现代中国学术论衡》，生活·读书·新知三联书店，2001，第9页。
⑤ 钱穆：《现代中国学术论衡》，生活·读书·新知三联书店，2001，第9页。
⑥ 钱穆：《现代中国学术论衡》，生活·读书·新知三联书店，2001，第10页。
⑦ 钱穆：《现代中国学术论衡》，生活·读书·新知三联书店，2001，第12页。
⑧ 钱穆：《现代中国学术论衡》，生活·读书·新知三联书店，2001，第17页。
⑨ 钱穆：《现代中国学术论衡》，生活·读书·新知三联书店，2001，第17页。
⑩ 钱穆：《现代中国学术论衡》，生活·读书·新知三联书店，2001，第19页。
⑪ 钱穆：《现代中国学术论衡》，生活·读书·新知三联书店，2001，第20页。

大通合一，故中国宗教，亦同在此文化大体系中，而可不别成为一体。"[1] "周孔之言礼，亦可谓其非宗教，非哲学，非科学，非文学"[2]，"以其他民族之文化来相绳纠，则宜见其为无一而有当"[3]。

钱氏在该书第二章《略论中国哲学》中，把孔子仁礼之学与程朱理学、陆王心学勉强称为中国哲学，但其重德性、良知与西方哲学专归之思想与知识又不同。

以上只是摘要，可以看出，钱氏之宗教观虽不够严密系统，但已有一系列重大开新。如：中国自古重礼教，包含祭拜天地宗庙社稷、祖先宗祠、日月山川及百神，即是中国人的传统宗教；中国人的宗教是多神教，不同于西方的一神教，而且中国宗教中的天、圣、佛、仙与信者可以通而合一，西方宗教中的上帝、先知与信者永远是相隔为二；儒学本质上不是宗教，又广大融通，故使中国宗教能兼容各种外来宗教而和平共处；佛教本来悲观厌世，中国化佛教则讲即身成佛，重视现实，人佛通合；最后，儒家非宗教、非哲学，又有自身特色，不可为其他民族文化所绳纠。以上智见，对于借鉴西方宗教研究成果同时创建中国特色宗教学是有重大启迪作用的。

345

（摘编自人民出版社2018年版《儒道佛三教关系简明通史》，

内容有改动）

① 钱穆：《现代中国学术论衡》，生活·读书·新知三联书店，2001，第20页。
② 钱穆：《现代中国学术论衡》，生活·读书·新知三联书店，2001，第20页。
③ 钱穆：《现代中国学术论衡》，生活·读书·新知三联书店，2001，第20页。

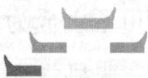

会泳西学与三教而后返本开新的
生命哲学大家：方东美

方东美（1899—1977），名珣，安徽桐城人。毕业于金陵大学。后赴美留学三年，研读西方哲学，获博士学位。回国后执教于国立武昌大学（武汉大学前身）、中央党务学校、国立中央大学（东南大学前身）等校，讲授哲学与西方哲学。1929年至1947年任国立中央大学哲学系教授、系主任。迁居台湾后，于1948年任职于台湾大学哲学系，为教授、系主任，至1973年退休。其讲课重心前期在西方哲学，后期转为中国哲学。退休后，受聘辅仁大学，专授"中国哲学精神及其发展"。1977年去世。方氏一生著作很多，代表性作品前期有《生命情调与美感》《科学哲学与人生》，中期有《哲学三慧》《中国人生哲学》，后期有《中国哲学精神及其发展》。方氏一生的理论探求可以用"生命哲学"四字概括之，由于学术根基与他者不同，加上他对当代中国学术的反省，他走了一条"以价值为中心"的思想之路，其生命哲学在诸新儒家学说之中是独树一帜的。

其一，广博和包容基础上的特色生命哲学。他用比较文化学的眼光，研究了世界四大文化：古希腊文化、近代欧洲文化、印度文化、中国文化。古希腊文化以哲学为决定因素，是"契理文化，要在援理证真"①，"真即是美，真即是善"②，其不足是把"真"绝对化。近代欧洲文化以科学为决定因素，是"尚能文化"，"要在驰情入幻"③，崇尚"实感取向"，发展到把"一切知识变成毁灭性的技巧"④。印度文化与中国文化相同在于"视自然、人与历史浑然一体，浩然同流"⑤，但印度文化以宗教为决定因素，有"神魔同在"⑥"善恶二分"的不足。只有中国文化可以成为东方文化的典型代表，它早熟，先于其他民族几百年就实现了由宗教到理性的转变。方氏认为，原始儒家的一大贡献，就是使儒家自《尚书·洪范》转变到《周易》。汉以后，儒家精神日趋衰落，宋明清新儒家已难比孔孟，幸有原始道家和大乘佛学与原始儒家、宋以后新儒家彼此相通，才达到中国文化精神最高处，其特点是"以生命为中心"，宇宙是生生不已的流行过程，人与宇宙浑然一体，可以臻于理想境界，此即儒家的"三极之道"、道家的"超越解放之道"、佛家的"菩提道"，这种文化"把人的生命展开来去契合宇宙"⑦。方氏认为西方哲学家中柏格森、怀海德（也译作怀特海）的生命哲学最能与《周易》生生哲学相沟通，说："在有些地方，我还有意地选用了一些句子，近似柏格森、摩根与怀海德的用语，因为如果他们更进一步接触中国文明，将会发现他们对于宇宙的盎然生意，实有相同的

347

---

① 方东美：《生生之德》，黎明文化事业股份有限公司，2005，第187页。
② 黄克剑、钟小霖编《方东美集》，群言出版社，1993，第18页。
③ 黄克剑、钟小霖编《方东美集》，群言出版社，1993，第15页。
④ 方东美：《方东美先生演讲集》，中华书局，2013，第56页。
⑤ 黄克剑、钟小霖编《方东美集》，群言出版社，1993，第161页。
⑥ 黄克剑、钟小霖编《方东美集》，群言出版社，1993，第187页。
⑦ 方东美：《生生之德》，黎明文化事业股份有限公司，2005，第102页。

见解。"①还有，德国黑格尔哲学也给予方氏以重要影响，因为黑格尔强调宇宙是一个整体，是包含内在矛盾又不断解决矛盾的运动发展过程。以上可知，方氏对外有选择地吸纳西方哲学营养，对内兼通儒、道、佛三教，对于儒学又特重《周易》哲学，并继承、超越宋明理学。他是以生命哲学为轴心而博采众长的。

方氏认为，西方近代讲科学，是要对自然"加以控制和利用"，而中国人对自然的态度不同，"我们的哲学思想是'天人合一'，'天人无间'，把全部生命都投放于自然界中，一切思想情绪都长养在自然界的怀抱里，对自然界并不感觉生疏：我就是自然界，自然界就是我，我与自然界水乳交融合而为一"②。他又说："在中国哲学家看来，人与宇宙的观念，却是充满圆融和谐的。人的小我生命一旦融入宇宙的大我生命，两者同情交感一体俱化，便浑然同体浩然同流，绝无敌对与矛盾……"③中国人心中的"真人、至人、完人、圣人，才是道德人格中最值珍贵的理想，他们所共同追求的，正是要摄取宇宙的生命来充实自我生命，更而推广其自我的生命活力，去增进宇宙的生命，在这样的生命之流中，宇宙与人生才能交相和谐，共同创进，然后直指无穷，止于至善！这就是中国民族最可贵的生命精神"④！这是方氏生命哲学最精要的表述，其核心是天人关系，其要义是天人和谐，其特色是天人互摄。

由于方氏把西方理性主义和直觉主义与东方和中国天人合德的价值观相结合，他的生命哲学便追求"艺术、哲学、宗教"

---

① 黄克剑、钟小霖编《方东美集》，群言出版社，1993，第62页。
② 黄克剑、钟小霖编《方东美集》，群言出版社，1993，第434—435页。
③ 黄克剑、钟小霖编《方东美集》，群言出版社，1993，第200页。
④ 黄克剑、钟小霖编《方东美集》，群言出版社，1993，第212页。

三者"合德"，追求超越的境界，追求形而上学本体论，追求宇宙生命与人类生命的同流和谐，重视直觉的体验；同时反对西方的科学主义和中国历史上的训诂考据研究方法，以及民国时期胡适、冯友兰的实证主义历史观（其实胡、冯并不相同）。

其二，原始儒家：中国文化精神源头的重新追寻。按一般理解，六经是儒家依凭的经典，由于孔子创立儒学，《论语》便是研究孔子的主要典籍，儒学史后期随着四书的流行，《论语》的地位更崇高了。但方东美受西方柏拉图主义哲学传统的影响，只把《论语》视为道德"格言"，而非哲学作品，理由是："而《论语》这部书，就学问的分类而言，它既不是谈宇宙发生论或宇宙论的问题，又不谈本体论的纯理问题，也不谈超本体论的最后根本问题；而在价值方面也不谈包括道德价值、艺术价值、宗教价值等各种价值在内的普遍价值论。"①所以，它不能被归类为"纯理哲学"，它只是"根据实际人生的体验，用简短的语言把它表达出来——所谓'格言'"②，因此可称为"格言学"。方氏认为，原始儒家精神和中国哲学源头要到《尚书》和《周易》两书中去找。《尚书·洪范》提出了"五行"与"皇极"两个观念。"五行"在先秦已有哲学意义，成为中国宇宙论、自然哲学、历史哲学的萌芽。而"皇极"乃是最高价值的抽象，"《尚书·洪范》篇的'皇极'，就代表了宇宙的最高真相和价值"③。

方氏重视《周易》，认为《易传》"十翼"最能体现中国生

---

① 方东美：《新儒家哲学十八讲》，黎明文化事业股份有限公司，1993，第25页。

② 方东美：《新儒家哲学十八讲》，黎明文化事业股份有限公司，1993，第25页。

③ 方东美：《原始儒家道家哲学》，中华书局，2012，第71页。

命哲学精神："这个价值学的解释，在'十翼'中就是《文言传》。"①"《象传》的解释不只是道德的、美学的、价值学的解释，而是统一的哲学解释。"②他从生命哲学角度谈中国哲学的形成，说："就中国的哲学来说，也是形成一个统一的宇宙，但是统一宇宙当中的基本现象并不是纯粹自然事物而已，更是一个生命现象。""因此中国的哲学从春秋时代便集中在一个以生命为中心的哲学上，是一套生命哲学，这生命不仅是动植物和人类所有，甚至于在中国人的幻想中不曾承认有死的物质的机械秩序。"③"而中国向来是从人的生命来体验物的生命，再体验整个宇宙的生命。则中国的本体论是一个以生命为中心的本体论，把一切集中在生命上，而生命的活动依据道德的理想、艺术的理想、价值的理想，持以完成在生命的创造活动中，因此《周易》的《系辞大传》中，不仅仅形成一个本体论系统，而更形成以价值为中心的本体论系统。第一是以生命为中心的哲学体系，第二是以价值为中心的哲学体系。则《周易》从宇宙论、本体论、价值论的形成，成了一套价值中心的哲学。"④方氏看重《易传》，是由于它有"天地感而万物化生"的宇宙发生论，有"形而上者谓之道，形而下者谓之器"的宇宙本体论，有"生生之谓易""天地之大德曰生"的生命论和价值论，《易传》哲学既有"阴阳不测""弥纶天地之道"的形而上之性，又有"感而遂通天下"的"庸言之信，庸行之谨"，与生命的成长、生活的常态密切相关。换句话说，它符合西方哲学对形上本体的追求，同时

① 黄克剑、钟小霖编《方东美集》，群言出版社，1993，第445页。
② 黄克剑、钟小霖编《方东美集》，群言出版社，1993，第446页。
③ 黄克剑、钟小霖编《方东美集》，群言出版社，1993，第446页。
④ 黄克剑、钟小霖编《方东美集》，群言出版社，1993，第446页。

具有中国哲学对生命大化流行的尊重，故成为方东美生命哲学的经典依据。

在社会政治理想上，西方的个人主义，走向帝国主义和大民族主义，甚至出现法西斯主义。"至于我们中国的传统思想，是天下为公。《礼记·礼运篇》上说'大道之行也，天下为公'，直到'是谓大同'这一段话中有许多宝贵的道理，彼此都有关系，如果能设法使其和谐，人民的生活便可得到安定的保障。'天下为公'这四个字可以代表人本主义者极高度的政治思想。"①它要求"牺牲自私自利的心理，完成恢宏阔大的个人，建设理想的国家，再扩而充之，创造大同的世界。这种伟大的理想是我们民族精神的生命线。试问今天世界上有哪一个国家的主义或制度具有这种崇高的理想呢？"②可以看出，方氏的天人合一包含着人人和谐，"天下为公"是他的"宇宙一体"的社会层面，是其生命哲学的重要组成部分。

其三，道家哲学：精神超脱解放之道。方东美的生命哲学中，道家哲学占有重要位置，甚至超过儒家，形成儒道互补、以道引儒的局面。他认为，道家的一贯之道，"简单而言，可以引《庄子》'天地与我并生，万物与我为一'来作代表，拿人的精神与宇宙的全体精神贯穿成为一体"③，但探本溯源，还应回到老子的道，"宇宙之本源、宇宙之秘密，老子用一个字来概括——玄"④。但他更赞赏庄子，"庄子的精神比老子的精神还要伟大，因为老子注重精神向上面的发展，而庄子可以把上回向的

351

---

① 黄克剑、钟小霖编《方东美集》，群言出版社，1993，第439页。
② 黄克剑、钟小霖编《方东美集》，群言出版社，1993，第439-440页。
③ 方东美：《原始儒家道家哲学》，中华书局，2012，第26页。
④ 方东美：《原始儒家道家哲学》，中华书局，2012，第26页。

精神路径展开来变成下回向，接触现实世界、现实人生，把现实世界、现实人生也美化了"[①]。方氏庄子哲学能从高境界看待人间，认为学哲学要像庄子那样如坐飞机在高空俯视人间，而感受光明灿烂的世界。他说，"庄子很清楚，他的精神化为大鹏，搏扶摇而上者九万里"，"在高空以自由精神纵横驰骋，回顾世界人间，才能产生种种哲学和智慧"。[②]他又说："假使一个人在他生活上面的阅历，由物质世界→生命境界→心灵境界→艺术境界→道德境界，他这样子向上面提升他的生命地位、生命成就、生命价值，到达这个时候，他这个人得以真正像庄子所谓'以天为宗，以德为本，以道为门，兆于变化，谓之圣人'。"[③]这是一个"真正的大人"，"他整个的生命可以包容全世界，可以统摄全世界"[④]。

方东美将道家和儒家做了比较："道家所讲的道，是超脱解救之道……""儒家开创的精神可以叫做六艺精神。六艺精神所支配的世界，主要的是诗书礼乐这一类价值所流露的世界！""这就是人文世界！""但是人在宇宙中，儒家把他看成宇宙的中心，宇宙的主体；而道家则说：'人法地，地法天，天法道，道法自然！'在人之上还有许多层级，许多不同的很高境界。""所以在道家这方面，还要向上面超越，有时对于儒家的价值还要表现微词，因为这只能够代表人类最高的价值；但是在宇宙里面，这并不是最高的绝对价值。"[⑤]"所以在庄子的《逍遥游》《齐物

---

① 方东美:《中国大乘佛学》，黎明文化事业股份有限公司，1984，第18页。
② 黄克剑、钟小霖编《方东美集》，群言出版社，1993，第44页。
③ 黄克剑、钟小霖编《方东美集》，群言出版社，1993，第416页。
④ 黄克剑、钟小霖编《方东美集》，群言出版社，1993，第417页。
⑤ 方东美:《方东美先生演讲集》，中华书局，2013，第44~45页。

论》，他不是把宇宙的上层世界拉下来，而是把宇宙下层境界向上面level up，一直到达寥天一处。这是在精神宇宙上面登峰造极……"①再回观儒学史，"尤其从汉代以来，一直到宋代以后，我们认为中国最高的智慧只有儒家，这是很偏狭的一个见解，道家的精神至少可以纠正儒家的弊端"②。方东美追求哲学的超越精神，要求哲学必须站在宇宙最高处看待人间事物，才能达到"全人"的境界，他因此偏爱道家哲学，尤其钟情于庄子，因为庄子为人类开拓出无限的精神空间。

其四，大乘佛学：法界圆融、广大和谐的智慧。方东美从历史和共时两个角度考察佛教东渐，认为佛教接受中国主流思想的影响，特别取资于道家的精神而逐步深入人心，先有"六家七宗"之学，继有僧肇、道生之学，至隋唐时期，十宗并建，而华严宗"其主要理论系统极能显扬中国人在哲学智慧上所发挥之广大和谐性。至少就理论上言之（历史上或未必尽然），华严哲学可视为集中国佛学思想发展之大成，宛若百川汇海，万流归宗"③。他赞美地说："华严要义，首在融合宇宙间万法一切差别境界，人世间一切高尚业力，与过、现、未三世诸佛一切功德成就之总汇，一举而统摄之于'一真法界'，视为无上圆满，意在阐释人人内具圣德，足以自发佛性，顿悟圆成，自在无碍。此一真法界，不离人世间，端赖人人彻悟如何身体力行，依智慧行，参佛本智耳。佛性自体可全部渗入人性，以形成其永恒精神，圆满具足。是谓法界圆满，一往平等（成'平等性智'）。此精神界之太阳，晖丽万有，而为一切众生，有情无情，所普遍摄受，

353

① 方东美：《方东美先生演讲集》，中华书局，2013，第46页。
② 方东美：《方东美先生演讲集》，中华书局，2013，第46页。
③ 黄克剑、钟小霖编《方东美集》，群言出版社，1993，第397-398页。

交彻互融，一一独昭异彩，而又彼此相映成趣。是以理性之当体起用，变化无穷，普遍具现于一切人生活动，而与广大悉备，一往平等之'一真法界'，共演圆音。佛放真光（显真如理），灿丽万千，为一切有情众生之所公同参证，使诸差别心法，诸差别境界，一体俱化，显现为无差别境界之本体真如，圆满具足，是成菩提正觉，为万法同具，而交彻互融者。"①方氏列出杜顺、智俨、法藏、澄观、宗密五人建立起华严宗理论体系，并将其法界观归纳为三：真空观、理事无碍观、周遍含容观。方氏认为以上所论显示三大原理：一，相摄原理；二，互依原理；三，周遍含容原理。"总而言之，此诸原理，所以彰明法界缘起，重重无尽，而一体圆融之旨趣也。"②方氏特别称赞华严宗之"理事无碍""一多互摄"，如此乃能臻于无差别境之本体真如。方氏对于华严精义，已不只是同情之了解，而几乎达到学僧的体悟。于是大乘佛教便成为方氏生命哲学的内在要素。

354　　　其五，综论儒、道、佛三学：异彩交辉的中华生命哲学主要构成。方东美构建生命哲学所依赖的中华哲学资源主要是儒、道、佛三家，经常把它们放在一起述论，以显现三者相映成趣。当谈到中国形上学时，他说："就儒家言，主张'立人极'，视个人应当卓然自立于天壤间，而不断地、无止境地追求自我实现；就道家言，个人应当追求永恒之逍遥与解脱；就佛家言，个人应当不断地求净化、求超升，直至每派所企仰之人格理想在道德、懿美、宗教三方面，修养都能到达圆满无缺之境界为止。"③当谈到中国人精神对艺术（"精神自由空灵超脱"）、道德（"巍然崇

---

① 黄克剑、钟小霖编《方东美集》，群言出版社，1993，第398页。
② 黄克剑、钟小霖编《方东美集》，群言出版社，1993，第399页。
③ 黄克剑、钟小霖编《方东美集》，群言出版社，1993，第378页。

高"）、形上（"妙造重玄"）及宗教（"虔敬肃穆"）境界的追求时，他说："任何生活领域，其境界造诣不及于此者，即沦于痛苦忧戚之域，令人黯然神丧，生趣索然。此儒家之所以向往天道生生不已，创进不息之乾元精神，以缔造一广大和谐之道德宇宙秩序者也。此道家之所以宗尚重玄，一心怀抱'无'之理想，以超脱'有'界万物之相对性者也。此中国佛家之所以悲智双运，勇猛精进，锲而不舍，内参佛性，修菩提道，证一乘果者也。"[1] 儒家重道德人生，道家重艺术人生，佛家重宗教人生，而三家皆要超越世俗的痛苦人生。

在谈到佛教进入中国与道家、儒家会通时，他说："佛学来到中国后，我们以道家的高度智慧相迎，使大乘佛学更进而发展出禅宗的高度智慧，并与儒家性善的精神相结合，使得原本外来的佛学完全变成中国的智慧。"[2] "所有这几派中国思想，其代表者本人的内在精神是些什么？简单说来，这种种不同的精神都集中在一点，就是表现在：'向人性深处去了解，然后体会人性本身与其一切努力成就，处处可以看出人性的伟大。'尤其是从儒家开始'在创生不已的世界里面，安排人类的生活，表现人类精神生活的伟大'。道家甚至佛学，都进一步发扬了这一点。"[3] "中国四大思想传统：儒家、道家、佛学、新儒家，都有一个共同的预设，就是哲学的智慧是从伟大精神人格中流露出来的。"[4] "至于宋明理学，理学家们承受了三种传统：第一，儒家；第二，道家兼道教；第三，佛学（大半是禅宗），所以宋明理学家主张生

355

① 黄克剑、钟小霖编《方东美集》，群言出版社，1993，第400页。
② 方东美：《方东美文集》，武汉大学出版社，2013，第149页。
③ 方东美：《方东美文集》，武汉大学出版社，2013，第150页。
④ 方东美：《原始儒家道家哲学》，中华书局，2012，第36页。

命与宇宙配合，产生与天地合而为一、因为一体的境界，具有
'时空兼综的意义'，可以称之为'兼综的时空人'。"①方氏认
为佛家、道家与儒学难以分割，不赞成以回护儒家道统为理由排
斥佛老。他说，老庄思想是大乘佛学中一个极重要的成分，"据
此以谈宋明理学，宋明儒大抵皆出入老佛十余年，深受老佛的影
响自不待言，而却一味地排道排佛。今人不察此理，盲目地跟随
宋明儒排佛排道；而且特意回护，为其故示隐讳，抹煞历史的事
实，尤为不智"②。方东美的博大胸怀在这里有充分体现。

其六，树立民族自信，光大民族哲学精神，为中国和世界未
来做贡献。方东美深深爱着优秀的中华民族和它的文化，因此对
于近代以来中国青年的民族自卑非常忧伤，认为是教育缺失的恶
果。令他痛心的是，这么一个优秀的民族，"处于今日，却丧失
了对自己是优秀的民族的自信心，无端地自卑自贱，在各方面都
变成了一个'空袋子'！同别的文化碰都不能碰，一碰了之后，
样样都是人家好，自己太差"③！他在晚年所写的《中国哲学对
未来世界的影响》中尖锐地指出，世界哲学在衰退，中国哲学在
乾嘉时代就死亡了，现在要"赶紧觉醒过来"，"在精神上重新振
作，决心要为将来的中国、将来的世界创建一种新的哲学。假使
哲学的命脉在我们的精神里面没有死亡，我们应当要负起一种责
任，为未来的世界，在这个哲学上面要打一个蓝图，仿佛建筑师
一样，要建筑一个新哲学体系"④！

那么，这个蓝图的依据是什么呢？"而在东方，原始儒家孔

① 方东美：《方东美文集》，武汉大学出版社，2013，第174页。
② 方东美：《方东美文集》，武汉大学出版社，2013，第278页。
③ 方东美：《方东美文集》，武汉大学出版社，2013，第300页。
④ 方东美：《方东美文集》，武汉大学出版社，2013，第609-610页。

孟荀、原始道家老庄、大乘佛学，不管是哪一宗，天台宗、法相宗、华严宗，甚至是禅宗也好，最后的目的都是要把人的精神，从自然界的里面提升到达精神的顶点，然后从人类的智能才性上面变做尽善尽美，变做神圣。"①"要是能够把这么一个蓝图体会到并树立起来建筑一个立体的宇宙，在这个立体的宇宙里面成就一个最高的神圣的人类生命价值在上面，然后慢慢一步一步地向上面提升人类的精神。"②他以终身研究哲学并接触过西方、中国、印度高度的哲学智慧的退休学者的身份，"希望大家在这一方面把这个已经失落掉了的民族智慧、民族的灵魂、民族的文化、民族的优美文字，重新把握住，变做自己生活里面，不仅仅是一个装饰，而且是永远不朽的内在精神"③。

（摘编自人民出版社2018年版《儒道佛三教关系简明通史》，

内容有改动）

---

① 方东美：《方东美文集》，武汉大学出版社，2013，第629页。
② 方东美：《方东美文集》，武汉大学出版社，2013，第629页。
③ 方东美：《方东美文集》，武汉大学出版社，2013，第630-631页。

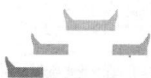

会通中西古今的新心学大学者: 贺麟

贺麟（1902—1992），字自昭，四川金堂县人。少年时接受过四书五经及诸子百家的熏陶，受梁启超、梁漱溟的影响，钟情于陆王心学，毕业于清华学校高等科。青年时代赴美留学四年，在德学习一年，通过新黑格尔主义进入黑格尔哲学。回国后长期任职于北京大学和西南联大，并在清华兼职。其间在中央政治学校教哲学一年。在大学讲授黑格尔哲学和西方哲学史。20世纪50年代中期调入中国科学院哲学所，致力于西方哲学典籍的翻译工作，曾任《黑格尔全集》编译委员会名誉主任。主要著作有《近代唯心论简释》《文化与人生》《当代中国哲学》等。他是一位学识博厚的大学者，也是位具有超前意识的大思想家，还是一位杰出的大翻译家。他的论著使儒家危机意识转化为创新意识，又打通了中西古典哲学之间会通的道路。

其一，把五四新文化运动给儒学带来的冲击变成儒学再生的转机。贺氏在现代新儒学发展中的一个重要贡献是提出要直面"五四"又超越"五四"，他所写的《儒家思想的新开展》一文，是高瞻远瞩的划时代的名篇，他的思想走在同代人的前面，至今仍熠熠生辉。贺氏对中华民族所处的时代特征和责任有高度自觉，指出："中国当前的时代，是一个民族复兴的时代。民族复兴不仅是争抗战的胜利，不仅是争中华民族在国际政治中的自由、独立和平等，民族复兴本质上应该是民族文化的复兴。民族文化的复兴，其主要的潮流、根本的成分就是儒家思想的复兴，儒家文化的复兴。"①他把儒家文化与民族的命运前途紧紧连在一起，这是一个深刻的见解。他认为："中国近百年来的危机，根本上是一个文化的危机。"②中国以鸦片战争为国耻，而事实上学术文化上的国耻早就有了。五四新文化运动中儒家思想被青年猛烈反对，"但儒家思想的消沉、僵化、无生气，失掉孔孟的真精神和应付新文化需要的无能，却早腐蚀在五四运动以前。儒家思想在中国文化生活上失掉了自主权，丧失了新生命，才是中华民族的最大危机"③。贺氏认为五四新文化运动"是促进儒家思想新发展的一个大转机"④。虽然表面上新文化运动是打倒孔家店、推翻儒家思想的大运动，却发挥了"促进儒家思想新发展的功绩"。何以如此说呢？"新文化运动的最大贡献在于破坏和扫除儒家的僵化部分的躯壳的形式末节，及束缚个性的传统腐化部分。它并没有打倒孔孟的真精神、真意思、真学术，反而因其洗刷扫除的工夫，使得孔孟程朱的真面目更是显露出来。"⑤就西学的大规模输入而言，"表面上，西洋文化之输入，好像是代替儒家"，事实上，"西洋文化的输入，给了儒家思想一个考验，一个生死存亡的大考验、大关头。假如儒家思想能够把握、吸收、融

359

① 贺麟：《文化与人生》，上海文艺出版社，2001，第2页。
② 贺麟：《文化与人生》，上海文艺出版社，2001，第2页。
③ 贺麟：《文化与人生》，上海文艺出版社，2001，第2页。
④ 贺麟：《文化与人生》，上海文艺出版社，2001，第2-3页。
⑤ 贺麟：《文化与人生》，上海文艺出版社，2001，第3页。

会、转化西洋文化，以充实自身、发展自身，儒家思想则生存、复活而有新的发展。如不能经过此考验，度过此关头，它就会消亡、沉沦而永不能翻身"①。他提出"儒化西洋文化"以促进中国文化乃至整个民族复兴的历史责任，说："儒家思想是否复兴问题，亦即儒化西洋文化是否可能，以儒家思想为体、以西洋文化为用是否可能的问题。中国文化能否复兴的问题，亦即华化、中国化西洋文化是否可能，以民族精神为体、以西洋文化为用是否可能的问题。"②解决不了此问题则后果严重："如果中华民族不能以儒家思想或民族精神为主体去儒化或华化西洋文化，则中国将失掉文化上的自主权，而陷于文化上的殖民地。"③

贺氏上述论说具有同时代人罕及的深刻性和前瞻性：他指出了近代中国危机根本上是文化危机，五四新文化运动有洗刷儒学僵化腐朽部分的贡献，西洋文化的冲击是儒学起死回生的机缘，儒化西洋文化要恢复民族文化自主权才能避免文化殖民地的悲惨前景。这些见解既超越了"全盘西化论"者否定儒学和传统文化的偏激与肤浅，又超越了当时"文化本位论"者抨击新文化运动、拒斥西方文化的狭隘与保守，能够辩证地看待新旧、中西之间的冲突，表现出贺氏对中华文化的自信、反思和开放的胸襟。

其二，提出促进儒家思想新开展的三途径和"三合"原则。三途径是要从哲学、宗教、艺术三个方面去做："第一，必须以西洋的哲学发挥儒家的理学。"④中西皆须正宗哲学，即"苏格拉底、柏拉图、亚里士多德、康德、黑格尔的哲学与中国孔孟、老

① 贺麟：《文化与人生》，上海文艺出版社，2001，第4页。
② 贺麟：《文化与人生》，上海文艺出版社，2001，第4页。
③ 贺麟：《文化与人生》，上海文艺出版社，2001，第4页。
④ 贺麟：《文化与人生》，上海文艺出版社，2001，第6页。

庄、程朱、陆王的哲学会合融贯"①，可以"使儒家的哲学内容更为丰富，体系更为谨严，条理更为清楚，不仅可作道德可能的理论基础，且可奠定科学可能的理论基础"②。"第二，须吸收基督教的精华以充实儒家的礼教。"③他认为儒家究竟以人伦道德为中心，而"宗教则为道德之注以热情、鼓以勇气者。宗教有精诚信仰、坚贞不二的精神；宗教有博爱慈悲、服务人类的精神；宗教有襟怀广大、超脱尘世的精神。基督教文明实为西方文明的骨干。其支配西洋人的精神生活，实深刻而周至，但每为浅见者所忽视"④。"第三，须领略西洋的艺术以发扬儒家的诗教。"⑤他认为，"乐经佚失，乐教中衰，诗教亦式微"⑥，因此"今后新儒家的兴起，与新诗教、新乐教、新艺术的兴起，应该是联合并进而不分离的"⑦。在贺麟心目中，儒家是立体化的综合体："儒学是合诗教、礼教、理学三者为一体的学养，也即艺术、宗教、哲学三者的谐合体。因此，新儒家思想的开展，大约将循艺术化、宗教化、哲学化的途径迈进。"⑧他从思想文化、生活修养、民主政治三个方面择其要而加以阐释。

361

在思想文化方面，他抓住"仁"和"诚"两个哲学概念做出新释。贺氏很推崇仁，视"仁乃儒家思想的中心概念"⑨，从诗

---

① 贺麟:《文化与人生》，上海文艺出版社，2001，第6页。
② 贺麟:《文化与人生》，上海文艺出版社，2001，第6页。
③ 贺麟:《文化与人生》，上海文艺出版社，2001，第6页。
④ 贺麟:《文化与人生》，上海文艺出版社，2001，第7页。
⑤ 贺麟:《文化与人生》，上海文艺出版社，2001，第7页。
⑥ 贺麟:《文化与人生》，上海文艺出版社，2001，第7页。
⑦ 贺麟:《文化与人生》，上海文艺出版社，2001，第7页。
⑧ 贺麟:《文化与人生》，上海文艺出版社，2001，第7页。
⑨ 贺麟:《文化与人生》，上海文艺出版社，2001，第8页。

教或艺术方面看，"仁即温柔敦厚之诗教"[1]，"仁即天真纯朴之情"[2]。"从宗教观点来看，则仁即是救世济物、民胞物与的宗教热诚。《约翰福音》有'上帝即是爱'之语，质言之，上帝即是仁。'求仁'不仅是待人接物的道德修养，抑亦知天事天的宗教工夫。"[3]"从哲学看来，仁乃仁体。仁为天地之心，仁为天地生生不已之生机，仁为自然万物的本性。仁为万物一体、生意一般的有机关系和神契境界。"[4]可称为"仁的宇宙观"，"仁的本体论"。

再看"诚"的概念。"在儒家思想中，诚的主要意思是指真实无妄之理或道而言。所谓诚，即是指实理、实体、实在或本体而言。"[5]"其次，诚亦是儒家思想中最富于宗教意味的字眼。诚即是宗教上的信仰。所谓至诚可以动天地泣鬼神。精诚所至，金石亦开。至诚可以通神，至诚可以前知。诚不仅可以感动人，而且可以感动物，可以祀神，乃是贯通天人物的宗教精神。就艺术方面言，思无邪或无邪思的诗教即是诚。诚亦即是诚挚纯真的感情。艺术天才无他长，即能保持其诚、发挥其诚而已。艺术家之忠于艺术而不外骛亦是诚。"[6]

就生活修养而言，贺氏倡导"儒者气象""儒者风度"，他把"儒者"作为广义理解，"儒者就是品学兼优的人"[7]。因此应当有"儒将""儒医""儒臣""儒农""儒工""儒商"。从风度说，

---

[1] 贺麟：《文化与人生》，上海文艺出版社，2001，第8页。
[2] 贺麟：《文化与人生》，上海文艺出版社，2001，第8页。
[3] 贺麟：《文化与人生》，上海文艺出版社，2001，第8页。
[4] 贺麟：《文化与人生》，上海文艺出版社，2001，第8页。
[5] 贺麟：《文化与人生》，上海文艺出版社，2001，第9页。
[6] 贺麟：《文化与人生》，上海文艺出版社，2001，第9页。
[7] 贺麟：《文化与人生》，上海文艺出版社，2001，第10页。

"凡具有诗礼风度者，皆可谓之有儒者气象"①。文章中，贺氏提出中西沟通以开新儒学的"三合"态度，说："合人情即求其'反诸吾心而安'，合理性即所谓'揆诸天理而顺'，合时代就是审时度势、因应得宜。"②

就民主政治而论，有"儒家的民主主义"，也有西方的民主政治。不能"只认儒家思想是为专制帝王作辩护谋利益的工具"③，"这不但失掉了儒家'天视民视、天听民听'和'民贵君轻'等说的真精神，而且也忽略了西洋另一派足以代表儒家精神的民主思想"④，这一派"确认主权在民的原则"，如时任美国总统的罗斯福所实行的就是儒家式的民主政治。在中国，"孙中山先生则无疑是有儒者气象而又具耶稣式品格的先行者"⑤。"他的民权主义，即可以说是最能代表儒家精神的民主政治思想。"⑥而且孙中山创立主义，实行革命原则，亦以合理性、合人情、合时代为标准，处处皆代表典型中国人的精神，符合儒家的规范。在《孙文学说·有志竟成》一章，他说："夫事有顺乎天理，应乎人情，适乎世界之潮流，合乎人群之需要，而先知先觉者所决志行之，则断无不成者也。此古今之革命维新、兴邦建国之事业是也。""'顺乎天理'即是合理性，'应乎人情'即是合人情，'适乎世界潮流，合乎人群需要'即是合时代。"⑦

贺麟的结论是："只要能对儒家思想加以善意同情的理解，

363

① 贺麟：《文化与人生》，上海文艺出版社，2001，第11页。
② 贺麟：《文化与人生》，上海文艺出版社，2001，第12页。
③ 贺麟：《文化与人生》，上海文艺出版社，2001，第14页。
④ 贺麟：《文化与人生》，上海文艺出版社，2001，第14页。
⑤ 贺麟：《文化与人生》，上海文艺出版社，2001，第15页。
⑥ 贺麟：《文化与人生》，上海文艺出版社，2001，第15页。
⑦ 贺麟：《文化与人生》，上海文艺出版社，2001，第15页。

得其真精神真意义所在，许多现代生活上、政治上、文化上的重要问题，均不难得到合理、合情、合时的解答。此所谓'言孔孟所未言，而默契孔孟所欲言之意；行孔孟所未行，而吻合孔孟必为之事'（明吕新吾《呻吟语》）。须将儒家思想认作不断生长发展的有机体，而非呆板机械的死信条。如是我们可以相信，中国许多问题，必达到契合儒家精神的解决，方算得达到至中至正、最合理而无流弊的解决。如果无论政治、社会、文化、学术上各项问题的解决，都能契合儒家精神，都能代表中国人的真意思、真态度，同时又能善于吸收西洋文化的精华，从哲学、科学、宗教、道德、艺术、技术各方面加以发扬和改进，我们相信，儒家思想的前途是光明的，中国文化的前途也是光明的。"[1]

其三，创建中西合璧的新心学。贺麟称自己的哲学为唯心论，但他对"心"的理解不同于我们常讲的"唯心""唯物"之"心"，而赋予"心"以独特的含义。他在《近代唯心论简释》一书开头即用理性分析方法讨论"心"的概念，说："心有二义：（1）心理意义的心；（2）逻辑意义的心。逻辑的心即理，所谓'心即理也'。心理的心是物，如心理经验中的感觉、幻想、梦呓、思虑、营为，以及喜怒哀乐爱恶欲之情皆是物，皆是可以用几何方法当作点线面积一样去研究的实物。普通人所谓'物'，在唯心论者看来，其色相皆是意识所渲染而成，其意义、条理与价值，皆出于认识的或评价的主体。此主体即心。"[2]"若用中国旧话来说，即由于'人同此心，心同此理'。离心而言物，则此物实一无色相、无意义、无条理、无价值之黑漆一团，亦即无物。"[3]

① 贺麟：《文化与人生》，上海文艺出版社，2001，第16-17页。
② 贺麟：《近代唯心论简释》，上海人民出版社，2009，第3页。
③ 贺麟：《近代唯心论简释》，上海人民出版社，2009，第3页。

他引朱熹的话："主乎身，一而不二，为主而不为客，命物而不命于物。"①因此贺氏说："逻辑意义的心，乃一理想的超经验的精神原则，但为经验、行为、知识以及评价之主体。此心乃经验的统摄者，行为的主宰者，知识的组织者，价值的评判者。自然与人生之可以理解，之所以有意义、条理与价值皆出于此心即理也之心。"②贺氏从主客对生、精神自觉的意义上讲"心"，故心即理，与物一体。若从心理意义上和科学常识上讲心讲物，贺氏承认先有物质后有人类心灵，身体决定心灵，但这不是哲学家的理论。为了不引起误解，他将自己的唯心论又称作"唯性论"，说："性为代表一物之所以然及其所当然的本质，性为支配一物之一切变化与发展的本则或范型。"③性对人而言就是性格，"'性格即是命运'，'性格即是人格'是唯性论者对于人性的两句格言"④。

贺氏新心学或新性学，其方法来自西学，而其思想源头在陆王心学。他说："故象山有'宇宙即是吾心，吾心即是宇宙'之伟大见解，而为从认识吾心之本则以认识宇宙之本则的批导方法，奠一坚定基础，且代表世界哲学史上最显明坚决的主观的或理想的时空观。"⑤"自陆象山揭出'心即理也'一语以后，哲学乃根本掉一方向"⑥，"心即是理，则心外无理，心外无物。而宇宙万物，时空中的一切也成了此心之产业，而非心外之傥来物了"⑦。贺氏把心即理讲得有如此现代哲学意味，实在得益于他

365

① 贺麟：《近代唯心论简释》，上海人民出版社，2009，第3页。
② 贺麟：《近代唯心论简释》，上海人民出版社，2009，第3-4页。
③ 贺麟：《近代唯心论简释》，上海人民出版社，2009，第5页。
④ 贺麟：《近代唯心论简释》，上海人民出版社，2009，第5页。
⑤ 贺麟：《近代唯心论简释》，上海人民出版社，2009，第23页。
⑥ 贺麟：《近代唯心论简释》，上海人民出版社，2009，第23页。
⑦ 贺麟：《近代唯心论简释》，上海人民出版社，2009，第23页。

吸收了西哲斯宾诺莎、康德、黑格尔的哲学思想，而且是经由新黑格尔主义的诠释，在运用理性主义的同时加上了直觉法。如新黑格尔主义者克罗齐就强调直觉，认为它是心灵的基本活动，其中没有主体与客体的区别，而理智活动要以直觉为基础，应该把黑格尔当作诗人来读。贺麟提出用辩证观来激活辩证法，使后者摆脱机械发展格式，"此种辩证的直观，既是出于亲切的体验、慧眼的识察，每每异常活泼有力（绝不是机械呆板的口号或公式）。……而哲学家的特点，就是不单是从精神生活或文化历史的体验中，达到了这种辩证的直观或识度，且能慎思明辨，用谨严的辩证方法，将此种辩证的直观，发挥成为贯通的系统"①。于此可知，贺氏新心学之新，在于将陆象山心学之心物一体与西方哲学之直觉体验及理智思考加以融通，既保持了心即理、心即物的宇宙一体精神境界，又用辩证逻辑方法使之成为哲学系统，而又不失其大生命关怀的宇宙之爱的灵魂。

366

贺氏对于王阳明的知行合一说加以继承和提高。在《近代唯心论简释》中专有一章《知行合一新论》。他首先赞同地说："王阳明之提出知行合一说，目的在为道德修养或致良知的工夫，建立理论的基础。"②此说"实为有事实根据，有理论基础，且亦于学术上求知、道德上履践，均可应用有效的学说"③。同时他又指出："而知行问题，无论在中国的新理学或新心学中，在西洋心理学或知识论中，均有重新提出讨论，重新加以批评研究的必要。"④他对知行概念的定义是："知指一切意识的活动。行指

① 贺麟：《近代唯心论简释》，上海人民出版社，2009，第105页。
② 贺麟：《近代唯心论简释》，上海人民出版社，2009，第44页。
③ 贺麟：《近代唯心论简释》，上海人民出版社，2009，第44页。
④ 贺麟：《近代唯心论简释》，上海人民出版社，2009，第44页。

一切生理的活动。"①然后考察了知与行的种种等级区别，知行合一的多样性表现，西方哲学史上斯宾诺莎、格林（英国新黑格尔主义者）的知行观。贺氏知行合一论归纳两种：一种是"自然的知行合一论"，它不假人为，凡有意识之伦莫不如此；另一种是"价值的或理想的知行合一说"，须经过人为努力方可达到，因此是少数人的功绩。贺氏认为王阳明知行合一论"与自然的知行合一论，有许多地方，均可互相印证发明。但阳明的知行合一说，只有时间观念一点没有说清楚"②，是知行同时合一呢，还是异时合一呢？这样看他既非那种纯自然的知行合一，亦非经过努力的朱子式知行合一，而是"持一种率真的或自发的知行合一观"，可称为"直觉的或率真的价值的知行合一观"。贺氏还指出，"只可惜阳明所谓知行，几纯属于德行和涵养心性方面的知行"③，但可以推广运用到自然科学领域。

其四，提出新心学的宗教观、责权观、义利观和群己观。民国期间，无论西化论者还是新儒家学者，大都忽视宗教研究并看轻宗教，因而"宗教取代论"流行。五四新文化运动学者，高举从西方传入的科学与民主两面大旗，但他们的空缺是不了解作为西方文明道德基石的基督教在西方现代化中的变迁与作用，由此也难以正确看待中国佛教、道教在现代中国事业中的地位。民国年间还发生了"非基运动"，全盘否定基督教。贺麟是少数例外之一，他从正面提出了自己的宗教观，首肯宗教的恒在价值，认为宗教精神值得提倡。上面已引用贺氏在《儒家思想的新开展》一文中称赞宗教有三大精神——"坚贞不二""服务人类""超脱

367

① 贺麟：《近代唯心论简释》，上海人民出版社，2009，第45页。
② 贺麟：《近代唯心论简释》，上海人民出版社，2009，第61页。
③ 贺麟：《近代唯心论简释》，上海人民出版社，2009，第63页。

尘世"，指明基督教是西洋文明的"骨干"，因此他把以人伦道德为中心的儒学学习基督教并实现宗教化，作为新开展的三大途径之一。他认为，要真正了解人、人的地位和意义，不能停留在人与人的关系上，还"要了解人对天，人对神，或永恒之理的纵的关系，才能完全"①。他在《文化的体与用》一文中指出："宗教为道德之体，道德为宗教之用。"②他一反有些学者把基督教与近代西方相对立的看法，别开生面地指出："中世纪的基督教，是中古文化的中心，近代基督教是整个近代西洋文化的缩影与反映。可以说西洋近代精神的一切特点，基督教中皆应有尽有。"③他写有《认识西洋文化的新努力》一文，系统阐述自己的上述观点。第一，他不赞成基督教反科学的说法，恰恰"基督教对科学毋宁是有保护促进之功"④，如中世纪教士保存古希腊哲学科学典籍，教士具有科学知识。第二，宗教改革之后，基督教的平民精神得到发扬，主张人与人之间是兄弟，在上帝面前人人平等，为民间提供教育、医疗服务，讲宽容、爱仇敌，助推民主政治。第三，他采纳韦伯的观点，认为"宗教改革后基督教中的道德观念，实最适宜于资本主义工业化的社会，如勤劳、忠实、信用等等，都有助于工商业的发展"⑤。他声明自己"并不是基督教徒，故我绝不是站在宗教的立场传道，而纯粹是站在哲学和文化的立场，觉得要了解西洋文化不可不知基督教，而基督教的精神确有许多优点，值得我们注意和采取"⑥。正如他在《儒家

---

① 贺麟：《文化与人生》，商务印书馆，2005，第314页。
② 贺麟：《文化与人生》，上海书店出版社，1991，第33页。
③ 贺麟：《近代唯心论简释》，上海人民出版社，2009，第198页。
④ 贺麟：《文化与人生》，商务印书馆，2005，第308页。
⑤ 贺麟：《文化与人生》，商务印书馆，2005，第309-310页。
⑥ 贺麟：《文化与人生》，商务印书馆，2005，第310-311页。

思想的新开展》中所总结的："若非宗教的知'天'与科学的知'物'合力并进，若非宗教精神为体，物质文明为用，绝不会产生如此伟大灿烂的近代西洋文化。我敢断言，如中国人不能接受基督教的精神而去其糟粕，则决不会有强有力的新儒家思想产生出来。"[1]应当说，贺麟对于基督教虽有研究但评说上并不全面，尤其欠缺了近代西方列强利用基督教侵华的历史，但他仍然提供了基督教文化的正面价值和精神，这恰是当时中国学界的空缺。他对于宗教与科学对立论、宗教与现代社会相斥论，都有所超越；而且他并不企图使中国基督教化，因此才主张以儒学为体去儒化西洋文化，只是希望儒学具有基督教一系列可贵的精神。尽管他有时在表述上不恰当地说他"主张各部门从质方面讲应该彻底西化、深刻西化"[2]，但他真实的立场是以中华民族精神为主体，去深层次地消化西洋文化和基督教，使其精华真正转变成中国精神的有机成分。他归根到底还是儒者的家国情怀。

贺氏《近代唯心论简释》中第十二章《五伦观念的新检讨》，肯定儒家五伦之重要，说："五伦观念认为人伦乃是常道，人与人间这五种关系，乃是人生正常永久的关系（按，五常有两个意义，一指仁、义、理、智、信的五常德，一指君臣、父子、夫妇、兄弟、朋友的五常伦，此处系取第二种意义）。"[3]"这种注重社会团体生活，反对枯寂遁世的生活，注重家庭、朋友、君臣间的正常关系，反对伦常之外去别奉主义，别尊'巨子'的秘密团体组织的主张，亦是发展人性，稳定社会的健康思想，有其

369

---

① 贺麟：《文化与人生》，商务印书馆，2005，第8-9页。
② 贺麟：《文化与人生》，商务印书馆，2005，第305页。
③ 贺麟：《近代唯心论简释》，上海人民出版社，2009，第205页。

道德上政治上的必需，不可厚非。"①但他同时指出："不过这种偏重五常伦的思想一经信条化、制度化，发生强制的作用，便损害个人的自由与独立。"②"而且大有损害于非人伦的超社会的种种文化价值。"③他尤其批判三纲说"桎梏人心，束缚个性，妨碍进步，达数千年之久"④，"要人尽单方面的爱，尽单方面的纯义务，是三纲说的本质"⑤。因此需要西方启蒙思想加以补救，需要从开明、自由方面加以提高。传统道德讲义利之辨，而义利又以公私为界，这样的进路显然不能适应现代工商社会的发展。如果把义与利、群与己对立起来，必然会出现道德伪善化而实际上人欲横流的情况。贺麟早有所见，他引进西方近代精神重新阐释中国历史上的合理利己主义，即确认个人应有的权利与幸福，用以弥补儒家道德重义轻利、重群轻己的偏失，而主张义利、群己统一论，并试图通过杨朱的"为我"达到墨子的"兼爱"。他指出，以西方新式功利主义为代表的近代伦理思想，早已超出灭人欲存天理、绝私济公的道德信条，"而趋向于一方面求人欲与天理的调和、求公与私的共济；而一方面又更进一步去设法假人欲以行天理，假自私以济大公"⑥，这样道德建设便可依据合理、合情、合时的"三合"原则进行。

（摘编自人民出版社2018年版《儒道佛三教关系简明通史》，

内容有改动）

---

① 贺麟：《文化与人生》，商务印书馆，2005，第54页。
② 贺麟：《文化与人生》，商务印书馆，2005，第54页。
③ 贺麟：《文化与人生》，商务印书馆，2005，第54页。
④ 贺麟：《文化与人生》，商务印书馆，2005，第60页。
⑤ 贺麟：《文化与人生》，商务印书馆，2005，第61页。
⑥ 贺麟：《文化与人生》，商务印书馆，2005，第66页。

辩证综合的新儒家道德哲学体系的创建者：唐君毅

唐君毅（1909—1978），四川宜宾人。青年时就读于北京大学、南京中央大学，受教于梁启超、梁漱溟、方东美、汤用彤、熊十力诸前辈。毕业后任职于中央大学及华西大学、江南大学。1949年赴香港，与钱穆等创办新亚书院，任教务长、哲学系主任，与牟宗三结为至交。1957年赴美访问、考察。起草《为中国文化敬告世界人士宣言》，发表于1958年元旦。以后多次参加国际东西哲学会议，成为国际知名学者。1963年新亚书院并入香港中文大学，唐君毅曾任文学院院长、新亚研究所所长。后因反对香港中文大学改制无效，与钱穆等退出新亚。1975年任职于台湾大学。1978年在香港去世。

唐氏对于中西哲学皆有深厚功底和积累，并致力于两者的辩证综合与创新，一生勤于著述。其著作之富赡瑰丽在同时代学者中居首位，并构建起一个庞大的道德哲学体系，被公认为现代新儒家熊十力之后的三大代表人物之一（另两位是牟宗三、徐复观）。

影响唐氏哲学的思想资源主要有三：一是中国儒家哲学，尤其是孟子性善论和王阳明心学；二是来源于印度的大乘佛学的佛性论与涅槃学；三是西方哲学，尤其是德国古典哲学家康德、费希特、黑格尔的哲学。唐氏将中、西、印三大哲学的思维进路与成果融会贯通，因而其哲学既有鲜明的中国特色，又有广阔的世界视野。牟宗三称"唐先生是'文化意识宇宙'中之巨人"[①]，指出："中国式的哲学家要必以文化意识宇宙为背景。儒家的人文化成尽性至命的成德之教在层次上是高过科学宇宙、哲学宇宙，乃至任何特定的宗教宇宙的；然而它却涵盖而善成并善化了此等之宇宙。唐先生这个意识特别强。"[②]

　　台湾东海大学蔡仁厚教授在悼念唐氏的讲词《唐君毅先生的生平与学术》中，将唐氏的著作与思想划分为三个阶段是恰当的。第一阶段有三部书，就是《人生之体验》《道德自我之建立》《心物与人生》（总名为《人生之路》），中心是"开发人生的智慧，建立道德的自我，决定人生的方向"[③]。第二阶段有四部书，就是《中国文化之精神价值》《人文精神之重建》《中国人文精神之发展》《中华人文与当今世界》，讲中西文化会通、中国文化内涵、面临的挑战与应对、世界文化的前景。其间所撰《哲学概论》，兼顾中、印、西三大哲学体系，作为下一步的过渡。第三阶段的著作，就是《中国哲学原论》中的《导论篇》《原性篇》《原道篇》《原教篇》，系统梳理中国哲学独立自主的意义世界，又旁通于世界哲学，"借此以通畅文化慧命之相续，以显示承先

---

　　① 牟宗三：《文化意识宇宙的巨人——唐君毅先生》，载罗义俊编著《评新儒家》，上海人民出版社，1989，第520页。

　　② 牟宗三：《文化意识宇宙的巨人——唐君毅先生》，载罗义俊编著《评新儒家》，上海人民出版社，1989，第523页。

　　③ 蔡仁厚：《唐君毅先生的生平与学术》，载罗义俊编著《评新儒家》，上海人民出版社，1989，第497页。

启后的文化生命之大流"①。唐氏最后一部书《生命存在与心灵境界》，是一部总结性的书，开出生命心灵九境，"事实上就是一种判教的工作"。蔡仁厚将唐氏文化学术贡献归约为三点："第一，真切深微的人生体验"；"第二，深厚强烈的文化意识"；"第三，周流融贯的会通精神"。②现将唐氏道德体用论的要义列述如下。

其一，道德哲学的核心是道德自我的建立。唐氏通过自身精神生活体验的反思，认为人生首先要解决生存的终极目的和意义，它不是欲望的满足，而是建立道德自我，那是真实的自我、自觉的本心，"当下能自觉的心之所自定自主的活动之完成，为人生之目的"③。其根据即在"我之心体"，"我同时发现我心体，并非只是灵明之智慧，我心之大觉之本，不在理之无不通，而在情之无不感"④。孟子的性善说是其道德自我论的历史依据。唐氏说，孟子对人性本善的论证，"一是从自发之情绪性之表现于外之端倪上指出性善，一是从人心之所安上指出性善。前者是由四端之因，指出其必有仁义礼智之果以说性善。后者是从人之悦仁义礼智之果，指出必有悦仁义礼智之性为因"⑤。佛教无常哲学是唐氏道德自我论的又一依据。他认为真实的自我不能向外寻找，因为世界是不真实的苦难的，故说："现实世界中之一切事物是在时间中流转，是无常、如梦、如幻，是非真实的。

373

① 蔡仁厚：《唐君毅先生的生平与学术》，载罗义俊编著《评新儒家》，上海人民出版社，1989，第500页。

② 蔡仁厚：《唐君毅先生的生平与学术》，载罗义俊编著《评新儒家》，上海人民出版社，1989，第502—503页。

③ 唐君毅：《唐君毅全集》第四卷，九州出版社，2016，第25页。

④ 唐君毅：《唐君毅全集》第三卷，九州出版社，2016，第155页。

⑤ 唐君毅：《唐君毅全集》第二十七卷，九州出版社，2016，第197页。

一切存在者必须消灭，时间之流水，如在送一切万物向消灭的路上走。一切的花，一切的光，一切的爱，一切人生的事业，一切我们所喜欢之事物，均必化为空无。"①世界不仅是不真的，还是不仁的，它"永远是一自杀其所生之过程"②。但唐氏并不悲观厌世，而是借此发现我们自己心之本体。本心对虚幻与不仁有悲苦，从而追求、渴望善美，这是真实的，证明心可以具有超越性，它是恒在的。这就是用孟子与阳明心学化解佛学。唐氏认同王阳明心学，将心之本体视之为道德本体，同时也是"纯粹能觉"，它本身没有生灭。王阳明曾说："圣人之心如明镜，只是一个明，则随感而应，无物不照。"唐氏亦把"纯粹能觉"比喻为镜，可照万物，所照有明有晦，而镜光之照恒常如一。唐氏强调人的认识活动之互摄，而相合于心之本体："我的认识活动，遍到他人，他人之认识活动，亦遍到我。我与他人在现实世界中，以认识活动互相交摄，而在超越的心之本体处相合。"③心与身交感，心与境不离，人的认识总是在我与物交会点上呈现："我们张目所见之世界，乃由我们通常所谓外物之作用，与身体相接触之交点上，开辟出之世界。这开辟出之世界，不在通常所谓身体或外物中，可姑说在两者相交之交点上。而通常所谓身体与外物，我们实从来不曾见。我们所见的都是此交点上开辟之世界。"④

唐氏说的心体，是道德的心体，是不死的真善乐的心体，同时也是认识的心体，它的认识活动有主客分列、不断演进的过

① 唐君毅：《唐君毅全集》第四卷，九州出版社，2016，第69页。
② 唐君毅：《唐君毅全集》第四卷，九州出版社，2016，第70页。
③ 唐君毅：《唐君毅全集》第四卷，九州出版社，2016，第79页。
④ 唐君毅：《唐君毅全集》第四卷，九州出版社，2016，第83页。

374

程，最后都指向道德自我的建立。唐氏一方面不断用佛教智慧破除欲望而"忘我"，另一方面不断扩充道德之善，用王阳明知行合一的思想培养道德心理和行为，不陷溺于物欲："不生占获的意思，不将现实的对象隶属之于我；心常清明的涵盖于身体与物之上，即不生陷溺之念。"①"不陷溺，即忘物我之对峙；忘物我之对峙，则我之活动均依理而行，故又名之曰天理流行，依乎天机而动。"②

唐氏从心本体出发，认为人的本质是精神之存在："从外面看，人是时空中之物质存在；从内面看，人是超时空之精神存在。"③"究竟人是精神还是物质？是有限还是非有限？是不自由还是自由？如果我们只能在此二者选择答案，我们的结论便是，人在根本上是精神、是自由、是无限，而非物质、非不自由。"④唐氏对人的道德心充满自信，加以大提升，使之达到孔子"从心所欲不逾矩"的无限自主自由的境界，这就是道德人格的树立。他根据儒家成己成物的精神，强调道德人格的完成要在修己以安人中实现："故我们最后便归到作一切完成他人人格之事，即所以完成我之人格；而从完成我之人格之念出发，即必要求完成他人之人格，从事应有的文化政教之活动，以帮助人完成其人格，以实现理想之人格世界。"⑤这样，唐氏的道德哲学便进入文化关怀的阶段。

其二，道德自我开展为社会文化关切。唐君毅说："人类一

————————
① 唐君毅：《唐君毅全集》第四卷，九州出版社，2016，第132页。
② 唐君毅：《唐君毅全集》第四卷，九州出版社，2016，第132页。
③ 唐君毅：《唐君毅全集》第四卷，九州出版社，2016，第107页。
④ 唐君毅：《唐君毅全集》第四卷，九州出版社，2016，第107页。
⑤ 唐君毅：《唐君毅全集》第四卷，九州出版社，2016，第136页。

切文化活动，均统属于一道德自我或精神自我、超越自我，而为其分殊之表现。……或一特殊的文化价值之实现。"①"然而一切文化活动之所以能存在，皆依于一道德自我，为之支持。一切文化活动，皆不自觉的，或超自觉的，表现一道德价值。道德自我是一，是本，是涵摄一切文化理想的。文化活动是多，是末，是成就文明之现实的。道德之实践，内在于个人人格。文化之表现，则在超越个人之客观社会。然而，一不显为多，本不贯于末，理想不现实化，内在个人者，不显为超越个人者，则道德自我不能成就他自己。"②唐氏赋予"文化"的内涵是："凡人在自然之上有所创造增加者，皆属于文化。"③因此文化活动就是道德自我的对象化。他按照西方理性主义学科分类，将文化分为求真的科学与哲学、求美的文学与艺术、求自我超越的宗教以及道德、技术、经济、政治、家庭伦理、体育、军事、法律、教育，共十二类型。道德虽只是其中一种类型，但十二种类型文化皆是道德理性之展现，只是道德活动是自觉的，其他文化活动的道德价值是不自觉的。科学与哲学是寻求宇宙真理，有人认为它是纯粹理性活动而无道德的善恶，唐氏却不以为然，指出："然此活动之心中无善恶道德观念是一事，而此活动之心本身，是否表现道德价值又是一事。"④求真理之心是对自我私欲的超越，是道德的心灵。文学与艺术是求美的文化，也表现道德的心灵。他赞成康德、叔本华关于审美是非功利性的观点，进而又指出，审美者愿与人共享，乃是道德心灵的体现。求真与求美相依相通，皆须

---

① 唐君毅：《唐君毅全集》第十二卷，九州出版社，2016，自序第3页。
② 唐君毅：《唐君毅全集》第十二卷，九州出版社，2016，自序第3页。
③ 唐君毅：《唐君毅全集》第十二卷，九州出版社，2016，第451页。
④ 唐君毅：《唐君毅全集》第十二卷，九州出版社，2016，第224页。

忘却主观之心身活动、超越实用的目的，都具有客观普遍性，两者又相互转化和补足，而以道德价值为支撑。但要安顿生命，两者是不够的，故需要有宗教。唐氏认为宗教意识的核心是自然生命的解脱，和对神的崇拜与皈依意识。唐氏用道德本心解说其他诸文化活动，如家庭伦理乃人之仁心仁性之表现，扩而大之就是社会道德；社会经济活动亦是人文活动，"亦即直接间接以人类之自觉或不自觉的道德理性为基础而成立"[①]；国家是道德理性自我的客观化，这是对黑格尔法哲学的继承，同时强调个人为国家之本，至于政治制度则要以西方法治及民主政治为基础而实现礼治和德治。

唐氏看到了人类文化的堕落：只享受文化成果而不创造，文化分殊离析而不知归统，各自独尊而排斥其他文化。因此，唐氏要用道德理性来振兴人类文化，使文化精神向上向善，使文化活动有分殊有会通。

其三，精神生命的圆融完成：心灵九境。唐君毅构建道德形上学体系，完成于他的学术生涯第三阶段"心灵九境"的阐述，这是唐氏道德哲学最具特色、最有价值的新思想、新学说。这一学说之构成，是唐氏运用了中国儒学、印度佛教和德国古典哲学三种资源而综合出新的结果。其学说集中于《生命存在与心灵境界》一书中。此书说："故人之观其生命存在与心灵及其所对之世界或境界，初必视其所对之世界或境界，为一客观存在之世界；次乃视此客观存在之世界，属于一主观之心灵；再次乃谓有一超主观心灵与世界，统于此主客之上，或更超于主客之分别之外，以通贯此主与客、心灵与其世界。此即吾人之论生命存在与

---

① 唐君毅：《唐君毅全集》第十二卷，九州出版社，2016，第73页。

心灵之境界，所以开为次第九重而说，其中之初三为客观境，次三为主观境，后三为超主客境之故也。"①

这九境如何开出？"则此九境者，只是吾人之心灵生命与其所对境有感通之一事之原可分为三；而此中之三，皆可存于此三中之一，所开出。故约而论之，则此九可约为三，三可约为'吾人之心灵生命与境有感通'之一事而已。"②可知，心灵与境的感通是关键，但感通的程度和范围有不同，故呈现为三层九境。先为客观境：其中第一境为万物散殊境，其生命活动与知识皆是个体性的；第二境为依类成化境，乃是心灵与群体感通而成；第三境为功能序运境，"乃指任一事物或存有之功能，其次序运行表现，于其他事物或存有，所成之境"③。中为主观境，心灵返回观照自身的自觉之境，亦有三：第一境为感觉互摄境，于其中观心身关系与时空界；第二境为观照凌虚境，于其中观照意义世界；第三境为道德实践境，于其中观照道德行为，完成人的道德人格与道德生活。最高为超主客观之绝对形上境，其中第一境为归向一神境，于其中观神界，主要是西方一神教信仰；第二境为我法二空境，于其中观法界，主要是佛教之法相性空；第三境为天德流行境，又称尽性立命境，于其中观性命界，主要是儒家穷理尽性以至于命，通主客、天人、物我，可谓至极的道德实践境。

唐氏的心灵九境说，其客观境到主观境再到超主客观绝对形上境，所用方法与思路，是采取了黑格尔哲学的绝对精神辩证运动法则；其道德理性的高扬与天人一体的至极道德境界，是对中国新儒家哲学的深层认同；其对世俗成见的破除和对中、西、印

---

① 唐君毅：《唐君毅全集》第二十六卷，九州出版社，2016，第197页。
② 唐君毅：《唐君毅全集》第二十六卷，九州出版社，2016，第204页。
③ 唐君毅：《唐君毅全集》第二十五卷，九州出版社，2016，第166页。

哲学的辩证综合、圆融无碍，又甚得益于佛教的超越智慧。它与传统儒学又有不同，不仅运用了西方哲学逻辑分析与推演方式建立形上学哲学体系，而且还在强调心体的道德自我的同时，强调理性认知的重要，把心体看作道德主体与认识主体的结合。他的心灵九境说，在注重启示、体悟的中国哲学看来，是有些烦琐难耐了；不过其说揭示了人的心灵世界的广大丰富和由于自觉程度不同而形成的多层次性，鼓励人们不断提升自我和社会的精神生命，以造就一个圆满幸福的世界，因此它仍然是富于启示性的。

其四，民族文化复兴的使命和担当。唐君毅一生办新亚书院，创新儒家道德哲学体系，其动力来自要在西方文化猛烈冲击下延续中华文化生命，使之不至于断裂，并试图使中国文化在借鉴西方文化中找到再生之路。通过精心研究，他对中国哲学与文化的永恒价值有了深切了解，对于它走向世界充满自信。黄振华先生在《唐君毅先生与现代中国》中说："他认为中国之人文精神，与西方科学思想可有冲突之处。化除此冲突之道，在于了解科学理智之发展，植基于人类之'仁'心；是以中国之人文精神不仅不妨碍科学之发展，反可借科学之发展以促进人文精神之扩大表现。至于中国人文精神与西方民主政治思想之冲突问题，唐先生认为如果我们能确认建立民主制度，系人类道德心灵自己求客观化之表现，则这种冲突便可消解了。再次关于中国文化与外来宗教之冲突问题，唐先生认为中国人文思想本身即包含有宗教精神，例如中国自昔儒者之教中所重之三祭（按：祭天地、祭宗庙、祭社稷），即为中国人之宗教信仰。是以中国文化不排斥宗教思想，只是不必拘泥于何种宗教形式而已。"[1]

379

---

[1] 黄振华：《唐君毅先生与现代中国——悼念此一代文化巨人之陨落》，载罗义俊编著《评新儒家》，上海人民出版社，1989，第512页。

　　唐氏撰著《哲学概论》之初心，在书序中有表达："然在今日欲为中国人写一较理想之哲学概论，亦实不易。此乃因中国固有之哲学传统，既以西方思想之冲击而被斩断，西方之哲学亦未在中国生根，而国人之为哲学者，欲直接上西方哲学之传统，亦复不易。必有哲学，而后有概论，有专门之学，而后有导初学以入于专门之学之书。在今之中国，哲学之旧慧命既斩，新慧命未立，几无哲学之可言，更何有于哲学概论？"[①]因此他要勇于担当，出来为中国固有哲学重新做疏释工作，展示其含义和价值，从而有《中国哲学原论》这部巨著问世。唐氏最后的作品《生命存在与心灵境界》一书，是为了回答西方哲学形上学和知识论向中国哲学提出的各种问题。西方哲学重思辨理论系统，而不重道德体悟与实践。唐氏的著作要说明哲学的最高境界乃是实践的道德境界，思辨哲学虽有助益，而最高境界的到达则须自悟、自觉、自行，故中国文化传统能独辟独显文化意识宇宙。而唐氏便是这一文化意识宇宙的继承与弘扬者，是一文化巨人，他在维护和开发民族文化与哲学的事业上为后学做出了榜样。

（摘编自人民出版社2018年版《儒道佛三教关系简明通史》，

内容有改动）

---

① 唐君毅：《唐君毅全集》第二十三卷，九州出版社，2016，自序第2页。

开创新儒家道德形而上学的思想巨人：牟宗三

牟宗三（1909—1995），山东栖霞人。青年时代求学并毕业于北京大学哲学系，接受张申府、金岳霖的逻辑学讲论，尤其得到熊十力的人格感召和文化生命的启示，从而进入生命哲学的追寻，遂成为一生的事业。

熊与牟之间，师生相得、情谊深厚。牟氏在《五十自述》中说，他在北京大学遇到熊先生，"始见了一个真人，始嗅到了学问与生命的意味"①。"我由世俗的外在涉猎追逐而得解放，是由于熊先生的教训。这里开启了一种慧命。这慧命就是耶稣所说的'我就是生命'之生命，'我就是道路'之道路。"②而熊十力亦十分器重牟宗三，抗战期间，熊氏在重庆写信给汤用彤说："宗三出自北大，北大自有哲系以来，唯此一人为可造……"③可知二人相知之深。

---

① 牟宗三著，白欲晓编《牟宗三哲学与文化论集》，南京大学出版社，2010，第55页。

② 牟宗三著，白欲晓编《牟宗三哲学与文化论集》，南京大学出版社，2010，第58页。

③ 牟宗三著，白欲晓编《牟宗三哲学与文化论集》，南京大学出版社，2010，第58页。

　　大学期间，牟氏研读《周易》并卓有成效。抗战初，受罗素、怀海德影响而著《逻辑典范》，建立"超越的逻辑我"。后应熊十力之召，至勉仁书院任教。又任教于华西大学和中央大学。抗战胜利后，任教于金陵大学和浙江大学。1950年任教于台湾师范学院（后改为台湾师范大学）国文系，又转东海大学中文系。1958年与唐君毅、张君劢、徐复观等人联名发表《为中国文化敬告世界人士宣言》。20世纪60年代初赴香港大学讲学八年，转任香港中文大学新亚书院哲学系主任，1974年退休。1976年起，讲学于台湾大学哲学研究所、台湾师大哲学研究所，兼中央大学、东海大学中国文化荣誉客座教授。多次出席国际中国哲学会议，形成很大的影响力。主要著作有《历史哲学》《道德的理想主义》《政道与治道》《五十自述》《才性与玄理》《心体与性体》《生命的学问》《智的直觉与中国哲学》《佛性与般若》《从陆象山到刘蕺山》《现象与物自身》《中国哲学十九讲》等。翻译康德《纯粹理性之批判》《实践理性之批判》《判断力之批判》三大巨著，成为中国最熟知康德又能超越康德的大学者。

　　牟宗三有超强的理论思辨能力，他应用经过选择和批判过的西方哲学理论和方法建立起中国特色道德形上学哲学体系，使之理念表述明确、逻辑结构系统，学思精严，规模宏伟，成为当代最具国际影响力之中国大哲。他与唐君毅拥有众多颇有建树的弟子，如杜维明、刘述先、蔡仁厚、唐亦男、苏新鋈、周群振、戴琏璋、杨祖汉、王邦雄、林安梧、李明辉、曾昭旭、唐端正、王财贵、霍韬晦、李瑞全、刘国强、周博裕等，形成一大新兴学派，牟宗三的新哲学由此传播于海峡两岸暨香港、澳门，又走向了世界。

　　其一，道德形上学的建立。康德是西方哲学家中最有道德宗教意识的学者，康德认为上帝不属于认识范围，是无法论证的，但上帝是至善的代表，为道德所必需。康德通过概念分析，从道德的普遍性和必然性，分析出自由意志是道德存在的先天条件。牟宗三说康德"由道德法则的普遍性与必然性逼至意志的自律，由意志的自律逼至意志自由的假定"①，这是概念分析的结果。而在中国哲学，道德实体便是良知。牟氏说："良知不但是道德实践之根据，而且亦是一切存在之存有论的根据。由此，良知亦有其形而上的实体之意义。"②"道德实践中良知感应所及之物与存有论的存在之物，两者之间并无距离。"③"就事言，良知明觉是吾实践德行之根据；就物言，良知明觉是天地万物之存有论的根据。故主观地说，是由仁心之感通而为一体，而客观地说，则此一体之仁心顿时即是天地万物之生化之理。"④在这里牟氏超越了康德，认为人有"智的直觉"，可以直接把握到良心本体，所以良心是真实的存在，不是逻辑上的假定。牟氏认为，康德所谓道德无上命令曰自由意志者，"而在中国的儒者则名曰本心、仁体，或良知，而此即吾人之性体"⑤，"本心仁体既绝对而无限，则由本心之明觉所发的直觉自必是智的直觉"⑥。在道德实践上，孟子所谓"令人乍见孺子将入于井，皆有怵惕恻隐之心"便是良知本体的当下呈现。牟氏认为，道德形上学是儒家一直探究的理论系统，故说："儒家自孔子讲仁起（践仁以知天），通过

383

① 牟宗三：《心体与性体》（上），吉林出版集团有限责任公司，2013，第117-118页。

② 牟宗三：《从陆象山到刘蕺山》，台湾学生书局，1984，第223页。

③ 牟宗三：《从陆象山到刘蕺山》，台湾学生书局，1984，第223页。

④ 牟宗三：《从陆象山到刘蕺山》，台湾学生书局，1984，第241页。

⑤ 牟宗三：《智的直觉与中国哲学》，中国社会科学出版社，2008，第166页。

⑥ 牟宗三：《智的直觉与中国哲学》，中国社会科学出版社，2008，第168页。

孟子讲本心即性（尽心知性知天），即已含着向此圆教下的道德形上学走之趋势。至乎通过《中庸》之天命之性以及至诚尽性，而至《易传》之穷神知化，则此圆教下的道德形上学在先秦儒家已有初步之完成。宋明儒继起，则是充分地完成之。象山、阳明是单由孔子之仁与孟子之本心而直接完成之者。北宋濂溪、横渠、明道下开胡五峰以及明末之刘蕺山则是兼顾《论》《孟》与《中庸》《易传》，有一回旋而完成之者。伊川、朱子则歧出而未能及。"①牟宗三将陆王心学与康德哲学加以会通而建立道德形上学，以心学为正宗，故对程朱理学多有批评，称其"别子为宗"。

其二，"良知自我坎陷"与"三统并建"。牟宗三认为中国文化的得失在"有道统而无学统"，"有治道而无学道"，因而民主不建、科学不能独立，究其原因在于只有"综合的尽理之精神"，而缺少"分解的尽理之精神"，而后者正是西方文化之优长。为了实现中国文化的现代化，要由"理性之运用表现"转出"理性之架构表现"，由"理性之内容表现"转出"理性之外延表现"，也就是道德理性经过自我坎陷开出现代民主与科学。"坎陷"来自《周易》，《周易·说卦》言："坎，陷也。"坎为水，积存于低洼处，故坎为陷，牟氏用之以表述陷落、转出、自我否定与曲通之义。他在《理性的运用表现和架构表现》中正式使用坎陷一词，认为从道德理性的运用表现中无法直接推出民主与科学，只有经过自我否定才能成就民主与科学。他在《政道与治道》中说："德性，在其直接的道德意义中，在其作用表现中，虽不含有架构表现中的科学与民主，但道德理性，依其本性而言

---

① 牟宗三：《从陆象山到刘蕺山》，台湾学生书局，1984，第224页。

之，却不能不要求代表知识的科学与表现正义公道的民主政治。而内在于科学与民主而言，成就这两者的'理性之架构表现'其本性却又与德性之道德意义与作用表现相违反，即观解理性与实践理性相违反。即在此违反上遂显出一个'逆'的意义。它要求一个与其本性相违反的东西。这显然是一种矛盾。它所要求的东西必须由其自己之否定转而为逆其自性之反对物（即成为观解理性）始成立。"①牟氏认为，中国道德理性的"智的直觉"即"知体明觉"之感应是物我合一的，不能使物对象化而认识之，以达于科学知识，因此需要自我坎陷，故在《现象与物自身》中说：

"知体明觉不能永停在明觉之感应中，它必须自觉地自我否定（亦曰自我坎陷），转而为'知性'；此知性与物为对，始能使物成为'对象'，从而究知其曲折之相。它必须经由这一步自我坎陷，它始能充分实现其自己，此即所谓辩证的开显。它经由自我坎陷转为知性，它始能解决那属于人的一切特殊问题，而其道德的心愿亦始能畅达无阻。否则，险阻不能克服，其道德心愿即枯萎而退缩。"②牟氏的"良知自我坎陷"或"知体明觉的自我坎陷"，是为了确立知性主体，而开出"新外王"——民主与科学。

"坎陷"说看起来是道德主体的自我否定，故引起颇多争议，而实际上牟氏的用意是通过辩证的否定，使道德主体超越传统的"摄智归仁"的局限性，而使知性得到独立充分的发展，从而使道德理性更好地推动中国现代化事业。但是，民主与科学得到发展之后，如何与"坎陷"之后的道德良知相衔接，如何不会脱离道德良知的价值方向，尚未得到有效论证，未能确立"仁且智"

385

① 牟宗三：《政道与治道》，台湾学生书局，1987，第57页。
② 牟宗三：《现象与物自身》，吉林出版集团有限责任公司，2010，第106页。

在现代化事业中践行的路线。

牟氏颇用心于儒学在自我否定中借助于西学开出新外王的事业，而这正是经历了孔孟荀铸造时期、宋明儒之彰显绝对主体性时期之后，儒学第三期发展的任务，其完成"端赖西方文化之特质之足以补吾人之短者之吸纳与融摄"，于是提出三统并建。"道统之肯定：肯定道德宗教之价值，以护住孔孟所开辟的人生宇宙之本源。学统之开出：由民族文化生命中转出'知性主体'以融纳希腊传统，开出学术之独立性。政统之继续：认识政体发展的意义，以肯定民主政治之必然性。"[1]在牟氏心中，道统是中华民族核心价值，学统是中华民族科学发展之独立道路，政统是国家政体与社会管理走向民主与法治。这是一个宏伟的建国蓝图，它既有鲜明的中国特色，又具有现代世界的眼光。

其三，生命的学问与儒、道、佛三教的互动会通。牟宗三认为中国文化"乃是以儒家作主流所决定的那个文化生命的方向以及文化生命的形态"[2]，从源头上说，中国文化不同于希腊文化，"它首先把握'生命'，而希腊则首先把握'自然'"[3]，而中国文化要把握的生命不是生物学意义上的，"乃是一个道德政治的把握"[4]，如《尚书·大禹谟》所说"正德、利用、厚生"，它开出了一个心灵世界和价值世界，故"中国的文化系统是一个仁的

① 牟宗三先生七十寿庆论文集编辑组编《牟宗三先生的哲学与著作》，台湾学生书局，1978，第45页。
② 牟宗三著，白欲晓编《牟宗三哲学与文化论集》，南京大学出版社，2010，第373页。
③ 牟宗三：《历史哲学》，吉林出版集团有限责任公司，2010，第159页。
④ 牟宗三著，罗义俊编《中国哲学的特质》，上海古籍出版社，2007，第149页。

文化系统"，"是仁智合一而以仁为笼罩者的系统"①。西方文化
讲生命有两条进路：一是文学之路，一是生物学之路，它的哲学
是以知识为中心的。牟氏专写《生命的学问》一书，指出："真
正的生命学问是在中国。"②"中国文化的核心是生命的学问。由
真实生命之觉醒，向外开出建立事业与追求知识之理想，向内渗
透此等理想之真实本源，以使理想真成其为理想，此是生命的学
问之全体大用。"③"生命的学问，可以从两方面讲：一是个人
主观方面的，一是客观的集团方面的。前者是个人修养之事，个
人精神生活升进之事，如一切宗教之所讲。后者是一切人文世界
的事，如国家、政治、法律、经济等方面的事，此也是生命上的
事，生命之客观表现方面的事。如照儒家'明明德'的学问讲，
这两方面是沟通而为一的。"④这也就是孔子所说"修己以安人"，
《庄子·天下》所说"内圣外王之道"。牟宗三认为，明亡之后，
中国的生命学问中断了，民族文化生命枯萎了，当代学者的使命
是重新理顺民族的文化生命，否则各种社会改革便容易流于躁动
和褊狭。他在1988年为《五十自述》所写的序中指出："学术生
命之畅通象征文化生命之顺适，文化生命之顺适象征民族生命之
健旺，民族生命之健旺象征民族磨难之化解。"因此他致力于承
继和发扬中国文化生命的传统，唤醒中华民族文化生命意识，将
其视之为民族复兴之大业。

387

牟氏认为儒、释、道三教都是生命的学问，儒学在历史上有

① 牟宗三著，罗义俊编《中国哲学的特质》，上海古籍出版社，2007，第
149页。

② 牟宗三：《生命的学问》，广西师范大学出版社，2005，第32页。

③ 牟宗三：《生命的学问》，广西师范大学出版社，2005，自序第1页。

④ 牟宗三：《生命的学问》，广西师范大学出版社，2005，第33～34页。

起有伏，它与佛、道二家有开有合，在互动中推进着中国哲学的发展。他的著作《心体与性体》《佛性与般若》《才性与玄理》分别对儒、佛、道三教哲学进行了系统论述。他在《中国哲学的未来》(《中国哲学的特质》第十一讲)中，从生命的学问之视野，简要地回溯了三教哲学的历史，由史出论，展开其生命哲学内涵。文章开篇即点明："中国哲学的中心是所谓儒、释、道三教。其中儒、道是土生的思想主流，佛教是来自印度。而三教都是'生命的学问'，不是科学技术，而是道德宗教，重点落在人生的方向问题。"[①]"中国人'生命的学问'的中心就是心和性，因此可以称为心性之学。"[②]牟氏接着指出："中国人在先秦始创了儒、道两家的心性之学。两汉之后，心性之学发展得精彩层出。不但先后在魏晋和宋明两时代分别地把先秦的道家和儒家大大地发展推进，而且在魏晋与宋明之间的南北朝隋唐时代复摄受并且发展了从印度传入的佛教。三教一直在此起彼伏的状态中，或在沉静玄默的酝酿着，或在有声有色的显扬着。整个来说，是毫无间断的，可以说是一个大酝酿，也可以说是一个大显扬。显扬是就当代说，酝酿是就未来说。从大酝酿可以说中国哲学是晚成的大器。大器所以晚成，就是由于长期的积蓄与考验。中国哲学的积蓄是极丰富的，中国哲学所受的考验是极为频繁的。然而，中国哲学长期的大酝酿使人不能不承认它具有一大本事——经得起任何的挫折与苦难。"[③]中国的民族性既有坚韧，又有消纳

---

① 牟宗三著，罗义俊编《中国哲学的特质》，上海古籍出版社，2007，第75页。

② 牟宗三著，罗义俊编《中国哲学的特质》，上海古籍出版社，2007，第75页。

③ 牟宗三著，罗义俊编《中国哲学的特质》，上海古籍出版社，2007，第77页。

外来文化的高度融摄能力。他把中国两千年历史比喻成长江，弯弯曲曲，"一出三峡，便直通大海了"①。

　　牟氏回顾了汉代以后新道家的兴盛。"魏晋名士的清谈，把道家思想发展至极高的境界。"②魏晋时代是道家玄理的"黄金时代"，"道家思想是生命的大智慧"。王弼在玄学上的造诣，"在中西哲学史上都极难找到敌手"③。"向秀、郭象的注解《庄子》，亦独铸机轴，大畅玄风。"④而在南北朝隋唐的佛学玄理上，有僧肇《肇论》"谈佛理极为莹澈高圆"⑤，竺道生"具有孟子的灵魂"⑥，"首先大胆提出了一切众生皆有佛性，皆可顿悟成佛"⑦，"大开中国佛学圆顿之教之门"⑧。"至隋唐，中国人自创了三个极具代表性的佛教宗派——天台、华严、禅。"⑨天台宗智者大师"在谈心性的智慧方面，在融会消化佛教方面，其学思的地位真

　　① 牟宗三著，罗义俊编《中国哲学的特质》，上海古籍出版社，2007，第78页。
　　② 牟宗三著，罗义俊编《中国哲学的特质》，上海古籍出版社，2007，第78页。
　　③ 牟宗三著，罗义俊编《中国哲学的特质》，上海古籍出版社，2007，第78页。
　　④ 牟宗三著，罗义俊编《中国哲学的特质》，上海古籍出版社，2007，第78页。
　　⑤ 牟宗三著，罗义俊编《中国哲学的特质》，上海古籍出版社，2007，第78页。
　　⑥ 牟宗三著，罗义俊编《中国哲学的特质》，上海古籍出版社，2007，第78页。
　　⑦ 牟宗三著，罗义俊编《中国哲学的特质》，上海古籍出版社，2007，第79页。
　　⑧ 牟宗三著，罗义俊编《中国哲学的特质》，上海古籍出版社，2007，第79页。
　　⑨ 牟宗三著，罗义俊编《中国哲学的特质》，上海古籍出版社，2007，第79页。

是上上的高才大智"①。"西方古代的柏拉图、亚里士多德，中古的圣奥古斯丁、圣多玛，与及近世的康德、黑格尔之流，在其学术传统中，都未必能有他这样的地位与造诣。"②"华严宗的贤首，地位正如天台宗的智颉。"③"至禅宗，中国佛学发展到最高峰。禅宗的六祖慧能，更是辉煌奇特的人物。重要的，是他特别着重本心真切的顿悟。轻视本心以外的文字、偶像与仪式。其直指本心的独到之处，甚似孟子。因此我们可以说：孟子的灵魂，在中国佛学人物中，先后得到两次的复苏或再现。第一次是在竺道生，第二次就在禅宗的六祖慧能。"④"理学大家如周、张、程、朱、陆、王等都是第一流的哲学家，与西方的大哲学家相比是毫无逊色的。而且，他们的成就，是超越哲学家的"⑤，"理学家都具圣贤型的人格，他们除了智慧高之外，还有极为强烈的道德意识"⑥。牟氏认为，自魏晋至明末，"三教此起彼伏式的发展使二千多年的文化生命绵延不断"⑦。只可惜清代三百年的考据学，使"民族的慧命窒息了，文化的生命随之衰歇了，二千多年

① 牟宗三著，罗义俊编《中国哲学的特质》，上海古籍出版社，2007，第79页。

② 牟宗三著，罗义俊编《中国哲学的特质》，上海古籍出版社，2007，第79页。

③ 牟宗三著，罗义俊编《中国哲学的特质》，上海古籍出版社，2007，第79页。

④ 牟宗三著，罗义俊编《中国哲学的特质》，上海古籍出版社，2007，第79页。

⑤ 牟宗三著，罗义俊编《中国哲学的特质》，上海古籍出版社，2007，第80页。

⑥ 牟宗三著，罗义俊编《中国哲学的特质》，上海古籍出版社，2007，第81页。

⑦ 牟宗三著，罗义俊编《中国哲学的特质》，上海古籍出版社，2007，第81页。

的学统亦亡了"①。牟氏进而认为："中国第一次面对西方，是在南北朝隋唐时代，面对的是印度的佛教文化（对中国说，印度亦可说属于西方）。而现在第二次面对的是西方的科学、民主与基督教的文化。科学与民主，尤其是民主，是近代化的国家之所以为近代化者。我们须本着理性、自由、人格尊严的文化生命来实现它。"②牟氏指出中国哲学未来的方向："（一）根据传统儒释道三教的文化生命与耶教相摩荡，重新复活'生命的学问'。（二）吸收西方的科学、哲学与民主政治，展开智性的领域。就哲学说，西方哲学中柏拉图、亚里士多德一骨干，莱布尼兹、罗素一骨干，康德、黑格尔一骨干，永远有其哲学真理上的价值。"③但牟氏又说："可是，科学与民主在任何时任何地都不可能代替道德宗教。中国传统的三教始终可以再得显扬，而且很可能由于耶教的刺激摩荡而得崭新的发展。三教是几千年来中国人智慧积累而得的大本原、大传统，它们具有内在的'沛然莫之能御'的潜力，将来仍会是中国人思想的主流。"④牟宗三始终对以儒为主的三教的生命哲学抱有深深的敬意和十足的自信，视儒、佛、道三教会通为中国生命哲学发展的内在动力，同时力主融摄西方主流哲学、宗教、科学与民主，从而走出一条有中国特色的现代文化之路。

---

① 牟宗三著，罗义俊编《中国哲学的特质》，上海古籍出版社，2007，第81页。

② 牟宗三著，罗义俊编《中国哲学的特质》，上海古籍出版社，2007，第81-82页。

③ 牟宗三著，罗义俊编《中国哲学的特质》，上海古籍出版社，2007，第83页。

④ 牟宗三著，罗义俊编《中国哲学的特质》，上海古籍出版社，2007，第83页。

　　其四，儒家的"立教"地位与"文制"功能。牟宗三在《中国哲学十九讲》中讲到中国哲学之重点、儒家系统之性格与诸子百家比较时，强调了孔子儒学的特殊重要性。他指出，春秋时"周文疲弊"，孔子"使周文生命化"①。"孔子提出仁字"，"所以仁这个观念提出来，就使礼乐真实化，使它有生命，有客观的有效性"。②"开辟价值之源，挺立道德主体，莫过于儒。"③"儒家是个大教，它决定一个基本方向"④，"儒家在中国文化中所担当的是'立教'的问题，所以转而向教化方面发展，这就开出了儒家在中国文化中的地位。道家的层次与接触的问题与儒家相平行"⑤，"而道家则教的意味不重。儒家在中国文化中的地位相当于基督教在西方文化中的地位"⑥，而"法家的态度很实用（很实际的），他完全是从政治上着眼，从事功上着眼"⑦。牟氏在广义上用"立教"，表示儒家的地位是确立中华民族精神方向，使中华文化生命化，走上"以人为本"的道路，这是其他各家不能比拟的，然而各家皆有辅助儒家的特殊作用。

392

①　牟宗三著，罗义俊编《中国哲学十九讲》，上海古籍出版社，1997，第58页。

②　牟宗三著，罗义俊编《中国哲学十九讲》，上海古籍出版社，1997，第59页。

③　牟宗三著，罗义俊编《中国哲学十九讲》，上海古籍出版社，1997，第59-60页。

④　牟宗三著，罗义俊编《中国哲学十九讲》，上海古籍出版社，1997，第67页。

⑤　牟宗三著，罗义俊编《中国哲学十九讲》，上海古籍出版社，1997，第148页。

⑥　牟宗三著，罗义俊编《中国哲学十九讲》，上海古籍出版社，1997，第148页。

⑦　牟宗三著，罗义俊编《中国哲学十九讲》，上海古籍出版社，1997，第62页。

牟氏为纪念孔子诞辰，写过一篇《祀孔与读经》，提出两个重要问题："一、儒家学术是否含有文制的意义，是否可成为文制？二、一个民族，一个社会，总之在人民的现实生活上，文制是否必需？"[①]"文制"即文教制度，在牟氏看来，这既不是政治性的，也不是个人性的，而是社会性的，关乎人民精神生活的方向和方式。他对"经学"与"子学"做了区分，认为"子（诸子百家）是个人的思想理论，不含有文制的意义，不能成为一个文制。而经则含有文制的意义，则可以成为一个文制。"[②]汉武尊崇儒术，维护五伦之教，不能单看作利用，"因为这是上上下下的一套生活方式，所必共由之道"[③]。历代皆是如此。而清末废科举兴学校，民国废除读经，把经学降为子学，美其名曰学术自由、思想自由。牟氏则认为："如果站在民族国家的立场，认识到立国之本，出之以'谋国以忠'的态度，则学人研究虽可自由，而普遍读经不必废除。"[④]"可是当时领导社会的思想家、教育家，却只是'拿个人的思想理论'的观点来看一切学术，以诸子百家的态度来看儒家及孔子，遂轻轻把含有文制意义的儒学，维持华族生命于数千年的忠信观念，一笔勾销了。"[⑤]"儒学不能看成是个人的思想理论，孔孟不能看成是诸子百家之一。原夫孔

393

---

① 美国孔子文教基金会、美国孔子大学筹备会编《世界尊孔运动纪要》第一集，美国孔子大学孔子纪念图书文物馆出版部，1984，第40页。

② 美国孔子文教基金会、美国孔子大学筹备会编《世界尊孔运动纪要》第一集，美国孔子大学孔子纪念图书文物馆出版部，1984，第40页。

③ 美国孔子文教基金会、美国孔子大学筹备会编《世界尊孔运动纪要》第一集，美国孔子大学孔子纪念图书文物馆出版部，1984，第40页。

④ 美国孔子文教基金会、美国孔子大学筹备会编《世界尊孔运动纪要》第一集，美国孔子大学孔子纪念图书文物馆出版部，1984，第41页。

⑤ 美国孔子文教基金会、美国孔子大学筹备会编《世界尊孔运动纪要》第一集，美国孔子大学孔子纪念图书文物馆出版部，1984，第41页。

子立教的文制根据就是周文。而周文的核心则在亲亲之杀，尊尊
之等。由亲亲尊尊演变为五伦。亲亲尊尊与五伦都是文制的。"①
孔子删诗书，定礼乐，赞周易，作春秋，经过孟子道性善，"顺仁
义而直指本心，直向上透，遂开儒学高远理境之门"②。学术上
不必人人都懂、都赞成，但"孔子万世师表"，是应该普遍被认知
的。牟氏说："耶稣教不能移植到中国的民族性里而成为日常生活
中的一个文制（理由我这里不必说），我们还得根据我们的文化
传统及圣人来建立文制，作为我们日常生活的方式。文制有普遍
性与一般性，这是从社会上一般人民日常生活来作想。"③"没有
一个客观的文制为道揆法守，社会上日常的是非善恶的判断，未
有不混乱的。而一般人的生活，尤其是知识分子，亦必是十分痛
苦的。"④提倡读经，"则提倡者就得从文制上着眼"⑤。显然，牟
氏关于建立文制的问题，就是在优秀传统道德基础上重建当代中
国社会的基本道德规范问题，它必须靠尊孔和读经来实现。

394　　　　牟宗三的得意门生、台湾东海大学蔡仁厚撰悼师诗云："吾
爱吾师，吾尤爱真理，循序为礼，实心为仁，制宜为义；吾爱真
理，吾尤爱吾师，生命有真，学问有本，人道有归。"其祭文云：
"呜呼先生，天地奇英；性情高傲，学思精深。学理般若，彻法

---

① 美国孔子文教基金会、美国孔子大学筹备会编《世界尊孔运动纪要》第
一集，美国孔子大学孔子纪念图书文物馆出版部，1984，第41页。

② 美国孔子文教基金会、美国孔子大学筹备会编《世界尊孔运动纪要》第
一集，美国孔子大学孔子纪念图书文物馆出版部，1984，第41页。

③ 美国孔子文教基金会、美国孔子大学筹备会编《世界尊孔运动纪要》第
一集，美国孔子大学孔子纪念图书文物馆出版部，1984，第42页。

④ 美国孔子文教基金会、美国孔子大学筹备会编《世界尊孔运动纪要》第
一集，美国孔子大学孔子纪念图书文物馆出版部，1984，第43页。

⑤ 美国孔子文教基金会、美国孔子大学筹备会编《世界尊孔运动纪要》第
一集，美国孔子大学孔子纪念图书文物馆出版部，1984，第43页。

源底；心体性体，贞定乾坤。三大批判，哲学之奥；全盘译述，世界一人。会通中西，大开大合；显扬真理，一心二门。先生讲学，声光四溢；著书述作，莫可与宾。神州大地，儒学来复；风会之运，气象一新。敬维先生，高龄谢世；泰山岩岩，典型长存。仰望山斗，直方大兮；神灵下降，来格来歆。"蔡仁厚的悼诗与祭文，展现了学生心目中敬仰的牟宗三的人格与学问。

（摘编自人民出版社2018年版《儒道佛三教关系简明通史》，

内容有改动）

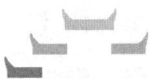

仁智互摄的勇者型新儒家：徐复观

徐复观（1903—1982），原名秉常，字佛观，后由熊十力更名为复观，湖北浠水人。青年时毕业于武昌高等师范学校，不久，又在三千多考生中以第一名成绩被黄侃录取到武昌国学馆学习国学。1925年以后，接受三民主义和社会主义新思想，弃文从军，并留学日本，学习经济与军事。九一八事变后，愤而回国。抗战期间在国民党军队历任要职，一度任高级参谋、蒋介石侍从室机要秘书，多次向蒋提出改革军政的建议。1944年徐氏去勉仁书院见熊十力，拜熊为师，熊让徐读王船山《读通鉴论》。再见时，徐说了许多批评王书的意见，惹得熊十力一番怒斥："你这个东西，怎么会读得进书！任何书的内容，都是有好的地方，也有坏的地方。你为什么不先看出他的好的地方，却专门去挑坏的；这样读书，就是读了百部千部，你会受到书的什么益处？"[①]徐氏认为这对他是"起死回生的一骂"。1948年以后，徐氏弃官从学，走上新儒学的道路，深悟熊十力"亡国族者常先亡其文化"和"欲救中国，必须先救学术"的卓识，转而致力于中华传统思

①黄克剑、林少敏编《徐复观集》，群言出版社，1993，第51页。

想的传承弘扬。在香港创办《民主评论》，对国民党颇多批评。1951年赴台中，先在台中省立农学院教国文，后在东海大学任中文系教授兼系主任。1958年与唐君毅、牟宗三、张君劢联名发表《为中国文化敬告世界人士宣言》。1969年离职东海大学，后任香港新亚研究所教授，兼香港中文大学中华文化研究所研究员。1980年赴台治病，1982年去世。主要著作有《中国人性论史》《中国艺术精神》《两汉思想史》《徐复观杂文集》《学术与政治之间》《儒家政治思想与民主自由人权》。

徐复观与唐君毅、牟宗三同为熊十力三大弟子，同是熊之后新儒家代表性学者，但经历、学问、气质与风格各有特色。徐氏有评论，称唐君毅为"仁者型"的学者，称牟宗三为"智者型"的学者，自称为"勇者型"学者。此外，他有丰富从事军政的经验，游走在学术与政治之间；又不喜谈形而上之道，不构建庞大的哲学体系，谈论中国文化不离开具体的现实世界；他的研究重心在思想史，由史出论。这几点均与唐、牟有所不同。徐复观虽不构造哲学理论，但他的专论却能以精辟的分析、理性的比较、卓越的见识和诚爽的气质，给予当时社会和后世以心灵的激荡，产生巨大影响。其成就简述如下。

其一，中华文化自觉的传承者和士君子历史使命的勇敢担当者。徐氏是"全盘西化论"的坚决反对者，认为中国的"西学者率浅薄无根"，转而"数典诬祖"，以鼓动舆论、博取名声。1961年11月，胡适在亚东地区科学会议上说东方文化很少或没有灵性。徐氏即撰文痛斥胡适"用诬蔑中国文化、东方文化的方法以掩饰自己的无知"[1]，"向西方人卖俏"，于是引起一场论战。他

397

---

[1] 罗义俊编著《评新儒家》，上海人民出版社，1989，第621页。

曾说过，如果中国文化遭遇灭亡，他决"不当基督徒"，"只是要为中国文化当披麻戴孝的最后的孝子"。事实上，徐氏对中国文化的生命力和前途抱有坚定信心，并且认为它是民族复兴的根本。他在《理与势》一文中说："但我们的民族终不会灭亡，文化终不会断绝，人性终不会泯灭，此乃理之昭如日月，确凿不移的。自由中国纵使只有一人，此一人犹将揭日月而挟江河，以为此理在天地间作证。岂因势之偶有曲折而会影响我们的信念？"[①]同时徐氏又绝不是一位盲目的文化保守主义者，他清醒地认识到，中国思想和哲学中有常有变、有长有短，需要加以转化和创新。他在《儒家政治思想的构造及其转进》中说："所以我们对中国文化的态度，不应该再是五四时代的武断的打倒，或是颟顸的拥护，而是要从具体的历史条件后面，以发现贯穿于历史之流的普遍而永恒的常道，并看出这种常道在过去历史的具体条件中所受到的限制。因其受有限制，于是或者显现的程度不够，或者显现的形式有偏差。"[②]因此要加以鉴别和提高。同时，处在中西交会的新时代，中华思想文化要用西学加以砥砺才能焕发出新的生命，但不能被西学所捆绑而失掉自我。他在《中国思想史论集自序之三——我的若干断想》中说："我常常想，自己的头脑好比是一把刀，西方哲人的著作好比是一块砥石，我们是要拿在西方的砥石上磨快了的刀来分解我国思想史的材料，顺着材料中的条理来构成系统，但并不要搭上西方某种哲学的架子来安排我们的材料。我们与西方的比较研究，是两种不同的剧场、两种不同的演出相互间的比较研究，而不是我们穿上西方舞台的服装，用上

---

① 徐复观：《学术与政治之间》，九州出版社，2014，第134页。
② 徐复观：《学术与政治之间》，九州出版社，2014，第46页。

他们的道具的比较研究。我们中国哲学思想有无世界的意义，有无现代的价值，是要深入到现代世界实际所遭遇到的各种问题中去加以衡量，而不是要在西方的哲学著作中去加以衡量。面对时代的巨变，西方玄学式的，与现实游离得太远的哲学思想，正受着严重的考验。我们'简易'的哲学思想，是要求从生命、生活中深透进去，作重新的发现，是否要假借西方玄学式的哲学架子以自重，我非常怀疑。"[1]可见徐氏的文化观、哲学观以中华民族道统为本位，同时是开放的、综合创新的。

徐复观在《儒家政治思想与民主自由人权》《学术与政治之间》中阐述了儒学与民主自由的关系，不仅不相矛盾，而且"儒家精神、人文精神应该是民主自由真正的依据"[2]。不过历史上治道有二重主体性的矛盾，即民本主义与专制政体的矛盾，"道"与"势"之间长期存在紧张关系。士君子要"以道事君"，据"理"抗"势"，是不容易的。从历史看，"理"虽有时为"势"所掩，但从长远说，"则理必浸透于势之中，与势以最后的决定"[3]，士君子和儒者要有公理的精神，致力于把公理的精神落实到民主政治之中。他在《中国的治道——读陆宣公传集书后》一文中赞颂了唐代陆贽的殉道精神，"会感到陆氏的脉搏依然在向我们作有力的跳动"[4]。

其二，儒家的道德性人文主义与中西互补。徐氏在《儒家的精神》一文中，系统阐述了他的儒学观与中西哲学互鉴的主张。他认为，"希腊学问的主要对象是自然，是在人之外的事物，而

① 徐复观：《中国思想史论集续篇》，上海书店出版社，2004，自序第8页。
② 徐复观：《学术与政治之间》，九州出版社，2014，第143页。
③ 徐复观：《学术与政治之间》，九州出版社，2014，第133页。
④ 徐复观：《中国思想史论集续篇》，上海书店出版社，2004，第307页。

其基本用力处则为知识"①。"而儒家主要为自己行为的规范"②，"盖儒家之基本用心，可以概略之以二。一为由性善的道德内在说，以把人和一般动物分开，把人建立为圆满无缺的圣人或仁人，对世界负责（《论语》：'若圣与仁，则吾岂敢'）。一为将内在的道德，客观化于人伦日用之间，由践伦而敦'锡类之爱'，使人与人的关系，人与物的关系，皆成为一个'仁'的关系"③。因此儒家"形成中国'道德性的人文主义'的基点"，而西方"主要是以智能为基点的人文主义"④。儒家的道德实践，"落到现实上的成就，大体是从三个方面发展，一为家庭，二为政治（国家），三为'教化'（社会）"⑤。"儒家精神所贯注的家庭，其本身即是一圆满无缺之宗教，故不须另有宗教。而落实下来，只是'孝弟'二字，出自人心之自然流露，行之皆人情之所安。"⑥以政治而言，"儒家的政治思想，尽管有其精纯的理论；可是，这种理论，总是站在统治者的立场去求实施，而缺少站在被统治者的立场去争取实现，因之，政治的主体性始终没有建立起来，未能由民本而走向民主"⑦。因而它只有减轻专制的作用，而不能根本解决，"反尝易为僭主所假借"，"所以今日真正的儒家，一定要在政治民主化的这一点上致力"⑧。

徐氏不赞成儒家思想与民主政治不相容之说，认为民主政治

---

① 李维武编《徐复观文集》第二卷，湖北人民出版社，2009，第44页。
② 李维武编《徐复观文集》第二卷，湖北人民出版社，2009，第45页。
③ 李维武编《徐复观文集》第二卷，湖北人民出版社，2009，第45页。
④ 李维武编《徐复观文集》第二卷，湖北人民出版社，2009，第47页。
⑤ 李维武编《徐复观文集》第二卷，湖北人民出版社，2009，第49页。
⑥ 李维武编《徐复观文集》第二卷，湖北人民出版社，2009，第50页。
⑦ 李维武编《徐复观文集》第二卷，湖北人民出版社，2009，第51页。
⑧ 李维武编《徐复观文集》第二卷，湖北人民出版社，2009，第51页。

思想上必立足内在价值论，不承认外在的权威，而"儒家'自本自根'之精神，既可不需要外在之上帝，则在政治上岂能承认由外在权威而来的强制作用"①。以教化而言，徐氏认为儒家最伟大的一面，即其"教化精神"的一面。孔子超出一般的教育家，"孔子之精神，实系伟大宗教家之教化精神。毫无凭借，一本其悲悯之念，对人类承担一切责任，而思有以教之化之"②。"儒家之所以能代替宗教，不仅在其自本自根之道德内在论，可以使人不须要宗教；亦因孔子之教化精神，实与伟大宗教之创立者同样的将其学说具像化于中国民族之中，故非普通一家之言可比。"③

徐氏高度赞美了儒家道德性人文主义："儒家人伦的思想，即从内在的道德性客观化出来，以对人类负责的，始于孝弟，而极于民胞物与，极于以'天地万物为一体'。从孝弟到民胞物与，到天地万物为一体，只是仁心之发用，一气贯通下来的，此中毫无间隔。"④不过，徐氏接着指出："儒家精神中没有科学，但决不是反科学。今后的儒家之需要科学，不仅系补其人性在中国文化发展过程中所缺的一面，并且也可辅助我们文化已经发展了的一面，即仁性的一面。仁性与知性，道德与科学，不仅看不出不能相携并进的理由，而且是合之双美、离之两伤的人性的整体。"⑤

徐氏在指出西方文化成就的同时，也指出其面临的危机，即关注点在物的方面，而人的问题没有解决，由"官能文化""感

401

① 李维武编《徐复观文集》第二卷，湖北人民出版社，2009，第52页。
② 李维武编《徐复观文集》第二卷，湖北人民出版社，2009，第53页。
③ 李维武编《徐复观文集》第二卷，湖北人民出版社，2009，第53页。
④ 李维武编《徐复观文集》第二卷，湖北人民出版社，2009，第55页。
⑤ 李维武编《徐复观文集》第二卷，湖北人民出版社，2009，第61-62页。

性文化"带来的政治、经济矛盾，难以用民主的方式解决，"所以欧洲文化的死活，要看是否能回转头来在建立'人之所以异于禽兽者'的这一点上的努力"①。此外，西方文化面临的个体与群体的冲突，也需要借鉴儒家的思想来解决。于是，徐复观以中西文化互鉴的视野提出了人类文化"仁智双成"的发展新路。他说："西方文化，因其成就了知性，并且保持了知性，所以西方文化今日的转进，是要'摄智归仁'，以仁来衡断智的成就，运用智的成就。中国今后的文化，是在一而恢复仁性，同时即'转仁成智'，使知性在道德主体涵煦之中，但不受道德局格的束缚。在人之大本之下，以成就人文科学、自然科学。"②徐氏用"摄智归仁"与"转仁成智"两大命题精确指明了人类文化今后的发展道路："总之，在人类历史文化两大纲维提撕之下，自觉于人性之全，使仁性知性，互转互忘而互相成，这是儒家精神新生转进的大方向。于是中国的新生，不仅是儒家精神，而系人类文化之全体，以向'无限的多样性'之人性之全迈进，举'万物并育而不相害'之实，为中国，为人类，开一新运会。"③徐氏的心胸是博大的，眼光是辽远的，见识是卓越的，至今仍给人以重大启迪。

其三，别开生面的经学史与艺术史研究。徐复观不同于民国时期的"国故"论者把经学看成过时的历史的事物，把经学研究变成单纯的史学研究，而是从中国文化的精神价值的形成和传承的高度来研究经学史。他在《中国经学史的基础》的自序与文中指出："经学奠定中国文化的基型，因而也成为中国文化发展的

---

① 李维武编《徐复观文集》第二卷，湖北人民出版社，2009，第68页。
② 李维武编《徐复观文集》第二卷，湖北人民出版社，2009，第73页。
③ 李维武编《徐复观文集》第二卷，湖北人民出版社，2009，第74页。

基线。中国文化的反省，应当追溯到中国经学的反省……"① "但要恢复民族的活力，便必须恢复历史文化的活力。要恢复历史文化的活力，便对塑造历史文化的基型，推动文化的基线的经学，应当重新加以反省，加以把握。"②因此他写了《周官成立之时代及其思想性格》《中国经学史的基础》等书。他认为"经学的基础，实奠定实于孔子及其后学，无孔子即无所谓经学"③。孔子在经学上的作用，一是将贵族文化通过私人教学传布给三千弟子，弘扬于天下；二是将五经作为圣贤人生教养之书使其发挥人格升进的教化作用；三是通过五经的整理，注入新的内容，把三代文化价值提升了，形成确定的内容和形式，只是尚无"经学"之称。孟子发挥《诗》、《书》、礼的意义，揭示孔子作《春秋》的价值。荀子及其门人完成了"六经"的组合。汉代设经学博士，"罢黜百家，表章六经"，经学由社会层面进入政治层面。汉代经学的作用具有两重性：一方面，在现实生活中两汉的政治以皇权专制为政体，以刑罚为政治运作的骨干和基底，而作为思想纲维的儒家之教只不过是专制政治的外在面貌；另一方面，五经加《论语》乃是古代政治文化的总结，也为汉代政治提供了民本主义的基点，有益于"受言""纳谏"，其道德教化思想孕育出朝廷与社会的教育设施，要求德主刑辅，这对人类命运也有极大的关系。

徐复观是现代新儒家中少有的特别关注中国艺术史的学者，他写出一本厚重的《中国艺术精神》。在该书序言中，他谈到自己写作《中国人性论史》与《中国艺术精神》两书的缘由，说：

---

① 徐复观：《中国经学史的基础》，台湾学生书局，1982，自序第1页。
② 徐复观：《中国经学史的基础》，台湾学生书局，1982，第240页。
③ 徐复观：《中国经学史的基础》，台湾学生书局，1982，第26页。

"道德、艺术、科学，是人类文化中的三大支柱。"①中国文化中科学的成分未得到顺利发展，但不含有反科学的因素，它"在人的具体生命的心、性中，发掘出道德的根源、人生价值的根源，不假借神话、迷信的力量，使每一个人，能在自己一念自觉之间，即可于现实世界中生稳根、站稳脚；并凭人类自觉之力，可以解决人类自身的矛盾，及由此矛盾所产生的危机——中国文化在这方面的成就，不仅有历史的意义，同时也有现代的、将来的意义。我写《中国人性论史》，是要把中国文化在这一方面的意义，特别显发出来"②。他在附记中特意说明为何未将"宗教"单列出来："宗教必转向于道德，立基于道德，然后能完全从迷信、偏执中脱出，给人生以安顿，消劫运于无形。否则许多灾祸，皆假宗教之名以起，这只要张开眼睛一看，便不能不承认此种铁的事实。"③接着他谈到中国艺术："在人的具体生命的心、性中，发掘出艺术的根源，把握到精神自由解放的关键，并由此而在绘画方面，产生了许多伟大的画家和作品，中国文化在这一方面的成就，不仅有历史的意义，并且也有现代的、将来的意义。"④但长期以来，它被末梢化、庸俗化了。徐复观说："我写这部书的动机，是要通过有组织的现代语言，把这一方面的本来面目，显发了出来，使其堂堂正正地汇合于整个文化大流之中，以与世人相见。"⑤他把《中国人性论史》与《中国艺术精神》看作"人性王国中的兄弟之邦。使世人知道中国文化，在三大支柱

---

① 徐复观：《中国艺术精神》，华东师范大学出版社，2001，自叙第1页。
② 徐复观：《中国艺术精神》，华东师范大学出版社，2001，自叙第1页。
③ 徐复观：《中国艺术精神》，华东师范大学出版社，2001，自叙第6页。
④ 徐复观：《中国艺术精神》，华东师范大学出版社，2001，自叙第1页。
⑤ 徐复观：《中国艺术精神》，华东师范大学出版社，2001，自叙第1-2页。

中，实有道德、艺术的两大擎天支柱"①。徐复观揭示出道家对中国艺术的深刻影响："发现庄子之所谓道，落实于人生之上，乃是崇高的艺术精神；而他由心斋的功夫所把握到的心，实际乃是艺术精神的主体。由老学、庄学所演变出来的魏晋玄学，它的真实内容与结果，乃是艺术性的生活和艺术上的成就。历史中的大画家、大画论家，他们所达到、所把握到的精神境界，常不期然而然的都是庄学、玄学的境界。宋以后所谓禅对画的影响，如实地说，乃是庄学、玄学的影响。"②徐复观认为在中国文化中的艺术精神，有两个典型：一个是"由孔子所显出的仁与音乐合一的典型"③；另一个是庄子，他"彻底是纯艺术精神的性格"④，主要表现在绘画上，又伸入其他艺术部门。"而在文学方面，则常是儒道两家，尔后又加入了佛教，三者相融相即的共同活动之场。"⑤这样，徐复观就从文化的道德、艺术、科学的三大支柱的角度，解说了儒、道、佛在中国文化中各自侧重的领域及其相关性。

405

（摘编自人民出版社2018年版《儒道佛三教关系简明通史》，

内容有改动）

① 徐复观:《中国艺术精神》，华东师范大学出版社，2001年版，自叙第2页。

② 徐复观:《中国艺术精神》，华东师范大学出版社，2001年版，自叙第2页。

③ 徐复观:《中国艺术精神》，华东师范大学出版社，2001年版，自叙第4页。

④ 徐复观:《中国艺术精神》，华东师范大学出版社，2001年版，自叙第4页。

⑤ 徐复观:《中国艺术精神》，华东师范大学出版社，2001年版，自叙第4页。

附 录

融会儒道佛，发扬中华文化多元通和的优良传统

融会儒道佛，发扬中华文化多元通和的优良传统

——牟钟鉴教授访谈录

访谈时间：2020年3月

参与者：牟钟鉴，中央民族大学哲学与宗教学学院教授（以下简称"牟"）

王志捷，北京行政学院哲学与文化教研部教授（以下简称"王"）

牟钟鉴，男，1939年生，山东烟台人。当代著名哲学史家、宗教学家。1957年至1965年为北京大学哲学系哲学专业本科生和中国哲学史专业研究生。师从冯友兰、任继愈、朱伯崑诸教授。毕业后进入中国社会科学院世界宗教研究所工作；1987年底调入中央民族学院（1993年更名为中央民族大学），现为该校哲学与宗教学学院荣誉资深教授、博士生导师。兼职有国际儒学联合会荣誉顾问、中国宗教学会顾问、中国孔子研究院学术委员会主任、山东尼山圣源书院荣誉院长等。

主要著作有《儒道佛三教关系简明通史》（人民出版社2018

年版），《新仁学构想》（人民出版社2013年版），《中国宗教通史》（与张践合写，社会科学文献出版社2000年第1版、中国社会科学出版社2007年修订版），《当代中国特色宗教学十二论》（人民出版社2018年版），《老子新说》（金城出版社2009年版），《概说中国宗教与传统文化》（与吕大吉合写，中国社会科学出版社2005年版），《宗教·文艺·民俗》（中国社会科学出版社2005年版），《涵泳儒学》（中央民族大学出版社2011年版），《道家和道教论稿》（宗教文化出版社2014年版），《中国文化的当下精神》（中华书局2016年版），《君子人格六讲》（中华书局2020年版），《我和我的师友们》（齐鲁书社2020年版），《荀学新论》（商务印书馆2021年版）等。主编《民族宗教学导论》（宗教文化出版社2009年版），《道教通论》（齐鲁书社1991年版）等。参与写作任继愈主编的《中国哲学发展史》第1—4卷（人民出版社1983—1994年出版），吕大吉主编的《宗教学通论》（中国社会科学出版社1989年版）等。发表学术论文650余篇。曾获孔子文化奖、全国优秀教师奖、全国民族团结进步模范个人奖。

一、三教关系研究的重要性

王：牟老师您好！非常感谢您拨冗接受采访。作为您的学生，多年来不仅亲炙您的教育，而且一直关注着您在中华文化领域的执着探索并从中不断学习获益。2018年您出版了《儒道佛三教关系简明通史》，这部书集三教关系研究之大成，填补了中国思想文化整体性研究的一项空白，在学界引起广泛关注和赞誉。请您在这里谈一谈三教关系研究的意义或价值。

牟："三教"之说，在三教关系出现的魏晋南北朝时期即已流行。不过，在中国传统话语中，儒、道、佛三教中的"教"，

是"道德教化"之教，不同于近代由西方传入中国而流行至今的
"宗教"之教。教化之"教"，不仅包含神本宗教，而且包括人
本学说，其着眼点在于能够引导人们去恶向善，进而改良道德风
俗，而不是专注于出世、入世。

　　研究三教关系的意义主要有五点。第一，从中国思想文化
发展的历史看，在先秦诸子百家中，老子道家和孔子儒家逐渐脱
颖而出，成为主流学派。到了两汉，道家思潮演化出黄老之学，
儒家被独尊而成为官学。汉末黄老之学综合多种要素而宗教化为
道教，佛教传入中国而初兴。及至魏晋南北朝，儒、道、佛成鼎
足之势，三教初会，经过争辩、摩擦乃至冲突，中华思想文化以
儒、道、佛为轴心的格局初步形成。从隋唐直至清末，虽然不断
出现多民族多地区的多样性文化，又不断有外来宗教和文化进
入，但是儒、道、佛三教合流的趋向，以及以儒为主干，以佛、
道为辅翼这样一个核心格局始终延续下来，成为最具稳定性的文
化三脚架。三教互体使得中华民族文化共同体具有巨大的内聚
力，不因暂时的社会动乱或民族纷争而解体，能够长期延续发
展。由此可见，不研究三教关系史就不能把握中华思想史和宗教
史的主动脉，从而无法在全局结构上准确把握中华文化发展的历
史脉络、主要方向与基本特色。

　　第二，儒、道、佛三教的发展，是在彼此间的互动中实现
的。这种互动有时表现为排异和质疑，更多的时候表现为聚同和
互补，逐渐形成"你中有我，我中有你"的亲缘关系，可以说汉
代以后无纯儒、无纯道、无纯佛，各教都吸收了其他二教的精神
营养，不仅丰富、提高了自身，甚至由于吸纳了他者的某些基因
而促成了自身的转型。因此，不了解三教各自的特质及它们之间
的互动关系，也无法深入把握儒家、道家、佛家各自的历史。在

有关其中一教的专门史研究中，我们不能要求学者们都精通三教及其历史，但是对于三教及其关系有起码的了解，却应当是基本的要求。

第三，三教关系中最早发生的是孔子儒家和老子道家的论争与互补，而儒道互补成为贯穿两千多年中华思想史的基本脉络，铸成中华民族性格的一体两面。林语堂说"道家及儒家是中国人灵魂的两面"，这是千真万确的事实。孔子是中华民族的道德导师，老子是中华民族的智慧导师。儒道互补体现了阴阳互补、虚实互补、群己互补、人文化成与返璞归真的互补。研究儒道互补才能把握中华民族的精神世界。

第四，印度佛教进入中国并逐步与儒道两家会通，实现了中国化。这是中华文化与外来异质文化之间一次大规模相遇及交融，就异质文化之间的和平融会而言，这在世界范围内来看，也是堪称成功的范例。研究与总结佛教同儒家、道家之间求同存异、互摄共荣的历史过程与经验，吸取其中处置不当、引发伤害事件的教训，对于我们当今恰当地认识和处理中华传统文化、社会主义文化及外来文化之间的关系，实现更大规模的中外文化交流互鉴，具有重要的启示意义。

第五，儒、道、佛三教合流的历史很长，覆盖面很宽，无论对精英群体的性格，还是对大众民俗文化，抑或是多民族文化，都有普遍而深刻的影响。所以研究三教关系和三教合流思潮的扩散与下移，有益于我们更好地认识中国士阶层的性格特征和民众的信仰、心理、习俗的中国模式。比如，人们同时信仰三教或二教，神道与人文互相交融，人们的信仰普遍具有"混血"特征，等等。这样，可以更准确地重新认识中国人和中国社会，进而对中华思想传统加以鉴别，取其精华，剔其糟粕，继承和发扬优秀传统文化，培育毅勇、仁和、博厚、文明的民族精神，为新时代的文化建设、为中华民族的伟大复兴做出贡献。

此外，从国外传入的伊斯兰教和基督教，进入中国后都逐渐与儒、道、佛三教相融通，在保持自身基本教义不变的前提下，不断中国化，减弱一神教原有的排他性，增强包容性并吸收儒、道、佛三教的仁爱通和精神，成为中华民族多元宗教的有机组成部分。这其中，中国伊斯兰教做得比较成功。基督教的步子慢一些，但也在中国化的道路上努力前行。

二、探索三教关系史的学术历程

王：您涵泳于中华文化之中长达半个多世纪，就您在儒、道、佛各领域的学术积淀而言，推出《儒道佛三教关系简明通史》应该说是水到渠成吧？能否介绍一下您探索三教关系史的学术历程？

牟：实际上我的三教关系研究是一个十分艰辛复杂的求索过程。我对儒、道、佛三教经典的初步接触是在20世纪60年代前期，当时我在北京大学读中国哲学史专业的研究生，相关观点和知识主要来自冯友兰、张岱年、任继愈、朱伯崑诸位先生的讲授和著作。那时自己虽无创见，却对以儒、道、佛为核心的中国思想史产生了极大兴趣，认为它是一座智慧宝库。研究生毕业以后，由于各种原因，学术研究工作直到改革开放才真正开始。从20世纪70年代末到80年代，我在中国社会科学院世界宗教研究所参加了任继愈主编的《中国哲学发展史》多卷本的写作组，成为前四卷的主要撰稿人之一，不仅正式开始中国哲学史学术研究，而且直接承担了儒、道、佛三教斗争与融合课题的写作任务。任先生要求写作要重新从第一手资料做起，突破以往中国哲学史教科书的旧框架，"对中国哲学史的发展做一次严肃认真的探索"。他强调写作要重视地域性文化的差异，例如儒学出自邹鲁文化，道家和道教出自荆楚文化与燕齐文化，法家、纵横家出自三晋文化；魏晋以后，要重视儒、道、佛三教的互动与合流，从而厘清中国哲学的主要脉络。在《中国哲学发展史·秦汉》（人民出版社1985年版）中，我撰写了《〈吕氏春秋〉——秦汉哲学的开端》《〈淮南子〉——西汉道家思想的理论结晶》两章，开始探讨儒道互补；又撰写了《汉代中后期道家思想的演变和道教的产生》一章，进入道教史研究领域。在《中国哲学发展史·魏晋南北朝》（人民出版社1988年版）中，我撰写了《〈列子〉与〈列子注〉》《魏晋南北朝时期的道教思想》《魏晋南北朝时期的经学》《魏晋南北朝儒、释、道三教的斗争与融合》四章，更多地关注道家、道教和三教关系，也开始探讨儒家经学。《中国哲学发展史·隋唐》（人民出版社1994年版）分"儒教编""佛教编""道教编""会通编"，在结构上体现儒、佛、道三教鼎立的思想格局，我在"儒教编"中撰写了《隋唐儒教经学》一章，按照经学史的路子往下做。

这段写作前后约十年，我写的又都是过去别人没有写过的新领域，从收集、整理、解读资料，到参照前贤研究成果，再到提炼自我独立观点、框架和表述，做得十分辛苦，但收获丰硕，日益坚信中国哲学史或思想史研究和写作必须以儒、佛、道三教关系为轴心才能真正体现中国特色。

王：此后在这三个领域，您都有深耕，而且是厚积薄发、常有创新，取得了很多重要成果。

牟：从20世纪80年代中期开始，我参与了中国孔子基金会、国际儒学联合会等重要学术组织的许多活动，促使我进一步研究儒学，其成果集为《儒学价值的新探索》（齐鲁书社2001年版）。20世纪80年代末我转到中央民族大学任教，在教学与研究及参加国内外学术会议中陆续发表了一批关于儒家人物与经学、儒学的义理与当代、儒学的兴衰与未来的研究文章，后来结集为《涵泳儒学》一书（中央民族大学出版社2011年版）。我很认同张岱年先生"综合创新"的理念，深感时代需要儒学、儒学需要创新，于是近年写了一本《新仁学构想》（人民出版社2013年版），用以寄托自己"仁以为己任"的文化理想，也祈望"明体而达用"，对社会精神生活有所改良。

从20世纪80年代末起，我的学术研究另一个主攻方向是中国宗教史，其中包括道教史。我与张践教授合写的《中国宗教通史》在2000年由社会科学文献出版社出版，其中就在一定程度上叙述了儒、道、佛三教互动的历史过程。

王： 这部书的影响很大，似乎综合性的具有规模的中国宗教通史至今就这一部。

414

牟： 这部书获得了第三届中国高校人文社会科学研究优秀成果奖宗教学一等奖，被一些高校采用为教材，研究生用得比较多。

此外，为了给学生开设经典阅读课，我在研究《论语》《孟子》的同时，花大气力研读《老子》，用七八年时间形成八十一章疏解，加上相关文献考证与义理阐释，写成一部《老子新说》（金城出版社2009年版）。同时，我由研究道家进入研究道教史，撰写了《中国道教》（广东人民出版社、华夏出版社1996年版）。21世纪初我与山东省的相关学者一起进行调研，结合文献资料，写成《全真七子与齐鲁文化》（齐鲁书社2005年版），梳理了全真道从山东兴起并走向全国的历史，有益于深入了解道教后期的发展，也更能认识三教合流对于道教义理转型的作用。我与中国道教学院、香港青松观道教学院及台湾地区道教界保持友好往来，这使我能在书本以外的实际生活中去体验道教的人物、仪式、组织活动、生存方式、对现代生活的调适及存在的问题。2014年11月，宗教文化出版社出版了我的《道家和道教论稿》，把多年积累的道文化专题系列论文汇集成册。由此，我对于儒、道两家文化有了自己的独立见解。

在儒、道、佛三教关系中，我首先关注的是儒道互补。在我心目中，儒道互补不单是中华思想文化的主脉和底色，对我个人而言，也逐渐成为我的自觉的人生哲学，特别是孔子儒学的"修己以安人"、老子道家的"返璞归真"，已经与我的精神生命融为一体了。我写过的相关论文有《安身立命与儒道互补》、《论儒道互补》（与韩国林秀茂教授合写）、《儒道互补与治国之道》等。

佛学号称难治，学者视为畏途。我没有接受过系统的佛学训练，主观上也未曾打算长期深入其中，因为无法再分身了。但是为了研究三教关系并给中央民族大学同学讲课，我不得不适当读点佛经和相关研究著作，以便对佛教有所了解。我读了若干佛典，如《心经》《般若经》《金刚经》《法华经》《华严经》《中论》《百论》《十二门论》《肇论》《坛经》《弘明集》《广弘明集》等；又读了若干佛学研究作品，如汤用彤《汉魏两晋南北朝佛教史》、吕澂《中国佛学源流略讲》、赵朴初《佛教常识答问》、任继愈《汉唐佛教思想论集》、石峻等编《中国佛教思想资料选编》多卷本、郭朋《中国佛教史》多卷本、方立天《中国佛教与传统文化》和《中国佛教哲学要义》等。由此我对佛学略知一二，其中汤用彤、郭朋、方立天的著作最使我受益。我尝试写了《鸠摩罗什与姚兴》《禅的真精神与平民性》《从赵朴老的若干诗词看人间佛教的真精神》《两方净土三位弥勒》等几篇文章。

从20世纪80年代后期起，我开始发表论三教关系的文章。如《魏晋南北朝时期上层集团对儒、释、道三教的认识与政策》《从儒佛关系看韩愈、柳宗元与李翱》《从中西文化比较中看儒释道》《儒、佛、道三教的结构与互补》《儒、佛、道三教关系与文化简论》《人文与宗教的互补——儒释道融合的重要经验》《儒释道与人生观》。这些文章的共同点是或提纲式的简短，或注于某一时段，都未能充分展开。

与此同时，在中央民族大学我给研究生讲"儒、道、佛三教关系"，从20世纪80年代末到90年代末，逐步形成一份约四万字的讲课纲要，要点有研究三教关系的重要性、三教各自的精义、三教关系历史阶段、三教同异、三教冲突论、三教融合论、三教合流表现、三教合流与中华文化。这个讲课纲要是通史的雏形。

王：您的教学与研究总是相互贯通的，二者间的成果转化实际上是相得益彰的。这一点很值得后辈学者学习借鉴。

牟：不过，"儒、道、佛三教关系及历史"这个题目太大太难，以一个人的有限生命不仅无法透彻掌握三教文化的历史与理论，就是毕生精力也难以通晓其中一家，这就是庄子发现的认知悖论："吾生也有涯，而知也无涯。以有涯随无涯，殆已！"我总怀有这样的心理矛盾，觉得自己的"儒、佛、道三教关系纲要"的知识基础不够，所以讲课纲要曾一度搁置，没有扩充成为一本专著。

可是三教之间相融为一种文化共同体，内部和而不同，聚同化异，互补互渗，共生共荣，若不对三教皆有所知，则一教亦无由真知，各家不同时期学派、人物亦复如是。研究三教关系与研究一教互为前提。要破解这个矛盾，只有两者同时进行，在动态中逐步化解。学者的研究大都侧重三教之一，或者一教中某一专题，但必须对其他二教的宗旨、经典、人物有基本了解，这个要求是可以也应当做到的。对于接受国学训练的青年学子来说，如果能够具备关于三教的要义及其关系的基本知识，可以形成较为宽广的视野，也便于进入中国思想史的核心领域。所以，我决定对"儒、佛、道三教关系纲要"加以扩展和调整，希望形成一本内容尚属实在又简明扼要、条理力求清晰而层次分明、文字能够信达并通俗的书，主要供青年学生参考。我不是完美主义者，我甚至认为完美主义出不了学说，凡具创造性的学说皆有所得又有所失，只不过要言之有理、持之有据，不能胡乱标新立异。至于篇幅之简繁，则各有所用。鸿篇巨制固然可以为学术研究开路立碑，而雅俗共赏的中等篇幅的专著，亦能同时为学术探讨和文化普及加油助力，我希望自己的书属于后者。

三、中华文化的"三教六家"结构与"多元通和"模式

王：在考察三教关系时，您区分了"学"与"教"的关系，认为儒学不是宗教，进而提出自己的"三教六家"说，用以说明中华文化的结构与生态。怎样理解这些问题？

牟：开头已经谈到了，按照中国的人文主义传统，儒、道、佛三教之"教"，主要是"道德教化"之义，而非"宗教"之谓，虽然其中也包含有宗教的教化。

关于儒学到底是不是宗教，我的答案是否定的。任继愈先生认为儒家发展到宋明以后就成为宗教了，理学就是儒教。这一点我不赞成，因为儒学的落脚点一直在现实人生，没有对于彼岸世界的追求；孔子是伟大的哲人而不是神。从历史上看，儒学不是

古代宗教传统的继续，恰恰是从三代宗教传统中摆脱出来的一种人文主义思潮，它用"仁学"的人本精神改造了传统的神学。如果把儒学说成是宗教，不符合儒学的基本精神，即人道为本的精神，容易造成理论混乱。当然我更不赞成用"儒学宗教说"来否定儒学，进而把它与现代化对立起来。实际上，无论历史上的康有为还是现存于境外的孔教、儒教组织，都是要给予儒学一个宗教的形态，提高它的地位，而不是把它变成神学。

当然，在中国的传统中，人文与神道是互相联系和渗透的，因而儒学也具有宗教性，它不但不反神道，而且还要纳神道入人道，保留一定的宗教性，如天命思想、慎终追远等，其目的是更好地实行道德教化。

王：您在否定"儒学宗教说"的同时，发现并提出中国历史上存在一个被人们长期忽视的全民性宗教——宗法性传统宗教，或称为敬天法祖教，那么它与儒学是什么关系？

牟：假设儒学是宗教，它便是中国历史上最大的宗教。而事实上，真正的历史悠久的中国大教是敬天法祖教，它早在三代时期就存在了，比作为学派的儒家要早得多。它与宗法制度结合在一起，我称它为宗法性传统宗教。这个宗教自身形成了一个传统，在后来与儒家人学传统并行发展，二者并非一回事。

敬天法祖教，顾名思义，它以天神崇拜和祖先崇拜为核心，是维系中国宗法社会秩序和家族体系的精神力量，又形成祭天、祭祖以及自然崇拜和鬼神崇拜等一套礼俗。它没有自己独立的组织，其宗教祭祀活动一是依靠政权系统，皇帝在天坛祭天，在太庙祭祖，而不同等级有不同祭祀规格；二是靠家族宗族系统，祭天地君亲师和远祖近祖，遍及城乡。敬天法祖教是中国人的基础信仰，它不排斥其他宗教，相反，佛教、道教以及其他各教都是在与宗法性传统宗教的融合、调适中得以立足和发展的。

前面说了，敬天法祖教和儒学是两条线，敬天法祖教有它的教统，儒学有自己的学统，敬天法祖教的传承不受儒家学派的制约，儒学的发展也不依赖敬天法祖教。但是，教统与学统互相有交叉，特别是敬天法祖教本身未能形成一套相应的神学理论体系，它虽在制度层面，如规格、方式、仪式方面不断进行修订和调整，但在理论层面始终比较简单。所以，敬天法祖教需要儒家提供理论上的支持，以便对其制度文化层面进行阐释。儒者对它的一套礼仪的规定所做的诠释和创新，就是礼学。

从更根本来讲，敬天法祖教和儒学都属礼文化。儒学是从人文的角度把礼文化提升了，孔夫子多了一个"仁"，把它提升到了哲学和道德的层面，而社会继续保持礼文化的宗教祭祀。这样，一教一学，互为表里，共同构成礼文化。

中国的三教实际上分属礼文化、禅文化、道文化，其中都包含着哲学和宗教两个层面。

王：就是您所说的中华文化的"三教六家"？

牟：对。印度佛教进入中国，被知识阶层理性化，这种佛学已经成为一种人生智慧，一种用来解除人类烦恼的，有超越精神的哲学，严格意义上讲已经不是宗教了。普通老百姓和普通佛教徒却离不开宗教，他们把释迦牟尼看成神，四大菩萨也是神，没有这个信念不能解决普通老百姓的人生困惑。所以我觉得佛学和佛教实际上是并存的，又互相纠结，共同构成了禅文化。

道文化也有哲学和宗教两个层面，就是道家和道教。开始的老庄道家，讲道法自然，没有道教，老子和庄子都是哲学家。后来有了道教，把老子变成了太上老君，变成了道德天尊，成为教主，又把《道德经》变成《道藏》的首经，把它宗教化了。道家和道教又有共同点，它们都以"道"为宗旨、为归依，都"尊道贵德""清静无为"，二者时而并行、时而交叉。

儒、佛、道三教之间的互动，从外部和内部两个层面来看，都是哲学与宗教的互动。从儒家人学与佛教、道教神学的关系来看，实质上是哲学与宗教的互动；从礼文化、禅文化和道文化各自内部来看，同样呈现着哲学与宗教的互动。中国思想文化亦哲学亦宗教，这就是它特有的精神。

王：所以您把中华文化的这个特征放在中、西文化比较的视野里来考察，提炼出中国文化的"多元通和"模式与经验。

牟：是的。通过比较，可以把世界文明概括为四大主流模式。一是以基督教为底色的欧美模式；二是以伊斯兰教为覆盖的阿拉伯模式；三是以印度教为主导的印度模式；四是以儒学为底色，儒道互补为基脉，儒、佛、道三教合流为核心的中国模式。

这个中国模式就是"多元通和"。它是建立在中华民族多元一体格局基础之上的、以中和之道为精神方向的文化模式，其特点是具有较鲜明的综合性、融通性和人文理性；人道引导神道，政教关系是政主教辅；宗教自古就是多教、多神、兼信，包纳各民族民间信仰，没有一神教的传统；哲学与宗教、宗教与宗教之间的关系，和谐是主旋律，通而不同；以敬天法祖为基础性信仰，以人本主义儒学为主轴，向外开放，不断吸收外来的宗教和哲学，包括一神教，并使之中国化，成为多元和谐的因素；温和主义是主流，信仰之间的矛盾不易引起冲突与对抗，没有发生宗教战争与迫害异端，冲突是支流。多样性文化的发展趋势是渐行渐近，彼此沟通，吸收互渗，所以称为"多元通和"。

"多元通和"是一种良性的文化生态，符合自由平等、和平友爱的精神，符合人类文明前进的方向，是我们应当弘扬的优良传统。

王：您在《儒道佛三教关系简明通史》中还把中华文化中多家多教的结构和关系精炼为"一、二、三、多"。

牟：是的。"一"是儒家主导，"二"是儒道互补，"三"是儒、道、佛合流，"多"是包纳其他宗教和外来文化。这个结构模式体现了中华民族文化主体性与开放性的有机统一。

四、生命哲学：新仁学与新君子论

王：您特别重视儒家仁学的阐发，强调儒学是中华文化的底色与主轴，仁学是其精髓，也一直把它当作生命哲学和自己的人生价值来追求，希望用时代精神来激活它，以实现明体达用的目标。您在这方面的思想是否可称为"新仁学"？

牟：冯友兰先生把"阐旧邦以辅新命"作为自己的文化使命，我对此高度认同，所以特别关注传统文化在当代的创造性转化问题。受儒、道、佛三教哲学的熏陶和当代新儒家思想的启示，结合社会的现实需要，我提出一种生命哲学——新仁学，出版的《新仁学构想》（人民出版社2013年版）一书内有三大命题：以仁为体，以和为用；以生为本，以诚为魂；以道为归，以通为路。第一个命题有两个主要内涵：一是有仁爱才有真正的和谐，爱心是体，和谐是用；二是倡导体谅人、尊重人的爱，而不是强迫的爱，就是要遵循"己所不欲，勿施于人"的恕道，这是仁和之道的精髓。第二个命题也包含两个要点：一是树立生命至贵的价值观，把仁爱生命视为一种信仰，把尊重生命作为文明的第一要义和社会正义的衡量标准；二是做人要堂堂正正，真诚待人，做性情中的真人，走出虚假的世界，成就真诚的人生，建设真诚的社会。第三个命题亦有两点要旨：一是"道"乃贯通宇

421

宙、社会、人生的最高真理，蕴含信仰、道德、科学的精义，兼具真、善、美的品格；二是强调人类要走向大同世界，必须发扬谭嗣同"仁以通为第一义"的通学，建设新通学，在文明、族群之间充分沟通，从利通（经贸互惠）、法通（国际交往规则）、文通（民间文化交流）、双通（文明间"美美与共"），一直到心灵的感通，才能有世界的和平。

最近我又完成了一部书稿《通学刍议》，实际上是对《新仁学构想》的充实完善，可以视作其续篇，最主要的是强调只有心灵相通，才能做到以通为路，以道为归。

仁爱是仁通的动能，仁通是仁爱的至境。无仁爱，仁通无从做起；无仁通，仁爱难以感天下。孟子说："恻隐之心，仁之端也。"仁爱之心人皆有之，但这个仁之端常常被功利、争斗所压抑，必须自觉地将其萌芽加以扩充，它便会使人成为文明人，文明人造就文明社会，从而使整个社会走向"天下为公"的大同世界。

422

王：您觉得构建当代通学很有迫切性？

牟：是的。仁学的发展经历了"仁爱"之学、"仁生"之学、"仁通"之学三个阶段，形成了"爱""生""通"三大主题。最早是孔子集夏、商、周三代礼乐文化之大成，提炼出仁学，将传统礼乐文化上升为伦理型的东方仁礼人学。从孔、孟、荀之学到隋唐儒学，其"仁"的主要内涵是"爱人"。仁学发展的中期以宋明理学和心学为代表，其新仁学可用"仁生"之学加以概括。中期仁学确立了它的核心价值准绳，即生命是至贵的，爱护生命、尊重生命应是一切健康信仰中的最高信仰。仁学发展到后期出现了"仁通"之学，它广泛吸收了中西哲学、宗教、科学等各领域的成果，其代表人物便是谭嗣同。这个通学是"仁爱"之学、"仁生"之学在近代中国内忧外患、救亡图存运动兴起的大背景下产生的新仁学。

通学的根本出发点是关爱人类。在全球化速度不断加快的今天，国与国、民族与民族之间的共同利益已经远远大于彼此之间的矛盾分歧，全球仁通的客观条件达到了历史上未曾有过的成熟程度。然而全球仁通的真实速度不仅没能加快，反而出现了逆全球化的浪潮和民族宗教冲突频繁发生与军备竞赛不断加剧的态势，似乎地球村的目标离我们更远了。我们从世界文明转型的艰难中可以看到构建当代通学的重要性和迫切性。

仁通之学体现在文化上，就是前面说的"多元通和"理念。哲学家冯友兰在所撰《国立西南联合大学纪念碑碑文》中写道："同无妨异，异不害同；五色交辉，相得益彰；八音合奏，终和且平。"这就是多元通和思维在学术争鸣、互鉴互补中的体现。当代社会学家费孝通提出文化自觉十六字箴言——"各美其美，美人之美，美美与共，天下大同"，这是多元通和思维在当代文明关系上的最新表述，这十六字箴言最可贵之处，一是突显中华文明仁和的精华，二是尊重和学习他国他族文明的成果，三是提出世界文明的大同理想是多样性文明的会通，因而给人类文明转型确立了正确方向。

王：为了"明体达用"，您最近写了一部《君子人格六讲》，可以说是大家小书，很适合儒学的普及之用。

牟："人能弘道，非道弘人"，我受孔子的启示，在思考当下中国的道德建设、重建礼义之邦这些问题时，深切地感受到，要激活中华传统美德的恒在价值，不能只是停留在经典上和观念上，必须落实在培育文明人群上，于是写了论文《重铸君子人格，造就道德群英》，后来又用大量历史真实故事加以充实，形成这部书稿。

　　我认为，中华优秀传统文化和美德由三大要素构成。一是古代经典，主要是儒家的四书五经，它包含着中华道德文化基因，能将基本道德规范不断向社会辐射，代代相传。二是核心价值，主要是"五常"（仁、义、礼、智、信）和"八德"（孝、悌、忠、信、礼、义、廉、耻），它使全社会的道德行为有归向、有共识，并通过移风易俗，广泛渗透到民众的日常生活之中，成为道德自律和舆论监督的准绳。三是君子群体，他们是道德精英，具有"仁、智、勇"三达德，因而有感召力，能够在社会各领域、各阶层起模范带领作用。

　　儒家认为依道德高低的层次，可将人分为四种：最高一层是圣人，人伦之至，万世师表，虽不能至而心向往之，如至圣孔子、亚圣孟子，还有各个时代的大贤德者；中上层是君子，以德修身，严于律己，关爱他人，受人尊敬，人们只要努力修养便可成为君子；中层是众人；下层是小人。在小人之下尚有罪人，已不属于道德舆论评价的范畴，要将其绳之以法。

　　儒家认为，以圣贤标准要求众人，不仅标准太高，远离生活，不易实行，甚或走向伪善；若仅以好人作为道德标准，不做坏人即可达到，则要求过低，激励作用明显不足。孔孟诸儒之所以大声呼唤有德君子，盖在于君子既寄托了中华道德理想，又是可以效仿的榜样，他在人们面前不远的地方，只要好学力行便可成为君子。学做君子是儒家推行道德教化的有效途径。

　　我认为政界、商界、文教界以至社区的精英和骨干，都应当努力养成君子人格，进而形成可观的社会群体，发挥移风易俗的作用，使整个社会"民德归厚"。我根据经典关于君子人格的论述，结合现实与自身体会，概括出"君子六有"：有仁义，立人之基；有涵养，美人之性；有操守，挺人之脊；有容量，扩人之

424

胸；有坦诚，存人之真；有担当，尽人之责。这是我关于生命哲学研究的最新成果。

王：我觉得"仁爱通和"理念实际上是贯穿您整个学术思想的一条主线。儒、道、佛三教在历史上的互动与会通，就是仁爱通和哲学的伟大实践，您已对此做出了提炼和总结。根据我的学习体会，您在宗教学理论创新方面，例如在当代中国特色宗教学理论的创新中，首倡"温和无神论"概念，也是这一理念的运用。温和无神论的价值在于，划清了与法国"战斗无神论"的界限，超越了苏联的"宗教鸦片论"和"与宗教斗争论"的激进主义，提出宗教学者对待宗教的态度，既不是信仰宗教，也不是反对宗教，而是用理性去说明宗教，以破除歧视，提倡包容，发挥宗教文化的正面功能。另外，您在创立民族宗教学学科和主编《民族宗教学导论》一书的过程中，为这个学科确定的宗旨与核心理念是"族教和谐，多元互补"，这实际上也是仁通哲学理念的具体表达。

综合起来，我不揣冒昧地用"以仁爱为体，以通和为用"来概括您的学术思想，不知当否？

牟：可以说准确吧。

王：您到中央民族大学任教已有三十多年了，曾被评为北京市教学名师、全国优秀教师和全国民族团结进步模范个人。您常说自己特别热爱教师这个职业，从教书育人的事业中得到了精神上的满足和快乐。尤其是在中央民族大学这样一个多民族和谐友爱的大家庭里，您的"仁爱通和"学术理念同"美美与共，知行合一"的校训可以说有着高度契合的精神内涵。请您简要谈谈"仁爱通和"理念能够为铸牢中华民族共同体意识发挥什么作用？

牟：这个问题提得很好。中央民族大学是中华民族大家庭的缩影，老师是多民族的，学生也是多民族的，我在这里工作和生活了三十多年，每天都在感受各民族老师之间、师生之间的友爱团结、彼此关心和相互帮助，生活得非常愉快。我和老伴不仅把各族学子当成学生，也把他们当作自己的孩子；学生们不仅把我们俩当作老师，也当作自己的长辈亲人。他们毕业以后，一直惦念着老师，以各种方式传递仁爱之情，外地同学来京出差时总到家里探望，在京的同学更是逢年过节便来问候，见面时总有说不完的话。同学们平时也经常用微信和电话问安，讲述自己的工作和生活，交流信息和感情。

我提出"仁爱通和"之道，就是费孝通先生说的"美美与共"，既自爱，又爱人，把各民族文化的精华发扬起来，而且要"知行合一"，即身体力行，多做有益于民族团结的事，不做有损民族团结的事。扩大而言，整个中华民族就是一个文化共同体和命运共同体，一荣俱荣，一损俱损，命运紧紧连在一起。

426

中国历史上，在儒家"仁爱通和"精神的主导下，儒、佛、道三教互相渗透，与尊天敬祖的基础性信仰一起，形成巨大的辐射力与凝聚力，使中华民族成为一个稳定的文化共同体。文化是无形的力量，国家是有形的力量，二者共同维护了中华民族的统一与稳定，推动着中华民族的伟大复兴。我们一定要发扬中华优秀传统文化，铸牢中华民族共同体意识，为中华民族的崛起提供保障。

我们既热爱中华民族，也能以天下一家的情怀学习和吸收人类文明的一切优秀成果，推动世界和平与发展，使整个世界不再有战争和对抗，这是人类文明健康发展的正确方向，也是我们长期的奋斗目标。

〔原载《中央民族大学学报（哲学社会科学版）》2020年第5期，

内容有改动〕